한승헌 변호사
변론사건실록
1

간행위원회

위원장 : 박원순 (변호사, 희망제작소 상임이사)

위　원 : 박종화 (목사)
　　　　백승헌 (민주사회를위한변호사모임 회장, 변호사)
　　　　신인령 (전 이화여대 총장)
　　　　윤형두 (범우사 대표)
　　　　임헌영 (문학평론가, 중앙대 교수)
　　　　장영달 (국회의원)
　　　　정동익 (동아투위 위원장)
　　　　최종고 (서울대 법대 교수)
　　　　한명숙 (국무총리)

이 도서의 국립중앙도서관 출판시 도서목록(CIP)은
e-CIP홈페이지(http://www.nl.go.kr/cip.php)에서 이용하실 수 있습니다.
(CIP제어번호 : CIP2006002411)

법복을 입은 한승헌 변호사의 30대 시절

1심 법정에 선 '분지'의 작가 남정현 (1967. 5. 2.)

남정현 씨의 '분지' 사건 공판을 마치고 한 자리에 모인 문인과 변호인단.
▷ 안수길, 이항녕, 한승헌, 박용숙, 표문태, 최인훈 (1967. 5. 24.)

동백림 사건 법정에서 답변하고 있는 작곡가 윤이상 (1967. 11.)

프랑스에서 연행되어온 이응로 화백이 법정에서 진술하고 있다.

동백림 사건 재판을 하고 있는 법정풍경 (1967. 11. 서울형사지방법원 대법정)

동백림 사건 피고인과 연루되어 구속되었던 천상병 시인 부부 (1967)

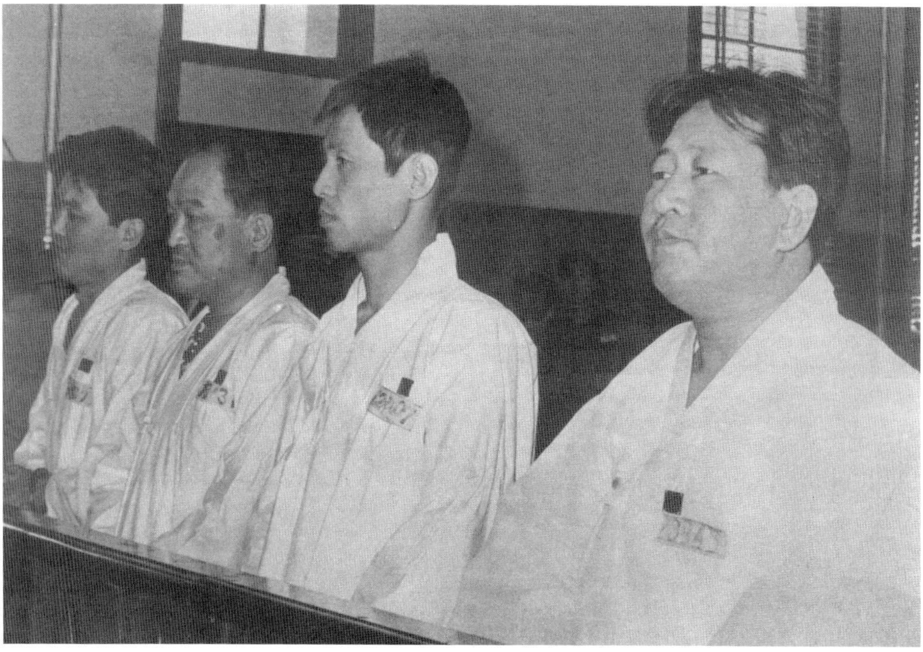

담시 '오적' 사건의 법정에서 ▷김지하, 부완혁, 김승균, 김용성 (1970. 7.)

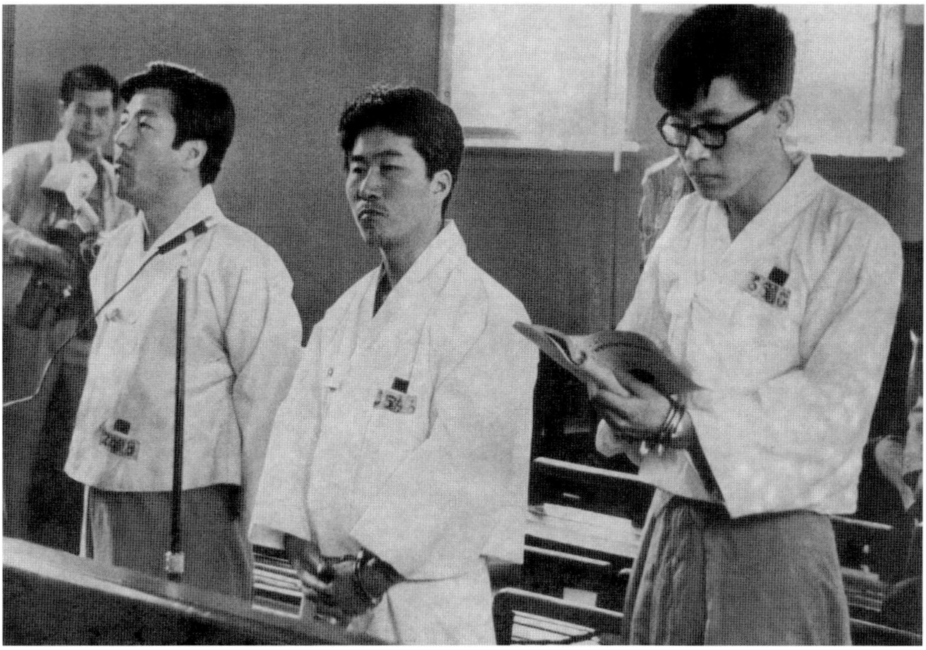

법정에 선 월간 《다리》지 사건의 피고인들 ▷윤재식, 윤형두, 임중빈 (1971. 5.)

《다리》지 사건 공판에 증인으로 나온 시인 구상(오른쪽), 언론인 송건호

세칭 재일교포 모국유학생 간첩단 사건으로 19년간 복역 후 석방된 서승 씨 (가운데, 1990. 2.)

유신반대 정치인으로 구속되어 법정에 나온 세 야당의원 ▷조윤형, 김상현, 조연하 (1973. 3.)

한승헌 변호사 변론사건 실록

한승헌변호사변론사건실록간행위원회

1

범우사

일러두기

1. 이 〈…실록〉에는 한승헌 변호사가 지난 1965년 이후 변호한 시국사건 또는 정치적 사건 중 67건을 골라서 그에 관한 문헌 자료가 실려 있다. (한 변호사의 변호사 자격 박탈 기간(1976~1983)과 감사원장 재임기간(1988~1989)에는 변론한 사건이 물론 없다.)

2. 사건 당사자와의 연락이나 자료 수집이 여의치 않아 이번에 수록치 못한 사건에 대해서는 앞으로 사정이 풀리는 대로 추가해서 실록을 발간할 계획이다.

3. 사건의 배열 순서는 사건의 발생(입건, 기소 포함)이나 수사 재판의 시기의 선후를 기준삼아 정하였다.

4. 사건별 중간 표지에 피고인 또는 사건 당사자 전원의 이름을 싣고, 그중 한 변호사가 수임 변호한 당사자 이름에는 밑줄을 그어 식별이 되도록 하였다.

5. 외래어나 외국어의 발음 표기는 일반적 기준에 맞게 손질을 하였으나, 판결문 등 공문서의 경우는 그대로 두었다.

6. 간행물의 이름이나 글의 제목, 대화, 인용 등의 경우에는 일반적으로 쓰여지고 있는 기호나 표시를 따랐다.

7. 공소장, 판결문 등 문서에 나와 있는 사건 당사자의 본적이나 주민등록번호는 개인정보를 보호하는 뜻에서 △△△△△△ 등으로 덮어서 처리하였다.

8. 사진 화보에는 수록 사건이나 재판에 직접 관련 있는 사진을 싣되, 수록 사건 외에 그 당사자의 활동과 연관 있는 사진도 실었다.

9. 글이나 기사의 필자의 직업(직분)은 집필 또는 공표 당시의 표시에 따랐다.

| 간행위원장 인사말씀 |

세월은 가도 역사는 남는다
–한승헌 변호사 변론사건 실록 출간에 즈음하여

박원순 (변호사, 희망제작소 상임이사)

세월은 가고 사람도 갔다. 질풍노도의 한국 현대사 속에서 수많은 사건이 있었고 그속에 풍운의 주인공들도 있었다. 그 사건들 중에는 재판을 받고 그 주인공들이 교도소로 간 사람들도 적지 않다. 그중에는 사형에 처해진 사람도 있고 나중에 대통령이 된 사람도 있다. 그 이후의 어떤 사회적 역할을 했든 이제 많은 세월과 함께 모두가 역사의 저편으로 사라지고 있다.

그러나 아무리 세월이 흐르고 사람이 사라져도 역사는 남는다. 그들의 활동과 발언과 행적은 역사 속에 생생히 남는다. 후세의 사람들은 그것을 통하여 배우고 따른다. 그러므로 기록을 통해 남은 역사는 엄중하고도 소중하다.

한국의 지난 현대사는 독재와 권위주의, 분단과 전쟁, 외세와 투쟁, 이념의 갈등과 대립, 빈곤과 소외로 점철되어 있다. 양심과 정의가 실종되기 일쑤였고 정치적 반대자와 소수자들이 정권에 의해 철저히 억압, 보복당했다. 그 결과는 흔히 사법적 절차와 과정을 통해 정당화되었다. 반공의 이데올로기가 지배하던 시대에 수많은 지식인들이 빨갱이라는 너울을 뒤집어쓰거나 반국가사범이라는 낙인이 찍혀 법정에 서야 했다.

그러므로 법정은 이 모든 현대사의 분류가 모이는 곳이었다. 단순히 사람과 사람, 사익과 사익의 충돌이 벌어지는 곳이 아니었다. 오히려 그 시대의 핵심적 모순과 그에 대한 저항이 불꽃을 튀기며 충돌하는 곳이었다. 그러나 대체로 의로운 저항자들의 패배로 귀결되는 것이 보통이었다. 적어도 법정에서 정의를 찾기는 어려웠다.

그러나 이 의로운 사람들을 향해 기꺼이 그들의 뜻에 동조하고 그들의 분투를 지원하기 위해 나선 사람들이 있었다. 바로 '인권변호사'라는 사람들이 그들이었다. 이들은 단지 한 직업인으로서의 사명을 넘어서 동시대 지식인으로서의 양심에 기초하여 그 저항자들과 한 편이 되었던 것이다.

한승헌 변호사는 이러한 인권변호사의 선구자적 지위에 있는 분이다. 일제시대의 인권변호사들의 뜻을 이어받고, 인권변론의 비조라고 일컬어지는 이병린 변호사의 뒤를 이어, 1960년대 이후 그는 수많은 문인들의 필화사건과 억울하게 법정에 선 정치인들, 예술인들, 평화통일 운동가, 기타 지식인들의 변론을 맡은 단골 변호사였다. 이른바 시국사건이라는 이름의 재판에서 자신이 피고인으로 서는 바람에 변호사 자격을 박탈당한 70년대 말의 몇 년을 제외하고는 그의 이름이 변호인으로 올라 있지 않은 사건은 찾아보기 어려울 것이다. 한때 반공법 위반으로 구속되고 처벌되는 등 한 변호사 자신도 큰 희생을 치르기도 하였다.

이제 그 엄혹하던 시대는 갔다. 아직 인권의 문제가 완전히 사라졌다고 보기는 어려워도 과거와 같은 무지막지한 고문과 처형의 시대는 갔다. 산타나라고 하는 미국의 철학자는 "역사를 잊으면 같은 잘못을 되풀이한다"고 갈파한 적이 있다. 과거의 역사와 기록을 소홀히 하는 민족은 또 그 착오를 반복할 수밖에 없다. 오늘 우리 시대의 인권의 과제 중의 하나는 바로 과거의 기록을 정확히 기록하고 그 교훈을 후세에 남겨주는 것이다.

그러나 과거의 그 처절한 시절에는 기록을 제대로 남기기도 어려웠다. 당사자 본인들은 말할 것도 없고 변호인들마저 그 기록을 보존하기 어려웠다. 그러나 한승헌 변호사는 스스로 역사학자처럼 자신이 변론했던 기록을 보존하고 사건의 당사자들에게 당시상황을 회고하게 하는 등 역사를 복원하고 정리하고 기록하려는 노력을 다해왔다. 이 실록은 바로 그 노력의 한 매듭에 다름 아니다.

이책에 나오는 사건은 가능한 한 당시의 상황을 복원하기 위해 공소사실, 판결문, 변론요지서와 같은 공식문건뿐만 아니라 피고인 본인의 회고, 전문가들의 평가와 의견 등을 함께 싣고 있다. 언제나 그렇듯이 검찰이나 법원의 공식문건만으로는 당시의 상황을 제대로 설명하기 어렵다. 관계된 여러 당사자들의 각기 다른 입장과 해명을 들음으로써 비로소 진실과 성격의 온전한 복원이 가능해진다. 이책은 바로 이러한 다각적인 접근을 함으로써 현대사 속에 매몰되어 있는 사건의 실체를 하나하나씩 풀어가고 있다는 점에 그 특색이 있다.

사실 본인을 포함해서 간행위원들이 한 일은 많지 않다. 오히려 대부분 이 모든 사건을 꼼꼼히 챙기고, 기록을 뒤적이고, 당사자들에게 글을 채근하는 것을 한승헌 변호사 본인이 했다. 그런 점에서 부끄럽기 짝이 없다.

한변호사님은 자주 이런 말을 하곤 해 좌중을 웃기곤 했다. "내가 맡은 사건에서 무죄가 난 경우는 거의 없다. 그럼에도 사건이 끝나고 모두들 나에게 고맙다고들 했다." 언제나 유죄가 나고 엄혹한 형이 선고되어도 한변호사는 인기있는 시국사건의 단골 변호사였다. 그것은 바로 유무죄의 문제라기보다는 피고인의 뜻을 가장 잘 이해하고 그 사건을 가장 잘 설명할 수 있었기 때문이다. 어차피 당시 인권변호사들의 변론은 법정과 재판부 판사들에게 향해 있었다기보다는 다음의 시대와 국민대중에게 향해 있었던 것이다. 이제 후세를 향해 외쳤던 한변호사의 변론이 다시 우리와 다음의 세대를 향해, 이 실록을 통하여 더욱 가슴에 남고 그 시대의 정의를 세우는 데 큰 역할을 하리라는 점에서 큰 의미를 찾는다. 한변호사 – 그는 당시의 법정에서는 연전연패했지만 역사의 법정에서는 승리자로 남을 것이다.

| 머리말 |

변호사의 또 다른 책무로서

[1]

이 《…실록》은 지난 40년 동안 내가 변호했던 시국사건 또는 정치적 사건의 수사·재판 문서와 관련 자료를 집대성한 문헌집이다. 당초 추려낸 약 1백 건의 사건 중에서 67건을 여기에 수록했다. 세월이 흐르는 동안 기록이 없어지기도 하고 자료수집이 어려워졌는가 하면, 사건 당사자 본인의 글(체험기)을 얻지 못했거나 아예 연락조차 안되는 경우가 있었기 때문이다. 하지만 나머지 사건에 대해서도 계속 노력을 해서 이 《…실록》의 증보판으로 추가해서 간행하고자 한다.

[2]

나는 이 실록물을 통하여, 이 나라의 힘난했던 역사 속에서, 특히 분단과 독재의 칼바람 속에서 권력의 핍박을 받고 감방에 갇히거나 심지어는 형장의 이슬로 사라진 사람들의 고난을 사건기록을 중심으로 역사에 입력해두고자 했다. 뿐만 아니라 이 실록이 지난 한 시대의 아픔과 권력의 무도함 그리고 그런 불행으로부터 주권자와 민주주의를 지켜주었어야 할 사법부의 실체를 구체적으로 점검해보는 임상臨床보고서가 되었으면 한다.

다시 말해서 분단상황과 독재치하에서 일어난 온갖 정치적 또는 시국적인 사건을 정확하게 이해하고, 연구하고, 거기에서 얻어진 깨달음을 통해서 역사의 상처를 치유함은 물론 세상을 바로잡기 위해서 헌신한 분들의 발자취를 널리 알릴 수 있게 되기를 바란다. 또한 기구한 한국 현대사의 연구에도 값지게 쓰일 수 있는 사료집 내지 문헌집이 되었으면 한다.

[3]
수록사건을 죄명별로 보면, 정치적 사건 또는 시국사건의 속성상 국가보안법 위반, 반공법 위반, 간첩, 대통령긴급조치 위반, 집회시위에관한법률 위반 등이 주류를 이루고 있다. 그밖에 내란예비음모, 폭력행위등처벌에관한법률 위반, 업무방해 등이 끼어 있는가 하면, 심지어 저작권법 위반이나 장식방해죄葬式妨害罪까지 등장하여 실로 다채롭고 기발하다.

나는 사건과 재판에 대한 이해를 돕기 위해서 각 사건의 첫머리에 '사건개요'라는 해설을 실었고, 다음에 피고인(또는 사건 당사자)의 사건 체험기를 앉혔다. 그리고 공소장, 조사보고서, 구속영장, 모두진술, 변론서, 최후진술, 판결문 또는 항소 (또는 상고)이유서 등을 수록하였다. 사건의 내용과 성격 등에 대한 이해를 돕기 위해서 사건과 관련된 논문, 기사, 대담, 수기, 방청기 등 참고자료도 실었다.

[4]
이 《…실록》을 준비하면서 법정과 구치소(또는 교도소)에서 서로 뜻을 같이했던 많은 분들의 삶을 다시 생각하게 되었다. 변호인의 쓸모는 과연 무엇인가라는 자문自問도 잊지 않았다. 많은 시국사범들이 무죄임을 확신하면서 동시에 유죄판결이 나오리라는 점도 확신해야 했던 지난날의 기막힌 사법현실 속에서 나의 변호는 어떤 의미가 있었을까? 나의 변호는 그들에게 무슨 효용이 얼마나 있었을까? 그들에게 얼마쯤의 위로와 격려라도 되었을까?

벌거벗은 권력의 독기와 맞서거나, 아니면 그앞에서 기죽기 쉬운 '피고인'들에게 힘을 실어주고, 격려를 보내고 그리고 법정 안팎의 진실을 목격한 사람으로서 시간과 공간의 벽을 뛰어넘는 '진실의 전달자'가 되자고 나는 다짐했다. 이 실록의 간행은 내 그런 다짐의 작은 실천이라고 말할 수 있다.

[5]
나는 이《…실록》이 범우사 창립 40주년 기념사업의 하나로 간행되는 것을 매우 기쁘게 생각한다. 지금까지 나는 범우사에서 여러 권의 책을 낸 바 있는데, 1975년 초에는 난데없는 필화사건으로 책의 판매가 금지되고 내가 구속되는 바람에 범우사에 적지 않은 손해를 끼친 적도 있다. 범우사의 창업자인 윤형두 회장님은 지난 70년대 초입 이래 험난한 시대를 살아오면서 나와는 형제와 같은 우정으로 얽혀서 지내온 사이이다.

생각건대 범우사 40년은 윤형과 나 사이의 우정의 연륜이기도 하다. 그동안 내가 두 번의 옥고를 치르는 등 힘들었던 시기에 여러 모로 따뜻한 정을 베풀어준 윤회장님께 이 지면을 빌려 다시금 감사한 마음을 전하고자 한다.

[6]
지난 1994년, 나의 회갑기념문집《분단시대의 피고들》의 간행위원들이 전원 그대로 이《…실록》의 간행위원이 되어주셔서 참으로 감사하다. 10년이 넘는 세월이 흘렀지만 그분들과의 정으로 보아 간행위원도 그냥 그대로가 좋겠다는 생각이 들었는데, 모두들 같은 생각으로 참여해주셔서 여간 고맙지가 않다. 특히 12년 전 그때의 간행위원장이었던 박원순 변호사와 이《…실록》의 성격상 새 위원으로 모신 백승헌 변호사께서 편집과정에서 여러 모로 힘을 보태주셨다.

분에 넘치는 축하의 글을 써주신 강만길 교수님, 그리고 오래 전부터 나에게 이런 실록의 필요성을 일깨워주면서 이번 상재上梓에 이르기까지 프롬터 역할을 해주신 박원순 간행위원장님께 참으로 고맙다는 말씀을 드리지 않을 수 없다.

이 《…실록》의 간행이 범우사 창립 40주년을 기념하는 데 조그마한 의미라도 보탤 수 있다면 큰 기쁨이 되겠다. 방대한 이 《…실록》의 간행을 맡아주신 윤형두 형에게는 말할 것도 없고, 책이 나올 때까지 애써주신 범우사의 윤재민 사장, 윤성혜 실장, 교정·교열에 수고해주신 김정숙 교수 그리고 표지 디자인을 맡아주신 김장수 님께 두루 감사를 드린다.

2006년 11월 1일

| 축사 |

《변론사건 실록》, 감사합니다

　평생 역사학을 공부한 사람으로서, 특히 우리 근·현대사를 전공한 사람으로서 《한승헌 변호사 변론사건 실록》 발간을 축하하기에 앞서 깊은 감사의 말씀을 드리고 싶습니다. 그리고 《한승헌 변호사 변론사건 실록》이 반드시 출간되어야 함은 이 나라의 역사학도라면 누구나 바라는 일이요, 또 함께 감사해야 할 일이라 하지 않을 수 없습니다.
　역사는 인류 이상의 현실화 과정이라 생각하지만, 그 현실화 과정에는 많은 우여곡절이 있게 마련임도 부인할 수 없습니다. 그럼에도 역사는 결국 그것이 가야 할 방향으로 가야 할 만큼 가고 만다는 생각을 가진 지도 오래되었습니다. 특히, 우리 근·현대사의 전개과정을 되돌아보면 그런 생각에 대한 확신도가 높아지기도 합니다.
　우리 정도의 문화수준에 있는 민족사회가 20세기에 들어서서 남의 지배를 받게 된 일부터가 대단히 '억울한' 일이었지만, 어떻든 지금은 제2차세계대전 후 주권을 되찾은 민족사회 중에서는 정치·경제·사회·문화적인 면에서 일단 선두그룹에 들었다고 하겠습니다. 그 저력은 역시 역사시대 이래 축적된 우리의 문화적 역량 그것에 있으며, 그 역량은 역사가 한때나마 어두운 길에 들어섰을 때 더 선명히 드러나게 마련이었습니다.
　지난 1960년대에서 80년대에 걸친 약 30년간의 군사독재 시대는 분명

역사적으로 어둡고 암울한 시대였지만, 그것을 기어이 극복할 수 있었다는 점에서 또한 자랑스러움이 깃든 시대이기도 했습니다. 그리고 이 어두운 시대를 밝은 시대로 바꾼 주역들은 시민과 노동자-농민들이었습니다.

프랑스혁명 때도 그랬지만, 그 시민 속에는 역사의식이 투철한 법조인-교수-교사-언론인-문인-의료인-학생 등이 들어 있었습니다. 이들 시민과 노동자, 농민들이 한 덩어리가 되어 역사를 기어이 바꾸고 마는 주역으로서의 민중이 된 것입니다. 우리 사회의 경우, 민주화가 이루어진 1990년대 이후에는 시민운동과 노농운동의 분화과정을 겪게 됩니다만.

특히 암울했던 1970년대와 80년대의 군사독재 아래에서는 교수와 교사들이 교단에서 쫓겨나고 언론인들의 붓이 꺾이면서 이른바 해직교수, 해직언론인이 양산되고 많은 학생들이 학원에서 쫓겨났습니다. 이 혹독한 시절에 반독재운동의 현장에 섰다가 구속된 노동자-농민-학생-지식인들을 변호하는 인권변호사가 탄생했고, 그들 자신이 권력의 횡포에 의해 변호사 자격을 빼앗기거나 구속되기도 했습니다. 어두웠던 시대를 헤쳐나간 자랑스러운 역사의 이면에는 그만큼 많은 희생이 따랐음을 잊을 수 없습니다.

1970년대, 80년대의 어두운 역사를 밝고 보람찬 역사로 바꾸어가는 과정에서 누구보다도 큰 역할을 한 법조인의 한 사람이 한승헌 변호사임은 아무도 부인하지 못할 것입니다. 가냘픈 그몸의 어디에 그런 정의감과 의지와 용기가 깃들었는지 그야말로 감탄하지 않을 수 없었습니다. 그 자신이 영어의 몸이 되면서까지 투쟁을 멈추지 않았음은 우리 모두가 잘 아는 사실입니다.

한승헌 변호사는 1965년에 작가 남정현 씨의 소설 '분지' 필화 사건의 변호를 맡은 때부터 시작하여 2003년 노무현 대통령의 탄핵 사건에 이르기까지 약 40년간에 걸쳐 무려 100여 건에 이르는 중요한 시국사건의 변호를 맡아 활약했습니다. 그야말로 격동하는 우리 현대사의 한복판에 우뚝 서 있는 역사의 산 증인이라 하지 않을 수 없습니다.

해방 후 우리 역사의 발전방향 자체도 그렇지만, 한승헌 변호사가 활약한 1960년대 이후 우리 역사의 바른 노정은 크게 보아 민주주의 발전과 평화통일의 진전이라고 하겠습니다. 이 시대를 산 지성인으로서 또 양심적 법조인으로서의 그의 활동도 크게 보아 이 두 가지 역사의 길을 누구보다도 충실히 걸어왔다고 할 수 있습니다. 그가 담당했던 시국사건을 분석해 보면 정확한 답이 나올 수 있습니다.

그분이 맡아서 활약한, 아니 투쟁한 사건들 중 자신이 직접 관여된 김대중 내란음모 사건, 야당대통령후보 선거법위반 사건, 긴급조치1호 민주인사구속 사건, 역시 긴급조치1호 성직자구속 사건, 민청학련 사건, 민주회복국민회의 대표위원 구속 사건, 반유신 야당의원 구속 사건, 광주희생자 추모식 사건, 부천서 성고문 규탄대회 사건, 6월민주항쟁 사건 등등은 군사독재정권 아래에서 감행된 민주화운동으로서 으레 그분의 변호를 기다리는 사건들이었습니다.

자신이 법조인인 동시에 뛰어난 논객이기도 한 한승헌 변호사는 모든 부문이 경직되었던 군사독재정권 아래에서 분출된 민주주의 운동의 일환으로서의 언론의 자유, 사상의 자유를 신장시키기 위해 각종 필화사건에도 적극적인 변호활동을 폈습니다.

소설 '분지' 필화 사건을 비롯해서 김지하 씨의 담시 '오적' 필화 사건, 월간 《다리》지 필화 사건, 동아방송 선거보도 사건, 김주언 씨 등의 보도지침폭로 사건, 리영희 교수의 〈한겨레신문〉 방북취재기획 사건, 마광수 교수의 《즐거운 사라》 필화 사건 그리고 자신이 직접 당한 '어떤 조사' 필화 사건 등 "필화사건 있는 곳에 한변호사 있다"고 해도 과언이 아닐 만큼 모든 희생을 감수하며 적극 나섰습니다.

군사독재정권 아래에서 특히 활동하기 어렵고, 따라서 변호하기도 어려운 문제가 남북문제, 즉 통일문제였습니다. 한승헌 변호사를 비롯한 몇 분의 역사의식과 사명감이 투철한 법조인이 없었다면 아마 많은 남북관계 통일관계 사건들의 진상이 밝혀지기 어려웠을 것입니다.

이른바 동백림거점 간첩단 사건, 문익환 목사 방북 사건, 임수경 학생 방북 사건, 통일혁명당 사건, 고은 시인 등의 남북작가회담 추진 사건, 작가 황석영 씨의 방북 사건, 박순경 교수의 '기독교와 민족통일' 강연 사건, 강희남 목사의 김일성 주석 조문기도 사건, 김낙준 씨 사건, 송두율 교수 사건 등등 남북문제 평화통일 문제를 진전시키기 위한 활동들의 재판에는 반드시 한변호사의 변호가 있게 마련이었습니다.

엄혹한 군사독재 정권 아래에서의 민주화운동과 평화통일 운동은 곧 이 시기 우리 역사의 핵심적 내용이었고, 후세의 역사서술을 위해 반드시 그 세세한 진상까지 밝혀져야 하고 또 기록되어야 함은 말할 나위가 없습니다. 군사독재 시기 우리 역사의 원동력이 바로 이 두 가지 운동에 있기 때문입니다.

이번에 출판되는 《한승헌 변호사 변론사건 실록》은 그가 변론을 맡았던 민주화운동과 평화통일 운동 등에 관한 67건의 재판에 대해, 변호인으로서의 사건내용 및 그 성격을 요약한 해설을 붙였고, 사건의 피고인과 원고와 피해자 등 당사자의 사건체험기가 실려 있으며, 각 사건의 공소장과 판결문 그리고 결정문 등이 기재되어 있습니다.

그리고 각 사건마다의 변론서와 최후진술서가 있고, 그밖에도 항소이유서 및 상고이유서 외에 관련문헌과 자료 그리고 사진까지 갖추어져 있는 '실록'이 무려 일곱 권이나 됩니다. 이 '실록'에 등재된 인물이 곧 우리 현대사 위의 주요인물이며 이 '실록'에 기재된 사건이야말로 우리 현대사의 중요한 사건들이라 하겠습니다. 따라서 이 '실록'은 바로 현대사의 중요한 사료 그것이 되는 것입니다.

우리나라에는 예부터 그때마다의 역사적 사실을 기록하는 사관이 있었습니다. 사실 자체를 기록하는 것이 주된 목적이지만, 사관의 의견이나 관점을 덧붙이기도 했고 그것이 후세인들에게 좋은 참고가 되기도 합니다. 한승헌 변호사가 간행하는 이 '실록' 역시 사실과 판결결과 외에 피고의 항소이유서와 변호인의 해설까지 곁들어진 제1급 사료요, 한변호사님 자신이 바로 사관이 된 경우라 하겠습니다.

아마 중앙정보부나 국가안전기획부의 자료가 보관되고 개방되지 않는 한 군사정권 30년간의 역사적 진실을 밝힐 수 있는 사료는 부실한 점이 많다고 하지 않을 수 없습니다. 그런데 이 '실록'에 실린 사건들은 대부분 당시의 '중정' 및 '안기부'가 다룬 사건들이 아닌가 합니다. 그렇다면 이 '실록'의 역사자료로서의 가치는 한층 더 높아지는 것이라 할 수 있습니다.

올바른 우리 현대사의 서술을 위해 귀중한 사료를 잘 간수했다가 세상에 내어놓는 한승헌 변호사의 꾸준한 노력과 높은 지성과 투철한 역사의식을 높이 사면서 다시 한번 감사해 마지 않습니다.

2006년 6월 15일

강 만 길 씀

한승헌변호사변론사건실록

제1권 차례

인사말씀 _박원순(간행위원회 위원장·변호사) ······ 11
머 리 말 _한승헌(변호사) ······ 14
축   사 _강만길(고려대 명예교수·사학자) ······ 18

1. 소설 '분지' 필화 사건 _남정현
1. 사건개요: 문학작품 반공법 기소 제1호 ······ 31
2. 체험기: 민족자주의 열망 속에서 - 남정현 ······ 34
3. 공소사실 ······ 46
4. 변론서 - 한승헌 ······ 52
5. 변론서 - 안수길 ······ 64
6. 판결 (1심; 서울형사지법 66고 14198) ······ 70
7. 판결 (2심; 서울형사지법 67노 1640) ······ 85
8. 반외세 의식과 민족의식 - 임헌영 ······ 87
9. 남정현의 필화, '분지' 사건 - 한승헌 ······ 110

2. 동백림 간첩단 사건 _이응로(외)
1. 사건개요: 부정父情을 처벌한 반공재판 ······ 133
2. 체험기: 북에 있는 아들 만나려다 조국의 감옥에 - 이응로, 박인경 ······ 137
3. 판결 (1심; 서울형사지법 67고 16114) ······ 148
4. 상고이유서 - 변호인단 ······ 158
5. 동백림 공작단 사건 ······ 162
6. 동백림 사건 대법원 판결 후의 괴벽보와 괴전단 ······ 165

3. 동백림 간첩단 '장외' 사건 _천상병
1. 사건개요: 동백림 사건의 파편에 다친 시인 ······ 173

  2. 체험기: 들꽃처럼 산 '이순耳順의 어린 왕자' – 천상병 … 177
  3. 공소사실 … 181
  4. 그래 그랬었지, 상병아 – 신봉승 … 183
  5. 천상병의 저승여비 – 이근배 … 193

4. 전국체전 재일동포선수단 감독 사건 _홍성인
  1. 사건개요: 재일동포 형제간 안부전언이 반공법에 … 199
  2. 공소사실 … 203
  3. 항소이유서 – 한승헌 … 205

5. 통일혁명당 사건 _노인영 (외)
  1. 사건개요: 통일혁명당 사건과 김종태 … 213
  2. 통일혁명당 사건 … 216
  3. 항소이유서 – 한승헌 … 218
  4. 항소이유서 – 박경호 … 228
  5. 항소이유서 – 허정길 … 232
  6. 상고이유서 – 한승헌 … 235
  7. 통혁당 사건 – 김태호 … 242

6. 담시 '오적' 필화 사건 _김지하 (외)
  1. 사건개요: 부정부패 풍자시를 반공법으로 … 255
  2. 체험기: 똑같이 수갑을 찬 피고인과 변호인 – 김지하 … 259
  3. 변론서 – 이병린 … 263
  4. 김지하 담시 '오적' 필화 – 김삼웅 … 274

韓 勝 憲

7. 월간 《다리》지 필화 사건 _윤형두 (외)

1. 사건개요: 무죄판결 일관한 반공법 필화 · 283
2. 체험기(1): 친 김대중계 출판탄압에 이례적 무죄-윤형두 · 287
3. 체험기(2): 야당 지도자 겨냥한 정치적 복선-임중빈 · 305
4. 변론서-한승헌 · 315
5. 판결 (1심: 서울형사지법 71고단 2423) · 326
6. 《다리》지 필화사건 · 337
7. 《다리》지 언론투쟁 1년의 결산-좌담: 김상현 (외) · 339
8. 임중빈 '사회참여를 통한 학생운동' 필화-김삼웅 · 355

8. 재일동포 모국 유학생 '간첩' 사건 _서 승 (외)

1. 사건개요: 분단의 덫에 걸린 재일동포 모국 유학생 · 361
2. 체험기: 겨레를 찾아, 나라를 찾아-서승 · 364
3. 변론서-한승헌 · 373
4. 판결 (2심: 서울고법 71노 999호) · 382
5. 믿었던 조국서 '간첩' 날벼락 · 386
6. 선거를 위한 서승, 서준식 형제 '간첩' 조작 · 391

9. 여간첩 사망보도 사건 _박영수

1. 사건개요: 반공법에 걸린 여간첩 사망 기사 · 397
2. 진상보고서-한국기자협회 · 400
3. 피의사실 · 404
4. 변론서-변호인 · 406

10. 반유신 야당의원 구속 사건 _김상현 (외)

1. 사건개요: 유신반대 '야당3종사'에 대한 보복 수감 · 411

2. 체험기: 반독재 투쟁의 선봉에 섰다가 ⋯⋯⋯⋯⋯⋯⋯⋯⋯⋯⋯ 414
3. 판결 (1심; 서울형사지법 71고합 670 외) ⋯⋯⋯⋯⋯⋯⋯⋯⋯⋯ 424
4. 판결 (대법 73도 2909) ⋯⋯⋯⋯⋯⋯⋯⋯⋯⋯⋯⋯⋯⋯⋯⋯⋯⋯ 443

11. 남북한 유엔동시가입론 탄압 사건 _김준희

1. 사건개요: 단계적 통일방안을 '반국가 행위'로 ⋯⋯⋯⋯⋯⋯⋯⋯ 449
2. 판결 (2심; 서울형사지법 73노 1705) ⋯⋯⋯⋯⋯⋯⋯⋯⋯⋯⋯⋯ 452
3. '유엔 동시가입' 주장으로 옥고 치른 정치학자 – 장명수 ⋯⋯⋯⋯ 460
4. 통일이론 전문 교수의 반공법 옥고 – 우종창 ⋯⋯⋯⋯⋯⋯⋯⋯ 465

12. 동아방송 선거보도 사건 _고준환

1. 사건개요: 사전선거운동 보도 8년 만의 무죄 ⋯⋯⋯⋯⋯⋯⋯⋯⋯ 475
2. 체험기: 8년 걸린 진실 보도의 승리 – 고준환 ⋯⋯⋯⋯⋯⋯⋯⋯ 478
3. 공소사실 ⋯⋯⋯⋯⋯⋯⋯⋯⋯⋯⋯⋯⋯⋯⋯⋯⋯⋯⋯⋯⋯⋯⋯⋯ 486
4. 변론요지서 (1심) – 한승헌 ⋯⋯⋯⋯⋯⋯⋯⋯⋯⋯⋯⋯⋯⋯⋯⋯ 488
5. 판결 (1심; 서울형사지법 73고합 91) ⋯⋯⋯⋯⋯⋯⋯⋯⋯⋯⋯⋯ 494
6. 판결 (2심; 서울고법 73노 886) ⋯⋯⋯⋯⋯⋯⋯⋯⋯⋯⋯⋯⋯⋯ 497
7. 판결 (대법 74도 2189) ⋯⋯⋯⋯⋯⋯⋯⋯⋯⋯⋯⋯⋯⋯⋯⋯⋯⋯ 500
8. 판결 (재항소심; 서울고법 78노 1494) ⋯⋯⋯⋯⋯⋯⋯⋯⋯⋯⋯⋯ 502

韓勝憲

제2권	13. 남산 부활절예배 사건 _박형규 (외) 14. 긴급조치1호 민주인사 구속 사건 _백기완 (외) 15. 긴급조치 1호 성직자 등 구속 사건(1) _김진홍 (외) 16. 긴급조치 1호 성직자 등 구속 사건(2) _김동완 (외) 17. 《한양》지 관련 문인 사건 _임헌영 (외) 18. 울릉도 간첩단 사건 _이성희 (외) 19. 긴급조치 4호 민청학련 사건 _이직형 (외) 20. 민청학련 사건 연계 인민혁명당 사건 _여정남 (외)
제3권	21. 군법회의 변호인 구속 사건 _강신옥 22. 거액 금융부정 배후보도 사건 _이원달 23. 긴급조치 4호 연세대교수 구속 사건 _김동길 (외) 24. 야당 대통령후보 선거법위반 사건 _김대중 25. 민주회복국민회의 대표위원 구속 사건 _이병린 26. '어떤 조사弔辭' 반공법 필화 사건 _한승헌 27. 김대중 내란 음모사건 _김대중 28. 《노동과 노래》 책 저작권법 사건 _허병섭 29. 기독교사회문제연구원 사건 _조승혁 (외) 30. 재일동포 '위장전향 간첩' 재심 사건 _손유형 31. 국회의원선거 무효소송 사건 _전대열 32. 《민중교육》지 사건 _김진경 (외)
제4권	33. 5·3 인천시위 사건 _탁지일 34. 부천서 성고문 규탄집회 사건 _오대영 35. 광주희생자 추모, 대구·인천시위 사건 _장영달 36. 부천서 성고문 재정신청 사건 _권인숙 37. 변호사의 '범인은닉' 위장 사건 _이돈명 38. 목요기도회 설교사건 등 _고영근 39. 정부 보도지침 폭로 사건 _김태홍 (외) 40. 백범 시해범 안두희 응징 사건 _권중희

41. 전북대 총학생회 사건 _정도상 (외)
42. 6월 민주항쟁 사건 _김병오 (외)

제5권

43. 대우조선 노동자 '장식방해' 사건 _노무현 (외)
44. 민중미술-'진달래' 걸개그림 사건 _이상호 (외)
45. 호남대 교수 해직 사건 _변진흥 (외)
46. 전경련회장실 성직자 진입 사건 _조화순
47. 국회공무원 집단면직 사건 _임정호 (외)
48. 서울대 문리대생 데모조종혐의 사건 _이재오 (외)
49. 북한판《해방조선》출판 사건 _이재선
50. 《한국 근현대 민족해방운동사》사건 _이승환
51. 〈한겨레신문〉방북취재 기획 사건 _리영희
52. 북한판《조선전사》출판 사건 _강병선
53. 남북작가회담 추진 사건 _고 은

제6권

54. 문익환 목사 방북 사건 _문익환 (외)
55. 전대협 임수경 양 입북 사건 _임수경 (외)
56. 통일운동가의 간첩연계 사건 _김낙중
57. '기독교와 민족통일' 강연 사건 _박순경
58. 《즐거운 사라》 필화 사건 _마광수

제7권

59. 작가 황석영 방북 사건 _황석영
60. 구국전위 사건 _정화려 (외)
61. 김일성 주석 조문기도 사건 _강희남
62. 역사학 교수의 간첩혐의 사건 _박창희
63. '성남 외국인 노동자의 집' 사건 _김해성 (외)
64. 불교인권운동 스님 수난 사건 _박용모
65. 감사원장서리 법리논쟁 사건 _김대중
66. 효성가톨릭대 교수 해임 사건 _손덕수
67. 노무현 대통령 탄핵심판 사건 _노무현

1

소설 '분지' 필화 사건

피고인 **남정현**

1. 사건개요: 문학작품 반공법 기소 제1호 ········· 31
2. 체험기: 민족자주의 열망 속에서 – 남정현 ········· 34
3. 공소사실 ········· 46
4. 변론서 – 한승헌 ········· 52
5. 변론서 – 안수길 ········· 64
6. 판결 (1심; 서울형사지법 66고 14198) ········· 70
7. 판결 (2심; 서울형사지법 67노 1640) ········· 85
8. 반외세 의식과 민족의식 – 임헌영 ········· 87
9. 남정현의 필화, '분지' 사건 – 한승헌 ········· 110

사건개요

문학작품 반공법 기소 제1호

한승헌 (변호사)

이 사건은 이땅의 필화를 논함에 있어 제1장을 장식할 만한 상징성을 지닌다. 문학작품의 내용을 정면으로 문제삼은 최초의 사건인데다 그것이 하필이면 반미·용공이라는 혐의였기에 더욱 주목을 끌었다.

작가 남정현 씨의 소설 '분지糞地' 사건이 일어난 것은 내가 변호사 개업을 한 1965년이었다.

그해는 한·일 굴욕외교 반대투쟁, 월남파병, 박정희 대통령의 방미 등을 계기로 학생을 중심으로 한 반정부투쟁이 격화돼 조기방학과 위수령 발동이라는 극약처방이 나왔는가 하면 민비연民比硏 사건, 공화당내 항명파동 등으로 바람잘 날이 없었다.

이런 소용돌이 속에서 중앙정보부는 남씨를 반공법 위반혐의로 구속했다(7월 9일). 그가 《현대문학》지에 발표한 소설 '분지'를 용공작품으로 문제삼았던 것이다.

그 소설은 활빈당 수령 홍길동의 10대손인 홍만수가 그의 어머니와 누이동생이 미군으로부터 능욕·학대를 당한 데 분개한 나머지 미군상사의 아내를 겁탈하는 보복을 감행하고, 이에 격노한 미국방성이 미사일부대까지 동원해 만수가 숨어 있는 향미산을 포위해 폭파시킨다는 내용이다.

검찰은 이 소설이 "계급의식과 반미감정을 조성함으로써 북괴의 대남전략에 동조했다"고 주장했다. 특히 서울지검의 박종연 검사는 다음과 같은 몇 가지 이유를 들어 '분지'를 용공작품이라고 주장했다.

① 아빠는 항일투쟁하다 죽고 해방경축대회에 나갔던 엄마는 미군에게 강간당해 미군을 저주하면서 죽었다. ② 소설의 주인공이 북괴가 혁명투사로 내세우는 홍길동과 그의 10대손 홍만수이다. ③ 만수가 향미산에 숨고 미군이 미사일까지 동원한 대공격으로 포위망을 좁히자 "홍길동 정신을 이어받은 만수가 결코 미군에 굴복치 않는다"고 외쳤다. ④ 미국인과 몇몇 고관 및 그들과 유착된 자본가들이 오늘도 고층빌딩 속에서 대중을 착취하려는 온갖 음모를 꾸미고 있다고 했다.

검찰은 북한에서 《민주전선》 주필을 지낸 한재덕 씨 등 월남한 전향자 및 대남간첩 수감자들을 증인으로 내세웠다. 그들은 한결같이 "이 소설은 누가 읽어봐도 반미적이며 계급의식을 고취하고 북괴와 똑같은 주장을 하고 있는 데 놀랐다"는 요지로 증언했다.

변호인측에서는 문학평론가 이어령 교수를 증인으로 신청했다. 그는 당시의 살벌한 분위기를 무릅쓰고 증언대에 나와주었다. 변호인과의 문답한 대목.

─ 이 소설은 반미적인가.

"이 소설은 우화적 수법으로 쓴 것이므로 친미도 반미도 아니다."

─ 이 작품이 북한 공산집단의 주장에 동조했다는 공격을 받고 있는데.

"달을 가리키는데 달은 보지 않고 손가락만 보는 격이다. 남씨가 가리키는 달은 주체적인 한국문화이며, '어머니'로 상징되는 조국이다. 장미뿌리는 장미꽃을 피우기 위해 있는 것이다. 설령 어느 신사가 애용하는 파이프를 만드는 데 그것이 쓰여졌다고 해서 장미뿌리는 파이프를 위해 자란다고 말할 수는 없다."

그러자 검사가 물었다.

─ 나는 이 소설을 읽고 놀랐는데 증인은 용공적이라고 보지 않는가.

"나는 놀라지 않았다. 병풍 속의 호랑이를 진짜 호랑이로 아는 사람은 놀라겠지만 그것을 그림으로 아는 사람은 놀라지 않는다."
 – 증인은 반공의식이 약해서 그와 같이 증언하는 것이 아닌가.
"나의 저술과 나를 비평하는 글들이 그점에 대한 증거가 될 것이다."

작가 남씨는 1959년 단편소설 '경고지역' '굴뚝 밑의 유산'으로 원로작가 안수길 선생의 추천을 받아 《자유문학》지를 통해 문단에 나왔다.
법정에는 바로 그 안선생께서 재판때마다 방청석 아닌 변호인석에 나와 앉아 있었다. 법원의 허가를 받은 특별변호인이었기 때문이다.
특별변호인이란 변호사 자격이 없는 사람이 법원의 허가를 받아 피고인의 변호를 하는 제도인데, 별로 활용된 바가 없는 터여서 이례적인 장면으로 보였다. 자신이 추천하고 키운 젊은 작가를 반공법의 멍에로부터 풀어내려는 안선생의 결연한 변론은 참으로 문학의 대부代父다운 아름다운 사랑의 발로로 보였다.
나는 변론에서 '분지'가 가난한 사람들의 참상을 소재로 삼았다고 해서 계급의식을 조장했다고 본다면 그것이야말로 계급의식의 산물이라고 맞섰다. 작가의 '분지憤志'를 곡해해 '분지焚紙'의 위험을 초래해서는 안된다고 역설했다.
그러나 제1심 판결은 "작자가 민족주체성 확립의 염원을 소설화했고 반국가단체의 활동에 호응 가세할 적극적인 의사가 없었음을 인정한다"면서도 무죄 아닌 유죄판결을 내리고, 다만 '형의 선고유예'라는 가벼운 형을 선택했다.
많은 사람들이 걱정한 대로 '유죄'이긴 했지만 집행유예보다 가벼운 선고유예 판결이었으니 '달도 좀 보고 손가락도 좀 본' 결론이었다. 항소심에서도 마찬가지였다. 대법원에도 기대할 것이 없다는 생각에서 상고를 포기했다.
홍길동 이야기나 미군만행의 묘사가(그것도 소설에서) 어찌하여 '북괴의 대남전략에 동조'한 것이 되는지 지금도 알 수가 없다.

체험기

민족자주의 열망 속에서

남정현 (소설가)

통일열망 외면하는 정치

조국분단의 이 고통스러운 시대를 살아가는 한 한국인으로서, 그리고 한 작가로서, 그동안 내가 사회와 인생에 대해 갖고 있던 가장 큰 관심사는 뭐니뭐니 해도 외세문제였다. 언제부터 내가 이렇게 외세문제에 대해 깊은 관심을 기울이게 되었는지 그 시기는 확실하지 않지만, 돌이켜보면 그것은 아무래도 내가 문학에 뜻을 두고 이른바 그 소설이라는 것을 쓰기 시작하면서 그렇게 된 것이 아닌가 생각한다.

주지하는 바와 같이 소설이란 우리 인간사에 관한 이야기이다. 그리하여 나도 작가의 한 사람으로서 소설을 쓰다보니 자연히 소설의 주된 대상인 우리 주변의 인간사에 관심을 기울이게 되었다. 그러다보니 나는 또 나도 모르는 사이, 우리 인간들의 삶의 터전이 되어주고 있는 자연과 사회에 대해서 그리고 그 구조와 생태에 대해 곰곰이 생각해보지 않을 수가 없었다. 말하자면 마냥 행복해지고 싶어하는 우리 인간들을 시중들기 위해 지금 우리 사회에 제기되어 있는 문제가 무엇무엇인가를 세심히 살펴보지 않을 수가 없었다는 얘기이다.

그런데 문제는 많았다. 어찌 된 판인지 우리 사회의 요소요소에는 인간의 꿈과 염원을 시중들기 위한 법이며 제도며 그 장치보다는, 도리어 인간의 염원을 가로막고 행복을 훼손하려는 장애물이 더 많은 것같았다. 특히 나 8·15 직후부터 절실히 해결을 기다리며 우리 앞에 제기된 자주·민주·통일에 대한 전민족적인 열망만 해도 그렇다. 현실적인 집권세력은 그러한 열망을 실현시키기 위한 노력보다는 도리어 그러한 열망을 완강히 가로막기 위한 노력에 더 치중하고 있는 것같았다.

실로 안타까운 노릇이었다. 국가권력은 이미 나라와 민족을 진심으로 사랑하는 자들의 손에서는 아주 멀리멀리 떠나버린 상태였다. 그리하여 한 인간의 행, 불행과 밀접히 연결되어 있는 정치·경제·사회·문화 등의 핵심적인 제분야는 어이없게도 나라와 민족의 운명은 안중에도 없이 오로지 일신의 영화만을 탐하는 일군의 파렴치한 정상배들의 손에 장악되어 농락당함으로써, 사회는 극도의 혼란 속에 빠져들고 있는 듯했다. 고약한 현실이었다.

이렇듯 고약한 현실을 우리 앞에 몰고 온 가장 결정적인 요인을 나는 외세문제로 보았던 것이다. 그것은 어떤 논리적인 학습을 통한 귀결이 아니라, 한 인간의 현실적인 소중한 체험과 직관을 통한 자연스러운 진실에의 접근이었다. 내가 여기서 말하는 외세문제란 말할 것도 없이 외세의 부당한 강요에 의한 지배와 예속을 뜻하는 것이다. 역사적으로 누대를 두고 수백 년 동안 외세의 예속권에서 민족적인 자주권을 잃고 신음해온 우리 현실에서는 사실 무슨 좋은 일이 일어날 리가 없다. 멀리 수나라나 당나라는 접어두고라도 원나라, 명나라, 청나라를 위시하여 일본과 미국에 의한 치욕적인 지배와 간섭을 받아오는 동안 우리 현실에서는 그때마다 외세에 무조건 아부하고 굴종하는 자들만이 영화를 누리게 되고 민족적인 양심과 그 존엄을 지키기 위해 헌신하는 자들은 언제나 핍박의 대상이 되어온 터라, 사실 이렇듯 전도된 상황하에서는 역사발전을 주도하는 사회적인 제 가치가 혼란 속에 빠지지 않을 수 없을 것이었다.

외세문제를 주제로 한 작품

생각하면 내가 세칭 '분지사건'으로 통하는 소설 '분지糞地'를 쓰게 된 연유도 그렇다. 세세연년 민족자주를 열망하는 전민중적인 희원을 한번 소설화해보고 싶었을 뿐이었다. 사실 내가 '분지'를 쓰던 60년대 초의 우리 사회상은 말이 아니었다. 엄혹했다. 4·19 민주혁명을 총칼로 압살한 5·16의 파쇼세력은 무소부지로 횡행하면서 온갖 비민주적이며 비민족적인 횡포를 자행하고 있었다. 도대체 4·19는 어디로 갔는가. 4·19 민주혁명을 계기로 우리 민족사에도 서광이 비칠 것같아 늘 잔잔한 흥분 속에서 가슴을 조아리며 민족자주와 민주주의를 고대하던 우리의 앞길에는 또다시 생각지도 않은 암운暗雲이 첩첩이 들씌워지는 느낌이었다. 답답했다. 그런데 나는 당시, 희망적이던 우리의 현실을 이렇게 답답하게 한 그 배후에는 아무래도 미국이라는 거대한 외세가 크게 작용하고 있음을 직관적으로 감지하고 그 답답함과 울분을 기초로 '분지'를 구상했던 것이다.

하지만 나는 1965년 《현대문학》 3월호에 이 소설 '분지'를 발표하고 나서 이 소설이 혹시라도 법의 제재를 받으리라고는 전혀 생각하지 않았다. 왜냐하면 소설 '분지'는 어느 특정한 정치적인 이념을 테마로 한 것이 아니라, 그것은 어디까지나 외세의 예속권에서 벗어나 민족자주를 선양하려는 우리 민중의 사무친 희원을 다소나마 표현하려 한 작품에 지나지 않았기 때문이었다. 그런즉 제아무리 '반공'을 만능의 보도로 삼아 그것을 치부와 출세의 수단으로 삼는 자들이라 할지라도, 그들도 백의의 겨레임을 부정하지 않는 한, 아 어떻게 백의의 민족정신을 강조한 '분지'를 그들이 처벌하리라고 생각이나 할 수 있었을 것인가.

그러나 그것은 이땅에 군림한 정권의 실체를 잘 헤아리지 못한 나의 얕은 생각에서 연유한 오판일 수밖에 없었다. 왜냐하면 '분지'를 쓴 작가에 대한 사회적인 대가는 구속이요, 형벌이었기 때문이다.

그렇지만 나는 '분지'가 사건화되어 수사기관에서 조사를 받는 동안 정말 '분지'가 아니면 얻을 수 없었을 두 가지 크고 소중한 수확을 거둔 셈이었다.

그중의 하나가 지금 이땅에서 가장 시급히 해결해야 할 가장 절실한 문제는 다름아닌 바로 '외세문제'라는 사실이 객관적으로 검증되어 그 정당성이 확인되었다는 점이다. 나는 사실 그때까지만 해도 한국을 겨냥하여 풍문처럼 끊임없이 떠돌던 무슨 식민지니 허수아비니 하는 류의 모욕적인 말들을 액면 그대로 믿고 있지는 않았다. 그것은 아무래도 다분히 과장된, 정적들의 정치성 짙은 공격용 용어라고 간주했기 때문이다. 그런데 국가권력의 의식을 대신한다는 수사기관에서 그 수사관들이 '분지'를 심문하는 언동을 보고, 나는 그 동안 내가 풍문처럼 들은 한국에 대한 그 모욕적인 표현들이, 그게 실은 과장도 공격용도 아무 것도 아닌 사실 그대로가 아닌가 하는 생각이 들어 놀라움을 금할 수 없었다. 실로 참담한 심경이었다.

어찌 된 판인지 그들(수사관) 앞에서는 민족적인 그 어떤 명분을 내세우더라도 미국에 대한 비판적인 언사가 용납되지를 않는 것이었다. 미국에 대한 비판은 곧 그들에 대한 도전으로 간주하는 것같았다. 모두들 몸도 마음도 미국에 내맡긴 상태였다. 미국이 없으면 나도 없고 나라가 없으면 자기도 없다는 식으로 미국이라는 존재와 자신의 운명을 동일시하고 있는 느낌이었다. 나는 이렇듯 민족적인 자존심의 그 흔적조차 찾아볼 수 없는 그 한심한 풍토에 접하고, 이 시대를 살아가는 한 사람의 작가로서 '외세문제' 야말로 그 무엇과도 바꿀 수 없는 작품의 중요한 테마가 되어야 한다는 사실을 재차 확인하기에 이른 것이다.

법답지 못한 법의 탈선

그리고 또 하나의 다른 수확은 '분지'로 말미암아 뜻하지 않게도 내 인생의 노정에서 한승헌 변호사를 만날 수 있게 되었다는 점이다. 사실 나는 그 즈음만 해도 정신적으로 법과는 무관한 사람이었다. 생각하면 법치주의에 튼튼히 뿌리박았다는 현대사회에서, 어찌 보면 한 인간의 삶 자체가 처음부터 끝까지 법이 허용한 한도내에서만 운영이 되는 듯한 상황에서 그 동안 법과 전혀 인연이 없었다는 말 자체가 어불성설일 수밖에 없을 것이다.

하지만 사실이 그러했는 데야 어쩌랴. 나는 왠지 어려서부터 부지불식간에 법이란 점잖은 사람들이 관여할 만한 상서로운 대상이 아니라는 인식하에 가능한 한 법을 경원하며 살아온 것이다. 그것은 아무래도 내가 자라난 우리집 분위기의 영향을 받아서일 것이다. 부친은 언제나 사람 됨됨이를 평가하실 때 '법 없이도 살 사람'이라는 말씀을 애용하셨다. 내가 남의 말귀를 알아듣게 되면서부터 집안에서 가장 많이 들은 말이 '법 없이도 살 사람'이었다. 부친의 그런 말씀 속에는 나보고도 그런 사람이 되라는 암시가 은연중에 묻어 있는 것같았다. 도대체 어떤 사람을 지칭하여 부친께서 그렇게 말씀하시는지는 잘 이해할 수 없었지만, 짐작하건대 부친께서는 우리가 믿고 따라도 좋은 사람, 법보다는 덕으로 세상을 사는 사람, 아마 그런 사람을 염두에 두고 하시는 말씀 같았다. 그래 그런가, 나도 철이 들면서부터 예의 그 '법 없이도 살 사람'이란 말을 나도 모르게 한 인간의 품위와 그 우열을 가리는 잣대로 오랫동안 사용해온 것이 사실이다. 그러니까 일상생활에서 일일이 법을 따지며 사는 사람은 하위의 인간이요, 법보다 덕을 숭상하며 사는 사람은 좀 상위의 인간으로 치부했던 것이다.

그런데 내가 문학에 뜻을 두고 사회와 인생에 대해 좀더 깊이 헤아릴 줄 아는 안목을 기르게 되면서부터 나는 어쩐지 법이나 덕은 서로 상충되는 개념이 아니라 실은 역사발전을 위한 그 긴 도정에서 서로가 지향점이 같은 동일개념으로 이해하기에 이른 것이다. 말하자면 진정한 법의 정신이란 법이 지배하는 법의 세상을 만들려는 데 있는 것이 아니라 법 없어도 살 수 있는, 즉 사랑과 양심이 지배하는 그런 아름다운 세상을 실현시키기 위한 그 길잡이가 되려는 데에 진정한 법의 뜻이 있다고 이해하기에 이르렀다는 얘기이다. 그리하여 법은 법 자신의 숭고한 이상과 권위를 위해 인간의 양심, 민족의 양심을 저버리는 데 이용당하지 말아야 하며, 동시에 역사발전을 위한 전민중적인 요구나 희원을 가로막는 일에 동원되어서도 안된다는 것이 법에 대한 내 애정어린 태도였다.

그런데 이 무슨 법답지 못한 법의 탈선이란 말인가. 법은 어이없게도 민족적인 자존을 드높이려 한 '분지'를 습격하여 그 작자인 나를 구속하기에 이른 것이다. 그러니까 1965년 7월 9일, '분지'가 그해 《현대문학》 3월호에 발표된 지 꼭 5개월 만의 일이었다. 그러나 내가 정식으로 영장에 의해 구속된 날짜가 7월 9일이라는 얘기이지, 나는 이미 그해 5월 초에 정보부 요원에 의해 연행되어 구속상태에 놓여 있었다.

내가 처음 연행되어간 곳은 을지로 3가 쪽에 있는 정보부의 분실이었는데 '충일기업사'라는 근사한 간판이 붙어 있었다. 일제때 행세깨나 하던 어느 일인 관리가 아주 떵떵거리며 살다 간 것같은 일식건물이었는데, 어쨌든 나는 그 건물 현관에 한 발을 들여놓기가 무섭게 혼비백산이었다. 대명천지라는 서울 한복판에 원 그렇게도 무지막지하게 사람취급을 하지 않는 야만적인 공간이 있었는가 생각하니, 그저 막막할 뿐이었다.

그러나 나는 그때 더 무슨 생각을 할 수 없었다. 사태가 너무나 급박해진 탓이었다. 그 수사관들은 다짜고짜로 내가 도저히 대답할 수 없는 질문으로 나를 압박하는 것이었다. 즉 소설 '분지'는 네가 쓴 것이 아니라 북에서 누가 써가지고 네게 건네준 것이 틀림없은즉, 언제 어디서 누구한테서 받았다는 얘기만 정직하게 털어놓으면 이곳에서 살아나갈 수가 있으니 어서 대답하라는 것이었다. 나는 그 질문의 무게가 너무 무거워서 압사할 것만 같았다. 답답했다. 수사기관에서 종종 생사람을 잡는다는 얘기는 여러 번 듣기는 했지만, 그래도 그 과녁이 내가 될 줄은 정말 상상할 수도 없는 일이었다. 고통이었다.

하지만 사건을 그런 식으로 몰고 가는 것은 좀 무리라는 판단이 섰는지, 며칠 후부터는 태도를 바꾸어 본격적으로 작품을 가지고 대들기 시작했다. 그들은 '분지'뿐만 아니라 '너는 뭐냐', '부주전상서' 등 그때까지 내가 쓴 대부분의 작품을 다 문제시해서 이적성을 추궁했다. 어쩌면 작품이 그렇게도 하나같이 다 북의 대남전략에 편승하여 철저하게 반미·반정부를 선동했느냐는 호통이었다. 소설이란 어디까지나 아기자기한 사랑이야기가 주가 되어야 하는데 소설마저 일일이 세상일을 꼬집고 나서게 되니 세상이 조용할 리가 있느냐는 것이다.

'분지'사건의 배경과 수사

아닌 게 아니라, 그 무렵 시국은 말이 아니었다. 박정권은 그들이 쿠데타로 집권한 이후, 가장 심각한 궁지에 몰려 있었다. 베트남 파병과 매국적인 대일외교를 규탄하는 저항세력이 날로 강도를 높이고 있었다. 위기에 처한 박정권은 위수령이다 뭐다 하면서 각급학교의 교문까지 걸어잠그고 탄압에 골몰했지만, 저항세력은 조금도 위축되지 않고 도리어 그힘이 날로 확장되는 추세였다. 그런 판에 '분지'가 발표되고, 그것이 또 북한의 무슨 신문에까지 전재되었다니 그들이 눈에 확대경을 달고 '분지'를 점검해보지 않을 리가 없다.

그 결과 그들은 아마 소설이란 것이 이래서는 안되겠다고 판단한 모양이었다. 수사관들의 말마따나 문인이란 현실세계와는 별 상관 없이 재미나는 얘기나 쓰면서 세상을 꿈을 꾸듯 살아가는 그런 일종의 기인奇人 비슷한 자들로 생각하여왔는데, 이제 그 문인들마저 현실적인 정치·경제·사회문제 등에 깊이 파고들어 시시비비를 가리려 한다면 이들도 결국은 자기들 정권유지에 장애물 역할을 할 것이 틀림없은즉, 그대로 방치해서는 안되겠다고 판단한 것같다는 얘기다.

그것은 '분지'사건 이후 그들이 문학계에 보여준 행태가 잘 말해준다. '분지'를 유죄로 몰고 간 박정권은 그후 알게 모르게 어용문인들을 내세워 각종 전달매체를 동원하여 세칭 참여문학에 대한 공격의 포문을 열기 시작한 것이었다. 그들의 주장은, 문학이란 어디까지나 세속적인 인간의 이해관계가 얽혀 있는 현실과는 늘 초연한 입장에서, 인간의 영원한 숙제인 신과 인간과의 문제, 선과 악, 사랑과 미움, 배신과 갈등, 그리고 영혼과 육체와의 문제 등을 주제로 하여 작품을 써야만 생명도 길고 예술로서의 가치도 있지, 문학이 시대에 따라 변하는 현실문제에 집착하게 되면 생명도 짧으려니와 문학이 순수성을 잃고 정치적인 도구로 전락할 염려가 있다는 것이다. 이를 테면 문학이 우리 시대 인간을 불행하게 하는 우리 시대 특유의 사회적인 모순과 부조리 등을 해결하기 위해 그에 진지하게 접근하여 고심하는 인간상을 작품에 담게 되면 작품의 생명도 짧고 가치도 없다는 것이었다. 참으로 가소로운 주장이었다.
　어쨌든 나는 그때 권력을 등에 업고 집권층의 의사를 대변하는 일부 어용문인들의 이 가소로운 주장 못지 않게 가소롭다는 느낌이 드는 수사관들의 턱없는 주장과 공격에 그저 일방적으로 당하기만 하다가 결국 1965년 7월 9일 정식으로 구속되어 서대문구치소에 수감되고 말았다. 그후 사건이 검찰로 옮겨지자 나는 구속적부심사 끝에 7월 24일 석방되었는데, 원래 몸이 약한 탓이었을까, 나의 건강상태는 흡사 수많은 세월 어딘가에서 강제노동에 시달리기라도 한 것처럼 말이 아니었다. 나도 모르게 저승에라도 끌려갔다가 지옥이라는 지옥은 두루두루 다 헤매다가 돌아온 느낌이었다. 몸 어디 한군데 아프지 않은 곳이 없었다. 악몽 같았다.
　그런데 그로부터 일 개월 후부터인가 검찰조사가 시작되었다. 당시 공안부장이던 김태현 검사가 담당이었다. 그의 주장도 정보부의 수사관들과 별 차이가 없었다. '분지'는 공산혁명을 선동하여 대한민국을 전복하려는 불온문서지 그게 어디 소설이냐는 것이었다. 그런데 그는 어쩌자고 거의 일 년여나 기소도 하지 않고 조사를 질질 끌었다. 이삼 일에 한 번씩 혹은 일 주일 간격으로 혹은 십여 일 단위로 나를 불러내서는 심문도 하는 둥 마는 둥이었다. 가다가는 하루종일 앉혀만 놓았다가 해가 떨어지면 그냥 돌려보내는 적도 많았다. 참으로 환장할 노릇이었다. 그는 아무래도 내가 아무 일도 못하게 정신적으로 꽁꽁 묶어놓으려 하고 있는 것같았다. 아닌 게 아니라 "너 이런 소설 앞으로 또 쓸래, 안 쓸래" 하는 고함소리를 계속 듣고 나면 왠지 그렇게도 정겹던 원고지가 정떨어지게 느껴지는 것이었다. 아니, 원고지뿐이 아니라 매사에 입맛이 싹 가시는 것이었다.

한승헌 변호사의 등장

　큰일이었다. 그런데 그 즈음 내가 만난 사람이 바로 한승헌 변호사였다. 나는 지금까지 누구한테 무슨 운수를 점쳐본 일이 없지만 아무래도 그해의 내 운세 속에는 홀연히 어느 귀인이 나타나 나를 돕는다는 그런 류의 화려한 점괘占卦가 나와 있었는지 모른다. 내게 있어서 한승헌이란 인물은 그런 점괘에 나오는 귀인과 같은 존재였다.

그가 정녕 귀인이어서 그런가, '분지' 사건 이후 나는 거의 30여 년을 그와 사귀어오면서도 지금까지 여러가지 형태로 그의 도움만 받았지, 단 한 번도 내 쪽에서 그에게 도움을 줘본 일이 없는 것이다. 고마움의 표시로 점심 한끼는 고사하고 따뜻한 차 한잔을 아직 내 쪽에서 대접해본 일이 없다. 그것은 마음이 없어서가 아니었다. 어쩌다가 그와 함께 찻집에라도 들르면, 이번만은 꼭 내가 차라도 한잔 대접해야지 하고 벼르는 것이었지만 섭섭하게도 늘 허사였다. 그와 세상얘기를 나누는 동안 나는 모르는 사이 그의 그 풍부하고 다채로운 유머감각에 매료되어 멍하니 앉아 있다가 그한테 번번이 선수를 빼앗기는 탓이었다.

우리 시대를 아프게 하는 병소의 정곡을 찌르는 듯한 그의 그 촌철살인의 해학적인 화술이야말로 언제나 상대방에게 그의 미소처럼 넉넉하고 뒷맛 좋은 미소를 자아내게 하는 것이다. 흡사 한 폭의 좋은 예술작품을 감상하는 느낌이라고나 할까. 정말 한 인간의 내면세계를 고스란히 그림에 담아 전시하는 그런 전람회가 있다면 아마 인간 한승헌은 그 어디에서도 대상감이라고 나는 생각하는 것이다.

이런 대상감인 인간 한승헌과 내가 어떻게 만나게 되었는지, 하도 오래된 일이라 지금 확실한 기억은 없지만 짐작컨대 소설가 안동림 형의 소개로 해서가 아닌가 생각된다.

그 무렵 한변호사는 검사생활을 청산하고 변호사로 등장한 지 얼마 안 되는 그야말로 패기에 넘치는 30대의 전도가 양양한 변호사였다. 나는 그를 만나자 마자 왠지 오랜 지기와 같은 친근감을 느꼈다. 우선은 남의 허물을 다 감쌀 것같은 그의 맑은 미소가 좋았고, 또한 그가 법조인이면서 시를 쓴다는 사실에 호감이 갔으며, 특히는 '분지' 사건에 대해 그가 진심으로 자기 일처럼 가슴 아파하고 있다는 사실이 나를 든든하게 해주었다. 민주사회의 간판은 표현의 자유라, 무슨 일이 있어도 우리는 이 자유만은 지켜야 한다는 것이었다. 이것은 절대로 무슨 인사치레를 위한 빈 말이 아니었다.

그것은 '분지' 사건 이후 오늘날까지 그가 걸어온 험난한 노정이 잘 말해준다. 그 동안 그는 독재정권에 맞서 민주주의와 나라의 통일을 위해 헌신해온 민족민주세력들이 부당한 탄압을 받을 때마다 만사제폐하고 그들을 법률적으로 뒷바라지하는 과정에서 끝내는 자신마저 반공법의 과녁이 되는 수모를 겪었는 데도 조금도 굴하지 않고, 오늘날까지 정정하게 이땅의 인권과 민권을 지키는 초소로서의 역할을 다하고 있으니까 말이다.

  '분지'사건 때도 그는 그랬다. 법률적인 대응을 맡아달라는 부탁을 선선히 수락한 그는, 그날부터 '분지'를 위해, 아니 이땅의 민주주의와 표현의 자유를 위해 동분서주하는 모습이었다. 정말 한변호사가 참여해주지 않았더라면 '분지'사건의 재판과정이 그 얼마나 초라했겠는가를 생각하면, 그는 오늘도 여전히 나의 마음 속에선 귀인일 수밖에 없다. 그때나 이때나 이땅에서 반공법이 맹위를 떨치기는 별반 차이가 없지만, 그 시절은 '반공'이라는 것이 국시로서 지금보다 훨씬 더 견고하게 자리를 굳히고 있던 때라 같은 문인들 중에도 더러는 내가 반공법과 시비가 붙어 있다는 이유로 나와 접촉하기를 꺼리는 판국이었던 것이다. 그런데 그때까지 일면식이 없던 한변호사가 '분지'를 적극 옹호하고 나섰다는 것은 변호사로서의 직업의식 이상의 뭔가 시대에 대한 높은 사명감이 작용한 탓이라고 생각하는 것이다.

  좌우간 한변호사가 사건을 담당하자 그 동안 일 년여나 두고 나를 오라가라 하면서 질질 끌던 검찰이 드디어 사건을 1966년 7월 23일 서울 형사지법에 기소했다. '분지'는 분명히 북의 대남적화전략에 동조하여 한국이 마치 미국의 식민지인 양 기술함으로써, 반미·반정부의식을 최대한으로 고취하여 남한사회를 뒤집어엎으려는 데 목적을 둔 작품이라는 것이 기소내용의 요지라고 기억된다.

  김태현 검사에 의해 '분지'가 기소되자 한변호사는 전의를 가다듬으며 피고측의 전열을 정비하느라 여념이 없어 보였다. 그의 주선으로 이항녕·김두현 두 변호사가 가세하여 변호팀도 보강되었으며 재판사상 처음으로 소설가 안수길 선생이 특별변호인으로 선정되었고, 또 평론가 이어령 씨가 피고측의 증인이 되어줌으로써 그분들 모두는 '분지'를 향해 날아오는 화살의 방패구실을 충분히 잘해주었다.

물론 검찰측 진용도 만만치 않았다. 이종원 부장검사(후에 법무부장관으로 발탁됨)의 지휘 아래 반공계의 제일인자로 손꼽히던 한재덕(공산권문제연구소장) 씨를 선두로 이영명(함흥 공산대 출신, 군속)·최남섭(대남간첩, 구속중)·오경무(대남간첩, 구속중) 씨 등이 증인으로 출두했다. 그들은 한결같이 오늘의 이 시점에서는 제아무리 철저한 공산주의자가 소설을 쓴다 해도 이 '분지'만큼 용공적인 작품은 도저히 쓸 수 없다는 투로 '분지'의 '용공성'을 증언했다.

납득할 수 없는 유죄판결

그러니까 '분지'는 1966년 7월 23일 기소된 지 2개월 만인 9월 6일, 서울 형사지법 박두환 판사 담당으로 첫 공판이 열린 이후 1967년 6월 28일 선고공판이 열리기까지 8회에 걸쳐 공판이 진행되었는데, 그중에서도 3회 공판의 증인신문과 7회공판시의 변호인들의 변론이 세인의 큰 주목을 끌었다.

이어령 선생은 시종 여유있는 태도로 평시의 그의 풍부한 식견과 달변으로 법정의 분위기를 압도했다. 특별변호인 안수길 선생은 문학에 대한 깊은 애정의 표현으로 법정을 감동시키면서, 재판부를 향하여 솔로몬의 명판결로 무죄를 선고함으로써 문단의 하늘을 푸른 하늘로 활짝 개이게 해달라고 간곡히 부탁하였다. 우리 집안 사정에 밝은 김두현 변호사는 작가의 가정을 살펴보건대 사회주의 사상이 싹틀 소지가 전혀 없다는 점을 강조하였다. 이항녕 변호사는 오늘 이 세기적인 재판에서 자기가 변론을 맡은 것을 영광으로 생각한다면서, 소설 '분지'는 언론의 자유를 과시한 작품이라 상은 못 줄지언정 처벌은 천부당 만부당하다고 말하였다.

특히 한변호사는 반공법을 검찰측이 임의로 확대해석하고 있는 데 대한 부당성과 위헌성을 애타는 심정으로 자상하게 지적하면서, 재판부가 행여 민주한국의 명예를 위해 '분지憤志'를 곡해하여 '분지焚紙' 하는 우愚를 범해서는 안된다는, 그야말로 촌철살인의 독창적인 경구성警句性 변론을 펼침으로써 방청객들의 가슴을 울렁거리게 했던 것이다.

그러나 재판부는 1967년 6월 28일 끝내 선고유예라는 유죄판결로 '분지'를 '분지'하는 우를 범함으로써, 우리는 즉시 그에 불복하여 항소를 제기하였으나 항소심 역시 한심하게도 항소가 이유 없다는 간단한 한마디로 피고인의 항소를 기각하였다.

기가 막혔다. 변호인의 수십 장에 달하는 충정 어린 항소이유서를, '기록과 증거에 비추어보건대 원심판결에는 논지가 주장하는 바와 같은 잘못이 있다 할 수 없다' 하는 따위의 상투적인 몇 마디로써 완전히 무시해버렸다. 이러한 비이성적인 사법풍토하에서는 도저히 올바른 재판이 이루어질 수 없음을 탄하며 우리는 그때 대법원에의 상고를 포기하였다. 그것은 판결에 대한 승복이나 체념의 표시로서가 아니라, 독재권력의 시녀로 전락해버린 사법풍토를 불신하고 그에 항의하는 뜻에서였다.

생각하면 '분지' 사건이 법적으로 일단락된 지 어느새 거의 30여 년이라는 긴 세월이 흘렀건만, 30여 년 전에 내가 법정에서 다투던 바로 그 문제를 가지고 오늘도 애국과 정의를 사랑하는 우리 수많은 젊은이들이 억울하게도 법정에서 또 다투고 있는 현실을 생각하면 나는 세월이 흘렀다는 말이, 역사가 전진한다는 말이 도무지 믿어지지가 않는 것이다. 어쨌거나 소설 '분지'는 그때 법정에서의 선고와는 관계없이 앞으로 우리 민족이 외세의 압력과 간섭을 현명하게 극복하고 민족의 자주를 이루어가는 과정에서 여러 독자들에 의해 작품으로서의 잘잘못을 옳게 검증받아 나아갈 것이다.

공소사실

공 소 사 실

피고인 남정현

　피고인 남정현은 문단에 투신하여 월간잡지 《자유문학》 《사상계》 《문학춘추》 및 《현대문학》 등에 단편소설 '너는 뭐냐' 외 20여 편의 소설을 기고하여오던 작가인 바,
　북한괴뢰집단은 정부를 참칭하고 국가를 변란할 목적으로 조직된 반국가단체로서 대한민국을 전복 적화하기 위하여 무력 남침하였다가 패배한 후 대남전략을 간접침략으로 전환하여 위장된 민족 주체성을 고취하면서 자주적 평화통일을 주장하는 한편, 다량의 간첩을 남파하여 경제, 정치, 군사 등 각 분야에 걸쳐 정보수집을 하는 동시, 위기의식을 부식 조장하여 국론의 분열과 민심을 교란하고 반공의식을 해이케 하면서 대남전략의 결정적 장애가 되고 있는 한미간의 유대를 이간할 것을 획책하여 '미군의 대한민국 주둔을 미제국주의의 침략적 식민지통치며 강점한 미제 군대는 야만적인 학살과 난행을 자행하여 생명과 재산에 무한한 위협을 가하고 있으며 미제의 원조는 침략과 약탈의 수단으로서 완전한 식민지 군사 기지로 예속시켜 경제의 명맥을 틀어쥐고 미제식민지통치의 도구인 집권층, 미제와 결탁한 예속자본가, 지주 및 반동관료배들의 가혹한 착취로서 심각한 경제적 파국을 초래하여 비참한 국민생활과 참담한 대중적 기아가 전역을 휩쓸고 부패와 사회적 무질서는 더욱 혹심하여지고 있으며, 반미

투쟁세력은 미제 반동세력들에 굴복과 사멸함이 없이 최후의 승리를 쟁취한다' 는 등 온갖 사술을 다하여 남한의 현실을 왜곡 허위선전하면서 빈민대중에게 계급의식을 부식 조장하고 반국가적, 반정부적 행동을 선전 선동하는 동시 반미감정을 조성·격화시켜 반미사상을 고취하여 소위 반미구국투쟁을 선전 선동하면서 한미유대를 이간하여 대남적화의 무방비상태를 획책하여 대남정치공세에 광분하고 있음을 지적하고 있는 터이므로 남한에서 여사如斯한 북괴의 적화전략의 상투적 선전 선동활동에 동조함은 곧 북괴의 이익이 된다는 정情를 알면서 1965년 1월 초순경 시내 종로구 효제동 130번지 소재 현대문학사에서 발간하는 월간문예지《현대문학》에 단편소설 기고를 요청받자 '糞地'라는 제목의 작품을 창작 기고할 것을 결의하고, 동소설 '糞地'의 줄거리는 이렇다.

활빈당의 수령으로서 양반계급제도의 타파, 부패한 조정의 무리들을 신출귀몰하는 둔갑술로서 혼비백산케 하고 비천한 대중들을 구제한 홍길동의 비법과 정신을 이어받은 10대손인 홍만수는 어머니와 여동생 분이와 함께 8·15해방을 맞이하였다.

아버지는 조국의 독립을 위하여 싸우는 분이라고 어머니로부터 들었으나 만수는 나이가 어려서 독립이니 해방이니 하는 의미도 몰랐다.

다만 아버지가 왜놈에게 결단나지 않고 이제 돌아오신다기에 어머니와 무한히 기뻐하였다. 그러던 어느날 어머니는 밤새우고 만든 태극기와 성조기를 앞세우고 무슨 환영대회에 나갔던 날 미군한테 강간을 당하여 정신적 충격을 받고 미군을 저주하면서 미쳐 죽었다.

만수와 분이는 아무리 아빠를 기다려도 돌아오지 않았다. 그래서 할 수 없이 가난한 외가에 가서 성장하게 되었다.

그러던 중 6·25 동란을 만나 피란길에서 가족과 뿔뿔이 헤어진 만수는 군에 입대하였다. 고된 군의 복무를 마치고 제대한 만수의 앞에는 걸식과 방황이 기다리고 있을 뿐 살 길이 막막하였다.

어느날 우연히 누이동생 분이를 만나게 되었다. 그때 분이는 미군 '스피드' 상사의 첩노릇을 하면서 동거생활을 하고 있었다. 만수는 그것을 알고 어머니를 부르며 목놓아 울었다.

그러나 삶에 지쳐서 우선 뭘 먹고 한잠 푹 자고 싶은 욕망에만 사로잡혀 있는 만수는 누구를 원망하고 책망할 기력도 없었다.

만수는 너무 원통하고 불쾌했지만 '스피드' 상사 집에 의탁하여 미군물품 장사를 하면서 살아갈 수밖에 없었다.

만수는 어머니가 생전에 그렇게도 칭찬하던 옥이며 숙이도 미군들의 호적에 파고 못 들어 병객처럼 되어 있고 대학출신의 친구도 미군을 매부로 삼은 만수에게 미국에 통하는 길을 열어달라고 호소하는 형편이니 미군 첩노릇을 하고 있는 분이를 어머니 마음처럼 박살을 낼 수도 없다고 어머니의 영혼에 호소하는 것이다. 그러나 만수는 이러한 세태에 의분을 느끼고 홀로 주먹을 쥐고 썩어빠진 국회며 정부는 미국에게 한민족을 진정 살리기 위한 원조를 하라고 전세계를 향하여 데모할 동의가 없느냐고 열변을 토해보기도 하였다.

그런데 '스피드' 상사는 밤마다 별다른 결함도 없는 분이를 본국에 있는 본처에 비하면서 입에도 담지 못할 욕설과 폭언으로 못 견디게 학대하는 것이었다. 그리하여 만수는 도대체 '스피드' 상사의 본처는 얼마나 그 육체가 황홀하게 잘 생겼는가 하는 의심에 사로잡히게 되었다. 그러자 다행하게도 '비취'란 애칭을 가진 '스피드' 상사의 부인이 남편을 찾아 한국을 방문해준 것이었다. 만수는 의심을 풀 수 있는 기회가 왔다고 기뻐하였다.

만수는 곧 제 조국의 산하를 안내하여주겠다고 '비취' 여사를 향미산으로 유인하였다. 그리고 조국의 산하를 설명하기에 앞서 반만 년의 역사에 빛나는 대한민국의 이름으로 여사에게 한 가지 청을 하였다. 얼마나 여사의 몸이 아름다워서 제 누이동생의 몸이 그렇게 학대와 곤욕을 받는지 여사의 몸을 잠깐 보여달라고 간청하자 여사는 당황하여 만수의 뺨을 치면서 반항을 하는 것이었다.

만수는 의심을 풀 수 있는 기회를 잃어버릴 것같아서 당황하다가 '비취' 여사의 몸을 강제로 눕히고 겁탈하고 말았다. '비취' 여사는 비명을 올리면서 정신없이 향미산을 뛰어 내려갔다. 이것을 알게 된 '펜타곤' 당국은 격분하여 미군 부인을 강간한 홍만수를 주살하기 위하여 3억 불을 들여 만수가 숨어 있는 향미산의 주위를 1만여의 각종 포문과 미사일 그리고 전미군 중에서도 가장 정예사단이 포위하였다.

향미산의 바위틈에 숨은 지 3일, 드디어 '펜타곤' 당국은 만수를 악마가 토해낸 오물이며 인간 최대의 적이라 판정하고 만수를 폭살한다고 세계의 이목을 이 향미산에 집중시켰다. 그리하여 향미산 주변 직경 수천 리 이내의 주민들은 폭파 직전에 있어서 친지와 가산과 석별의 눈물을 흘리면서 지층 깊은 곳에 몸을 처박고 부들부들 떨고 있는 것이었다.

당황한 만수는 자기 출신구 민의원을 찾아가서 솔직히 고백하고 구원을 얻으려 하였으나 그 민의원은 벌써 '스피드' 상사의 상관을 찾아가서 자기 출신구에 그따위 악의 종자가 존재하였다는 데 대하여 몇 번이나 사과를 하고 국회에서 그런 오물을 사전에 적발 처단하지 못한 사직당국의 무능과 책임을 추궁하겠다는 약속을 하러 다녀왔다는 말을 듣고 아무도 의지할 곳이 없게 되자 정말 오물처럼 미국인들이 흘린 오줌과 똥물만을 주식으로 하여 살아오면서 긴 한에 맺혀 이대로 죽을 수가 없는 딱한 형편에 놓여 눈앞이 캄캄하기만 하였다.

그래서 만수는 무덤에 있는 어머니의 영혼에 대하여 향미산에 숨어 있는 사연과 살아온 사정을 호소하게 된다.

만수는 먼저 어머니가 20년간 누워 있던 유택자리에도 미국인과 몇몇 고관 그리고 그들과 단짝이 된 자본가들만 출입할 수 있는 많은 고층빌딩이 들어서고 이럴수록 우리의 생활은 점점 참담하여가고 이러한 것을 구체적으로 말할 자유도 없는 이 나라에서는 민중을 위해서 아무런 일을 하지 않더라도 친미 · 반공이나 열심히 부르짖으면 쉽사리 위정자가 될 수 있고, 정치자금이나 제공하는 몇몇 사람의 이익을 위해서 행정 · 입법이 민첩하게 돌아가는 이런 세상에서 만수와 같은 비천한 몸이 굶어죽지 않고 연명을 하자니 뒤를 돌아다보거나 어머니의 유택을 찾아볼 마음의 여유가 없었다고 어머니에게 호소한다. 그리고 어머니에게 저승에 계신 어느 유력자에게 부탁하여 홍길동의 혈액을 이어받은 만수를, 미래를 창조하는 역사의 대열에 참가케 하여달라고 애원도 한다. 이러는 중에 향미산의 폭발시간은 임박하여온다.

'펜타곤' 당국이 만천하에 천명한 대로 기계의 점검이 끝나는 7분 후면 홍만수를 폭살하는 작업은 위대한 폭음과 함께 이 향미산은 불덩어리가 되어 흩어지고 말 것이다. 그러나 홍길동의 정신과 비방을 가진 홍만수는 조금도 겁내지 않는다. 이제 남은 10초. 만수는 한 폭의 깃발을 만들어 구름을 타고 제가 맛본 그 위대한 대륙에 누워 있는 양부인들의 배꼽 위에 이 깃발을 꽂아 예수의 기적밖에 모르는 이방인들에게 선조 홍길동의 그 엄청난 기적을 재연하여 그들의 심령을 뿌리째 흔들어놓겠다고 어머니에게 통정하는 내용으로 되어 있는 소설의 구상을 동년 2월 초순경 피고인 집에서 단편소설로서 창작·묘사 표현하였다.

-중략-

대한민국이 마치 미국의 식민통치에 예속되어 주한미군들은 갖은 야만적인 학살과 난행동을 자행하고 우리 국민의 생명 재산을 무한히 위협하며 몇몇 고관, 예속자본가 등과 결탁하여 국민 대중을 착취하여 비천한 피해대중들은 참담한 기아선상에서 연명만을 하고 있으면서도 이런 극심한 것을 말할 자유도 없는 이 나라에서는 이런 민중을 버리고 오직 자본가·정치자금 제공자들의 이익을 위하여 입법·행정을 하고 있으며 국민대중들은 물론, 국회의원마저 미국에 아부·예속되고 약탈의 수단인 원조로서 경제의 명맥을 틀어쥐고 미국의 예속식민지·군사기지로서 약탈과 착취, 부정과 불의에 항거하는 자들은 미국의 가공한 강압과 보복을 받으면서도 굴복과 사멸함이 없이 최후의 승리를 쟁취한다는 양 남한의 현실을 왜곡·허위선전하며 빈민대중에게 계급 및 반정부의식을 부식조장하고 북괴의 6·25 남침을 은폐하고 군복무를 모독하여 반공의식을 해이하는 동시 반미감정을 조성, 격화시켜 반미사상을 고취하여 한미유대를 이간함을 표현하는 등을 주요내용으로 하는 단편소설 '분지糞地'라는 제목의 작품을 창작하여 1965년 2월 20일경 《현대문학》사에서 동사기자 김수명에게 창작 원고를 수교하여 월간잡지 3월호 《현대문학》지에 게재 공표케 하여 북괴의 대남 적화전략의 상투적 활동에 동조한 것이다.

변론요지서

변 론 서

변호사 한승헌

1. 새삼스러운 전제

전체주의적 전제국가가 아닌 한국에서, 문학작품이 형사재판의 대상으로서 명예훼손이나 외설의 시비가 아니라 정치적 현실에 투영된 불의(용공)의 논란점으로 등장한 것은 매우 중요한 문제라고 생각된다.

이와 같은 파문은 재판을 받는 개인이나 그를 포용하고 있는 사회를 위해서 유감스러운 일임에 분명하지만, 어느 의미에서는 차라리 다행스러운 일인지도 모른다.

먼저 유감스러운 일이라는 뜻은 언필칭 자유 민주사회를 표방하는 우리나라에서 예술활동에 대한 간섭 내지 탄압이 기도되는 듯한 인상을 주기 때문이요, 다음으로 차라리 다행스럽다는 뜻은 어차피 언젠가는 한번 문제되어야 할 실정규범과 창작활동의 상충, 정치적 현실과 문화적 사명의 갈등을 판가름하여 예술 창작의 자유의 영역을 명료하게 제정함으로써 권력의 간섭 없는 표현의 자유가 보장될 수 있지 않느냐 하는 이점利點을 두고 하는 말이다.

이렇게 볼 때, 피고인의 본건 필화사건의 공판 결과는 비단 피고인 한 사람에 대한 형사책임의 존부를 따지는 데 그치는 것이 아니라, 우리의 정치적 현실과 현행법 체제하에서 보장받을 수 있는 표현의 자유의 범위 및 한계를 정립하는 시금석이 되는 것이라 하겠다.

그런데 위에 말한 표현의 자유는 두말할 나위도 없이 국민의 기본적 인권의 하나이기 때문에 어떤 예술작품이 실정법 질서에 저촉되느냐의 여부는 본건의 경우로 말하면 기소죄목인 반공법의 차원에서 국한될 문제가 아니라, 실로 헌법상의 문제요, 나아가서 민주주의의 기본원리에까지 파고들어 생각할 문제라고 본다. 다시 말해서 단순한 특별형사법적인 차원에서가 아니라 헌법적 사고와 감각으로 풀어나가야 할 과제인 것이다.

물론 우리나라가 처해 있는 현실적인 특별사정 때문에 반공법과 같은 실정법이 존재하는 이상 실정법규를 전혀 외면한 자유를 강변할 수 없음을 긍인한다 하더라도 사물에 대한 과도한 편견으로 인하여 수상한 매사를 용공으로 착색하고 또 용공으로 해야만 인권옹호의 기수인 듯 망상하는 것이 오류이듯이 용공에의 색맹 내지 근시는 지극히 경계해야 될 독소가 아닐 수 없다.

더욱이 반공법의 보호법익이 다름 아닌 국가의 존립 자체요, 우리가 목숨과 피를 바쳐가며 이 국가의 존립을 사수하는 것은 오로지 자유 민주주의 체제를 확보하려는 데 있는만큼 반공법의 근본이념은 기본권의 제약 자체에 있는 것이 아니라 그 제약이나 침해로부터 국민을 보호하려는 데 궁극적인 의의가 있다 할 것인즉, 반공의 명분 아래 국민의 기본권에 부당하게 침해당하는 일이 있다면 이야말로 본말전도의 역설이 되지 않을 수 없다는 것을 유념할 필요가 있다.

2. 문학작품의 규범적 평가에 있어서의 관점

어느 한 작품의 실정법규 위반 여부를 따지는 일은 일반 범죄사건에서의 사실인정과는 성격이 다르다. 단순한 사실인정 그것이 아니라, 이미 객관화된 사실(작품)에 대한 규범적 평가가 중요한 작업이기 때문이다. 뿐더러 그 평가의 대상이 우리의 일상현상이 아니라 문화적 정신적 관념적 창작의 소산이기 때문에 여러가지 어려움이 끼어들게 된다. 그렇다고 해서 문학이론상의 비평만에 시종할 수 없고, 더구나 시사적인 성토의 안목으로 보아서도 안될 것이다. 더욱이 관헌 당국이 편법으로 쓰듯이 문학의 본질·방법 따위에 관한 최소한의 이해마저 배척하고 국어독본식의 평면적인 이야기와 해석으로 임한다는 것은 너무나 위험스럽다.

문학의 본질은 여러가지로 운위할 수 있지만 '투르게네프'의 말을 빌리자면 그것은 하나의 개조요 저항이요 고발이요 갈망이며 연소작용이라고 말할 수 있다.

또 다른 말로 하자면 문학의 본질은 결국 인간의 존재와 정신의 탐구에 있고 진선미를 추구하는 정신작업을 내용으로 삼고 있다 할 것인데 아직도 문학을 우리 고대소설에서처럼 권선징악, 파사현정破邪顯正의 잠언이나 미화 예찬만을 적재해야 되는 것으로 이해한다는 것은 상식 이전의 오류이다. 그렇다면 하나의 문학작품을 놓고 무슨 선악이나 현실적 당위를 평가기준으로 해서 논란하려는 그 자체가 아주 무의미한 일임을 알 수 있다. 그리고 간과할 수 없는 바는, 소설은 상상과 허구의 미학을 기둥으로 삼고 있다는 점이다. 다시 말해서 작품을 말할 때, 현실을 렌즈에 담아 그대로 촬영한 것인 양 오해하지 말아야 한다. 작품 속의 상황이나 인물은 어디까지나 상정의 세계, 가능성의 관념작용에 불과한 것인데 이것을 현실의 토양 위로 격추시켜가지고 당위성을 감별하려고 리트머스 시험지를 담가보는 태도는 무모하고 위험스럽고 더러는 넌센스라고 할 수밖에 없다. 그리고 작품에 있어서 스토리라는 것은 어디까지나 창작상의 기호요, 전개방법이므로 작품이 무엇을 말하고자 하느냐 하는 것은 그 작품이 내포하는 문학성, 사상성 또는 문학정신을 총체적으로 파악하고 독후讀後의 여과침전 단계를 거쳐서만 평가될 문제이다.

무릇 문학작품의 반사회성의 평가에 있어서는 다음과 같은 다섯 가지 방법을 생각할 수 있다.

(1) 작자의 의도와 작품의 의미를 이해한다(intention or motive).

(2) 전체를 읽고 판독한다(read the book as a whole or dominant effect).
(3) 부분만을 읽고 평가한다(isolated passages).
(4) 예단豫斷에 따라 재단裁斷한다(prejudication).
(5) 전혀 이해되지 않기 때문에 부화뇌동한다(follow another blindly).

이 가운데 (1), (2)는 정당한 평가판단의 기준이 되는 것으로 인정되나 (3)은 수사기관의 통상적인 수단이기 쉽고 (4), (5)는 검찰측 증인이 빠지기 쉬운 습벽이라고 볼 수 있다.

그러므로 부분적인 표현을 들어서 작품 전체의 규범적 평가를 시도함은 있을 수 없다. 또한 문학의 장르에 있어서는 비유 또는 상징적인 수법이 널리 쓰이고 있음을 상기해야 할 것이다. 만약 문학에서 그런 상징성을 고려에 넣지 않는다면 창작도 감상도 존재할 여지가 없게 된다.

동물을 의인화시킨다든지 인간을 어느 사상의 가시적 형체로 설정한다든지 하는 따위는 너무도 흔한 예이다. 은유(metaphor)나 우화적 수법(allegory)을 도입한 작품을 이해함에 있어서는 자칫하면 장님이 코끼리 만지는 독단을 범하기 쉽다.

또한 객관화된 문학작품의 해석 또는 이해, 나아가서 그 영향을 살펴보는 데 있어서는 발표의 수단, 즉 매개체(mediator)의 성격에 상응하는 평균적 수준의 독자를 기준으로 하여야 할 것이지 그와 동떨어진 예외적인 계층의 단견이나 곡해를 가지고 운위해서는 안된다.

3. '분지糞地'에 대한 사실점의 분석

본건에 관하여 검찰측의 공소장을 보면 피고인의 작품 '분지糞地'는 주한미군의 만행과 피해대중의 참상을 묘사하는 등 현실을 왜곡선전하여 반미감정과 반정부 의식을 고취함로써 북괴의 대남적화 전략의 상투적 활동에 동조하였다는 것이다.

그러나 우선 소설의 스토리를 평면적으로 받아들인다 하더라도 위와 같은 주장은 성립될 수 없다. 과연 미군이 한국의 여자와 강요된 성관계를 맺는 이야기가 나온다고 해서 그것이 곧 만행의 조작·폭로이며 한미 유대를 이간시켰다고 볼 수 있을 것인가. 또 일부 가난한 사람들의 참상을 이야기의 소재로 삼았다고 해서 계급의식을 조장했다고 한다면 바로 그런 사고와 판단이야말로 또 하나의 잠재적인 계급의식의 소산이 아닐 수 없다.

군에서 제대한 주인공 '만수'가 실업상태에 허덕이는 대목이 있다 해서 군복무를 모독한 것으로 보거나 6·25를 '돌연한 충돌'이라고 썼다고 해서 공산군의 남침을 은폐하여 반공의식을 해이시켰다는 따위의 견해는 실로 상식을 일탈한 억설이 아닐 수 없다.

일부 미군의 비행, 우리의 가난과 고민, 실업자의 방황 등 어두운 상황은 이 소설이 나오기 전에 이미 유감스럽게도 현실로서 존재했거나 지금도 상존하는 실정인 이상 또 그를 시정 타개하기 위한 보도와 논평, 고발과 성토가 자연스럽게 용인되는 이 마당에 소설의 테마로서 그런 어두운 면이 다루어진 일사一事를 가지고 현실의 왜곡 선전이니 반미 용공이니 하는 무서운 독시毒矢를 퍼붓는다는 것은 적어도 자유와 양식을 존중하는 민주사회에서는 있을 수 없는 일이다. 더구나 앞서 본 바와 같이 문학에 있어서의 상징성이나 우화적 수법을 이해한다면 더욱 문제가 되지 않는 것이다.

증인 이어령의 진술에 의한다면, 미군과 한국 부녀와의 성관계는 동서 문명의 접촉과정을 그리고 '어머니'의 강조는 민족문화의 주체성을 표현하는 상징으로서 보여지기 때문에 '糞地'는 친미도 반미도 아니라는 것이다. 독자는 손가락으로 가리키는 달을 바라보아야지 달을 가리키는 손가락을 보고 이렇다 저렇다 할 것이 아니라고 하였다. 그렇다면 강간이니 실업이니 하는 소재의 한 장면만을 놓고 이 작품을 바로 반미니 현실 왜곡이니 하면서 용공작품으로 규정하려는 것은 오판이다.

설령, 전체란 것이 결국 부분의 총화이니까 부분을 문제시함도 당연한 관찰이라고 한다면, '분지'에서도 반공적이며 민족 주체성을 고취하는 대목을 얼마든지 볼 수 있다.

　해방될 때 어머니가 고이 간직한 태극기를 갖고 거리로 나오는 데서부터 아들인 만수가 미군의 아내를 강간하면서 환상적으로 배꼽에 태극기를 꽂겠다는 것으로 끝마치는 것만 보아도 이 소설은 분명히 태극기로 상징되는 대한민국을 의식하고 있는 것이며 그런 뜻에서 가장 반공적인 것이라 말할 수 있다.

　'이제 곧 태극의 무늬로 아롱진 이 러닝 셔츠를 찢어 한 폭의 찬란한 깃발을 만들 것입니다.' 이 한 구절만 인용해보더라도 어느 편이 곡해인가 곧 밝혀질 일이라 믿는다.

　다음, 미군 엑스 사단이 향미산을 포위하고 미사일까지 동원하여 만수를 해치려 한다는 대목은 이야기 자체로서는 허무맹랑한 것으로 철저한 우화적 수법을 구사한 것인데 그것이 미군의 잔인한 침략성을 묘사한 것이라고 보는 것은 너무도 문학을 몰이해한 말이다. 그리고 주인공인 만수를 홍길동의 후손이라고 한 것을 가지고 홍길동의 계급투쟁 사상을 암시하였다고 주장하지만 홍길동은 당시의 적서관계에 불만의 요인이 있었으며 호풍환우하는 동양적 풍류와 기행의 인물로 볼 것인데 계급투쟁의 우상으로 부회하는 것부터가 정확치 못하며 설령 이북에서 《홍길동전》을 일방적으로 악용한다 해서 우리가 '홍길동'이라는 고전적 인간상마저 숙청할 이유는 조금도 없는 것이다.

　가난한 사람들의 어려움, 빈부·강약의 대조, 사회의 병폐 등 현실의 암류와 치부를 그렸다고 해서 이를 곧 반정부적이라고 보는 것은 더욱이나 알 수 없는 말이다. 사회의 모순이나 인간의 불완전성을 파헤치는 일이야말로 문학이 짊어진 과제의 첫 장이며 종장이거늘 현실폭로 혹은 고발성을 띤 문학작품을 단순히 불평불만에 넘치는 선동으로만 보아 곧 반정부적이라는 낙인을 찍는 것은 건전한 양식과 이해력을 지닌 한 상상할 수도 없는 일이라 생각된다.

4. 독소조항과 의율擬律문제

피고인에 대한 적용 법조는 반공법 제 4조 제1항, 즉 북괴의 활동을 찬양·동조하여 반국가단체를 이롭게 했다는 것이다. 그러한 주장은 소설 '糞地'가 반미 반정부적이라는 데 이유를 두고 있다.

그러나 위에서 살핀 바와 같이, 소설 '糞地'는 반미적인 것도 반정부적인 것도 아니다.

불온하다는 견해는 차원과 관점의 상이에서 오는 착각일 뿐이다.

또 백보를 물러서서 설령 반미·반정부적이라고 하더라고 이것은 언론과 예술의 자유가 헌법상 보장된 한국에 있어서 당연히 인정되는 기본권 행사의 범위를 벗어나지 않는 것이고, 만약 그렇지 않다고 하면 한국엔 친미, 친정부 그리고 현실찬양의 표현만이 허용되는 자유가 있을 뿐으로서 자유 민주국가의 본질인 비판의 자유마저 부정한다는 도착을 범하는 것이라 할 것이다.

그리고 남한의 사회상의 어두운 면을 그렸다고 해서 그것이 곧 북괴의 주장에 동조한 것이라고는 볼 수 없다. 하나의 사실이나 주장 또는 하나의 현상에 대한 평가가 외형상 북괴와 일치 혹은 유사하다고 해서 그것이 곧 동조라고 본다는 것은 일체의 비판과 이론을 용납치 않는 북괴의 압제를 연상케 하는 우거에 불과하다.

그러므로 적어도 동조라 하려면, 단순히 표현 사실의 외형상 합치만을 가지고 말할 것이 아니라 형사법상의 대원칙인 목적의식 내지 고의가 수반되어야 할 것이다. 혹자는 반공법 제 4조가 고의를 필요로 하지 않는 결과법인 듯 오해하고 있으나, 이점에 관하여는 반드시 범의가 있어야 한다는 법원의 판결이 되풀이되었으며 심지어 검찰 자체로도 1966년 12월 8일 전국검사장회의를 통하여 위 법조 역시 형사법의 대원칙에 따라 고의가 없으면 범죄는 성립되지 않는다는 법무부의 유권해석을 시달한 바도 있다.

그렇다면, 피고인이 과연 북괴의 주장에 동조하여 반국가단체를 이롭게 한다는 인식이 있었느냐를 살펴야 할 것인데, 그러기 위하여서는 먼저 이 작품에 대한 피고인의 의도를 분석할 필요에 직면하게 된다. 피고인은 자신의 창작의도에 관하여 말하기를, 민족의 주체성을 살리고 윤리와 힘의 균형된 상태를 희구하여 역사에 참여하여 살아보려는 인간의 위치와 상황을 표현하고자 하였으며, 이북 집단을 이롭게 한다는 생각은 전혀 있을 여지조차 없었다고 진술하고 있다. 또 증인 이어령은 객관적인 평자의 입장에서 그 작품이 동서문화의 상관관계를 표현하여 흔들리는 민족의 얼과 문화의 주체성을 지켜야겠다는 생각에서 쓴 것같다고 말하고, 만일 다른 의도로 썼다면 문맥도 달라졌을 것이라고 증언하였다. 그렇다면 일견 현실부정적인 듯한 대목의 표현은 창작과정에 있어 설정된 지엽적인 상황이거나 상징 혹은 은유라 할 것이며 그 이상의 타의가 개입되었다고 볼 수는 없다. 따라서 피고인에게는 반국가단체의 이익을 위한다는 인식과 자기의 작품내용이 반국가단체의 주장에 합치된다는 인식이 없었다.

생각건대 반공법 제 4조는 헌법의 기본권 행사에 관한 제한규정이거늘, 그 표현과 내용이 너무 추상적이고 모호하여 금지나 제한의 범위, 한계가 명확하지 못하므로 별형법정주의에 위배되는 위헌조항이라는 논란이 대두된 바도 있거니와 최소한의 악용의 우려가 많은 독소조항임은 아무도 다툴 수 없는 지배적 견해이다.

이점에 관하여는 검찰의 일반적 지휘자인 법무장관 자신이 1966년 6월 7일 국회본회의에서, 반공법 제4조 규정은 그 내용이 너무나 애매하여 악용의 여지가 많음을 시인하나, 정부가 법운용을 공정히 하겠으니 믿어달라고 답변한 사실까지 있다.

그렇다면 그 해석운용에 있어서 더욱 엄정을 기하여 입법의 잘못을 보완해야 옳을 것이고 그러기 위해서는 무엇보다도 동조란 내용을 엄격하게 한정적으로 해석해야 할 것이며 그 행위의 동기가 반국가단체의 이익을 위함인지 아니면 민주국가의 국민으로서 기본권의 발현작용인지를 명확히 가려내야 할 것이다.

한편으로 작품의 내용이 불온하냐의 여부는 엄정한 국가적 이익과 헌법정신에 따를 바이요, 당대의 권력자나 특정기관의 관점에 좌우되어서는 안될 것이고 더욱이 그 작품을 누가 이용했느냐에 따라 소장消長을 두어서는 안될 것이며 어디까지나 작품 그 자체를 놓고 객관성 있게 평가하되 막연한 과민에 사로잡히지 말고 '프랑크' 판사가 말한 이른바 '명백하고 현존하는 위험'의 유무를 기준 삼아야 할 것이다.

그리고, 출판물에 의한 영향을 이유로 범의를 추정함도 있을 수 없는 일이다. 피고인의 작품이 출판물에 의하여 공포되었으니만큼 설령 작자의 의도와는 별개로 일반독자가 받는 영향을 무시할 수 없다 하더라도 본건 '분지糞地'를 게재한 《현대문학》지는 만인동지의 순문예지로서 그 독자는 문학에 대한 상당정도의 이해와 소양을 가진 계층으로 형성되어 있기 때문에 이 소설에서 나오는 어두운 상황들을 오해하고 반미감정이나 계급의식을 품게 될 여지는 거의 없다. 설령 이 작품으로 인해서 그와 같은 감정이나 의식을 갖게 된 자가 있다면 그것은 어디까지나 예외적인 현상일 것이며 그런 희유稀有한 곡해를 이유삼아 작자의 의도를 왜곡하여 범의를 인정할 수는 없는 것이다. 요컨대 피고인에게는 반국가단체의 주장에 동조하거나 적을 이롭게 한다는 의식이 조금도 없었다.

5. 사안판단에 고려되어야 할 정황들

피고인의 '분지糞地'가 과연 용공이적容共利敵의 작품이냐를 판가름하기 위해서는 작가의 환경, 생성 과정, 작품, 문단에서의 평가 그리고 문제화된 계기 등도 아울러 고찰함이 마땅하다고 본다.

피고인의 환경을 보면, 그의 아버지는 지방에서 교육감과 공화당 위원장을 역임할 만큼 사상과 행적이 확실한 인사이고 주위에 다소라도 불온사상을 피고인에게 감염시킬 요소가 없었다.

그리고 피고인은 26세대 문단에 데뷔한 이후 건실하게 역작을 계속 발표하여 1961년도 동인문학상 후보상까지 수상하는 등 문제의 작가로서 촉망을 받기에 이르렀다. 그의 작품은 문학평론가 백철 씨의 말로 대신한다면 "현대의 속성을 풍자하고 일관하여 과장의 수사법을 효용하면서 어떤 한국적인 유머를 특질로 내놓고 있는 점이 주목되는 바"라고 하였다. 작가인 안수길 씨가 평하되, 남씨의 풍자는 "고골리나 채만식의 것과는 달리 웃음 속의 눈물이나, 착 가라앉아서 비꼬는 태도가 아니라 몸으로 부딪쳐 노호하면서 하는 풍자인 것이다. 물론 과장되고 우화적인 요소도 있어 사실적인 견지로서는 지나치다고 느껴지는 점도 있다"고 하였다.

요컨대 피고인의 작품은 현실에 대한 풍자와 과장과 우화적인 수법을 특징삼고 있다 할 것이며 이러한 그의 경향은 '糞地'의 이해에 있어서 예비되어야 할 인식이라고 믿는다. 그의 이러한 수법을 오해한 사람들이 말하듯 정말 그가 용공적인 작가였다면, 한국 문단의 쟁쟁한 대가들로 구성된 동인문학상 선고위원選考委員들이 그 사람 그 작품의 용공임을 모르거나 혹은 은폐하고서 수상작가로 뽑았을 리가 없는 것이다.

다음으로 '분지糞地'라는 작품이 문제화된 경위와 관련하여 일언하지 않을 수 없다. 이 작품은 1965년 3월호 《현대문학》지에 발표되었는데 그해 7월경 북괴 산하의 기관지 《조국통일》에 무단 전재된 것이 발단이되어 비로소 수사가 시작되었다고 한다. 작품발표 후 약 4개월 동안 아무 말이 없다가 위 북괴지에 난 것을 안 뒤에 문제를 삼았다면, 우리의 수사기관이 오히려 저들의 술책에 과도한 반응을 보이는 듯한 인상을 주는 것이요, 피고인이 예기치 않은 전재, 그나마 이번의 경우처럼 아전인수격으로 첨삭까지 한 장난을 가지고 새삼스럽게 그 작품을 용공이라고 규정하여 작자를 입건, 구속까지 한 바 있음은 실로 이해하기 어려운 처사였다 할 것이다.

악마도 성경을 인용하는 법이다. 그렇다고 해서 성경이 악마의 주문으로 격하되는 것은 아니며 성경은 여전히 성경으로서의 가치를 지니는 것이 아닌가.

'분지糞地'와 같은 작품이 발표되었다는 것은 한국의 작가들이 아무런 간섭을 받지 않고 그만큼 현실을 적나라하게 다루고 비판할 수 있는 자유를 향유하고 있음을 과시하여 민주한국의 면목을 높였다고 볼 것이요, 또 바로 이러한 점이 어용문학만이 숨을 쉬는 북괴치하와 판이한 우리의 강점이라 할 것이다. 사리가 그러하거늘 위정당국의 입장에서 조금 이상하다는 주견만으로 경솔히 적발, 처벌을 자행한다는 것은 다름 아닌 북괴에 선전자료를 제공하는 구실이 되어 반공 아닌 이적의 결과를 초래할 우려마저 크다 할 것이다. 소설은 반드시 친미적이며 현실긍정적이어야 할 것인가. 미국병사의 적나라한 인간묘사는 반미가 되며, 반미는 곧 용공으로 비약되는 것인가.

작가가 민족문화의 퇴화를 경계하고 또는 가난과 불평등으로 얽혀진 현실 및 인간의 추악을 고발하는 것이 반정부, 반국가라는 논리를 받아들인다면 이 나라 어디에서 예술의 자유, 비판의 자유를 찾아볼 수 있을 것인가.

6. 결론

본건 공소사실에서 문제된 피고인의 작품 '糞地'는 결코 반미·반정부적인 소설이 아니며 거기에 부각된 현실과 인간적 미추·명암은 창작과정에서 설정된 허구요, 현실적인 당위문제에 그대로 결부시킬 성질이 아니다.

그 작품의 스토리에 한국사회의 어두운 면이 강조되었다 하더라도 그러한 외형상의 이유만으로 곧 반국가단체의 주장에 동조한 것이라 볼 수는 없으며, 모호하기 짝이 없는 반공법 제4조의 규정을 그렇게 확대해석한다면 국민의 기본적 자유를 본질적으로 침해함은 물론 벌형법정주의에도 어긋나는 일이 아닐 수 없다.

더구나 피고인으로는 반국가단체 주장에 동조하여 적을 이롭게 한다는 인식이 전혀 없었으니 결국 범의 없음에 귀착되며 북괴의 출판물에 전재되었다는 일사를 들어 피고인의 작품을 용공으로 보거나 적을 이롭게 하려는 범의가 있었다고 추정할 수는 없는 것이다. 그렇다면 피고인의 소위는 한국의 헌법과 법률이 허용하는 범위내에서 작가로서의 창작활동 및 그 발표의 자유를 행사하였을 뿐이고 달리 공소장 기재와 같은 범죄사실을 인정할 증거가 없으므로 피고인은 '무죄'라고 확신하는 바이다. 한 작가의 '慎志'를 곡해함은 '焚紙'의 위험을 초래할 뿐이다.

아무쪼록 민주한국의 면목을 제대로 살릴 수 있는 현명한 판결이 있기를 기대한다.

변론요지서

문단의 하늘을 푸르게 하라

특별변호인 안수길 (작가)

 법률상의 문제나 공판진행상의 전문적인 부면에 있어서는 변호사께서 평론했으므로 나는 작가의 입장과 견해로 몇 마디 한다.
 법률엔 문외한이므로 법정용어가 아닌 어휘를 쓸지 모르니 이점 양해를 구한다.
 특별변호인이 수리된 후의 전공판을 통해 문제점으로 클로즈업된 사항에 대해 우선 나의 견해를 피력하겠다.

주제면에서

 검찰측에서는 '북괴가 주장하는 반미사상에 동조했다'고 보고 있으나, 이 작품의 주제는 민족의 자주정신을 강조한 것이다. 주인공을 규정하는 데 있어 작품서두에 '단군의 후손'이라는 말이 있고 결말부분에 가서 '태극기를…… 배꼽에 꽂는다'는 말이 있다. 어느 북괴의 공산주의자가 단군을 거들고 태극기를 내세우겠는가.
 물론 이 작품엔 미군의 비행을 쓴 대목이 있다. 그러나 그것은 민족의 주체성을 강조키 위한 구성상의 대조법으로 쓴 것이다. 백을 더 선명히 표현하기 위해서 흑을 대조시키듯이. 한민족에 대한 이민족의 대조인 것이다. 하필, 미국인이냐 반문할지 모르나, 이 작품에 나타난 시점으로 보아, 우리나라에 들어와 있는 이민족의 가장 많은 수는 미국인이었다. 그리고 미국인은 이민족을 대표하는 존재로서 등장된 것이다. 다른 시점으로 이 소설이 씌어졌다면 미국인이 아닌 타 이민족이 등장했을 것이다.

기술면에서

이 소설은 구성상 정공적인 사실주의 수법을 채택치 않았다. 고대소설의 수법을 현대에 살려본다는 실험적인 의도가 있는 것이다. '서유기'의 손오공처럼 '홍길동전'의 주인공이나 '흥부전'의 박타기처럼 구름을 잡아 탈 수도 있고, 한 주인공이 여럿으로 변현할 수 있고 박 속에서 보물이 나올 수도 있는 식의 수법을 현대에 적용해본 것이다.

'펜타곤'에서 단추를 누르면 향미산이 폭발한다는 것도 이런 고대소설의 수법을 현대의 극도로 발달한 기계문명을 비판하는 각도로 사용한 것이라고 보여진다. 그러기 위해서는 홍길동의 제10대손인 '홍만수'를 주인공으로 설정할 수 있는 것이다. '홍만수'가 북괴 방송 '프로'의 주인공의 이름이다 운운하고 있으나, 이북방송을 듣지 않는 나로서는 알 수 없는 일이고, '만수'라는 작명도 선조가 '길동吉童'이니까 길동이에 알맞는 '만수萬壽'라고 좋은 뜻과 글자로 사용할 수 있겠다고 보았다.

문장상으로

이 소설은 제1인칭의 고백체로 되어 있다. 즉, 주인공 내가 자신의 심정을 호소하는 표현법인 것이다. 고백체는 화자의 정감이 독자에게 절실하게 '어필'하는 효과가 있다. 그 대신 흥분하는 약점도 있어서 이 소설은 약간 흥분하고 있다고 볼 수 있겠다. 그러나 장면의 설정, 사건의 긴박성으로 보아 어쩔 수 없는 일이다. 더구나 어머니의 영전에 호소하는 것으로 되어 있다. 과격하지 않을 수 없는 것이다.

그 과격하다 싶은 점이

一. 제목인 '분지糞地'부터가 우리 민족을 모욕하는 것으로 되어 있다는 검사측의 견해로 나타났다.

그러나 이 대목의 표현은 역설적 강조법이라고 본다. 가령 망나니 아들이 있다고 하자. 아버지가 아들을 선도하기 위해 과격한 말을 하는 경우가 있는 것이다. "이놈, 너는 개돼지만도 못한 놈이다. 지금부터 내 아들이 아니니 썩 꺼져라" 이런 말을 했을 때, 아버지가 아들을 정말 개돼지만 못해서 그런 것일까, 정말 아들이 아니라고 혈연을 끊기 위해 하는 말일까? 자극을 주자는 의도인 것이다.

'분지糞地' 운운도 그것과 같은 것이다. 외국인이라면 덮어놓고 오금을 못 쓰는 사람들에게 작자가 주인공의 입을 통해 역설적으로 자극을 준 것에 지나지 않는 것이다.

물론 이런 수법이 옳으냐, 그르냐? 작가의 입장에서, '분지糞地' 전편이 완벽한 작품이라고 보지 않는다. 그러나 이것은 소설기법상의 문제이어서 문학전문가들이 '문예 살롱'이나 '세미나'에서 논의할 문제이지 법을 다루는 법정에서 법조목으로 그 가부를 결정지을 것은 아니라고 생각한다.

一. 북괴의 잡지에서 전재되고 기관지에서 논평됐다는 사실에 대해서-

외국의 예 하나를 들겠다. 미국의 '존 스타인벡'이 '분노의 포도'를 쓴 것은 1939년의 일이다. 그 무렵은 '나치' 독일이 한창 반미선전을 펴고 있을 때였다. 이 작품을 반미선전 재료로 대내적으로 이용했다. 그 내용은 알겠지만도 참고로 말한다면, 1933년에서 2년간, 미국의 농민들이 남서부의 '오클라호마'에서 대거 서부의 '캘리포니아'로 이주해 가는 참상을 그린 것이다. '히틀러'는 '황금의 미국이라고 하지만은 이런 참상이 있지 않느냐? 그것을 바로 미국의 대작가가 썼다. 보아라' 식으로 선전했던 것이다. 그러나 '스타인벡'은 그것 때문에 미법정에 선 일도 없고 도리어 그 작품은 구약성전의 '출애굽기'와 '민수기'를 현대의 미국에 옮겨놓아 미국민의 강인성을 강조하는 작품으로 높이 평가를 받았고 미국이 전세계에 과시하는 대표작 중의 우위로 손꼽히는 작품으로 되어 있는 것이다. 그 스타인백이 전번에 월남에 종군했던 사실도 기억에 생생한 일이다. 이외에도 '드라이저'의 《아메리카의 비극》 '도스 파소스'의 《U.S.A.》 등은 미국의 어두운 면을 얼마든지 파헤쳐 보여주고 있으나 법정에서 섰다는 뉴스는 듣지 못하고 있다.

'히틀러'의 '나치스'만이 아니다. 공산주의자들의 선전수법이 어떻게 교묘하다는 것은 이제 와서는 상식 이상의 상식으로 되어 있는 일이 아닌가? 그것은 상투수단인 것이다.

저항문학에 대해서

문학의 저항성을 오해하고 있는 듯하다. 인간에겐 완전이 있을 수 없는 것이다. '파스칼'이 '인간은 생각하는 갈대'라고 했다. 생각은 향상을 뜻하는 것이다. 완벽을 지향하기 위한 사고인 것이다. 향상에 대한 사고는 왜 생기느냐? 현재 처하고 있는 처지에의 불만에서 오는 것이다. 그것은 현대에만 국한되는 것이 아니다. 정신면에서도 그렇다. 독자가 어떤 작품을 감명깊게 읽는 것은 독자가 알지 못하게 불만으로 여기고 있던 것을 작자가 대신 타개해주기 때문이다. 이것이 문학의 저항성이다. '춘향전'이 오래 우리의 마음 속에 남아 있는 까닭은 춘향이 순결을 지키기 위해 변학도에게 대항해 굽히지 않았다는 데 있는 것이다. 춘향이 변학도의 마음대로 됐다면 그것은 소설이 될 것도 없고 됐다고 하더라도 감명이 오래갈 수 없다. 이것은 인간이란 선한 것, 순수한 것, 거룩한 것을 지향하고 옹호하는 본능이 있기 때문이다.

이것이 용허되지 않는 것은 오직 공산주의의 문학이론인 것이다. 당이 지시한 '테마'에 의해 작품을 쓰지 않으면 안되는 사회에서는 그 사회에 대한 문학의 저항성을 생각할 여지가 없다.

우리 자유대한민국에 있어서는 작가의 자의에 의한 문학의 저항성이 저해를 받을 수 없는 것이다.

이상의 몇 가지를 들어 나는 작가의 입장에서 '분지糞地'의 작자 남정현은 무죄가 되어야 한다고 주장하는 것이다. 그러나 만약 법에 의해 처벌이 된다면 어떤 결과가 생겨날 것인가.

一. 한국의 민주주의가 자유우방은 물론 중립국으로부터도 의심을 받게 되고 공산측에게는 '분지糞地' 전재轉載, 왜곡논평하는 이상의 선전자료를 제공하게 되는 것이다. 전심前審 검사측의 증인심문에서도 3인의 증인이 입을 모아 말했다. 한국과 북괴의 차는 자유민주주의에 있다고 한 것이다. 한증인은 북괴는 당의 지시에 따르는 당의 문학이라고 했고, 최증인은 이북에서는 이런 소설의 발표는 상상도 못한다. 이런 소설이 허용된다면 대한민국은 자유스럽다고 증언했다. 이 증인은 남한에는 개인의 자유가 있다고 말했다.

一. 일제시에는 없던 일이라 역사를 역행하는 결과를 가져온다.

김동인의 '붉은산'은 1932년의 작품이다. 이 작품의 말미에 가서 애국가 '동해물과 백두산이 마르고 닳도록…'이 나온다. 당시는 지금과는 달라 원고 검열제도였다. 그럼에도 이 작품은 통과되어 잡지에 활자화됐고 단행본에도 수록됐을 뿐 아니라, 일본어로 번역이 되어 일본인에게도 읽혀졌던 것이다. 작자가 법정에 서서 형을 받은 일이 없었다. 일제시에도 없었던 일을 해방 20유년有年의 오늘에 감행한다는 것은 역사의 수레바퀴를 뒤로 돌리는 일이 아닐 수 없는 것이다. 가볍게 생각할 문제가 아니다.

나는 작가적 입장에서 '분지糞地' 작자의 무죄를 주장하는 동시에 또 탄원한다.

一. 작자 남정현이 반성하고 있다. 작품의 의도가 잘못 해석되었고 더구나 북괴에 악이용당해 사직의 손을 번거롭게 하고 문단과 사회에 물의를 일으킨 데 대해서……

一. 일반적으로 작가들의 창작의욕이 위축된다. 그 결과는 생생하게 가슴에 파고드는 작품이 나올 수 없다. 그것은 국가적인 손실인 것이다. 박대통령도 연두교서에서 창작의 자유를 말했다. 우리 문학이 세계문학의 대열에 끼어 그 존재를 주장하기 위해서는 창작의 자유가 보장되어야 할 것이다. 그것이 위축, 저상沮喪된다는 것은 그만큼 뒤떨어지는 것을 의미한다.

一. 한 작가를 대성시키기 위해서는 국가와 국민이 협조해야 한다.

一. 남북이 갈려 있다는 현실에서 이번의 사건은 일반 작가들에게 창작의 한계성에 대해 고요히 생각할 기회를 주었다. 그것으로 족한 것이지 한 작가에게 형을 가한다는 것은 너무 가혹한 일이라고 생각한다.

一. '솔로몬'의 명판결로 무죄를 선고하여 문단의 하늘을 푸른 하늘로 활짝 개이게 해주기를 문단의 일석에 앉아 있는 작가의 한 사람으로서 재판장께 탄원한다.

판결문

서 울 형 사 지 방 법 원

판 결

사 건	66고 14198 반공법위반
피 고 인	남정현南廷賢 소설가 34세 주거 서울 성북구 길음동 554의 21 본 적 △△△△△△
검 사	박종연
변 호 인	변호사 한승헌, 동 이항령, 동 김두현. 특별변호인 안수길

주 문   피고인에 대한 형의 선고는 이를 유예한다.

이 유

범죄사실   피고인 남정현은,

　　본적지에서 남세원의 장남으로 출생하여 15세 충남 서산 국민학교를 거쳐 서산농림학교를 졸업 후 잡지사 기자, 서산검찰지청 서기보로 각 5개월여간 근무하다가 1957년 초순경부터 문단에 투신하여 월간잡지, 자유문학, 사상계, 문학춘추 및 현대문학 등에 단편소설 '너는 뭐냐' 외 20여 편의 작품을 기고하여오던 소설가인바,

　북한괴뢰집단은 정부를 참칭하고 국가를 변란할 목적으로 조직된 반국가단체로서,

대한민국을 전복, 적화하기 위하여 무력 남침하였다가 패배한 후 대남전략을 간접침략으로 전환하여 위장된 민족주체성을 고취하면서 자주적 평화통일을 주장하는 일방 다량의 간첩을 남파하여 정치, 경제, 군사 등 각 분야에 걸쳐 정보수집을 하는 동시 위기의식을 부식조장하여 국론의 분열과 민심을 교란하고 반공의식을 해이케 하면서 대남전략의 결정적 장애가 되고 있는 한미간의 유대를 이간할 것을 획책하여 '미군의 대한민국 주둔을 미제국주의의 침략적 식민지통치이며 강점한 미제군대는 야심적인 학살과 난행을 자행하여 생명과 재산에 무한한 위협을 가하고 있으며 미제의 원조는 침략과 약탈의 수단으로서 완전 식민지 군사기지로 예속시켜 경제의 명맥을 틀어쥐고 미제식민지통치의 도구인 집권층, 미제와 결탁한 예속자본가, 지주 및 반동관료배들의 가혹한 착취로서 심각한 경제적 파국을 초래하여 비참한 국민생활과 참담한 대중적 기아가 전역을 휩쓸고 부패와 사회적 무질서는 더욱 혹심하여지고 있으며 반미투쟁세력은 미제반동세력들에게 굴복과 사멸함이 없이 최후의 승리를 쟁취한다'
　는 등 온갖 사술을 다하여 남한의 현실을 왜곡 허위선전하면서 빈민대중에게 계급의식을 부식조장하고 반국가적 반정부적 행동을 선전선동하는 동시 반미감정을 조성 격화시켜 반미사상을 고취하여 소위 반미구국투쟁을 선전 선동하면서 한미유대를 이간하여 대남적화의 무방비 상태를 획책하여 대남정치공세에 광분하고 있음을 지실知悉하고 있는 터이므로 남한에서 여사한 북괴의 적화전략의 상투적 선동선전 활동에 동조함은 곧 북괴의 이익이 된다는 정을 알면서
　1965년 1월 초순경 서울 종로구 효제동 130번지 소재 현대문학사에서 발간하는 월간문예지《현대문학》에 단편소설 기고를 요청받자 '분지糞池'라는 제목의 작품을 창작기고할 것을 결의하고
　동 소설 분지의 줄거리로서
　활빈당의 수령으로서 양반계급제도의 타파 부패한 조정의 무리들을 신출귀몰하는 둔갑술로써 혼비백산케 하고 비천한 대중들을 구제한 홍길동의 비법과 정신을 이어받은 10대손인 홍만수는 어머니와 여동생 분이와

함께 8·15 해방을 맞이하였다. 아버지는 조국의 독립을 위하여 싸우는 분이라고 어머니로부터 들었으나 만수는 나이가 어려서 독립이니 해방이니 하는 의미도 몰랐다. 다만 아버지가 왜놈에게 쫓겨다니지 않고, 이제 돌아오신다기에 어머니와 무한히 기뻐하였다.

그러던 어느날, 어머니는 밤새우고 만든 태극기와 성조기를 앞세우고 무슨 환영대회에 나갔던 날, 미군한테 강간을 당하여 정신적 충격을 받고 미군을 저주하면서 미쳐 죽었다. 만수와 분이는 아무리 아빠를 기다려도 돌아오지 않았다. 그래서 할 수 없이 가난한 외가에 가서 성장하게 되었다.

그러던 중 6·25 동란을 만나 피란길에서 가족과 뿔뿔이 헤어진 만수는 군에 입대하였다. 고된 군의 복무를 마치고 제대한 만수의 앞에는 걸식과 방황이 기다리고 있을 뿐 살 길이 막막하였다.

어느날 우연히 누이동생 분이를 만나게 되었다. 그때 분이는 미군 스피-드 상사의 첩노릇을 하면서 동거생활을 하고 있었다. 만수는 그것을 알고 어머니를 부르며 목놓아 울었다.

그러나 삶에 지쳐서 우선 뭘 먹고 한잠 푹 자고 싶은 욕망에만 사로잡혀 있는 만수는 누구를 원망하고 책망할 기력도 없었다. 만수는 대단히 원통하고 불쾌했지만 스피-드 상사 집에 의탁하여 미군물품 장사를 하면서 살아갈 수밖에 없었다.

만수는 어머니가 생전에 그렇게도 칭찬하던 옥이며, 숙이도 미군들의 호적에 파고 못 들어 병객처럼 되어 있고 대학출신의 친구도 미군을 매부로 삼은 만수에게 미국에 통하는 길을 열어달라고 호소하는 형편이니 미군 첩노릇을 하고 있는 분이를 어머니 마음처럼 박살낼 수도 없다고 어머니의 영혼에 호소하는 것이다.

그러나 만수는 이러한 세태에 의분을 느끼고 홀로 주먹을 쥐고 썩어빠진 국회며 정부는 미국에게 한민족을 진정 살리기 위한 원조를 하라고 전세계를 향하여 데모할 동의가 없냐고 열변을 토해보기도 하였다.

그런데 스피드 상사는 밤마다 별다른 결함도 없는 분이를 본국에 있는 본처에 비하면서 입에도 담지 못할 욕설과 폭언으로 못 견디게 학대하는 것이었다.

 그리하여 만수는 도대체 스피드 상사의 본처는 얼마나 그 육체가 황홀하게 잘 생겼는가 하는 의심에 사로잡히게 되었다. 그러자 다행하게도 '비취'란 애칭을 가진 스피드 상사의 부인이 남편을 찾아 한국을 방문해준 것이었다.

 만수는 의심을 풀 수 있는 기회가 왔다고 기뻐하였다.

 만수는 곧 제 조국의 산하를 안내하여주겠다고 '비취' 여사를 향미산으로 유인하였다. 그리고 조국의 산하를 설명하기에 앞서 반만 년의 역사에 빛나는 대한민국의 이름으로 여사에게 한 가지 청을 하였다. 얼마나 여사의 몸이 아름다워서 제 누이동생의 몸이 그렇게 학대와 곤욕을 받는지 여사의 몸을 잠시 보여달라고 간청하자 여사는 당황하여 만수의 뺨을 치면서 반항을 하는 것이었다.

 만수는 의심을 풀 수 있는 기회를 잃어버릴 것같아서 당황하다가 '비취' 여사의 몸을 강제로 눕히고 겁탈하고 말았다. '비취' 여사는 비명을 올리면서 정신없이 향미산을 뛰어 내려갔다. 이것을 알게 된 '펜타곤' 당국은 격분하여 미군 부인을 강간한 홍만수를 말살하기 위하여 3억 불을 들여 만수가 숨어 있는 향미산의 주위를 1만여의 각종 포문과 미사일 그리고 전미군 중에서도 가장 정예사단이 포위하였다.

 향미산의 바위틈에 숨은 지 3일, 드디어 '펜타곤' 당국은 만수를 악마가 토해낸 오물이며 인간 최대의 적이라 판정하고 만수를 폭살한다고 세계의 이목을 이 향미산에 집중시켰다. 그리하여 향미산 주위 직경 수천 리 이내의 주민들은 폭파 직전에 있어서 친지와 가산과 석별의 눈물을 흘리면서 지층 깊은 곳에 몸을 처박고 부들부들 떨고 있는 것이었다.

 당황한 만수는 자기 출신구 민의원을 찾아가서 솔직히 고백하고 구원을 얻으려 하였으나 그 민의원은 벌써 스피-드 상사의 상관을 찾아가서 자기 출신구에 그따위 악의 종자가 존재하였다는 데 대하여 몇 번이나 사과를 하고 국회에서 그런 오물을 사전에 적발 처단하지 못한 사직당국의 무능과 책임을 추궁하겠다는 약속을 하고 다녀왔다는 말을 듣고 아무도 의지

할 곳이 없게 되자 정말 오물처럼 미국인들이 흘린 오줌과 똥물만을 주식으로 하여 살아오면서 긴 한에 맺혀 이대로 죽을 수가 없는 딱한 형편에 놓여 눈앞이 캄캄하기만 하였다.

그래서 만수는 무덤에 있는 어머니의 영혼에 대하여 향미산에 숨어 있는 사연과 살아온 사정을 호소하게 된다.

만수는 먼저 어머니가 20년간 누워 있던 유택자리에도 미국인과 몇몇 고관 그리고 그들과 단짝이 된 자본가들만이 출입할 수 있는 많은 고층빌딩이 들어서고 이럴수록 우리의 생활은 점점 참담하여가고 이러한 것을 구체적으로 말할 자유도 없는 이 나라에서는 민중을 위해서 아무런 일을 하지 않더라도 친미, 반공이나 열심히 부르짖으면 쉽사리 위정자가 될 수 있고, 정치자금이나 제공하는 몇몇 사람의 이익을 위해서 행정, 입법이 민첩하게 돌아가는 이런 세상에서 만수와 같은 비천한 몸이 굶어죽지 않고 연명을 하자니 뒤를 돌아다보거나 어머니의 영택을 찾아볼 마음의 여유가 없었다고 어머니에게 호소한다. 그리고 어머니에게 저승에 계신 어느 유력자에게 부탁하여 홍길동의 혈액을 이어받은 만수를, 미래를 창조하는 역사의 대열에 참가케 하여달라고 애원도 한다.

이러는 중에 향미산의 폭발시각은 임박하여온다.

'펜타곤' 당국이 만천하에 천명한 대로 기계의 점검이 끝나는 1분 후면 홍만수를 폭발하는 작업은 위대한 폭음과 함께 이 향미산은 불덩어리가 되어 흩어지고 말 것이다. 그러나 홍길동의 정신과 비방을 가진 홍만수는 조금도 겁내지 않는다. 이제 남은 10초. 만수는 한 폭의 깃발을 만들어 구름을 타고 제가 맛본 그 위대한 대륙에 누워 있는 양부인들의 배꼽 위에 이 깃발을 꽂아서 예수의 기적밖에 모르는 이방인들에게 선조 홍길동의 그 엄청난 기적을 재연하여 그들의 심령을 뿌리째 흔들어놓겠다고 어머니에게 통정하는 내용으로 되어 있는 소설의 구상을 동년 2월 초순경 피고인 집에서 단편소설로서 창작함에 있어서,

(가) 생전에 당신이 그렇게도 부잣집 맏며느리 감이라고 그 품행이며 미모를 입이 닳도록 칭찬하여주시던 옥이며 숙이도 그들은 지금 이방인들의

호적에 파고 들어갈 기회를 찾지 못하여 병객처럼 얼굴에 화색을 잃어가고 있다는 사실을 말씀드리고 싶었을 뿐입니다……. 그러나 어디 여인들뿐인가요. 사나이도 마찬가지입니다. 대학을 둘씩이나 나왔다는 어떤 친구도 양키를 매부로 삼은 저를 다 특혜족으로 인정하는지 저를 볼 때마다 사뭇 비굴한 웃음을 지으며 미국으로 통하는 길을 좀 열어달라고 호소하는 형편이니 뭐 다 알 노릇이 아닙니까.

이러한 주변의 어이없는 분위기와 접촉할 때마다 저는 무엇인가 통쾌한 그러면서도 형언할 수 없는 울분으로 하여 절로 주먹이 쥐어지면서 청중도 없는데 공연히 열변을 토하는 수가 있다면 당신은 눈살을 찌푸리시겠지요.

이 견딜 수 없이 썩어 빠진 국회여, 정부여, 나같은 것을 다 빽으로 알고 붙잡고 늘어지려는 주변의 허기진 눈깔들을 보아라. 호소와 원망과 저주의 불길로 활활 타는 저 환장한 눈깔들을 보아라. 너희들은 도대체 뭣을 믿고 밤낮 없이 주지육림 속에서 헤게모니-쟁탈전에만 부심하고 있는가. 나오라. 요정에서, 호텔에서, 관사에서, 그리고 민중들의 선두에 서서 몸소 아스팔트에 배때기를 깔고 전세계를 향하여 일대 찬란한 데몬스트레이숀을 전개할 용의는 없는가.

진정으로 한민족을 살리기 위해서 원조를 해줄 놈들은 끽소리 없이 원조를 해주고 그렇지 않은 놈들은 당장 지옥에다 대가리를 처박으라고 전세계를 향하여 피를 토하며 고꾸라질 용의는 없는가 말하라. 말하라.

(나) 어머니 이런 세상에서 어떻게 굶어죽지 않고 맞아죽지 않고, 용케 목숨을 이어가자면 말입니다. 너 이놈 덮어놓고 이런 세상이라니 그게 도대체 무슨 세상이냐구요. 참 당신은 딱도 하군요. 뭘 그렇게 소소한 문제에까지 일일이 질문을 하십니까. 의문은 발명의 바탕이라고도 하지만 그것도 다 칠판 밑에서 학생들이나 할 소리지 다 큰 어른이 그런 소릴 하면 병신대접을 받습니다.

이런 세상이란 말할 것도 없이 이런 세상이란 사실을 구체적으로 표현할 수 있는 자유마저 없는 세상이 바로 이런 세상이지 뭡니까?

그런 정도의 설명을 가지곤 모르시겠다구요. 저는 지금 모든 것을 대충은 다 알고 있으니깐요. 민중을 위해서 투쟁한 별다른 경험이나 경륜이 없어도 어떻게 '반공'과 '친미'만을 열심히 부르짖다보면 쉽사리 애국자이며 위정자가 될 수 있는 것같은 세상이란 것도 알고요. 오로지 정치자금을 제공한 몇몇 분들의 이익과 번영만을 위해서 입법이며 행정이 민첩하게 움직이는 것같다는 사실도 잘 알고 있지 않습니까. 이런 세상에서 어떻게 저와 같은 비천한 백성이 천명을 다하기 위하여 땀을 뻘뻘 흘리노라면 말입니다.

하늘을 바라볼 여유가 없었듯이 또한 뒤를 돌아다볼 마음의 여유가 전연 없었는지도 모르겠습니다.

(다) 정말 딱했습니다…… 저는 생각다 못하여 유권자의 한 사람으로서 저의 출신 구민의원인 공모 의원을 찾아가 저의 잘잘못을 솔직하게 고백하고 저의 입장을 좀 대변하여줄 것을 간곡히 부탁하고 싶었지만 그러나 들리는 바에 의하면 공모 의원은 벌써 '스피드' 상사의 상관을 찾아가 열 몇 번이나 절을 하고 내 출신구의 유권자 중에서 그렇듯이 해괴한 악의 종자가 인간의 탈을 쓰고 존재했다는 사실은 본인의 치욕이며 동시에 미국의 명예에 대한 중대한 위험임을 누누이 강조하고 나서 내 의정단상에 나가는 대로 자유민의 체통을 더럽힌 그따위 오물을 사전에 적발하여 처단하지 못한 사직당국의 무능과 그 책임을 신랄하게 추궁할 것임을 거듭 약속하고 나오시더라니, 어머니 저는 정말 누구의 품에 안겨야만 인간이란 소리를 한번 들어보고 죽을지 캄캄하기만 합니다.

(라) 좌우간 세상물정을 조금 알기 시작할 무렵 돌연히 충돌한 6·25의 피란이니 입대니 하는 그 쓰라린, 아니지요. 어머니, 쓰라린 정도의 형용사를 가지곤 어림도 없습니다. 어쨌든 그렇게 천벌 비슷한 재앙의 조정을 무사히 꺾었다고나 할까요. 하지만 그때 군복을 벗고 터벅터벅 돌아와 저의 그 파리한 몸 하나를 어디 비집고 처넣을 데가 없더군요. 걸식과 방황과…… 세상엔 막막했습니다.

(마) 정말 오물처럼 한번도 제 것을 가지고 세계를 향하여 서본 적이 없

이 이방인들이 흘린 오줌과 똥물만을 주식으로 하여 어떻게 우화처럼 우습게만 살아온 것같은 저의 이 칙칙하고 누추한 과거를 돌아다볼 때에 말입니다.

(바) 그러니까 저는 30여 년이란 세월을 그저 열심히 땅만을 쳐다보며 살아온 셈이지요. 누가 뭣좀 흘린 것은 없을까, 모략과 착취와 그리고 살의에 찬 독한 시선을 피하며 오로지 연명을 위한 먹이를 찾느라고 저에게는 잠시도 머리 위를 바라볼 마음의 여유가 전연 없었는지도 모르겠습니다.

(사) 도시의 미관과 경제성장을 위해 20여 년이나 당신이 누워 계시던 자리엔 지금 빌딩이, 8층, 9층, 10층짜리의 그 웅장한 빌딩이 하늘을 향하여 요란스럽게 빛을 던지고 있습니다. 다시 말하면 요정이, 은행이, 호텔이 그리고 외인상사가 당신의 유택을 강점하여 도시의 미관이란 미명하에 빌딩이란 이름으로 둔갑을 하고 있는 거죠…….

하지만 저렇게 풍부한 빌딩의 밀림 속에서도 저와 같은 비천한 백성이 마음놓고 출입할 수 있는 단 한 짝의 문과 기진한 몸을 풀기 위하여 잠시 휴식할 수 있는, 단 한 평의 면적이 마련되어 있지 않다면 당신은 어떠하시겠습니까.

좌우간 이승에 뿌리박은, 아니 내 조국 대한민국에 자리잡은 그 빌딩이란 이름의 호화스러운 인간의 거처는 말입니다. 기이하게도 항시 이방인과 몇몇 상관과 그리고 그들의 단짝들만을 위해서 문호를 환히 개방하고 있을 뿐 저희들에게 있어서는 언제나 흔들어도 열리지 않는 깊은 유택이며 동시에 높은 신전이었습니다. 어머니 오해하지 마시고 빌딩의 수가 번창하여갈수록 이렇게 자꾸만 밑으로 패망하여가는 저희들의 이 참담한 생활을 한번 굽어보아주십시오. 그리하여 저는 빌딩이 첩첩하게 쌓인 번화가를 거닐 때마다 감히 고개를 바로 쳐들 수가 없는 형편인 것입니다. 영롱한 빛으로 장식된 빌딩의 저 깊은 밀실에서는 오늘도 우리들을 이 이상 더 못 살게 하기 위한 무슨 가공할 음모가 기필코 꾸며지고 있을 성싶은 그런 일종의 피해의식이 번번이 저의 뒤통수를 억압하는 탓이라고나 할까요.

(아) 어쨌든 당신은 미군한테 겁탈을 당하고 미쳤다는 이러한 소문이 파

다하게 퍼지는 가운데 알몸이 되어 얼마 동안이나 음식을 전폐하시더군요.

그리고 연방 무슨 소린지 모를 소리를 지르시며 사타구니만을 열심히 쥐어뜯으시던 어느날 당신은 갑자기 목구멍이 터져라 하고 "에이, 죽일 놈들아. 날 죽여다오." 애절하게 외마디 소리를 치시더니 영 그냥 눈을 감고 마셨습니다.

(자) 놀라지 마십시요. 쉽게 요점만을 말씀드리자면 천하에 둘도 없이 기른 당신의 소중한 딸이며, 동시에 저의 누이동생인 분이가 아, 어이없게도 당신을 겁탈한 바로 그 장본인일지도 모르는 어느 미병사의 첩노릇을 하게 되었다는 이야기인 것입니다.

(차) 저를 상대로 한 저 삼엄한 무장과 경비를 저의 이 주먹 만한 심장 하나를 꿰뚫기 위하여 정성껏 마련해놓은 저들의 저 엄청난 군비의 숫자 말입니다. 지금 제가 숨어 있는 이 향미산의 둘레에는 무려 1만여를 헤아리는 각종 포문과 미사일 그리고 전미군 중에서도 가장 민첩하고 정확한 기동력을 자랑하는 미제 엑스 사단의 그 늠름한 장병들이 신이라도 나포할 기세로 저를 향하여 영롱하게 눈동자를 빛내고 있는 것입니다. 방금 입수한 '펜다곤' 당국의 공식발표에 의하면 이땅에서 만수란 이름의 육체와 그리고 그의 혼백까지를 완전히 소탕하기 위해서 뿌려진 금액이 물경 2, 3억 불에 달한다고 하니 이거 정말 죽은 사람들이 기겁을 할 노릇이지요. 2, 3억 불이면 집 한 채 값이 훨씬 넘습니다. 뿐더러 그것은 대한민국의 1년 예산에 해당하는 금액이라면 당신은 어떠하시겠습니까.

(카) 그리하여 제가 지금 관심을 가지고 있는 문제는 이미 저승으로 행차하신 당신의 건강에 관해서가 아니라 아직도 땅 위에 남아서 전전긍긍하는 제 동료들의 이 구차스러운 목숨에 관해서인 것입니다…… 지금 이 향미산을 중심으로 하여 직경 수천 리 이내에서 벌어지고 있는 주민들의 이 어이없는 상태를 말입니다. 그들은 지금 오랫동안 정을 나눈 일체의 친지며 가산과 석별의 눈물을 흘리고 지층 깊은 곳에 몸을 처박고는 부들부들 떨고 있는 것입니다. 도대체 두더지도 아닌 인간의 체면에 저게 무슨 꼴이란 말씀입니까. 하지만 그들은 백의민족 특유의 인내력을 최대한으로

발휘하여 신의 어깨에라도 매달리는 기분으로 '펜타곤' 당국이 수시로 방송하는 지시서에 순종하여야만 겨우 목숨을 건질 수가 있다니 할 수 없는 일이겠지요. 왜 당신의 귀에는 들려오지 않습니까. 다이알을 아링톤 발 0.038 메가 사이클에 맞추시고 조용히 귀를 기울여보십시요. "어디까지나 성조기의 편에 서서 미국의 번영과 그리고 인류의 자유를 확장시키는 작업에 뜻을 같이한 자유세계의 시민 여러분, 안녕 하십니까. 이미 누차 반복하여 말씀드린 바와 같이 여러분들의 귀중한 생명과 재산과 그리고 자유에 대한 안전에 관한 사항을 담당하고 있는 본 '펜타곤' 당국은 최근의 극동의 일각인 코리아의 한 조그만한 산등성이 밑에서 벌어진 그 우려할 만한 사태에 접하고 놀라움과 동시에 격한 분노의 감정을 금할 수가 없었던 것입니다. 하지만 전세계의 자유민 여러분, 이제 안심하십시요. 여러분을 대신하여 본당국은 바야흐로 역사적인 사명감에 불타고 있습니다. 도대체 이름부터가 사람같지 않은 홍만수란 이름으로 저질러진 그 치욕적인 사건은 분명히 미국을 위시한 자유민 전체의 평화와 안전에 대한 범죄적인 중대한 도전적 행위로 보고 본당국은 즉각 사태수습에 발벗고 나선 것입니다. 축복하여주십시요. 이제 머지 않아 홍만수란 인간은, 아니, 인간이 다 무엇입니까. 그는, 분명히 오물입니다. 신이 잘못 점지하여 이 세상에 흘린 오물, 그가 만약에 악마가 토해낸 오물이 아닌 담에야 감히 어떻게 성조기의 산하에서 자유를 수호하는 미국의 병사를, 그의 아내의 순결을 짓밟을 수가 있겠습니까. 전세계의 자유민은 지금 분노의 불길을 감추지 못하고 있는 것입니다. 미병사의 한 가정을 파괴하려는 그따위 작업에 종사하는 인종은 전인류의 생존을 위태롭게 하는 악의 씨라는 사실에 의견이 일치했기 때문입니다.

여러분! 이제 마음의 안정을 얻으시고 박수를 보내주십시오. 자유세계의 열렬한 성원을 토대로 하여 1억 7천여 만 미국인의 납세로서 운영이 되는 본 '펜타곤' 당국은 이제 머지 않아 홍만수란 그 징그러운 오물을 이 지구상에서 완전히 쓸어버릴 것입니다. 자유민의 안정과 번영을 옹호하는 이 역사적인 과업을 성취하기 위하여 본당국은 수억 불이라는 이 어마어마한 지출을 무릅쓰고 일벌백계주의에 입각하여 홍만수는 물론 그의 목숨을 며칠이나마 돌보아준 이 향미산 전체의 부피를 완전히 폭파시킬 계획인 것입니다. 자, 여러분. 앞으로 남은 시각 20분 향미산 기슭의 주민들은 더욱 땅 속 깊이 몸을 묻으십시요. 그리고 고개를 숙이십시요. 명령입니다." 그렇습니다. 어머니, 앞으로 남은 시각 20분 이제 불과 20분 후면 말 그대로 지축이 흔들릴 것입니다. 우주가 동요하는 위대한 폭음과 함께 현란한 섬광이 하늘을 덮을 것입니다. 풍지백산하는 향미산의 종말, 그러면 끝나는 거겠지요. 소위 그들의 성스러운 사명이 말입니다. 조상의 해골과 문화재와 그리고 이 향미산을 발판으로 하여 목숨을 유지하던 일체의 생물은 그 흔적도 없이 조용히 사라져주겠지요.

폐허와 침묵과, 어머니 왜 진저리를 치십니까. 당신이 진저리를 치시는 동안 '펜타곤' 당국에서는 전인류의 환호리에 그들의 성공을 자축하는 찬란한 축제가 벌어질 것입니다. 여인과, 술과 그리고 터지는 불꽃 속에 춤은, 리듬은 전미주를 감미롭게 덮으면서 저의 죽음을 찬미할 것입니다.

(타) "기대하여주십시요. 전세계의 시민 여러분, 앞으로 10분, 이제 단 10분 후면 오물을 파괴하는 아름다운 섬광이 여러분들의 심신을 황홀한 도취의 광장으로 안내할 것입니다. 자 보십시오. 인간의 자유와 번영을 수호하는 미 병사가 아니고 병사의 아내를 강간한 자의 말로가 얼마나 참혹하고 싸늘한가를 말입니다. 자 감상하여보십시요. 오물은 쓸어야 하는 것입니다. 악의 씨는 송두리째 뽑아야 하는 거구요. 악의 씨를 뽑기 위한 이 성스러운 작업에 투자한 액수가 물경 3억 불. 여러분 똑똑히 보시고 역사의 증인이 되어 주십시요.

악의 씨가 폭발하는 이 역사적인 광경은 본 '펜타곤' 당국의 선발한 프론티어 텔레비전이 코스모스위성을 통해서 지구의 곳곳마다 선명하게 잘 전하여줄 것입니다. 이 저주받은 강간자여. 미국의, 아니 자유민의 명예에 똥칠을 한 간악한 범법자여, 천벌을 받으라."······ 아니 설혹 또 제가 부득이한 사정으로 강간을 했다면 왜 천벌을 받습니까. 당신을 강간하여 저승으로 인솔까지 한 어떤 코 큰 친구도 천벌을 받았다면 혹시 또 모르지만 말입니다.

(파) 저는 정말 저의 입장을 해명할 잠시의 여유도 없었습니다. 바위와 바위 사이를 방황하며 목숨을 이은 지 사흘, 오늘 드디어 '펜타곤' 당국은 저를 악마가 토해낸 오물이며 동시에 인간 최대의 적으로 판정하고 전세계의 이목을 이 향미산으로 집중시킨 것이 아니겠습니까.

(하) 물론 이제 곧 '펜타곤' 당국이 만천하에 천명한 대로 기계의 점검이 끝나는 앞으로 1분 후면 위대한 폭음과 함께 이 향미산은 온통 불덩어리가 되어 꽃잎처럼 흩어질 테지요. 그리고 흩어진 자리엔 이방인들의 넘치는 성욕과 식욕을 시중들기 위하여 또 하나의 고층빌딩이 아담하게 세워질지도 모릅니다.

(거) 이제 곧 저의 육체가 이 향미산과 더불어 폭발하더라도 흩어진 저의 육편은 조용히 제 자리에 돌아와줄 것이라고 저는 보는 것입니다. 두고 보십시오, 어머니. 거짓말이 아닙니다. 활빈당의 수령으로서 호풍환우하는 둔갑술이며 신출귀몰하는 도술로써 썩고 병든 조정의 무리들을 혼비백산케 하신 제 선조인 홍길동의 비방을 최대한으로 활용함으로써 사후의 당신이나마, 저도 한번 부모님을 기쁘게 해드릴 생각으로 저의 가슴은 지금 출렁이는 것입니다. 기대하여주십시오. 그래 그런지 저는 조금도 당황하질 않습니다.

(너) 이렇게 질기고 질긴 한으로 사무친 저와 같은 인종은 누가 죽인다고 해서 죽는 것이 아니랍니다. 그저 죽고 싶을 때 죽는 거지요. 그보다도 지금 저 소나무 가지 사이로 수정처럼 말갛게 흐르는 조국의 청신한 하늘이나 좀 감상하여보십시오. 얼마나 흐뭇하고 아름다운가를.

(더) 어머니, 저승에 계신 어느 유력한 분에게라도 잘 좀 말씀드려서 저도 좀 창조하는 역사의 대열에 서게 하여주십시오. 과거의 잘잘못을 가리어 현재를 재단하고 미래를 점친다는 인간의 그 아름다운 역사의 대열에 말입니다. 누구의 뜻으로인지 역사에서 완전히 철거당한 저의 심정은 지금 짐승처럼 외롭기만 합니다…… 실상 저는 지금 말이 그렇지 적어도 홍길동의 혈액을 이어받은 저의 이 독한 의지며 청명한 두뇌로서 아무런 그

까짓 역사에서 제거되었다는 정도의 하잘 것 없는 일로 하여 당신을 잊었을 리야 있겠습니까.

(러) 이제 저의 실력을 보여줘야지요.

예수의 기적만 귀에 익힌 저들에게 제 선조인 홍길동이 베푼 그 엄청난 기적을 통쾌하게 재연함으로써 저들의 심령을 한번 뿌리째 흔들어놓을 생각이니까요. 물론 저들은 당황할 것입니다. 어머니 그때 열렬한 박수를 보내주십시요. 앞으로 단 10초. 그렇군요. 이제 곧 저는 태극의 무늬로 아롱진 이 런닝 셔츠를 찢어 한 폭의 찬란한 깃발을 만들 것입니다. 그리고 구름을 잡아타고 바다를 건너야지요. 그리하여 제가 맛본 그 위대한 대륙에 누워 있는 우윳빛 피부에 그 윤이 자르르 흐르는 여인들의 배꼽 위에 제가 만든 이 한 폭의 황홀한 깃발을 성심껏 꽂아놓을 결심인 것입니다.

라는 등으로 각 묘사 표현하여,

대한민국이 마치 미국의 식민지 통치에 예속되어 주둔미군들은 갖은 야만적인 학살과 난행 등을 자행하고 우리 국민의 생명 재산을 무한히 위협하여 몇몇 고관, 예속자본가 등과 결탁하여 국민대중을 착취하여 비천한 피해대중들은 참담한 기아선상에서 연명만을 하고 있으면서도 이런 극심한 것을 말할 자유도 없는 이 나라에서는 이런 민중을 버리고 오로지 자본가, 정치자금 제공자들의 이익을 위하여 입법, 행정을 하고 있으며, 국민대중들은 물론 국회의원마저 미국에 아부 예속되고 약탈의 수단인 원조로서 경제의 명맥을 틀어쥐고 미국의 예속식민지 군사기지로서 약탈과 착취, 부정과 불의에 항거하는 자들은 미국의 가공한 강압과 보복을 받으면서도 굴복과 사멸함이 없이 최후의 승리를 쟁취한다는 양 남한의 현실을 왜곡 허위선전하며 빈민대중에게 계급 및 반정부의식을 부식조장하고 반미감정을 조성 격화시켜 반미사상을 고취할 요소 있는 단편소설 '분지糞地'라는 제목의 작품을 창작하여 1965. 2. 20.경 전시 현대문학사에서 동사 기자 김수명에게 동 창작원고를 수교하여 월간잡지 3월호《현대문학》지에 게재 분포케 하여 북괴의 대남적화 전략의 상투적 활동에 동조한 것이다.

증거
1. 피고인의 법정에서의 판시사실 중 범의의 점을 제외한 나머지 사실과 같은 취지의 진술
1. 증인 한재덕, 동 이영명, 동 최남섭의 법정에서의 판시사실에 부합하는 진술
1. 검사가 작성한 피고인에 대한 피의자 신문조서 중 판시사실에 부합하는 진술 기재
1. 피고인이 1965. 12. 20. 작성한 진술서 중 판시사실에 부합하는 기재내용
1. 검사가 작성한 이영명, 최남섭에 대한 진술조서 중 판시사실에 부합하는 진술 기재
1. 한재덕이 작성한 감정서 중 판시사실에 부합하는 기재
1. 증제1호(62정부터 82정까지) 중 판시사실에 부합하는 기재 내용
1. 증제2 내지 9호의 현존

적용법조   반공법 제4조 제1항 전단(징역 6월) 반공법 제16조
             국가보안법 제11조(자격정지 6월) 형벌 제57조
             (미결구금일수통산 15일) 동법 제59조

변호인의 변소에 대한 판단
(1) 피고인의 변호인 등은, 피고인은 본건 작품 분지를 집필함에 있어서 반국가단체에 동조한다는 하등의 범의가 없으므로 피고인의 행위는 죄가 되지 아니한다고 주장하나 반공법 제4조에 정한 동조라 함은 문서, 도화, 언동, 기타방법으로 반국가단체나 그 구성원의 주장, 선전 등 활동과 동일한 내용의 사상을 표현, 전달함으로써 반국가단체나 그 구성원의 활동에 호응, 가세하는 행위라 해석되는 바이므로 위 죄가 성립하기 위한 범의로서는 반국가단체의 주장 선전 등 활동의 내용에 대한 인식과 행위자가 표현하는 사상의 내용이 위 활동의 내용과 동일하고 행위자의 표현을 지득

한 자가 반국가단체의 활동에 호응하는 감동을 일으킬 요소가 있음을 인식함으로써 족한 것이고 적극적으로 반국가단체의 활동에 호응, 가세할 의욕 내지 목적 있음을 필요로 하지 아니한다 할 것이다.

그런데 이 사건에 있어서 보건대 본건 작품 '분지'를 전체적으로 음미, 이해한 위에 증인 이어령의 법정에서의 진술을 보태어보면 이 작품은 우리 민족 주체성의 확립이라는 피고인의 염원을 소설로서 표현한 것이라고 인정할 수 있으므로 피고인이 위 작품을 집필함에 있어서 반국가단체의 활동에 호응, 가세할 적극적인 의사 또는 목적이 있었다고 볼 수는 없다 할 것이나, 반국가단체인 북한괴뢰집단이 대남적화의 수단으로서 우리나라에 있어서 반미감정의 조성과 반정부 감정의 조성 내지는 계급의식의 고취에 광분하고 있다 함은 공지의 사실이고, 본건 작품 분지를 보면 그 제목, 줄거리, 표현 등에 있어서 위 작품을 읽는 독자 중 많은 사람에게 반미적, 반정부적 감동을 일으키고 심지어는 계급의식을 고취할 요소가 다분하며, 피고인이 위 사실들을 인식하고 있었음은 검사가 작성한 피고인에 대한 피의자 신문조서의 진술기재내용에 비추어 명백한 바이므로 본건에 있어서 피고인에게 범의가 없다는 위 주장은 받아들일 수 없다.

(2) 변호인 등은 또 본건 작품에 나타난 정도의 표현은 자유국가에 있어서는 예술의 자유의 범위에 속하고 사회상규에 위배되지 아니한다고 주장하나 휴전선을 사이에 두고 북괴가 부단히 갖은 방법으로 대남적화의 전략 전술을 펴고 있는 우리나라의 현상황 아래에서 여러 계층의 사람들에게 읽히는 잡지에 게재하게 한 위 표현이 사회상규에 위배되지 아니한 것이라고 볼 수 없다 할 것이므로 위 주장 역시 이유 없다.

따라서 위 변소는 모두 배척한다.

이상의 이유로써 주문과 같이 판결한다.

1967. 6. 28.

판 사 박 두 환

서 울 형 사 지 방 법 원
제 1부

판 결

사 건   67노 1640 반공법위반

피 고 인   남정현南廷賢 소설가 37세
         주거 서울 성북구 길음동 554의 21
         본적 △△△△△△
항 소 인   검사 및 피고인
검 사   서동권
변 호 인   변호사 한승헌
원 판 결   서울형사지방법원 1967. 6. 28. 선고, 66고 14198 판결

주 문   검사 및 피고인의 각 항소를 기각한다.

이 유   피고인의 이 사건 항소이유의 요지는 문제된 작품 분지는 저항문학, 고발문학의 범위에 속하는 하나의 작품에 불과한 것이고 반공법 제4조 소정의 반국가단체를 이롭게 하는 것이 아니며 가사 작품 분지가 다소 반국가단체를 이롭게 한 것이라 할지라도 피고인으로서는 아무런 고의가 없음에도 불구하고, 원심은 피고인이 그 판시의 범죄를 저질렀다고 사실을 그릇 인정함으로써 판결에 영향을 미친 위법을 범하였으니, 이점에서 원심판결은 파기를 면하지 못할 것이라는 데 있고 검사의 이 사건 항소이유의 요지는 원심이 피고인에 대하여 한 양형은 너

무나도 무거워서 부당하다는 데 있다.

그러므로 먼저 위 사실 오인의 주장에 대하여 보건대 원심이 적법히 조사한 여러 증거들을 기록에 의하여 살피니 원심이 판시한 피고인에 대한 범죄사실은 이를 인정하기에 넉넉하고 달리 원심이 소론과 같이 사실을 그릇 인정하였다고 믿을 만한 자료가 없으니 이는 이유 없어 받아들이지 않기로 한다.

다음 위 양형 부당의 주장에 대하여 보건대 원심이 적법히 조사한 양형의 기준이 되는 모든 조건을 기록에 의하여 살피니 원심이 피고인에 대하여 선고한 형량은 타당하다 할 것이고 달리 피고인을 보다 무겁게 다루었어야 할 하등의 자료를 발견할 수 없으니 이는 역시 이유 없어 받아들이지 않기로 한다.

그러므로 원심판결은 정당하고 검사 및 피고인의 이 사건 항소는 그 이유 없음이 명백하므로 형사소송법 제364조 제4항에 의하여 이를 기각하기로 한다.

이상의 이유로 주문과 같이 판결하는 것이다.

1970. 4. 7.

재 판 장　판 사　유태홍
　　　　　판 사　이철환
　　　　　판 사　정귀호

자료

반외세 의식과 민족의식

임헌영 (중앙대 교수 · 문학평론가)

1. 그날 이후

2001년 9월 11일 화요일. 아직도 더위가 채 가시지 않는, 그러나 이미 태양의 맹위는 이빨 빠진 호랑이처럼 긴 꼬리만 남겨놓은 가을의 초입이다. 야간강의가 있는 날이라 집에 들어서기가 바쁘게 지친 몸을 쉬려는데 아내가 자못 요란스럽게 텔레비전 앞으로 잡아끌었다. 뉴욕 세계무역센터 건물이 마치 세팅이라도 한 듯한 날렵한 여객기에 의하여 일본군도가 허리를 찌르듯이 푹 헤집어 파고들었다. 언제나 여유작작하여 충분히 예비하는 미국언론들도 이날만은 미처 다른 화면을 준비할 여유가 없었던지라 자꾸만 같은 화면을 반복했지만 조금도 지루하지 않는 긴장감의 연속이었다. 어느새 식구들은 모두 텔레비전 앞으로 총집합, 이 역사적인 장면을 보고 또 보고 또또 보고 또또또 보고…… 밤을 샜다. 이렇게 열심히 텔레비전을 본 적이 언제였더라? 총선과 대통령선거, 그리고는? 스포츠 중계를 사양하는 나로서는 무척 드문 이 희귀 기괴 엽기 포스트모던한 사건이 무한한 상상력을 자극해주었다.
　뇌리를 스친 첫 상념은 우습게도 '제발 북한이 관련되지 않았으면' 하는 간절한 염원이었다. 왜 하필 북한 관련 운운이냐고 통일론자나 반통일론자들 모두가 펄쩍 뛸 테지만 우리 세대는 이런 엄청난 사건 뒤 미국이 국제무대에서 어떤 역할을 할 것이며 그 여파가 어느 쪽으로 파급되리라는 등등의 상상력을 키우면서 성장하지 않았던가. 꼭 국립문서보관소나 수사당국이 발표를 하지 않아도 알 것은 알고, 설사 아무리 명백한 증거를 들이대며 진상을 공개한대도 안 믿을 건 안 믿도록 길들어져버리지 않았는가. 이 민족적 이기주의의 한계를 벗어나지 못하는 나의 지성적 편협이여! 아, 드디어 동양계가 관련되진 않았다는 쾌보.

그러자 이번에는 엉뚱하게도 '좌경 용공분자'가 관련되지 않기를, 하고 바라게 되었다. 이 소망도 곧 상쾌한 해답을 얻었다. 이슬람 근본주의자, 극우파래도 그리 틀리진 않겠지. 자, 이제 나는 격동의 세계사를 관람석에 편안히 앉아 피해망상증 없이 바라볼 수 있구나.

시간이 흘러도 똑같은 화면이지만 여전히 지루하지가 않다. 극과 극은 통한다더니 저 끔찍한 반인륜적인 살육과 파괴행위가 하필이면 한 폭의 아름다운 예술적 형상화처럼 보일 수도 있다니. 하기야 히로시마 원폭 투하장면에서도 비슷한 미학적 감동을 느낀 바 있음을 이 기회에 고백해버리자. 미학이 인도주의와 조화를 이루지 못할 수도 있다는 이 비극. 모든 인간은 야수일 수도 있거늘.

그렇다. 미 대통령의 표정은 이미 이성을 잃었다. 그 격노를 억누르는 표정이 '보복' 운운할 때 홀연히 떠오른 한 편의 소설(역시 직업은 못 속여!).

남정현의 '분지'였다.

한 사나이를 체포하기 위하여 이 소설에 등장하는 미국 펜타곤은 어떻게 했던가.

……저의 이 주먹 만한 심장 하나를 꿰뚫기 위하여 정성껏 마련해놓은 저들의 저 엄청난 군비의 숫자를 말입니다. 지금 제가 숨어 있는 이 향미산向美山의 둘레에는 무려 일만여를 헤아리는 각종 포문과 미사일 그리고 전미군 중에서도 가장 민첩하고 정확한 기동력을 자랑하는 미제 엑스 사단의 그 늠름한 장병들이 신이

라도 나포할 기세로 저를 향하여 영롱하게 눈동자를 빛내고 있는 것입니다.
— '분지'

바로 이 장면이다. 아프가니스탄이 곧 이 소설의 향미산 꼴이 된 것이다. 어디 그뿐이랴. 온 세계 어디서나 혹시 불똥이 자기 쪽으로 튀려나 조마조마하게 가슴 콩닥거리게 만드는 각종 보도들, '아링톤 발 0.038메가사이클에 맞추시고 조용히 귀를 기울' 이노라면 펜타곤 당국의 방송이 들린다. 지루하겠지만 워낙 중요한지라 그대로 인용해보자.

어디까지나 성조기의 편에 서서 미국의 번영과 그리고 인류의 자유를 확장시키는 작업에 뜻을 같이한 자유세계의 시민 여러분, 안녕하십니까. 이미 누차 반복하여 말씀드린 바와 같이 여러분들의 귀중한 생명과 재산과 그리고 자유와 안전에 관한 사항을 담당하고 있는 본 '펜타곤' 당국은, 최근에 극동의 일각인 코리아의 한 조그마한 산등성이 밑에서 벌어진 그 우려할 만한 사태에 접하고 놀라움과 동시에 격한 분노의 감정을 금할 수가 없었던 것입니다. 하지만 전세계의 자유민 여러분! 이제 안심하십시오. 여러분을 대신하여 본당국은 바야흐로 역사적인 사명감에 불타고 있습니다. 도대체 그 이름부터가 사람같지 않은 홍만수란 자가 저지른 그 치욕적인 사건은 분명히 미국을 위시한 자유민 전체의 평화와 안전에 대한 범죄적인 중대한 도전행위로 보고 본당국은 즉각 사태수습에 발벗고 나선 것입니다. 축복하여주십시오. 이제 머지 않아 홍만수란 인간은, 아니 인간이 다 무엇입니까. 그는 분명히 오물입니다. 신이 잘못 점지하여 이 세상에 흘린 오물. 그가 만약에 악마가 토해낸 오물이 아닌 담에야 감히 어떻게 성조기의 산하에서 자유를 수호하는 미국의 병사를, 그의 아내의 순결을 짓밟을 수가 있었겠습니까. 전세계의 자유민은 지금 분노의 불길을 감추지 못하고 있는 것입니다. 미 병사의 한 가정을 파괴하려는 그따위 작업에 종사하는 인종은 전인류의 생존을 위태롭게 하는 악의 씨라는 사실에 의견이 일치했기 때문입니다. 여러분! 이제 마음의 안정을 얻으시고 박수를 보내주십시오. 자유세계의 열렬한 성원을 토대로 하여 일억칠천여만 미국인의 납세로써 운영되는 본 '펜타곤' 당국은 이제 머지 않아 홍만수란 이름의 그 징그러운 오물을 이 지구상에서 완전히 쓸어버릴 것입니다. 자유민의 안전과 번영을 옹호하는 이 역사적인 과업을 성취하기 위하여 본당국은 수억 불이라는 어마어마한 지출을 무릅쓰고, 일벌백계주의에 입각하여 홍만수는 물론, 그의 목숨을 며칠이나마 돌보아준 이 향미산 전체의 부피를 완전히 폭발시킬 계획인 것입니다. 자, 여러분. 앞으로 남은 시간 이십 분. 향미산 기슭의 주민들은 더욱 땅 속 깊이 몸을 묻으십시오. 그리고 고개를 숙이십시오. 명령입니다.

— '분지'

9 · 11사건 이후 미 대통령이 강조 반복하는 보복성 발언과 찬찬히 대조해보면 너무 닮았다. 홍만수의 체포나 사살만이 아니라 그를 숨겨준 향미산을 아예 없애겠다는 대목이 무척 가슴에 와닿는다. 행위는 미국이 나서면서 세계 자유인의 지지와 성원을 유도해내는 수사법도 우리 귀에는 무척 익은 어투다. 언제나 인류의 평화와 자유를 위해서 존재하는 고마운 지구의 수호신으로서의 미국의 모습도 어쩌면 시엔엔 방송과 그리도 똑같이 묘사하고 있는가. 홍만수란 존재에 대한 평가 역시 라덴에 대한 비판과 너무나 유사하다.

바로 작품 '분지'의 예술적 형상성이 시사 담론의 차원이 아니라 가치이월될 수 있는 증좌이자 단순한 반미의 차원이 아니라 진정한 세계의 자유와 평화를 위하여 이바지하는 문학적 성취욕을 충족시켜주는 대목이다.

여담이지만 아마 세계사는 이제 9 · 11 이전과 이후로 시대구분이 가능할 만큼 이 사건의 파장은 심각할 것이다. 이말은 곧 분단시대 우리 문학사가 '분지' 이전과 이후로 나눠질 정도로 한 분수령을 이룰 수도 있다는 뜻을 내포한다. 미국을 비난할 수 없었던 시대에서 공공연히 비난할 수 있는 시대로의 전환이 무엇을 의미하는지 구태여 말하지 않아도 알렷다.

2. 1960년대의 우울과 희망

소설 '분지'로 작가 남정현이 연행 조사(1965. 5.) 뒤 구속 기소(7. 9.), 구속적부심에서 석방(7. 24.), 선고유예(1967. 6. 28.) 판결을 받는 기간에 나는 대학원생으로 갓 등단한 애숭이 평론가였다. 대학선배 작가 박용숙의 소개로 첫 대면을 한 게 이 무렵이었는데, 그의 주변에는 거의 언제라도라고 할 만큼 최인훈·박용숙이 3인조라도 좋을 정도로 한 자리에 어울렸고 가끔은 이호철도 끼었다. 선배작가들 틈새에서 귀동냥하기 바빴던 시절이라 아지트였던 광화문 월계다방은 차라리 나에게는 강의실이나 마찬가지였다.

이 3인조는 기묘하게 죽이 잘 맞았다. 최인훈이 느릿느릿 화두를 떼면 남정현은 재기 넘치게 그 주제를 현실적인 문제로 접근시키고, 이어 박용숙은 둘 사이의 이견을 거중 조정하면서 화기애애하게 만들었다. 최인훈과 박용숙은 북쪽이 고향이고 남정현은 남쪽이나 셋 다 《자유문학》 출신으로 남, 박, 최의 순서로 연배가 엇비슷하다. 대체 이들을 그토록 가깝게 묶어둔 우정의 끈이 무엇이었을까 생각해보곤 했는데, 그때 총각이었던 내 시선에 비친 세 작가는 당시 문단의 어느 작가에게서도 찾아볼 수 없는 진지함이 있었다고 느꼈다.

분단, 외세, 독재, 군부, 역사와 진실, 문학이라는 행위, 이런 문제를 그토록 진지하고 혼신의 힘으로 정면대결하는 작가를 다른 곳에서는 찾을 수 없었다. 나는 서서히 남정현 쪽으로 경사하여 틈만 나면 만나는 정도를 넘어 집으로까지 찾아갔는데, 그 책꽂이를 보고 홀딱 반해버렸다. 그토록 읽고자 해도 구할 수 없었던 책들(주로 일서)이 어쩌면 뽑아놓은 듯이 잘 정리되어 있었다. 빌리기에 미안할 정도로 단아하게 정돈된 그 책장을 지금도 잊을 수 없다.

그는 자진하여 임대를 허락했고 나는 염치도 없이 덜렁덜렁 잘도 빌려 영혼의 허기를 채워나갔다. 아마, 지금도 소중한 몇 가지, 루카치의 《역사와 계급의식》 이토츠토무伊東勉의 《리얼리즘론 입문》 등은 온갖 독촉과 회유에도 굴하지 않은 채 반환하지 않고 내 서고를 장식하고 있다. 책장 속 표지에는 한자로 왼쪽으로 비스듬히 넘어가는 그 특유의 글씨체의 '南廷賢'이란 사인이 추억을 상기시키고 있다.

내 생애에서 가장 열심히 독서를 할 수 있었던 때는 고교 시절과 대학원, 등단 직후인 바로 남정현과 그 3인조를 만나던 시기 그리고 나중 투옥당했을 때였는데, 특히 두 번째 시기는 지성적인 황홀기였다.

개인적인 고백이지만 그때 내 심경은 마치 6·25때 행불된 형님을 만나는 기분이었다. 지적인 경향과 세계관에서 너무나 닮은지라 흠뻑 취할 수 있었다. 그렇게 세월이 흘러 대학원을 졸업하고, 장가를 들고서도 더 자주 만났는데, 이번에는 박용숙의 서재까지 이용할 기회가 주어져 무척 신세를 졌다. 1970년대 초반이었다. 《문학과 지성》이 창간되면서 최인훈은 차츰 뜸해져 남, 박, 나 셋이 3인조가 될 정도로 밀착했던 시절이었다. 이렇게 60년대를 넘어 70년대로 접어들면서 남정현은 긴급조치, 1980년에는 제목도 없는 구금 등등을 치르면서도 여전히 내가 처음 만났을 때의 기백과 민족주체성에 대한 반외세 의식을 그대로 견지하고 있다. 1990년대 동유럽 사회주의권의 붕괴로 세계의 지식인뿐만 아니라 요란 잘 떠는 한국의 진보적인 지식인들 가운데 고무신 거꾸로 신은 사람이 대량 쏟아지는 판세에도 그의 세계관이나 인생관에는 별 충격을 주지 않은 듯하다. 대체 그의 민족주체의식은 어디서 비롯하는 것일까.

3. '분지'가 의미하는 것

작가 남정현은 등단 3년 만인 1961년 중편 '너는 뭐냐'로 제6회 동인문학상을 수상할 정도로 그 풍자적 기법이 뛰어났다. 5·16쿠데타 이후 한국사회가 당면했던 갈등과 모순을 전통적인 골계적 수법으로 날카롭게 비판하던 이 인기작가에게 잡지들은 앞다투어 원고를 청탁했다. 1964년 11월경 그는 《사상계》와 《현대문학》두 잡지로부터 소설을 청탁받고 우선 한 편의 작품을 쓰기로 결심했다.

그는 '소설이란 우리 인간사에 관한 이야기'란 생각을 가진 작가로서 현실을 관찰하면서 '어찌 된 판인지 우리 사회의 요소요소에는 인간의 꿈과 염원을 시중들기 위한 법이며 제도며 그 장치보다는, 도리어 인간의 염원을 가로막고 행복을 훼손하려는 장애물이 더 많은 것같았다'고 느끼게 되었다. 문학적 상상력은 여기서 더 나아가 "국가권력은 이미 나라와 민족을 진심으로 사랑하는 자들의 손에서 아주 멀리멀리 떠나버린 상태"로 보여 "세세연년 민족자주를 열망하는 전민중적인 희원을 한번 소설화해보고 싶었을 뿐"이어서 쓰게 된 것이 '분지'였다고 밝혔다. 더 구체적으로 말하자면 4·19같은 민족적 희망이 왜 5·16같은 폭압으로 압살당해버렸느냐를 추구하다가 "그 배후에는 아무래도 미국이라는 거대한 외세가 크게 작용하고 있음을 직관적으로 감지하고 그 답답함과 울분을 기초로 '분지'를 구상했던 것이다."(한승헌 변호사 변론사건 실록《분단시대의 피고들》참고)

그의 장기인 풍자적 기법으로 그리 오랜 시간을 끌지 않고도 탈고하게 된 이 작품을 작가는 이미 여러 번 발표한 적이 있는《사상계》를 제치고 아직 한 번도 발표지면을 못 가졌던 순문학지《현대문학》으로 넘겼다. 1964년 12월 어느날이었다.

소설은 홍길동의 10대손인 홍만수가 펜타곤의 압살을 목전에 두고 어머니 영전에 하소연하는 형식을 취한 일인칭 독백체로 이뤄져 있다. 만수의 아버지는 일제때 독립운동을 위해 나갔으나 해방이 되어도 돌아오지 않았다. 여기서 독립투사가 8·15 후에도 돌아오지 않은 것으로 처리한 작가의 치밀한 의도를 간과해선 안된다. 돌아오지 않은 '아버지'는 분단시대의 민족적 구원자를 상징하는 것이자 친일파 지배의 현실을 비판하려는 의도를 담아낸다. 그의 어머니는 환영대회에 나갔다가 미군으로부터 성폭행당한 채 돌아와 정신이상으로 죽는다. 고아 남매는 외가에서 자라던 중 6·25로 헤어져 만수는 입대했다가 제대했으나 살 길이 없는 절망 속에서 스피드 상사의 현지처가 된 누이동생 분이를 만나 미 군수물자 장사를 하면서 지낸다.

이런 딱한 처지의 만수에게 친구들은 도리어 매부인 스피드 상사에게 미국과 통할 수 있는 길을 열어달라고 빽을 써대는 현실을 저주하며 그는 썩어빠진 정치를 규탄하나 그보다 더 견디기 어려운 것은 누이 분이의 고통이었다. 밤마다 스피드 상사는 본국의 본처와 비교하면서 분이의 육체적인 결함을 들어 온갖 욕설을 퍼부어대며 학대해댔기 때문이다. 대체 미국 여인들의 육체는 얼마나 황홀하기에 저런가고 고심하던 중 스피드의 본처 비취가 한국으로 오자 만수는 그걸 확인하고 싶어졌다.

만수는 한국을 안내해주겠다는 구실로 비취를 향미산으로 데려가 정중하게 분이의 처지를 설명하면서 육체를 보여줄 것을 요청하자, 그녀는 다짜고짜 만수의 뺨을 후려갈겼다. 절호의 기회를 놓치지 않으려고 만수는 그녀의 배 위를 덮치고 앉아 속옷을 찢어 황홀한 육체를 확인할 수 있었다. 그러나 만수의 손에서 헤어난 비취는 돌연 "헬프 미!"를 외치며 산 아래로 내려가 도움을 청했는데 그 결과는 '향미산의 둘레에는 무려 일만여를 헤아리는 각종 포문과 미사일 그리고 전미군 중에서도 가장 민첩하고 정확한 기동력을 자랑하는 미제 엑스 사단의 그 늠름한 장병들이 신이라도 나포할 기세로 저(만수)를 향하여 영롱한 눈동자를 빛내고' 있는 처지였다.

'이땅 위에서 만수란 이름의 육체와 그의 혼백까지를 완전히 소탕하기 위해서 뿌려진 금액이 물경 이삼억 불에 달' 하는 위기의 상황에서 만수가 어머니의 영전에 하소연하는 형식의 이 소설은 채만식의 풍자를 능가하는 완벽한 알레고리로 김지하 풍자문학에 한 발 앞선 성과였다. '앞으로 단 십 초, 그렇군요. 이제 곧 저는 태극의 무늬로 아롱진 이 런닝셔츠를 찢어 한 폭의 찬란한 깃발을 만들' 어 타고 태평양을 건너 미 대륙에 닿아 '우윳빛 피부의 그 윤이 자르르 흐르는 여인들의 배꼽 위에 제가 만든 이 한 폭의 황홀한 깃발을 성심껏 꽂아놓을 결심'을 다지는 것으로 이 소설은 끝난다.

이후 남정현 문학은 '분지'의 해설판이라 해도 지나치지 않을 것이다. 이 작품을 둘러싼 1960년대적인 지성적 한계상황에서의 법정 공방을 여기서는 되풀이할 필요가 없을 것같다. 국민들이 미국을 이해하는 자세도 엄청나게 달라졌는데 문학사적으로 말한다면 그 첫 공적은 필연코 '분지'로 돌려야 할 것이다.

전후문학에서 양공주를 등장시킨 소설은 그리 낯설지 않다. 송병수의 '쇼리 킴'은 양공주와 미군의 관계를 한미관계로 상징화한 문제작으로 이후 '양공주 반미문학'의 틀이 되었다. 그러나 이 계열의 소설들은 한국여인의 작은 육체와 그에 비례하는 생식기가 거구의 미군(특히 흑인 등장)에게 학대받는 장면을 절정으로 삼아 제국주의와 식민지의 갈등을 부각시켰다는 점에서 다분히 인류학적인 신체구조론적 숙명론으로 귀착하고 있기에 거부반응을 일으키기도 했다. 양공주들은 정서적 혹은 민족감정이나 윤리의식 등으로 미군과 갈등을 겪는 게 아니라 단순한 육체적인 외형상의 형태 때문인 것으로만 묘사되어 있다. 자칫하면 육체적인 열등감으로 비화될 수도 있는 이 계열의 양공주 소설은 1950년대적 상황이 낳은 결실이자 한계로 인식하는 게 좋을 듯하다. 여인과 개를 교미시켜 미군들이 둘러싸고 관람하는 장면이 등장하는 이문구의 '해벽' 같은 작품은 이런 차원을 벗어나 새로운 소설적 기교를 보여준 것으로 평가받을 만하다.

'분지'는 어떤가. 성의 강약이나 육체의 크고 작음으로 말미암은 갈등이 아니라 '스피드 상사는 밤마다 분이의 그 풍만한 하반신을 이러니 저러니 탓잡아가지고는, 본국에 있는 제 마누라 것은 그렇지 않다면서, 차마 입에 담지도 못할 욕설과 폭언으로써 분일 못 견디게 학대하는 것'이다. 물론 그 트집 속에는 '국부의 면적이 좁으니 넓으니 하며 가증스럽게도 분일 마구 구타하는 일조차 있다는 사실'도 포함되지만 근본적인 갈등구조로 작가가 제기한 것은 민족적인 이질성이며, 학대방법도 국부가 작아서 그냥 당하는 게 아니라 엄연히 구타를 당하도록 장치하고 있다.

생식기가 작아서 성행위 그 자체만으로도 고통스럽게 만든 작품과, 학대와 구타를 '부당하게' 당하도록 설정한 소설구조는 엄청난 차이가 있다. 이런 갈등구조를 해결하는 방법에서도 대부분의 양공주 문학은 그 설움을 품고 그대로 견디는데, '분지'는 홍만수로 하여금 근본적인 대책마련으로 대응하는 데서 차이가 난다.

4. 반외세의 주체로서의 바보적 인간상

홍만수는 스피드 상사의 아내 비취 여사에게 '제 조국의 산하를 설명하기 전에, 먼저 반만 년의 역사에 빛나는 대한민국의 이름으로 여사에게 한

가지 청이 있다고 정중하게 말' 한다. 풍유적인 기법이긴 하지만(어찌 이런 이야기를 1960년대적인 냉전체제 아래에서 사실적으로 쓸 수 있겠는가) 홍만수는 누이 분이의 처지를 말하며 "옷을 좀 잠깐 벗어주셔야 하겠습니다"고 했지만 비취 여사의 반응은 "갓뎀!"이었다. 이 대목은 매우 중요하기에 찬찬히 읽을 필요가 있다.

비명 비슷한 소리와 함께 번개같이 저의 한쪽 뺨을 후려치는 것이 아니겠습니까. 아찔하더군요. 일껏 신이 저를 생각하여 점지하여주신 행운의 찬스를 바야흐로 놓치는 것만 같은 두려움이 엄습한 탓이었습니다. 순간 저는 고만 엉겁결에 왈칵 달려들어 여사의 목을 누르면서 성큼 배 위로 덮쳤거든요. 그리고 민첩하게 옷을 찢고 손을 쑥 디밀었지 뭡니까. 아, 미끄러운 그리고 너무나 흰 살결이여. 저는 감격했습니다. 순간 하늘과 땅도 영롱한 빛깔에 취하여 조금씩 흔들리는 것같더군요. 여사는 연신 악을 쓰며 몸을 비틀다가 활활 타는 저의 동자를 대하곤 뜻한 바가 있던지 제발 죽이지만은 말아달라고 애원하듯 하고는 이내 순종하는 자세를 취해주더군요. 고마웠습니다. 내가 왜 백정이간. 저는 점잖게 부드러운 미소로써 대답을 대신해주었습니다. 그리고 버터와 잼과 초콜릿 등이 풍기는 그 갖가지 방향이 몽실몽실 피어오르는 여사의 유방에 얼굴을 묻고 한참이나 의식이 흐려지도록 취해 있었거든요.

"원더풀!"

얼마 만에야 무슨 위대한 결론이라도 내리듯 이마의 땀을 씻으며 겨우 한마디 하고 여사의 몸에서 내려온 저는 세상이 온통 제 것 같아서 견딜 수가 없더군요. 치부의 면적이 좁았는지 넓었는지에 관해서는 별반 기억에 없었지만 좌우간 이제 분이를 향하여 자신하고 한마디 어드바이스를 해줄 수 있을 것같은 감격으로 사뭇 들뜬 기분이었습니다. 바로 그때였지요. 비취 여사는 갑자기 몸을 벌떡 일으키더니,

"헬프 미! 헬프 미!"

위태로운 비명과 함께 정신없이 산을 뛰어 내려가더군요. 왜 저럴까. 헝클어진 머리며 찢어진 옷.

— '분지'

이 대목에서는 누구나 E. M. 포스터의 《인도로 가는길》(1924)을 연상할 것이다. 인도인 의사 아지즈는 식민 종주국인 영국인과 우정이 가능할까 란 문제에 대하여 영국에서라면 가능하지만 인도에서는 불가능할 것이라고 생각하는 보통시민이지만 은근히 영국인과의 교유를 바라는 편이었다. 식민통치국으로서의 우월감을 지닌 보통 영국인과는 달리 나름대로 인간 평등사상과 피식민 인도인에게 호의를 가진 필딩 학장의 소개로 알게 된 아데라 퀘스테드 양과 그녀의 시어머니가 될 무어 부인을 알게 된다. 고대 유적지를 찾아나선 이들 넷은 필딩이 기차시간을 놓치게 됨으로써 부득이 아지즈가 혼자 안내를 맡게 된다. 무어 부인조차 막상 현장에 도착하자 허무감에 빠져 휴식을 취한다기에 아데라만 데리고 이상한 분위기가 감도는 둥굴로 들어간 아지즈는 낭패를 당한다. 이데라가 아지즈로부터 능욕을 당한다는 피해망상에 사로잡혀 갑자기 동굴을 뛰쳐나가 도주, 하산하여 구원을 요청해버려 도리 없이 아지즈는 추행범으로 기소당한 것이다.

필딩 학장과 무어 부인이 아지즈의 무고함을 역설하는 이성적인 판단과 설득에도 불구하고 이 사건은 영국인과 인도인의 한 판 승부 겨루기로 갈라져 법정은 날카롭게 대립하는데, 막상 피해 당사자인 아데라는 환각에서 깨어나 고소를 취하해버려 싱겁게 아지즈는 석방된다. 풀려난 아지즈는 자신을 신뢰하고 옹호해준 영국인과 친구가 될 수 있을까? 그에게 유리한 증인이 되어줄 수 있었던 무어 부인은 전형적인 영국 공립학교 출신자가 지닌 표준규격의 식민통치 관리인 아들의 강요로 귀국선에 올랐으나 선상에서 죽어버렸고, 사건을 일으키긴 했으나 이내 자신의 잘못을 깨닫고 약혼자 로니의 강경한 인도인 응징강요를 거절하고 고소를 취하해버린 아데라는 파혼당하고 만다.

아지즈에게는 은인격인 필딩 학장은 거듭 우정을 다짐하지만 이 가련한 인도인 의사는 이렇게 대꾸한다. "설사 5천5백 년이 걸리더라도, 우리들은 당신네를 쫓아낼 것입니다. 그래요. 저주스러운 영국인들을 하나도 남김없이 바다에 처밀어 넣어버리렵니다. 그렇게만 된다면, 그때서야, 당신과 나는 친구가 될 수 있겠지요."

이 사건은 전적으로 무고한 한 남성, 곧 피식민지 열등인 원주민과 식민 통치인, 곧 우월한 인종의 갈등에 다름 아니란 점에서 '분지'의 원형이기도 하다. 아지즈가 반영적인 인도인과는 달리 그래도 친영적인 개화된 인물이라는 점과 홍만수가 반미적이기보다는 누이 분이의 양공주 생활에 기생하는 친미적일 수밖에 없는 처지는 소설적 구도에서는 비슷한 발상에 있다. 식민 통치국 주민에게 반감이 없는 데도 결국은 학대당하다가 반감을 가질 수밖에 없다는 결론을 도출하기 위한 장치인 셈이다. 그러나 포스터는 식민종주국의 관점에 서 있고 남정현은 피식민자의 처지라는 차이는 메워지지 않는다.

그 차이는 《인도로 가는 길》이 필딩과 아데라가 은신하고 있는 아지즈를 찾아가 우정을 호소하는 것과는 대조적으로 '분지'는 홍만수에 대하여 재판은커녕 취조나 심문도 없이 압살시키려는 데서 분명히 드러난다. 보기에 따라서는 아지즈는 무고하나 홍만수는 추행혐의를 벗어나기 어렵다고도 할 수 있다. 그러나 이 대목은 그간 많은 독자와 평론가들이 '분지'를 오독한 중요한 단초가 된다.

홍만수는 결코 비취 여사를 범하지 않았다는 것이 작가의 확고한 의도이다. 그는 누이의 고통을 해결해주고자 단지 비취 여사의 생식구조를 관찰하고자 했을 뿐이지 성욕을 분출할 의사도, 실제로 자행하지도 않았다는 게 '분지'의 명백한 구도이다. 작가 남정현은 이 사건 전개의 오묘한 구도에 대하여 필자에게 거듭 강조해준 적이 있다. 만약 홍만수가 강간을 시도했다면 한국인이 미국인과 다를 게 뭐란 말인가. 침략에는 침략으로, 강간에는 강간으로, 테러에는 테러로 대응하는 반평화주의를 이 작가는 지양하고 있다. 패미니스트들은 '분지'에 나타난 묘사만으로도 충분히 식민지 대 피식민지적 남녀가 당하는 비극적인 상징성보다는 한 남자가 여성에게 가하는 성폭력이라고 우길 수도 있으나, 이것은 성폭력을 남녀의 성구분으로만 접근하려는 논리적인 여성해방론에 불과하다. 분이와 스피드 상사의 관계를 사상해버린 채 홍만수와 비취 여사의 사건만을 문제삼을 수는 없기 때문이다.

전혀 죄 없는 무고한 한 남성이 팬터곤의 공격으로 무참하게 죽을 수밖에 없다는 위기의식을 형상화하고자 한 것이 '분지'이고 보면 홍만수에게 어떤 범죄행위나 사악한 사고를 입력시켜서는 안될 것이며, 작가는 이래서 그를 이상의 '날개'의 주인공과 맞먹는 천치형 남성상을 부각시켰다.

천치란 무엇인가. 큰 앎과 무지가 통하듯이 천재와 바보도 통한다. 홍만수는 바보형 인간상으로 온달을 닮았다. 그의 천치성은 세상을 약아빠지게 살아가는 데서는 크게 발휘되지만 사람된 기본도리를 지키는 데서는 누구도 못 따를 만큼 투철한 사명감에 불탄다. 작가는 홍만수를 통하여 외세의존적인 분단시대에 부정과 부패로 잘살고 있는 계층의 삶을 상징적으로 비판하고 있다. 세속적으로 잘사는 일은 곧 나라의 사람됨의 근본을 잊고 외세와 결탁하여 부정과 부패로 얼룩져간다는 것임을 '분지'는 홍만수의 지역구출신 민의원 공모某 의원을 통해 보여준다. 궁지에 몰린 홍만수가 지역구출신 의원에게 구명을 호소하려 하지만 그의 모습은 이렇게 부각된다.

그러나 들리는 바에 의하면 공모 의원은 벌써 스피드 상사의 상관을 찾아가 열 몇 번이나 절을 하고 내 출신구의 유권자 중에 그렇듯이 해괴한 악의 종자가 인간의 탈을 쓰고 존재했었다는 사실은 본인의 치욕인 동시에 미국의 명예에 대한 중대한 위협임을 누누이 강조하고 나서, 내 의정 단상에 나가는 대로 자유민의 체통을 더럽힌 그따위 오물을 사전에 적발하여 처단하지 못한 사직당국의 무능과 그 책임을 신랄하게 추궁할 것임을 거듭 약속하고 나오시더라니, 어머니 저는 정말 누구의 품에 안겨야만 인간이란 소리를 한번 들어보고 죽을지 캄캄하기만 합니다.
—'분지'

권력층이 지닌 이 외세의존형 자세는 남정현이 등단 이후 지금까지 한 번도 고삐를 늦추지 않은 반제 민족 주체성의 주제로 자리매김하고 있다. 이런 외세복종형 권력구조 아래서 당하는 민중의 고통은 바로 분이의 아픔으로 상징된다. '누이동생인 분이가 아, 어이없게도 당신(어머니)을 겁탈한 바로 그 장본인일지도 모르는 어느 미 병사의 첩노릇을 하게 되었다는 이야기'는 한국을 식민지로 파악하는 작가의 일관된 역사의식의 일단이다. 분이뿐이 아니라 '생전에 당신 그렇게도 부잣집 맏며느리 감이라고, 그 품행이며 미모를 입이 닳도록 칭찬하여주시던 옥이도 숙이도 그들은 지금 이방인들의 호적에 파고들어갈 기회를 찾지 못하여 거의 병객처럼 얼굴에 화색을 잃어가고 있다는 사실'까지 상기하노라면 작가의 민족적 현실인식의 정황을 짐작할 수 있을 것이다.

이런 꽃다운 여인(곧 민족)이 몸바쳐서 얻는 것이라고는 '밤마다 그렇게도 잔인한 곤욕의 장을 겪어야만 하는' 일이나, 권력층은 이를 외면하기에 역사를 바꿀 수 있는 원동력은 민중 속에서밖에 찾을 수 없다는 결론에 이른다. 민중, 이 추상적이면서도 가장 신뢰할 만한 계층이야말로 바보로 처우받는 홍만수같은 무리에 다름 아니다. 작가는 반외세 투쟁에서 명망가적 운동보다는 '우매한' 민중을 선택했고, 여기서 홍만수란 인간상이 부각된다.

그는 작심하고 반미운동에 투신한 것이 아니라 삶 속에서 어쩔 수 없이 필연적으로 쫓겨 자신의 죽음으로써 새로운 민족적 활로를 찾는 방식을 취한다. '이제 곧 펜타곤 당국은 만천하에 천명한 대로 기계의 점검이 끝나는, 앞으로 일 분 후면 위대한 폭음과 함께 이 향미산은 온통 불덩어리가 되어 꽃잎처럼 흩어질 테지요'란 대목은 홍만수의 살신성인殺身成人을 뜻한다.

향미산이 사라진 터전에다 '흩어진 자리엔 이방인들의 성욕과 식욕을 시중들기 위하여 또 하나의 고층빌딩이 아담하게 세워질지 모른다'는 말은 무척 함축적이다. 향미산을 없애고 거기에다 건물을 세우기로 한 계획이 이미 있었는데, 마침 홍만수 사건으로 이중의 효과를 거둔 것으로도 보인다. 이런 탄탄한 제국주의의 발호 속에서 그의 소망인 외세로부터 민족주체성은 어떻게 찾아지는가? 바로 이 소설의 대미를 살필 차례이다.

이제 저의 실력을 보여줘야지요. 예수의 기적만 귀에 익힌 저들에게 제 선조인 홍길동이 베푼 그 엄청난 기적을 통쾌하게 재연함으로써 저들의 심령을 한번 뿌리째 흔들어놓을 생각이니깐요. 물론 저들은 당황할 것입니다. 어머니 그때 열렬한 박수를 보내주십시오.

앞으로 단 십 초. 그렇군요. 이제 곧 저는 태극의 무늬로 아롱진 이 런닝셔츠를 찢어 한 폭의 찬란한 깃발을 만들 것입니다. 그리고 구름을 잡아타고 바다를 건너야지요. 그리하여 제가 맛본 그 위대한 대륙에 누워 있는 우윳빛 피부의 그 윤이 자르르 흐르는 여인들의 배꼽 위에 제가 만든 이 한 폭의 황홀한 깃발을 성심껏 꽂아놓을 결심인 것입니다. 믿어주십시오. 어머니, 거짓말이 아닙니다. 아 그래도 당신은 저를 못 믿으시고 몸을 떠시는군요. 참 딱도 하십니다. 자 보십시오. 저의 이 툭 솟아나온 눈깔을 말입니다. 글쎄 이 자식이 그렇게 용이하게 죽을 것같습니까, 하하하.

— '분지'

이 대목에는 작가의 고심한 흔적이 스며 있다. 가장 눈에 띄는 구절은 '태극의 무늬'이다. 이 술어를 쓸 경우 민족 주체성의 정통은 당연히 '대한민국'이 되며, 그렇다면 권력층을 '공의원'으로 상징한 대목과 헛갈린다. 물론 권력층과 민중을 구분할 수도 있으나 '분지'는 오히려 한민족 전체의 민중을 지향한다는 점에서 특정깃발(그것도 분단시기의 상징)을 내세울 것같지 않다는 유추가 가능해진다. 정말 그렇다. 남정현은 원래 집필때 이 술어를 안 썼다가 추고과정에서 삽입시켰다고 필자에게 밝힌 적이 있다.

홍길동의 육갑술에 의한 재생, 미 대륙으로의 비상, 그곳 여인들의 배꼽 운운은 상징이다. 홍만수는 결코 미국 여인들을 겁탈할 의도가 없으며 단지 이런 구절은 향미산이 폭발로 사라져버린 비극을 고스란히 미 대륙에다 그 앙갚음을 할 것이라는 민중적 결의에 다름 아니다. 그 응징은 미국에 대한 저주와 정복과 멸망을 겨냥한 것이 아니라 20세기까지 자행했던 죄과에 대한 반성 위에서 새로운 인도주의적 민주주의의 대륙 미국의 재생을 염원하는 것이다.

뉴욕의 무역센터 테러장면에서 왜 '분지'가 떠올랐는가란 화두로 다시 돌아가보자. 테러범들은 어느 나라 어느 민족인지는 모르나 해당지역의 홍만수는 아닐까? 어째서 그들은 자신의 생명을 버릴 수 있었을까? 바보여서일까? 역사의 저편 멀리 인디안을 추방 학살한 대목 따위는 빼고, 또 아프리카 대륙으로부터 흑인수입과 학대장면도 유보하고, 가까운 20세기만 챙겨보더라도 미국이 지구인에게 자행한 행위는 구태여 이 자리에서 열거할 필요조차 없을 것이다. 인류는 이제 새로운 미국의 탄생을 희원할 때가 되었다. 그것은 결코 엄청난 액수를 투자하여 만들어낼 가공할 만한 무기를 통해서가 아니고 사해동포주의라는 기독교 본래의 정신으로 회귀해야만 도달할 수 있는 평화의 길이다.

히로시마의 원폭이 일본 군국주의의 종말을 가져오긴 했으나 피폭자들에 의한 원한을 씻어내진 못했듯이 테러에 대한 반테러도 테러 그 자체를 근절할 수는 없을 것이다. 바로 '분지'가 의미하는 인도주의와 평화의 철학이다.

5. 지배계층의 변모와 역사의식

남정현 문학은 '분지'의 해설판이라고 했는데, 특히 이 작가는 8·15 이후 한국 분단사의 비극을 풍자적 기법으로 형상화시키는 데서 탁월한 솜씨를 나타낸다. 분단시대 한국 정치현실을 작가는 홍만수의 입을 빌려 이렇게 타매한다.

이 견딜 수 없이 썩어빠진 국회여 정부여, 나같은 것을 다 빽으로 알고 붙잡고 늘어지려는 주변의 이 허기진 눈깔들을 보아라. 호소와 원망과 저주의 불길로 활활 타는 저 환장한 눈깔들을 보아라. 너희들은 도대체 뭣을 믿고 밤낮없이 주지육림 속에서 헤게모니 쟁탈전에만 부심하고 있는가. 나오라, 요정에서 호텔에서 관사에서. 그리고 민중들의 선두에 서서 몸소 아스팔트에 배때기를 깔고 전세계를 향하여 일대 찬란한 데몬스트레이션을 전개할 용의는 없는가. 진정으로 한민족을 살리기 위해서 원조를 해줄 놈들은 끽소리 없이 원조를 해주고 그렇지 않은 놈들은 당장 지옥에다 대가리를 처박으라고 전세계를 향하여 피를 토하며 고꾸라질 용의는 없는가. 말하라. 말하라.

— '분지'

바로 한국 정치 지도자들에게 던진 포효였는데, 이 대목은 남정현 문학의 후반기 주제가 된다. 초기의 남정현은 제국주의적인 식민통치에 대한 항거로 반외세에 초점을 맞췄다면 후기에는 신식민 통치수법인 현지인으로 하여금 현지 다스리기를 겨냥하고 있다. '분지'가 1965년도 작품인데, 이때만 해도 남정현은 한국을 영락없는 식민지로 파악했는데 그것도 일제의 지배보다 더 악화된 상태로 보았던 것같다. 사실 학대와 가난 속에서도 나라는 하나였던 시대와 자유와 풍요의 신화 속에서 두 조각 난 민족을 비견할 때 이 작가의 진단이 그리 틀린 것도 아니다.

남정현은 1961년 제6회 동인문학상 수상작품인 '너는 뭐냐'에서 미국의 3S문화정책을 강력하게 비판하면서 마지막 장면에서는 사월혁명을 상징하는 민중항쟁을 제시하여 민족주체성의 회복가능성을 예견한다. 그러나 사월혁명이 단기적인 안목으로는 결국 식민통치의 한 방편으로 악용당했다는 측면을 깨닫고는 강력한 반외세 주제로 선회하여 '분지'를 낳게 되었다. 이렇게 말하면, 혹 사월혁명이 뭔가 잘못된 것으로 오해할 소지가 있을까 싶어 약간의 해명이 따라야 할 것같다.

사월혁명의 발발—성공—5·16에 이르는 과정 중에서 한국민중의 주체적 역량과 미국의 대한정책의 경중을 둘러싸고 적잖은 논란을 빚고 있다. 이 쟁점을 전반적으로 다룰 자리는 아니기에 할애하고, 다만 남정현 소설 세계의 이해에 필요한 부분만 요약하면, 1950년대 후반기부터 미국의 위상이 세계무대에서 휘청거리기 시작했다는 점만 지적해보기로 한다.

제2차대전의 필연적인 귀결인 자본주의와 사회주의의 대결적인 냉전체제에서 미국 우위 현상이 1957년을 고비로 위기를 맞는데, 그것은 소련이 대륙간탄도유도탄(ICBM) 실험 성공과 인공위성 스푸트니크의 발사로 현실화되었다. 바로 미국도 지하핵실험과 대륙간탄도유도탄을 개발함으로써 무력균형이 취해지자 두 강대국은 '공존'을 모색하게 되었다. 여기에다 1958년부터는 미국이 국제수지에서 적자를 기록, 세계경제의 주도권이 유럽이나 일본으로 분산될 조짐을 나타냈다.

미국은 대소·중 봉쇄와 대량보복 전략을 위한 위기의식의 조장, 동맹강화를 위한 무상원조 제공정책을 수정하여 핵무장에 의한 미군 재조정, 동맹국의 민주화 가치 증대와 경제발전으로 소비시장의 확대, 지역안보분담을 위한 일본의 역할 증대 등등으로 방향을 선회하지 않을 수 없었고 이런 연장선상에서 이승만 정권은 종말을 고했다. 광주항쟁때의 경우를 생각하면, 사월혁명때 군부가 발포를 자제한 것은 미국이나 이승만의 인도주의나 혹은 군부의 민주의식이 유난히 강했던 탓으로는 볼 수 없다. 오히려 일제와 광복의 혼란, 한국전쟁을 직접 체험한 세대의 지휘관이기 때문에 광주항쟁에 못지 않는 비극을 연출할 수도 있었을 것인데 왜 발포를 억제했던가는 역사의 수수께기로 남지만, 분명한 것은 한국민의 요구사항과 미국의 국가이익이 조화를 이뤘던 과도기로 볼 수 있다는 점이다. 실지로 1960년은 한국만이 아니라 미국도 아이젠하워에서 케네디로, 일본은 미일안보조약 개정(대중국 군사활동을 원활히 추진하려던 전략에서 동아시아 지역에서 일본 주도 전략으로 수정)으로 격렬한 반안보투쟁을 야기했던 시기로부터 이케다로 정권교체가 이뤄진 해였다.

5·16구데타가 왜 발생했는가를 여기서 따질 필요는 없을 것같으나 분명한 것은 사월혁명과 같은 맥락에서 파악해야 된다는 사실이다.

남정현의 소설은 '너는 뭐냐'에서 사월혁명의 흥분을 감추지 못했지만 이내 일본의 미일안보조약 개정이 한반도의 운명에 중대한 영향을 미친다는 것을 꿰뚫어보고 외세에다 일본을 크게 부각시켜 비판하기 시작한다. '사회봉'(1964)의 성자라는 처녀는 미국인과 가까이 지냈는데 어느새 일본어 회화에 혈안이 되어 '아리가토 고사이마스와 이랏샤이 마세에 시력을 집중'시키게 변해버렸다.

그리고는 '분지' 사건을 겪었고, 군부독재가 굳어지면서 남정현은 외세에 못지 않게 민족내부의 친외세주의, 곧 식민의식의 심각성을 주시하면서 그 풍자를 위하여 '허허許虛 선생' 연작에 몰두한다. 바로 신식민주의의 통치방식인 현지인에 의한 통제와 수탈정책인데 그 근거를 남정현은 박정권부터 찾고 있다. 남정현이 '허허 선생'을 처음 발표한 것은 바로 '유신체제란 이름하에 군부독재가 이를 악물고 기승을 부리던 1973년'(작품집 《허허 선생 옷 벗을라》의 '책머리에')이었다. 같은 민족이면서도 미국을 비롯한 외세보다 더 민족분열과 국민탄압을 강화할 수도 있다는 실례를 보여준 군부독재는 이 작가로 하여금 정치권력이란 무엇인가를 탐구토록 만들었고 그 결과 '장장 20여 년이란 세월'에 걸쳐 이 연작을 완성시켰는데, 작가는 "나에게 있어서 이 20여 년이란 세월은 한마디로 말해서 허허 선생과의 피나는 대결시대였다"고 고백토록 만들었다. 왜 허허 선생이 그토록 중요했을까.

'분지'의 홍만수가 구름을 타고 태평양을 건너가 미국에다 대한반도 정책의 일대수정을 요하는 운동이 주효했던 탓인지는 모르나 유신독재와 1980년의 신군부체제와의 대결을 통해서 한국민중은 민족의식을 놀라울 정도로 고양시켜 도리어 집권층이 항상 위기의식을 느끼지 않을 수 없도록 역사가 변해버렸음을 이 연작은 보여주고 있다. 물론 초기에는 ('허허 선생' 1·2·3까지) 외세를 등에 업은 기괴한 정치인의 전형으로 '허허'를 등장시켜 그 해괴한 삶과 통치철학을 풍자했지만 1980년대 중반을 넘어서면서는 뚜렷하게 허허 선생의 행동양식이 바뀌게 된다.

6. '허허 선생' 연작의 의미

'허허 선생 6'의 부제는 '핵반응'(1987)이다. 만사 탄탄의 정치인이자 경제인인 허허 선생이 어느날 갑자기 너무 기분이 붕 떴기에 그 아들 허만(꼭 홍만수를 닮았다)이 그 사연을 물은즉 "이땅에 말이다, 핵이 상륙했어. 핵무기가 말이다. 그만하면 알겠느냐?"는 의기양양한 대꾸였다. 이 허허 선생의 말을 좀 더 경청해보자.

"아, 빨갱이놈들 말이다. 빨갱이가 미친 놈이고 미친 놈이 빨갱이지, 세상에 미친 놈 따로 빨갱이 따론 줄 아느냐? 내 말은 말이다, 쥐뿔도 모르는 것들이 이제 겨우 목구멍에 밥술이나 들어가게 되니까 주변사정도 아랑곳없이 자유가 어머니, 민주주의가 어머니, 또 통일이, 부정이, 근로조건이, 임금이, 인권이 어쩌니 저쩌니 해싸며 입에 거품을 물고 떠들고 다니는 소위 그 서민대중이라나, 민중이라나 하는 것들 말이다. 그것들이 다 미친 놈들이지, 그럼 성한 놈들인 줄 아느냐? 어쨌든 그것들은 이제 끝난 놈들이다. 이땅에 핵무기가 턱 버티고 섰는 줄 알면 그것들은 앞길이 막막해질 테니까 말이다. 미친 놈 세상이 되긴 이제 다 글렀다고 생각될 테니 그럴 수밖에 더 있겠니. 기가 팍 죽어버리겠지. 놈들이 버릇없이 너무 큰소리 치면 핵이 꽝 하고 터질 텐데, 놈들이 아무리 미련하기로서니 핵이 꽝 하고 터지면 만사휴의라는 사실쯤 알 게 아니겠니? 하하하."

"핵이 꽝 하고 터지면 우리집은 괜찮을까요? 아버님."

"괜찮겠다, 빌어먹을 자식. 아, 핵이 꽝 하고 터진다는데 이 애비가 무슨 꼴을 보자고 이곳에 그냥 남아 있겠니. 벌써 날랐지, 태평양 저쪽으로 벌써 훨훨 날랐단 말이다, 빌어먹을 자식. 용용 죽겠지다."

'허허 선생 6—핵반응'

여전히 빨갱이 타령으로 권력을 움켜잡고 있는 허허 선생으로서는 자신의 이익이 곧 미국과 일본의 이익이며 이를 지키기 위해서는 향미산을 폭격하듯이 한반도 어디든 부숴버릴 채비가 완료되었음을 이 구절은 드러낸다. 이렇게 핵반응으로 기분이 붕 떴던 허허 선생이 갑자기 병명도 모르는 아픔으로 비실거리는데, 이유인즉 "백주에 미군철수와 반공법 철폐를 외쳐"대는 것 때문이었다. 어디 그뿐인가. "수천 수만의 미친 놈들이 길을 메우고" "핵무기를 철수하라고" 큰소리로 외치고 있다고 아들 허만이 알려주자 허허 선생은 " 이놈, 나보고 아주 죽으라고 해라"며 악을 쓰는 것으로 이 소설은 끝난다.

남정현은 '핵반응'에서 바로 1980년대의 민족 민중운동의 핵심을 반영하고 있다. 그러니까 허허 선생은 시대의 변모에 따라 '미친 놈들'을 소탕하기 위하여 온갖 전략을 다 짜내는데, 이에 뒤질세라 홍만수와 허만은 어리숙하게 허허 선생을 슬슬 말려서 비틀어지게 만들고 있다.

'허허 선생 7'은 '신사고新思考'이다. 그렇게 '민주'와 '통일'을 기피하던 허허가 갑자기 '요즘 갑자기 자기가 솔선하여 그 누구보다 앞장서서 통일, 통일 하고 통일을 외쳐대며 돌아다닌다니, 이건 정말 예사로운 변고가 아니었다.' 나아가 그는 기자회견에서 '미군철수까지 주장'하는가 하면, '남의 나라 군대가 와서 우리 나랄 가로타고 앉았으니 통일이 될 게 뭐냐구'라며, '북쪽의 빨갱이들도 이제 타도의 대상이 아니라 동반자 관계'라고 떠들어 아예 회견제목을 '신사고'로 붙였다는 게 이 작품의 요지이다.

여기까지 읽노라면 자칫 독자들은 이제 남정현은 한국정치를 해빙기에다 정치인들의 가치관도 바뀐 것으로 보는구나고 의아해 할 테지만 이 소설은 여기서 막을 내리지 않는다. 허허는 하두나 '미친 놈'들이 설치니까 견디다 못해 두려운 나머지 천연암벽 깊숙이 지하 대피 궁전 속에 칩거하면서 자신도 변한 것처럼 위장해서 그물을 쳐두곤 누가 걸려드나 보는 것으로 풀이한다.

"그렇다, 이놈아. 반공법 철폐도 던지고, 미군 철수도 던지고, 통일도 던지고, 민주도 던지고, 하여튼 던질 건 다 던졌다, 이놈아. 어떤 놈들이 고따위 생각을 하고 있나 세세히 한번 알아보려구 말이다. 약오르지? 요놈아, 히히히."

'허허선생 7―신사고'

이 대목은 남정현이 지닌 분단한국에 대한 고정관념 내지 제국주의의 본질인식의 철저성을 엿볼 수 있다. 민주화가 진척되었느니 어쩌니 해도 여전히 한국은 냉전체제의 가치관이 그대로 지배하는 20세기 정치사상사의 가장 낙후한 지역임을 이 작가는 강조하고 싶었던 것이다. 자칫 이 작품이 민중적인 낙천성이 아닌 비관적 전망을 드러낸 것이 아닐까 볼 여지도 없지 않으나 허허 선생 자신이 민중역량의 증대로 지상에서는 발 붙일 곳이 없어져 지하궁전에서 피신하고 있다는 점에서 역사의 진보를 담보해

내고 있다 하겠다.

여기서 역사는 어떻게 변했는가. 연작의 마지막은 '허허 선생 옷 벗을 라 — 허허 선생 8'이다. 이 점잖은 양반이 옷을 벗는 경우는 위기일 때이다. 예컨대 정전회담때 '빨갱이들이 가장 무서워하는 건 오로지 핵무기뿐인데…… 한 번 사용하질 않고 휴전 운운하는 것은 언어도단'이라며 나체시위를 하겠다고 미군들 앞에서 위협했으며, 동구권이 붕괴하자 요새화된 지하궁전에서 광란의 축제 밤을 보내며 허허 선생은 진짜로 옷을 벗었다. 제목은 미국이 개입해서 중요한 결단을 내릴 때마다 '허허 선생 또 옷 벗을라'라는 말에서 유래한 것인데 이 희극적인 장면은 민족주체성의 승리를 낙천적으로 전망하는 통쾌함이 스며 있다.

철저한 지하요새에서도 불안해진 허허는 유사시엔 언제든 비행기로 탈출 가능한 시설까지 갖추고 지내지만 불안감은 가시지 않아 새로운 장치를 했다. '영롱한 보석들이 흡사 거대한 분수처럼 빛을 뿜어대는' '장엄한 청룡시계'인데, 그 '신묘한 종소릴 계속 울리다보면 아무도 모르는 사이, 그만 그 도깨비들(빨갱이)이 슬며시 물러나고 만다'는 이 상징물은 바로 종교로 해석해도 좋다. 허허 선생은 핵무기를 갖춰도, 지하 안전시설에 대피해도 도깨비들의 등쌀에 불안감을 떨쳐버릴 수 없게 되자 마지막으로 신앙에 귀의한 것이다. 그렇다고 도깨비들이 사라졌을가.

동구권 붕괴로 '북쪽의 도깨비들도 남쪽의 도깨비들도 단 한 놈도 없이 다 고꾸라진' 줄 알았더니만 "북쪽의 도깨비도 남쪽의 도깨비도 전혀 고꾸라질 기미가 없어서 걱정"이란 말을 듣는 순간, "뭐라구?" 한 마디를 내뱉던 허허 선생은 그뒤 언어를 잃어버리게 된다. 그는 전혀 말을 않고 '인류가 앓아본 경험이 없는 병'을 앓으며 고열로 신음할 뿐이다.

아들 허만은 이제 도리 없이 아버지 허허가 '저 멀리 하늘로 비상해줬으면 하는 바람'을 가지는 게 이 소설의 결말인데, 이건 냉전체제의 종말을 희원하는 시대의 상징에 다름 아니다.

남정현은 긴 작가생활을 통하여 시종 외세와 민족 주체성을 주제로 삼아 일관되게 주장해왔는데, 위에서 본 것처럼 그는 '분지' 이전의 구식민

지적 강압체제에 대한 비판단계를 거쳐 그후에는 신식민지의 경제와 문화 통치에 대한 비판으로 일관하면서 반침략 민족주체성의 회복은 냉전의식의 불식으로만 가능하다는 인식을 거듭 확인해준다.

　세계화의 시대, 민족문학이란 구호가 낡은 것처럼 보이고, 이를 주장하면 구시대의 비평가로 착시되는 시대에 남정현을 읽는 기쁨은 배가한다. 여전히 21세기도 제국주의와 민족 주체성의 대립은 유효할 정도가 아니라 더 중요해지고 있음을 '분지'와 '허허 선생' 연작은 일깨워준다. 그리고 이말이 믿어지지 않는 지식인들에게는 다시 시선을 돌려 뉴욕의 무역센터 현장과 아프가니스탄을 중심한 아랍을 응시해볼 것을 권한다. 그걸 보면서 우리의 진로란 친미, 미국의 일개 주로 편입되는 길밖에 없다고 판단되면('허허 선생 8'이 바로 이런 주장을 했다) 그는 허허 선생의 후계자로 유력할 것이다.

자료

남정현의 필화, '분지' 사건

한승헌 (변호사)

한일협정 반대의 격랑 속에서

세칭 '분지사건'이 일어난 1965년은 박정희 정권 등장 이후 가장 세찬 바람이 불어친 한 해였으며, 그때의 격랑은 이 나라 역사의 한복판에 큰 충격을 주었다.

한일협정을 둘러싼 대일對日굴욕외교, 반대투쟁, 월남파병, 군 내부의 반정부 쿠데타 음모, 박대통령의 방미訪美, 여러 대학과 고등학교의 조기 早期방학, 위수령 발동, 서울대의 민비연民比硏사건, 공화당내의 항명파동 등…… 실로 정권차원을 넘어서 국가의 운명이 걸려 있는 큰 사건들의 연속이었다.

특히 이해 2월 17일, 해방 후 처음으로 일본의 시나이椎名 외상이 일장기를 휘날리며 서울로 들어와 한일기본조약을 가조인(20일)하자 전국민적인 반대운동은 극에 달하여 정국을 소용돌이 속으로 몰아넣었다. 각 정당·사회단체는 물론 지식인, 학생, 시민들이 궐기대회, 데모, 성명, 농성 등 온갖 방법으로 한일협정 체결을 반대했다.

이러한 일련의 과정에서 상당수의 학자, 문인 등 지식인들이 반정부적인 저항에 참여했다.

이처럼 험악한 상황 속에서 뜻밖에도 작가 남정현 씨의 '분지糞地사건'이 일어나 세인을 놀라게 하였다.

작가 남정현 씨가 정식으로 구속된 것은 그해 7월 7일이었지만, 실인즉 그보다 훨씬 전인 5월 초순부터 그는 이미 당국의 조사를 받아온 터였다. 구속당하기 2개월쯤 전의 어느날, 그는 을지로 3가에 있는 '충일기업사'라는 곳에 연행되어갔던 것이다.

이때 당국은, 그해 3월호《현대문학現代文學》지에 실린 남씨의 소설 '분지'가 용공적이라는 이유로 문제를 삼았다. 나중에 밝혀진 사실이지만, 이 작품이 그해 5월 8일자 북한의《통일전선》이라는 기관지에 전재되었고, 그것이 계기가 되어 형사문제로까지 번지게 되었다.

남씨는 처음에 불구속으로 조사를 받아왔는데 마침(?) 그 무렵에는 앞서 본 바와 같이 한일협정 반대운동이 고조되어 마침내는 재경 문학인 82명의 이름으로 격렬한 선언문이 발표되기도 하였다.

그 성명은, 한일협정의 부당성을 공격한 다음 "……금번의 한일조약은 우리 국민 전체의 민족적 자존과 현실적 이해와 미래의 전망에, 경제·문화·정치적으로 한결같이 굴욕과 재침해와 실질적인 예속을 결과하고 있다. 그러므로 우리는 민족의 정기와 민족의 양심으로 인 언어도단의 한일조약의 즉각파기를 엄숙히 요구하고, 국회는 전체국민과 더불어 이의 비준을 완전거부할 것을 강력히 요구하는 바이다"라고 톤을 높였다.

바로 그러한 시점에서 중앙정보부는 남씨를 반공법위반으로 구속하였으니 1965년 7월 9일의 일이었다. 그후 7월 14일 서울지방검찰청으로 사건이 송치되었는데 같은 달 23일 구속적부심사 끝에 남씨는 석방되었다. 이 사건을 맡은 김태현金兌鉉 검사는 사건의 처리를 늦춘 채로 1년을 미결로 두더니 1966년 7월 23일에야 서울형사지방법원에 남씨를 불구속으로 기소하였다. 남씨에 대한 적용법조는 반공법 제4조 제1항으로서, 거기에는 '반국가단체나 그 구성원 또는 국외의 공산계열의 활동을 찬양, 고무 또는 동조하거나 기타의 방법으로 반국가단체를 이롭게 하는 행위를 한 자는 7년 이하의 징역 및 자격정지에 처한다'고 규정되어 있었다.

반미·용공작품인가

문제된 작품 '분지'의 줄거리는 이러했다.

활빈당의 수령으로서 부패한 조정의 무리들을 혼비백산케 하고 비천한 대중들을 구제한 홍길동의 10대손인 홍만수는 어머니와 여동생 분이와 함께 8·15해방을 맞는다. 그러나 독립투사인 아버지는 돌아오지 않았고 어머니는 미군한테 강간을 당하여 충격을 받은 끝에 미쳐서 죽는다. 외가에 가서 자라던 만수는 6·25를 맞아 군복무를 마치고 제대했으나 여전히 생활은 암담하였다. 거리를 방황중에 우연히 만난 누이동생 분이가 미군 상사 스피드와 동거생활하고 있음을 알고 만수는 통곡을 했지만, 오히려 스피드 상사에 의탁하여 미군물품 장사를 하면서 살아간다.

그런데 스피드 상사는 밤마다 분이를 미국에 있는 본처와 비교하면서 폭언과 학대를 일삼는 것이었다. 그후 스피드 상사의 아내가 한국에 찾아왔을 때 만수는 비취라는 애칭을 가진 그녀를 향미산으로 유인하였다. 만수는 비취부인에게 얼마나 당신의 몸이 아름답기에 내 누이가 당신 남편한테 그토록 학대를 받느냐면서 몸을 좀 보여달라고 하다가 거절당하자 강제로 그녀를 눕히고 겁탈을 감행한다.

이 사실을 알게 된 펜타곤 당국은 정예사단과 미사일을 동원하여 만수가 숨어 있는 향미산을 포위한다. 그리고 만수를 폭살하겠다는 경고에 주변의 주민들은 공포에 떤다. 만수는 자기 출신구 국회의원을 찾아가서 구원을 요청했으나 거절당하고 만다. 그는 눈앞이 캄캄했다.

드디어 만수는 어머니의 영혼을 향하여 자신의 처지를 호소하면서 이 세상의 잘못되어감을 개탄한다. 그리고 저승에 계신 어느 유공자에게 부탁하여 미래를 창조하는 역사의 대열에 자기를 참여케 해달라고 애원한다.

그러는 가운데 향미산 폭파시각은 7분 전으로 다가왔다. 그러나 홍길동의 정신과 비방을 이어받은 만수는 조금도 겁내지 않는다. 이제 10초밖에 남지 않았다. 만수는 한 폭의 깃발을 만들어 자기가 차지했던 그 미국 여자의 배꼽 위에 그 깃발을 꽂아 그들의 심령을 뿌리째 흔들어놓겠다고 어머니에게 다짐한다.

공소장에 의하면 검찰은 이 소설의 내용을 다음과 같이 평가 규탄하였다.

……대한민국이 마치 미국의 식민통치에 예속되어 주한미군들은 갖은 야만적인 학살과 난행 등을 자행하고 우리 국민의 생명 재산을 무한히 위협하며, 몇몇 고관 예속자본가들과 결탁하여 국민대중을 착취하여 비천한 피해대중은 참담한 기아선상에서 연명만을 하고 있으면서도 이런 극심한 것을 말할 자유도 없는 이 나라에서는 이런 민중을 버리고 오직 자본가, 정치자금 제공자들의 이익을 위하여 입법·행정을 하고 있으며, 국민 대중들은 물론 국회의원마저 미국에 아부 예속되고, 약탈의 수단인 원조로써 경제의 명맥을 틀어쥐고 미국의 예속 식민지, 군사기지로써 약탈과 착취, 부정과 불의에 항거하는 자들은 미국의 가공할 강압과 보복을 받으면서도 굴복과 사멸함이 없이 최후의 승리를 쟁취한다는 양 남한의 현실을 왜곡 허위선전하며 빈민대중에게 계급 및 반정부의식을 부식扶植 조장하고 북괴의 6·25남침을 은폐하고 군복무를 모독하여 방공防共의식을 해이케 하는 동시에 반미감정을 조성 격화시켜 반미사상을 고취하여 한미유대를 이간함을 표현하는 등을 주요내용으로 하여…… 북괴의 대남 적화전략의 상투적 활동에 동조한 것이다.

요컨대 이 소설은 ① 계급의식과 반정부의식을 고취하고 ② 반미감정을 조성함으로써 ③ 북괴의 대남전략에 동조했다는 것이다.

검찰의 이와 같은 소추訴追는 비단 문단뿐 아니라 언론계, 학계 등에도 커다란 충격을 주었으며, 그것이 창작의 자유, 언론의 자유 등에 미칠 영향에 대하여 비상한 관심을 불러일으켰다.

만일 하나의 문학작품이 이처럼 용공의 혐의를 받고 법의 심판을 받아야 한다면 작가는 문학성이나 예술적 가치를 살리기보다는 혹시라도 법에 걸리지나 않을까 하는 데만 신경을 쓰게 될 것이며 결과적으로 창작의욕이 위축되지 않겠느냐는 걱정이 지배적이었다.

더욱이 '분지'를 게재한 《현대문학》지가 별 말 없이 배포, 판매된 다음에 북한측의 기관지에 전재轉載되었다는 이유로 문제삼는 것은 저들의 악용 여부에 따라 이쪽의 범죄 성부成否가 좌우되는 듯한 인상마저 주었다.

남정현 문학의 저항성

'분지'의 작가 남정현 씨는 1933년 충남 서산瑞山에서 태어났다. 28세 때인 1959년에 단편소설 '경고지역', '굴뚝 밑의 유산'으로 안수길安壽吉 선생의 추천을 받아 《자유문학自由文學》지를 통하여 문단에 나왔다. 1961년 '너는 뭐냐'로 동인東仁문학상을 수상하면서 이른바 저항문학의 기수로서 각광과 아울러 주목을 받게 되었다.

그는 우화적인 아이러니와 풍부한 해학을 통하여 강렬한 현실비판을 작품으로 형상화하였으며, 가령 '부주전상서父主前上書' 등에서 보는 바와 같이 화끈한 휴머니즘을 무기로 한 현실고발을 주조主調로 삼았다.

문학평론가들은 남정현 씨의 작품에 담겨 있는 현실고발 및 저항성에 한결같이 주목했다.

문학평론가 임중빈任重彬 씨는 다음과 같이 썼다.

'소설문학이 가지는 많은 기능 중에서도 남정현은 풍자와 독단으로 가득 찬 좀 지나치도록 얄궂은 픽션을 선택한다. 철저하게 현실을 추구한 나머지 작중 자체의 질서마저 흔들릴 때가 없지 않지만, 그토록 현실문제에의 집념이 강한 작가인 그는 풍자를 통한 비판의 무기로써 소설을 의식하고 있다는 반증이 된다. (중략) 남정현은 누구보다도 민감한 반항작가로서 그 동안 구원받기 어려운 한국 정치풍토의 상황악狀況惡에 대하여 정면으로 선전포고를 일삼아온 셈이다.'

역시 문학평론가인 홍사중洪思重 씨도 남씨의 '부주전상서'를 두고 '지금까지 나온 그 어느 작품에서도 볼 수 없었을 만큼 분노에 가득 찬 눈초리로 우리의 정치적 현실을 바라보며 물어뜯은 작품'이라고 하면서 '……그러나 작가의 정치감각이 옳았건 글렀건간에 지금까지 그 유례가 없을 만큼 대담하게 자기의 소신을 밝힐 수 있었다는 데에 우리가 깊이 생각할 문제가 있는 것이라 여겨진다. 다시 말해서 절망적인 현실에 손발 묶여 있으면서도 조금도 굽히지 않고 끝까지 하나의 탈출구를 찾아 완강하게 저항하는 모습이 보이는 것이다'라고 평했다.

백낙청白樂晴 씨는 '문학이 그 사회적 기능을 되찾고 문학인이 사회의 엘리트로 복귀하는 데 있어 개인의 희생을 무릅쓰고 본 대로 느낀 대로 고발하는 정신이 우리 문단과 사회의 건전한 발전에 어느 때보다 요긴한 만큼 우리는 남정현 씨의 작품활동에 진지한 관심을 갖지 않을 수 없다'라는 견해를 밝혔다.

이처럼 남정현 문학을 이른바 '저항문학'으로 보고 그것을 문학이 짊어져야 할 하나의 과제라고 긍정한다면 이를 꺼려하거나, 왜곡·저지시키려는 현실적 지배세력과의 일전一戰은 어쩌면 불가피한 숙명이었는지도 모른다. 훗날 특별변호인으로 법정에 나온 작가 안수길 선생께서 저항문학에 대한 오해를 지적한 것 역시 그런 충돌의 예방 또는 종식을 위한 계몽적 노력으로 평가할 수 있다.

전향자와 간첩들의 증언

남씨에 대한 반공법위반사건은 서울형사지방법원 박두환朴斗煥 판사가 담당하여 그해 9월 6일에 첫 공판이 열린 이후 판결 선고때까지 8회에 걸쳐 공판이 계속되었으며 그때마다 문인, 학자 등 많은 지식층의 방청객이 법정을 메웠다. 검찰 혹은 당초 수사를 맡았던 김태현 부장검사가 공소유지를 하러 나오다가 부산으로 전출되는 바람에 3회 공판(1967. 2. 8.)부터는 박종연朴宗演 검사로 교체되었다.

첫 공판 벽두 인정신문이 끝난 직후부터 검찰과 피고인간의 공방攻防은

치열했다.

　김두현金斗鉉, 이항령李恒寧 그리고 한승헌韓勝憲 등 세 변호사가 '피고인'을 위한 변호인으로 나섰다. 그리고 작가 안수길安壽吉 선생이 특별변호인으로 이례적異例的인 허가를 받았다.

　검찰측은 피고인이 '분지'라는 작품을 통하여 강간, 살인, 착취, 오물 등 과격한 표현으로 남한사회를 왜곡시키고 반미감정과 계급의식을 고취한 것이 아니냐고 선공先攻을 해왔다. 아울러 남씨의 사상적 빛깔을 집요하게 따지는 가운데 앞서 말한 '부주전상서'를 예로 들어 거론하기도 했다. 그 작품에는 인간이 잘 살기 위해서는 산아제한을 할 것이 아니라 인간 스스로가 사회제도를 고쳐나가야 한다고 암시되어 있고, '너는 뭐냐'에서도 작업복을 입은 노동자의 계급의식이 과격하게 드러나 있다고 주장했다.

　남씨는 검찰의 기소사실을 완강히 부인했다. 그는 '작품화 과정에서 얼마쯤 과장된 점은 있으나 작가는 현실 그 자체를 그리는 것이 아니라 현실일 수 있는 가능성의 세계를 가상적으로 그릴 수도 있는 것이며, 상징적 또는 우화적禹話的 수법으로 가상의 세계를 묘사할 수도 있는 것이다'라는 요지로 맞섰다. 그는 담당판사에게 문학의 본질이나 기법, 과제 등을 이해시키려고 애썼다.

　"문학이란 인간과 민족을 사랑하기 위한 작업이며 그러므로 작가는 정치 경제 사회의 매카니즘을 터득하고 표현할 수밖에 없다"고 해명하기도 했다.

　해가 바뀌어 1967년 2월 8일에 열린 제4회 공판은 아마도 분지사건 재판의 클라이맥스라고 할 수 있었다. 바로 그날 검찰측 증인과 변호인측 증인에 대한 신문이 있었던 것이다.

　검찰측 증인으로는 한재덕韓載德(공산권문제연구소장), 이영명李永明(함흥공산대학 출신·군속), 최남섭崔南燮(대남간첩·구속중), 오경무吳景武(대남간첩·구속중) 등 5명이었고, 피고인측 증인으로는 문학평론가 이어령李御寧 씨가 나왔다. 그들은 사전에 법원으로부터 작품의 감정鑑定의뢰를 받고 서면으로 자신들의 견해를 밝힌 사람들이었다.

다음에, 증인들의 법정진술 요지를 간추려 소개해본다.

먼저 증인 한재덕의 진술요지는 이러했다.

이 소설의 제목 '분지'는 똥의 땅이란 뜻이니 한국을 부정하는 인간이 가질 수 있는 발상에서 나온 제목이라고 본다. 이 소설은 누가 읽어봐도 반미적이며 계급의식을 고취하고 북괴와 똑같은 주장을 하고 있는 데 놀랐다.

위 증인에 대한 변호인의 반대신문에서는 다음과 같은 문답이 오갔다.

변호인 : 남한과 북한의 문화가 본질적으로 서로 다른 점이 있다면 무엇인가.
한재덕 : 북괴의 문화는 노동당이 제시하는 목표에 추종해야 하는 어용문화御用文化이지만, 남한에서는 그런 기준이나 규율이 없다. 즉 언론의 자유가 있다.
변 : 작가는 가난한 사람의 고통을 그리거나 미국을 비판해서는 안되는가.
한 : 정도문제다. 한국의 특수사정에 비추어 삼가야 할 것도 있다고 본다.
변 : 그 정도라는 것은 무슨 기준에 의해서 판가름하는가.
한 : 나는 이 작품이 정도를 넘어섰다고 본다.
변 : '반미적인 인상' 인가, '반미를 위한 것' 인가.
한 : 제목부터가 심히 반미적이다. 선동을 위한 것인지는 모르겠다.
변 : 분지의 주인공인 홍만수의 선조 홍길동은 북한집단의 사상에 부합되는 인물인가.
한 : 북괴가 대남방송에 '홍길동'을 내세우고 있는데, 이 작품이 그것과 우연의 일치인지 아닌지는 모르겠다. 그러나 이 작품은 북괴의 '홍길동'에 동조하는 내용이다.
변 : 지금 남한에서 '홍길동' 이라는 영화를 상영중인 사실을 아는가.
한 : 알고 있다.
재판장 : 증인의 감정서에 분지는 북괴 주장에 동조同調하는 내용이라고 하였는데 여기서 '동조' 란 말의 뜻은 무엇인가.
한 : 북괴가 대남전략에 쓰는 주장과 같은 것을 의미한다.

재 : 지난번 한일회담에 대해서는 북괴도 반대하고 한국내에서도 반대운동이 있었는데 그것은 '동조'인가, 아닌가.
한 : 아니다. '동조'의 해석을 '공산주의적 의사로 북괴와 동일한 주장을 할 때'로 수정한다.

다음엔 최남섭 증인이 증언을 했다. 그는 1965년에 간첩으로 남파되었다가 체포되어 복역중인 처지였으므로 수갑을 찬 채로 법정에 불려 나왔는데, 그는 국민학교밖에 안 나왔다는 자신의 학력에 어울리지 않게 달변이었다.

검사 : '분지'를 읽은 소감은?
최 : 그 내용이 남한에 대한 북괴의 악선전을 대신하고 있다.
변호인 : 이 소설을 읽고 대한민국은 자유스럽다고 느꼈는가, 반미적인 소설이라고 분개하였는가.
최 : 이런 소설이 허용된다면 자유스럽다고 생각했다. 이북에서는 상상도 못한다.
변 : 소설가의 상상이 우연히 북한공산집단의 선전과 일치했을 때에도 '동조'가 되는가.
최 : 이 작품은 내용 자체가 북괴의 선전과 동일하다.

세 번째로 등단한 사람은 이영명李永明 씨. 이 증인은 앞서 말한 대로 함흥에서 공산대학을 나왔는데 이때는 육군본부 정보참모부의 군속으로 근무중이었다.

검사 : 이 작품을 읽은 소감은?
이 : 철두철미한 공산주의 작가가 최고로 기술을 발휘해서 쓴대도 이 이상일 수는 없을 것이다. 그 이유인즉 '알링톤 발' 운운하면서 미군이 향미산을 폭파하여 그안의 사람들을 전멸시킨다고 한 점과 주인공의 어

머니가 미군에 강간당한다는 내용으로 반미사상을 고취시키고, 높이 솟은 건물과 가난뱅이의 불만을 대조시켜 계급의식을 강조했다.
변 : 증인의 특수한 신분에 비추어 이 소설을 읽을 때에 정치적 편견은 없었는가.
이 : 편견은 없었다. 그러나 이 소설은 정치적 작품이다.
변 : 작품 속의 허구虛構가 곧 현실 그 자체인가.
이 : 작품 내용은 현실적으로 있을 수 있고 있어야 하며 또 작가가 바라고 있는 세계다.
변 : 남북한 간에는 어떤 차이가 있다고 보는가.
이 : 남한에는 이북과 달리 개인의 자유가 있다. 그러나 헌법에 유보조항이 있듯이 자유에도 한계가 있다.

이어령 씨의 '견지見指'론

네 번째는 변호인단에서 신청한 이어령 증인의 차례였다.

변 : 이 소설은 반미적인가.
이 : 이 소설은 우화적 수법으로 쓴 것이므로 친미도 반미도 아니다.
변 : 현실 그 자체를 그린 것이 아니란 말인가.
이 : 그렇다. 이 작품에서 한국 여성과 미군과의 관계는 미국문화가 한국문화에 접촉하는 과정을 비유한 것이다. 계급의식이란 것도 빈부의 차가 어떻게 이루어졌는가에 관해서 작품 안에 언급이 없으므로 단순히 약자에 대한 동정으로 해석된다.
군복무의식을 해이시켰다는 문제도 지엽적인 상황 설정이지, 그것이 목적이 아니므로 인정될 수 없다. '알링톤 발' 운운하는 대목에서 이 작품의 상징성이 더욱 분명하다. 여기서 서구문명의 정화精華인 원수폭原水爆을 사용한다는 건 우화에서만 가능한 이야기다.
변 : 저항문학이란 무엇인가.

이 : 문학에는 본질적으로 저항의 일면이 있다. 아무리 평화시라 할지라도 작가는 저항성을 지니게 마련이다. 문학의 창조성과 저항은 동전의 안팎관계이다. 특히 저항문학이라면 현실상황에 대한 비판이 더욱 강조될 수밖에 없다.

변 : 이 작품에서 작가는 어떤 저항성을 보이고 있는가?

이 : 현실적 저항이 아니다. 남씨는 흔들리는 민족문화의 주체성을 지켜야겠다는 생각인 것같다. 작품 곳곳에서 비서구적非西歐的인 한국문화에 대한 향수가 나타나 있다.

변 : 홍길동은 저항적인 인물인가?

이 : 그에게는 저항성의 일면과 도술道術, 은둔 등 동양적 풍류사상의 양면성이 있다.
남씨는 이 소설의 첫머리에서 묘사하였듯이 홍길동을 후자의 것으로 상징했다.

변 : 이 작품이 북한공산집단의 주장에 동조했다고 공격을 받고 있는데?

이 : 달을 가리키는데 보라는 달은 보지 않고 손가락만 보는 격이다. 남씨가 가리키는 달은 주체적인 한국문화이며 '어머니'로 상징되는 조국이다. 장미의 뿌리는 장미꽃을 피우기 위해서 있는 것이므로, 설령 어느 신사가 애용하는 파이프를 만드는 데 쓰여졌다고 해서 장미 뿌리는 파이프를 위해서 자란다고 말할 수는 없다.

검사 : 이 소설을 처음부터 상징이라고 보았는가?

이 : 어머니를 강조한 데서 그렇게 느꼈다.

검 : 상징이라면 우화가 아닌가?

이 : 우화적인 것이지 우화 자체는 아니다.

검 : 작가의 내심까지 알 수는 없지 않은가?

이 : 작품은 작가가 썼지만 일반에게 발표가 된 뒤에는 작가만의 것이 아니며, 그렇다고 독자가 맘대로 해석해서도 안된다. 작품 속에 담긴 상징성은 그대로 존중되어야 한다.

검 : 누구나 증인처럼 해석하겠는가?

이 : 그렇게 해석될 가능성이 있다.
검 : 나는 이 소설을 읽고 놀랐는데 증인은 용공적이라고 보지 않았는가.
이 : 나는 놀라지 않았다. 병풍 속의 호랑이를 진짜 호랑이로 아는 사람은 놀랐겠지만, 그것을 그림으로 아는 사람은 놀라진 않는다. '분지' 는 신문기사가 아니다.
검 : 증인은 반공의식이 약해서 이처럼 증언하는 것 아닌가.
이 : 나의 저술과 나를 비평하는 글들이 그점에 대한 증거가 될 줄 믿는다.

5월 18일 오후에 속개된 제6회 공판에서는 검찰측 증인으로 대남간첩 (구속중) 오경무吳景武를 신문했다. 그는 "1966년 8월22일 평양에 있을 때 북괴 부수상 김광협을 통해 '분지' 사건에 관해서 들은 바가 있다"고 했으나 변호인의 반대신문에 횡설수설하다가 '도중하차' 하고 말았다.

검사와 변호인단의 논전

결심結審공판은 그로부터 일 주일 뒤인 5월 24일 오전에 열렸다. 이날 박종연 검사는, 남씨의 작품 '분지' 는 대남적화를 노리는 북괴주장에 동조하는 용공적인 내용이므로 그 문학성이 어떻든간에 반공법에 저촉된다는 요지의 논고끝에 남씨에게 반공법 제4조 제1항의 법정형 상한인 징역 7년과 자격정지 7년을 구형했다.

박검사의 논고요지를 간추려보면 대충 이러하다.

소설 '분지' 는 언론자유의 한계를 벗어났다. 피고인은 이 작품을 쓰기 전에 북한 괴뢰집단의 대남적화전략을 익히 알고 있었고 또한 북괴가 미군철수를 외치며 반미사상을 고취하는 한편 한국의 참상을 과장선전하고 있다는 것도 알고 있었다.

피고는 자신의 집필동기에 관하여, 민족 주체성의 상실, 정권의 부패, 빈부의 격차 그리고 권력의 횡포 등이 심한 우리의 현실을 고발, 개선하고자 하는 마음으로 이 작품을 썼다고 말하고 있는데, 이말이 바로 범의犯意

를 뒷받침하고 있다.

이어령 증인은 이 작품의 예술성을 높이 평가하고 있으나 모든 독자가 문학비평적인 입장에서 소설을 읽는 것은 아니다. 로렌스의 《채털리 부인의 사랑》은 그 예술성을 높이 평가받으면서도, 그 음란성 때문에 일본에서도 제재를 받았듯이 '분지' 역시 그 문학적 평가와는 별도로 작품내용의 반미, 용공성 때문에 법의 제재를 받아야 한다. 한재덕 증인이 지적한 바와 같은 사상적 배경과 용공성, 이적성利敵性을 중요시해야 한다.

검사의 이러한 논고에 대하여 세 사람의 변호인들은 파상적인 반론으로 맞섰다.

'분지'는 동서문화의 상관관계 속에서 민족의 주체성을 강조하는 상징적, 풍자적인 작품이며 그런 정도의 창작활동은 한국의 헌법이 보장하는 국민의 기본권 행사의 범위 안에 속하는 일일 뿐더러 반미나 이적·동조 따위의 인식이 없었으니 당연히 무죄라고 주장했다.

먼저 이항령李恒寧 변호인은, 이 재판이 우리나라에서 예술의 자유가 어느 정도 보장되고 있는가를 판가름하는 중요한 계기라고 강조하면서, '분지'는 다만 하나의 문학작품을 구상함에 있어서 부조리한 현실과 인간의 작태, 힘과 윤리의 불균형, 동서문명의 접촉상황, 한국민의 주체의식 등을 우화적 해학적 수법으로 묘사하였을 뿐 반공의식과는 전연 그 차원이 다르다고 주장하였다. 그는, 이 작품은 반미적이 아니며, 약자를 동정하였다고 해서 계급의식을 고취하였다고 볼 수는 없다. 조국을 사랑하는 나머지 그 부조리가 시정되기를 염원하는 뜻이 이 작품에서 느낄 수 있다. 이 작품을 이북에서 전재, 이용하였다는 것을 가지고 피고인이 북괴에 동조한 것으로 볼 수는 없다. 이 작품이 반공법에 저촉된다면 작가들이 위축되어 사물을 진지하게 다루려 하지 않고 안이한 도색문학에 흐를 우려가 있다고 무죄를 강조하였다.

필자(한승헌 변호인)는 다음과 같은 요지로 변론하였다.

매사를 용공으로 착색하는 것이 반공의 길인 것처럼 착각해서는 안되며, 반공이란 명분 아래 국민의 기본권이 부당하게 침해당하는 일이 있다면 본말전도의 역설이 될 것이다. 문학의 본질과 기법에 대한 이해가 없이 특수한 신분을 가진 사람들의 색맹인 단견으로 작품을 용공시해서는 안된다. '분지'는 반미, 반정부적 소설이 아니다. 이 소설에 한국사회의 어두운 면이 묘사되었다 하더라도 반국가단체의 주장에 동조한 것으로 볼 수는 없으며, 반공법 제4조의 모호한 규정을 확대 적용한다면 국민의 기본적 자유를 본질적으로 침해할 위험이 있다. 한 작가의 '분지憤志'를 곡해함은 '분지焚紙'의 위험을 초래할 뿐이다.

특별변호인으로 나온 안수길 선생의 변론요지는 다음과 같다.

이 작품에 미군의 비행을 쓴 대목은 민족의 주체성을 강조하기 위한 구성상의 대조법으로 쓴 것이다. 설령 이 작품에 소설 기법상의 문제가 있다고 하더라도 그것은 문예살롱이나 세미나에서 논할 문제이지 법정에서 법조목으로 그 가부를 결정지을 일은 아니다.

이 작품이 북괴의 잡지에 전재되었다고 해서 문제삼는 것도 부당하다. 미국의 존 스타인백은 《분노의 포도》를 써서 나치 독일의 반미선전에 크게 이용당했지만 이 작가는 법정에 선 일이 없었다.

문학의 저항성을 오해하고 있는 듯하다. 이것이 허용되지 않는 것은 오직 공산주의 문학이론에서뿐이다. 작품 때문에 작가가 형을 받은 일은 일제시대에도 없었는데 해방 20여 년이 지난 오늘에 그런 일이 있다면 역사의 수레바퀴를 뒤로 돌리는 일이 아닐 수 없다. 대략 이런 줄거리였다.

걱정한 대로 유죄판결

이날의 논고와 변론이 있은 후 〈조선일보〉는 그 사설에서 '……그대로 방치해두었다가는 국가헌법의 해석상 자칫하면 큰 오해를 빚어낼 염려가 있다'고 경고하고, '대한민국에서 계급의식이 법적으로 배척될 근거는 전혀 없으며 반미감정을 어째서 불법으로 속단할 수 있는가'라고 의문을 제기했다. 위의 사설은 이어서 '북괴가 반미한다고 하여 대한민국 국민이 반미감정을 가져서는 안된다는 논법이 선다면 지금 한창 반미노선을 걷고 있는 프랑스의 드골 대통령을 추켜올려도 북괴동조라는 삼단논법이 성립되지 않는가. (중략) 우리의 민주주의를 스스로 창살 없는 감옥으로 만드는 우愚만은 절대로 범해서는 안되겠기에 감히 일언하는 바이다'라고 천명했다.

한국문인협회도 법원 당국에 진정서를 내고 '피고 남씨가 전도 유망한 청년작가일 뿐 아니라 사건의 귀결 여하에 따라서 예술창작의 자유라는 근본문제에도 중요한 선례를 남기게 된다'고 지적하고 공정하고 관대한 처분을 호소했다.

시인 김춘수金春洙 씨는 이 사건을 문단과 사회가 겪는 하나의 시련이라고 규정한 후 이렇게 걱정했다. '이 사건으로 창작활동 전반에 걸쳐 위축이 온다면 우리 자유국가에 있어 이보다 큰 손실이 또 있겠는가.'

이처럼 '분지' 사건에 대해서는 비단 피고의 몸이 된 작가 자신이나 변호인들뿐 아니라 문단과 사회 각계에서 무죄판결을 갈망하고 있었다.

드디어 1967년 6월 28일 오전10시, 서울형사지방법원 제214호 법정에서 판결이 선고되었다.

"피고인에 대한 형의 선고를 유예한다."

이것이 박두환 판사에 의하여 낭독된 판결의 주문主文이었다. 남씨의 작품 '분지'는 반공법 제4조 제1항 '반국가단체 찬양 고무 동조'에 저촉되는 내용이므로 피고인은 유죄이나 정상을 참작하여 '선고유예' 판결을 내린다는 것이었다.

판결문에 의하면 '분지'는 '……남한의 현실을 왜곡 허위선전하여 빈민 대중에게 계급 및 반정부의식을 부식 조장하고 반미감정을 조성시켜 반미사상을 고취할 요소가 있는 단편소설'이라고 볼 것이므로 피고인은 '북괴의 대남적화전략의 상투적 활동에 동조한 것이다'라고 판시하였다.

또한 '피고인의 변호인 등은, 피고인은 본건 작품 분지를 집필함에 있어서 반국가단체에 동조한다는 하등의 범의犯意가 없으므로 피고인의 행위는 죄가 되지 아니한다고 주장하나…… 반공법 제 4조의 죄(동조)가 성립되기 위한 범의로서는 반국가단체의 주장, 선전 등 활동의 내용에 대한 인식과 행위자가 표현하는 사상의 내용이 위 활동의 내용과 동일하고 행위자의 표현을 지득知得한 자가 반국가단체의 활동에 호응하는 감동을 일으킬 요소가 있음을 인식함으로써 족한 것이고 적극적으로 반국가단체의 활동에 호응 가세할 의욕 내지 목적 있음을 필요로 하지 아니한다'는 것이다.

이어서 판결문은 매우 미묘한 설시說示를 계속해나갔다.

'……본건 작품 분지를 전체적으로 음미 이해한 위에 증인 이어령의 법정에서의 진술을 보태어보면, 이 작품은 우리 민족 주체성의 확립이라는 피고인의 염원을 소설로써 표현한 것이라고 인정할 수 있으므로 피고인이 위 작품을 집필함에 있어서 반국가단체의 활동에 호응 가세할 적극적인 의사 또는 목적이 있었다고 볼 수 없다 할 것이나……'라고 하여 작가에게 반국가단체의 활동에 동조할 의사가 없었음을 인정하였다. 그러나 그러한 '의욕 내지 목적이 없다고 할지라도 범의를 인정할 수는 있다'고 그 앞에서 판시했기 때문인지, 곧 이어 다음과 같이 강경한 의견으로 선회한다.

즉, '……반국가단체인 북한괴뢰집단이 대남적화의 수단으로써 우리나라에 있어서 반미감정의 조성과 반정부감정의 조성 내지는 계급의식의 고취에 광분하고 있다 함은 공지公知의 사실이고, 본건 작품 분지를 보면, 그 제목, 줄거리, 표현 등에 있어서 위 작품을 읽는 많은 독자 중 많은 사람에게 반미적 반정부적 감동을 일으키고 심지어는 계급의식을 고취할 요소가 다분하며, 피고인이 위 사실을 인식하고 있었음은…… 명백한 바이므로 본건에 있어서 피고인에게 범의가 없다는 위 주장은 받아들일 수 없다'고 하여 유죄판시의 이유를 부연하였다.

이 작품에 나타난 정도의 표현은 자유민주국가에서 보장된 문학 예술의 자유의 범위에 속하고 또한 사회상규社會常規에 위배되지 아니한다고 한 변호인의 주장도 받아들여지지 않았다. 판결은 다음과 같이 그 이유를 밝히고 있다.

'휴전선을 사이에 두고 북괴가 부단히 같은 방법으로 대남적화의 전략전술을 펴고 있는 우리나라의 현상황 아래서 여러 계층의 사람들에게 읽히는 잡지에 게재하게 한 위 표현이 사회상규에 위배되지 아니한 것이라고 볼 수 없다 할 것이므로 위 주장 역시 이유 없다.'

그런데도 엄벌이 아닌 형의 선고유예를 한 것은 남씨가 초범이고 이 사건 후에 근신중이므로 젊은 작가의 장래를 참작해서라는 것이었다.

승복아닌 체념으로

이 판결에 대해서 피고인측은 즉각 항소를 제기하였고 검사도 뒤이어 1심의 형이 가볍다는 이유로 항소하여 제2심 재판에서 다시 한번 판단을 받아보게 되었다.

1심의 유죄판결에 대해서는 각계에서 비판적인 의견이 속출하였다. 한국청년문학가협회는, 위 판결이 '우리 문단 초유初有의 불상사' 이며 '양형量刑의 경중문제를 떠나 유죄판결을 내린 데 대해 유감의 뜻을 밝힌다' 는 성명을 냈다. 조선일보는 이번에도 사설을 통하여 1심의 유죄판결을 비판하고 나섰다. 그 사설은 '비록 가장 가벼운 선고유예라 하더라도 유죄판결 자체에 심각한 문제점이 제기되어 있다' 고 지적하면서 '이번 판결문의 삼단논법대로 반공법을 적용한다면 대한민국에서 반공법에 저촉되지 않는 언론이나 정치활동이나 예술활동이 있을 수 없게 된다는 논리에 귀착된다' 고 비판하고 '표현의 자유에 대한 재판부의 근본관념이 우리와 거리가 멀다는 것을 안타깝게 생각한다' 고 하였다.

1심에서 특별변호인이었던 작가 안수길 선생도 위의 판결이 "아무런 정치적 의도나 불온한 동기가 없이 오직 작가적인 감동과 감각에 의해 이루어진 작품도 경우에 따라서는 반공법의 저촉을 받게 되고 그 작자는 처벌받게 된다는 판례가 되기 때문"에 "이런 불안상태는 창작의 자유스러운 분위기가 결코 아니며, 창작의욕은 부지불식간에 위축될 것이다"라고 불만을 표시하고, "이거 걸리지 않을까, 걸리지 않을까 하고 쓰는 글이 어떻게 생생한 감동을 독자에게 전할 수 있으며 그런 창작과정에서 좋은 작품의 생산을 바랄 수도 없을 것이다"라고 개탄하였다.

한편 필자(한승헌 변호인)는 항소이유서에서 다음과 같은 요지로 1심 유죄판결의 허물을 지적하였다.

1. 본건 '분지'와 원심 기록 및 증거를 아무리 검토하여도 계급의식이나 반미감정을 조성한 작품이라고 인정할 만한 흔적이 없으며, 특히 범의를 인정할 하등의 증좌가 없다.

2. 원판결이 유죄판단의 뒷받침으로 삼은 듯한 증인 한재덕, 이영명, 최남섭 등의 진술은 그들의 특이한 경력과 증언 당시의 특수한 입장, 기타 제반 정황을 종합해보건대 도저히 신빙성이나 공정성이 없다고 할 것임에도 불구하고 그들의 진술을 조신措信하였음은 자유심증의 범위를 벗어나서 중대한 사실오인誤認을 초래했다.

3. 원판결은, 소설 '분지'가 우리 민족 주체성의 확립이라는 염원을 소설로써 표현한 것이며 반국가단체의 활동에 호응할 적극적 의사가 없다고 판시한 이상, 마땅히 무죄를 선고해야 할 것이거늘, 막연히 반정부 및 계급의식을 고취시킬 '요소가 다분' 함을 인식하였다고 하여 유죄로 하였음은 앞뒤가 맞지 않은 '이유의 모순'이 아닐 수 없다.

4. 이 작품의 내용에 반미, 반정부적인 요소가 있다 할지라도 그것이 어찌하여 반국가적 행위로 비약되어 범죄를 구성하는 것인지 아무런 설명이 없다.

5. 무릇 문학작품이란 인간과 사회의 미추美醜를 아울러 다루게 마련이고 가공架空과 허구虛構를 주축삼아 씌어짐을 본질로 하는만큼 때로는 현실의 불행하고 어두운 면을 강조할 수도 있는 것인즉 피고인은 헌법이 보장하는 표현의 자유 아래 적법한 창작활동을 한 데 지나지 않는다.

그러나 항소심(서울형사지방법원 항소부)은 필자의 위와 같은 항소이유를 모두 '이유 없다'고 배척한 채 피고인의 항소를 기각하는 판결을 내렸다.

필자는 당사자인 남정현 씨와 상의한 끝에 대법원에의 상고를 하지 않기로 하였다. 대법원에서 1, 2심의 유죄판결을 뒤집고 올바른 재판을 해주리라고는 도저히 기대할 수가 없기 때문이었다. 수십 장에 달하는 변호인의 상고이유서에 대해서 '논지와 같은 주장은 독단적 견해에 불과하고' '일견 기록과 증거에 비추어보건대 원심판결에는 논지가 주장하는 바와 같은 잘못이 있다 할 수 없고'라는 따위의 상용문투常用文套 한 줄로 쟁점을 묵살해버리는 사법풍토 아래에서는 그처럼 '승복 아닌 체념'에서 상고를 단념하는 수가 적지 않으리라고 본다.

작가의 수난이 뜻하는 것

미국 연방대법원의 더글러스 판사는 언젠가, "역사는 재판관도 때로는 압제자임을 증명해왔다"고 말한 적이 있다. 사후 억제수단인 형사사법의 절차과정을 통하여 압제자가 원하는 응징을 실현해주는 경우를 가리킨 말일 것이다.

과연 '분지' 필화사건에서도 권력이 바라는 '질서' 쪽으로 판결이 기울어진 탓으로 문화는 어느새 통제와 탄압의 대상으로 화한 느낌을 주었다.

'분지' 유죄판결의 영향은 두말할 필요도 없이 피고인(작가) 자신에게 1차적으로 미쳤으니, 남정현 씨는 이 사건 이후에 작품활동이 거의 중단되었다고 해도 과언이 아니다. 그것은 아마도 작가 자신의 창작의욕 저상(沮喪)과 작품 발표 지면의 폐쇄 때문일 것이다.

그러나 '분지' 판결이 노린 대내적, 일반경계적 효과 또한 가벼이 볼 일이 아니었다. 특정 개별사건의 필화가 하나의 선례나 표본으로 클로즈업됨으로써 작가나 문필인들이 직접 간접의 두려움을 경험하게 된 것도 부정할 수 없는 사실이었다.

문학이 이른바 '순수'의 명분 속에 안주하기를 거부하고 역사와 현실에 강렬한 관심을 기울이게 되면 아침내 당대 지배세력과의 충돌을 피하기가 어렵다. 작가의 필화는 바로 그러한 숙명의 소산이라고 말할 수 있다. 이 '분지' 사건 이후 소위 '참여문학'이나 '저항문학'은 위정자와의 긴장관계를 가중시켜 문학논쟁 아닌 정치적 대결의 양상까지 띠게 되었다. 그리고 결과적으로는 대다수의 작가들이 문학의 위축을 감수하고 그 사정을 변명하기에 바빴던 것이 60년대 후반의 한 풍조였다.

여기에 대해서는, 정치권력을 주로 탓하는 견해와 문학인 자신들을 탓하는 의견이 서로 대립되어 나타나기도 하였다.

전자의 입장을 취한 것은 시인 김수영金洙暎 씨였다. 그는 "물론 우리나라의 문화인이 허약하고 비천한 것은 사실이지만……내가 생각하기에는 오늘날의 문화의 침묵은 문화인의 소심증과 무능에서보다도 유상무상有象無象의 정치권력의 탄압에 더 큰 원인이 있다"고 하였다.

이에 반하여, 이어령씨는 후자의 입장을 밝히는 글을 썼다. 그는 '……학원을 비롯하여 오늘날의 정치권력이 점차 문화의 독자적 기능과 그 차원을 침해하는 경향이 있다 할지라도 문화의 침묵은 문화인들 자신들의 소심증에 더 많은 책임이 있다' 라고 주장했다.

생각건대 문학의 무력화는 정치권력의 월권이 그 선행원인이고 작가의 무력화는 후발요인이라 하겠는데 그런 유감스러운 도식圖式은 '분지' 사건의 원인과 영향을 말함에 있어서도 무리없이 들어맞고 있다 할 것이다.

그후 70년대로 넘어오면서 권력에 의한 문화통제가 더욱 더 강화되어왔음을 생각하면 '분지' 사건은 참으로 불행한 신호탄이 된 셈이었다.

필자는 몇 건의 필화사건을 변호했던 경험을 되새기면서 다음과 같이 쓴 적이 있다. '필화가 없다는 것은 일응 좋은 현상으로 보인다. 그것은 아무 제약 없이 쓰고 싶은 작품이 나올 수 있는 상황하에서만 성립될 이야기이다. 역설 같지만 필화사건은 있어도 불행하고 없어도 불행하다. 앞의 경우에 규제자의 몰이해나 억압 그리고 작가의 수난이 불행이라면, 뒤의 경우에는 작가의 무력이나 문학부재의 반사적 안정일 수도 있어 역시 불행이란 말이다.

지금 우리는 이 두 가지의 불행에서 어느 만한 거리에 있는가. 전자의 불행보다 후자의 불행이 과연 가벼운 것인가. 문학의 본질에 관한 투르게네프의 말을 빌리자면, 그것은 하나의 개조요, 저항이요, 고발이자 갈망이며 연소작용이라고 할 수 있다.

투르게네프의 이말을 상기하면서 좀더 긴 안목으로 볼 때 필화는 있어서 불행하기만 한 것도 아니고, 없다고 해서 다행한 것도 아니다'

'분지' 사건은 이 민족을 사랑하고 불의를 미워하던 한 작가를 좌절시켰다. 그리고 다른 많은 작가들에게도 사법의 이름으로 겁을 주어 문학을 움

츠리게 만들었다.

  이런 좌절과 두려움을 극복하고 문학다운 문학을 키워나가는 일이야말로 한 작가의 수난을 되새겨보는 우리들의 염원이자 책무일 것이다. 그러나 근본적인 상황의 타개 없이는 문학예술의 자유가 되살아나기는 어렵다. 그러기에 "……죄가 있다면 작가나 검열관한테 있는 것이 아니라 '비틀어진 상황', 처음부터 '잘못되어 있는 상황'에 있다 하겠고 우리는 그 상황의 현실적 지배를 받고 있는 것이다"라고 한 이철범李哲範 씨의 견해도 상황을 중시했다는 점에서는 누구나 수긍할 만한 이야기이다. 그렇지만 모처럼 적절하게 제기된 상황론이 자칫 결정론의 아류 같은 숙명감을 불러일으켜 압제자나 굴종자에게 어떤 핑계로 이용당하는 일이 없도록 경계해야 할 것이다.

  상황이라는 두꺼운 벽을 깨는 일도 결국은 그안에서 숨쉬는 인간들에 의해서 성취될 수밖에 없다고 생각할 때, 그 무거운 짐을 함께 져야 할 문학(인) 또한 상황 앞에 백기白旗를 드는 안일보다는 상황의 타개를 위한 자생적自生的 노력이 절실히 요청된다. '있는 상황'을 '있어야 할 상황'으로 변화시키는 우리들 자신의 노력이 없이는 문학, 예술의 자유도 다른 기본권과 마찬가지로 실체 없는 겉치레에 머무르고 말 것이다.

# 2

동백림 간첩단 사건

피고인   정하룡, 이순자, 조영수, 김옥희, 김중환, 천병희, 손영옥
        윤이상, 이수자, 최정길, 정규명, 강혜순, 박성옥, 김성칠
        김종대, 어 준, 황춘성, 어 원, 어정희, 권태숙, 강빈구
        이국종, 천상병, 임석훈, 이응로, 박인경, 주석균, 김광옥
        최창진, 김복순, 공광덕, 김진택, 정상구, 정성배

1. 사건개요: 부정父情을 처벌한 반공재판 ·················· 133
2. 체험기: 북에 있는 아들 만나려다 조국의 감옥에-이응로, 박인경 ···· 137
3. 판결 (1심; 서울형사지법 67고 16114) ··················· 148
4. 상고이유서-변호인단 ······························· 158
5. 동백림 공작단 사건 ······························· 162
6. 동백림 사건 대법원 판결 후의 괴벽보와 괴전단 ············ 165

> 사건개요

부정父情을 처벌한 반공재판

한승헌 (변호사)

　1904년 충남 예산에서 태어난 고암顧菴 이응로 화백은 일찍이 조선미술전鮮展 등에서 입상하여 두각을 나타냈고 수십 회의 개인전을 갖는 한편 홍익대와 이화여대에서 후진양성에 힘쓴 적도 있다.
　그는 1958년 부인 박인경 여사와 파리에 건너간 뒤에는 동양의 추상적 바탕과 전통소재를 현대적으로 재해석한 작품을 통하여 유럽화단에서 크게 각광을 받았다.
　그는 세칭 '동백림 사건'으로 2년 반 동안 수감생활을 하면서 많은 옥중 작품을 남겼으며 석방 뒤 파리로 가기 전에 그중 1백여 점을 전시하기도 했다. 그의 말년의 작품에서는 동양의 붓과 수묵의 필치로 그린 '군상' 연작 등이 주목을 받았다.
　문제의 동백림 사건이 일어난 것은 1967년 7월이었다. 중앙정보부가 '동백림 거점 북괴 대남적화공작단 사건'이라고 발표한 이 사건은 그해 가을부터 서울형사지방법원 합의3부(재판장 김영준 부장판사) 심리로 공판이 진행됐다.
　수많은 피고인과 가족 그리고 방청객으로 법정은 항상 초만원을 이루었으며 구속 기소된 피고인만도 34명이나 되었다. 피고인 중에는 윤이상(50·서독 거주 작곡가), 강빈구(35·서울대 조교수, 법학박사), 임석훈(32·서베를린대학 박사과정), 이응로(64·파리 거주 화가), 주석균(65·농업문제연구소장·불구속) 등 학자, 예술인 등이 들어 있어 국내외의 비상한 관심을 끌었다.

독일과 프랑스 정부는 자국에 거주하던 윤이상 씨와 이응로 씨를 한국 정부가 강제연행해간 데 대하여 거세게 항의하고 이는 영토주권의 침해이자 납치행위라고 비난하면서 원상회복을 요구하였다.

독일정부는 심지어 무비카메라까지 법정에 들여보내 재판현장을 찍어가기도 했다. 그들의 집요한 항의와 교섭으로 앞서의 피고인들은 훗날 판결이 확정된 뒤 형집행정지 형식으로 조기석방되어 다시 유럽으로 돌아갔다.

재판에서 윤이상 씨는, 58년 8월 국제음악제에서 만난 동독 여대생에게 월북한 친구 소식을 알아봐달라고 부탁한 것이 계기가 되어 10여 차례에 걸쳐 동백림을 방문했다고 진술했다. 헬싱키에서 열린 세계공산청년축제에 참석한 뒤에는 부부동반으로 평양을 방문하였으며 수천 달러의 미화를 받은 사실도 시인했다.

그러나 그가 접촉한 이원찬이라는 사람이 북한의 공작원인 줄은 몰랐으며, 미화를 받은 것도 예술가에 대한 호의의 표시로 알았을 뿐 공작금으로 생각지는 않았다고 공소사실을 부인했다. 특히 유명인사나 유학생 등을 포섭하거나 간첩행위를 한 일은 없다고 진술했다.

그리고 북한방문 이유를 묻는 질문에는 "용강에 있는 쌍용총의 고구려 벽화가 보고 싶어서 갔다. 벽화에 나타난 고구려 사람의 기상을 직접 보면 나의 민족서사시 작곡에 도움이 될 것으로 믿었다"고 대답했다. 분단의 벽을 넘어서고자 했던 한 예술가의 염원을 재판부가 제대로 알아주었는지 의문이다.

나는 파리에서 끌려온 동양화가 이응로 씨 부부의 변론을 맡았다. 이 화백은 6·25때 행방불명된 아들이 북한에 살고 있다는 소식을 듣고 그 혈육을 만나게 해준다는 북한측 공관원의 말에 따라 동백림에 갔다가 헛걸음만 하고 돌아왔는데 뜻밖에도 국가보안법 위반으로 묶인 몸이 되었다.

그는 구치소에서의 첫 번째 변호인 접견때 "내가 평양이 아닌 서울에 와서 이런 수모를 겪을 수가 있느냐"며 몹시 분개했다. 박정희 대통령 중

임重任경축식에 해외에서 국위선양을 한 유공자로 초대한다기에 따라왔는데 그처럼 대통령의 이름까지 판 속임수가 더욱 괘씸하다며 분을 삭이지 못했다.

그는 한국식 언론의 독시毒矢도 맞았다. 첫 공판날 호송차에서 내릴 때 웃음을 띠었다고 해서 반국가적 행위자치고는 뻔뻔스럽다는 스케치 기사가 나왔다. 그 다음 공판때에는 억울한 심정에서 울음을 터뜨렸더니 어떤 신문은 '이제야 비로소 참회의 눈물을 흘렸다' 고 썼다.

또 당시의 한 신문엔 '너털웃음을 지으며 피고인석에 앉은 이응로 피고인은 심리 도중 갑자기 흥분하는가 하면 울상을 짓기도 하다가 필요없는 말을 큰 소리로 길게 설명하려다 재판장의 주의를 받아 방청석에서는 여러 번 폭소가 터졌다' 라는 스케치 기사가 실리기도 했는데 이것은 이화백의 예술가적인 성품과 울분 때문으로 보였다.

12월 13일 오전에 열린 1심 선고공판에서 재판부는 조영수(34·전외국어대 강사·정치학박사), 정규명(프랑크푸르트대학 이론물리학 연구원) 두 사람에 대하여 간첩죄 등을 적용하여 사형을 선고하였고 사형이 구형된 윤이상 씨에겐 무기징역을, 무기징역이 구형된 이응로 씨에겐 징역 5년을 선고했다. 그밖의 피고인들에게도 중형이 떨어졌다.

항소심 법정에서 나는 "65세 노인더러 5년 징역을 살라니 우리의 평균수명에 비추어 무기징역과 무엇이 다르냐. 1심 판결은 사실상 검사의 구형량과 똑같은 것이어서 부당하다"고 따졌다.

그런 변론의 효험 때문이었는지는 알 수 없으나 항소심에서는 2년이 줄어든 징역 3년이 선고되었다(이화백은 구속 2년반 만에 형집행정지로 석방되어 파리로 돌아갔다).

1968년 7월 30일 대법원은 이 사건의 중요 피고인들에 대한 원심을 파기했다. 그러자 법원 주변과 시내에 '용공판사 물러가라' 는 제목의 괴벽보가 나붙었는가 하면 괴전단 괴편지도 나돌았다. 그 다음해 한국사진기자단에서 펴낸《보도사진연감》에는 '애국시민회' 라는 단체 이름도 선명한 의문의 그 괴벽보 사진이 실렸고 그밑에 이런 설명이 붙어 있었다. '애국도 가지가지'.

 동백림사건의 파문이 있은 뒤 국내의 화랑들은 세계적인 예술가로 명성이 드높은 이응로 화백의 작품을 취급하지 않겠다는 결의까지 했다.
 그만큼 불온시되던 그의 작품이 1994년 5월 29일부터 서울 호암갤러리에서 '고암 이응로 5주기 추모전'의 이름 아래 전시되었다. 그날 나는 전시실 입구에서 실로 4반세기 만에 고암의 부인 박인경 여사를 만났다. 그는 이미 할머니가 되어 있었다.

체험기

북에 있는 아들 만나려다 조국의 감옥에

이응로 · 박인경 (재불화가 부부)

아, 26년의 세월

1994년 4월 29일 서울 호암아트홀에서 열린 고암顧菴 이응로전李應魯展 개막행사에 참석하고 파리로 돌아왔습니다. 세칭 동백림사건으로부터 26년 만입니다. 모든 것이 좋은 방향으로 변모해가는 우리나라의 모습을 볼 때 어찌 기쁘지 않겠습니까. 그러나 나에게는 26년 전인 1967년으로부터 바로 1994년으로 이어져야 함은 그리 쉬운 일이 아닙니다. 오래오래 아프던 병이 하루아침에 나을 수 있을까요.

그러나 26년이라는 세월이 어제 같았는데 고암 이응로 5주기전을 서울에서 열고 있는 현실에 잠이 깹니다. 그 동안 모든 것을 잊어버리고 나라 없는 민족으로 살아야 했던 슬픔은 우리 둘만의 슬픔만도 아님을 가끔 생각하게 했습니다.

서대문교도소 4호 여감방에서 호출을 받고 조그마한 면회실에서 한승헌 변호사님을 만나뵌 것이 26년 전이지요. 아주아주 옛날 수백 년 전 같기도 하고, 바로 어제 같기도 합니다. 아주 젊으신 분이었습니다. 고암 선생님 사건과 아울러 나의 일을 맡아주신다고……. 세상에 나와 법이 무엇인지도 모르던 나로서는 한변호사님이 마치 구세주 같았지요.

그후 생각하니 어리석음을 알았습니다. 당시 독재자 한 사람의 마음대로 법이 만들어지고, 법을 운용하고 법을 풀어주는 그러한 때에 변호사의 역할이 무슨 소용이 있겠습니까. 역시 그때나 지금이나 한승헌 변호사님의 일생사업이 그러한 법 아닌 법과 싸우시는 분이라는 것은 나중에서야 알았습니다. 그후 가끔 신문지상을 통하여 변호사님의 이름이 발견될 때 하시는 일에 고마움을 금치 못했습니다. 이른바 동백림사건이야 세상에서 알 만큼 밝혀졌으리라 믿습니다. 다만 그 이후에 우리가 겪어야 했던 26년간의 슬픔은 그것이 우리 둘만의 슬픔이 아니었기에 더욱 슬펐습니다. 이제는 고암 이응로는 이 세상에 계시지 않습니다. 그러나 고암 이응로의 이름은 옛 조상의 뜻과 이어져 있음을 믿습니다.

1904년생. 한일협약이 협박과 날조로 이루어지던 해, 이미 그의 운명도 결정지어진 것이 아니었을까요. 5, 6세때 한일병합을 반대하여 의병을 일으켜 일제와 싸우다 성공하지 못하고 자결하신 집안어른을 모시고 자란 고암께서는 우리나라의 남북 분단상태를 묵인하실 수 없었던 것입니다. 불행이랄까 다행이랄까, 그의 화가로서의 직업은 천직과 생명이었습니다. 그가 가장 슬펐던 때는 3년간의 옥중생활로 인해 그림을 그릴 수 없었던 시기라 하셨으니 직업적인 양심이지요. 그러기에 그의 작품은 그의 마음의 표현으로, 분노와 환희와 염원들…… 아직도 이루어지지 않은 남북통일의 염원은 저 세상에서도 계속되리라 믿어집니다.

그 염원을 이룩하기 위하여 직접 법으로 싸워주시고 우리나라 민주화의 지반이 되어주시고 키워주시고 하실 수 있던 한승헌 변호사님에게 존경을 보냅니다. 이미 이러한 분이시기에 1967년에도 우리들과 인연이 맺어진 것같습니다.

그간 우리나라에서 소외된 우리들은 가족 친지들로부터도 소외당했습니다. 개개인의 인권이 완전 무시되었을 뿐만 아니라 가장 가까운 사람들이 입은 피해의 영향이 오늘까지도 계속되고 있음을 느낍니다. 그럴 때마다 수세기 전 우리나라 조선조의 형벌제도가 연상됩니다. 그러나 그 소수가 전체라 하겠습니까. 피해를 입은 사람들이 자기의 명예를 위하여, 자기들의 출세를 위하여 경계하는 모습을 슬프게만 생각하기 전에 누구를 탓해야 좋을지 아직 판단하기 어렵습니다.

우리들은 조그마한 울타리는 벗어났습니다. 그 업적은 예술을 위한 업적으로 남아 있고 그것이 우리나라 예술인으로 세계에 자랑할 수 있게 되기를 바랍니다. 한승헌 변호사님께 1967년 12월 아직 대전교도소에 남아 있는 고암 선생님을 부탁드리며 짧은 인사로 서울을 떠난 뒤 오늘 이러한 귀한 지면을 허락하시어 짧게나마 다시 인사드리게 됨을 퍽 기쁘게 생각합니다.

고암 선생님은 그후에도 국내에서 불온시당하는 등 분단이데올로기의 희생양이 되어 그리던 고국땅을 다시 밟지 못하고 1989년 머나먼 이국 파리에서 운명하셨습니다.

1989년의 서울전에 이어 그의 5주기 추모전시회가 1994년 4월 29일부터 6월 19일까지 서울 호암아트홀에서 열렸습니다. 나는 그 전시회에 때맞추어 서울에 다녀왔습니다. 지난번 추모전에서는 1950년대의 수묵추상 이후 말년의 '군상群像' 연작에 이르기까지 국내에서 볼 수 없었던 미공개 대표작 100여 점이 전시되었습니다. 고암 선생님은 기교를 부리거나 시속에 아부하지 않는 솔직한 성품이었고 그런 그의 성품은 작품에 그대로 반영되었습니다. 무엇과도 야합하지 않는 점이 존경스러웠습니다.

그러면, 사건의 경위에 관해서는 고암 선생님 자신이 생전에 남기신 말씀을 여기에 옮겨보기로 하겠습니다.

중앙정보부의 속임수에 빠져

나는 그림 이외의 것은 별로 생각하지 않고 생활해왔다. 내가 파리에 가서 살기 시작한 것은 1957년으로, 1967년경에는 각국의 국제전람회에서 초청을 받아 나의 생애 중 가장 안정되고 화가로서 가장 충실했던 시기를 보냈다.

그 무렵 우리 집에는 한국에서 온 유학생이나 여행자가 끊임없이 놀러 오곤 했는데, 그 가운데 술 같은 것을 가지고 찾아오는 친절한 한국대사관의 공사가 있었다. 그것은 1967년의 일로, 그 공사가 와서 "이번에 대통령께서 해외에서 활약하면서 한국의 민족문화를 선양하는 데 공헌한 유공자를 모국에 초대하여 조국의 발전상을 보여주겠다고 한다"며 "프랑스에서는 먼저 화가로서 활약하고 계시는 이선생님을 추천하였으니 꼭 사모님과 함께 모국을 방문해주시기 바란다"고 본국 정부의 뜻을 전해주었다. 이어서 그는 "그러나 이 문제는 비밀로 해주었으면 좋겠다. 왜냐하면 누구에게는 말을 안했다든가, 누구도 공헌한 바가 있지 않느냐든가 하는 불만도 나올 것으로 생각되기 때문이다. 대략 한 달 정도밖에 안 걸리는 여행일 뿐이니까"라고 말했다.

그때 나는 파리와 스위스에서 전람회를 열기로 결정되어 있어서 망설였으나, 대충 한 달 정도라고 하기에 나도 10년 만에 고국에 돌아가 친척이나 친구들을 만나고 싶었다. 불현듯 그리움이 솟구쳐올라 그길로 귀국길에 오르게 된 것이다.

파리에서는 그 공사가 동행하여 일본 항공기편으로 먼저 도쿄에 도착했다. 한국행 비행기는 그 다음날에야 출발한다고 해서 도쿄의 한 호텔에서 묵게 되었다. 호텔에서 서울에 있는 친척에게 전화를 걸려고 하자 공사는 "선생님이 그러지 않으셔도 제가 연락을 해놓겠습니다"라고 말하는 것이었다.

이튿날 하네다공항을 떠날 때 우리 일행을 전송해주는 키 큰 미국인이 있었다. 동행하는 공사가 인사를 하니까 그는 고개를 돌렸다. 인상이 험상 궂고, 그때 무언가 기분 나쁜 느낌이 들었다. 우리가 기내로 들어가는 것을 끝까지 지켜보고 나서야 그의 모습은 사라졌다.

어쨌든 우리 가족으로서는 그리운 모국 방문이었다. 김포공항에 도착하니 손녀가 마중나와 있었다. 그 손녀와 함께 가려고 하니까 공사는 "먼저 선생님들은 호텔에 가셔서 짐을 놓고, 그러고서 여유있게 만날 수 있을 터이니까요"라면서, 미리 나와 있던 검정색 자동차에 태우는 것이었다. 손녀도 함께 타려고 하자 "당신은 집에 가서 기다리라"면서 돌려보내버렸다.

공항에서 한 시간쯤 달렸을까. 제법 큰 신축건물 앞에 도착했다. 그곳은 호텔이 아니라 중앙정보부(KCIA)였다. 잠시 조사할 것이 있다면서 우리들을 그 건물 지하실로 데리고 가서는 아내와 격리시킨 채 나 혼자 방에 유폐시켰다.

잠시 후 다섯 명의 사나이가 나타나서 나를 심문하기 시작했다. 나는 무슨 영문인지 통 알 수가 없었다. 그런데 취조관 하나가 "물어보고 싶은 일이 있어서 여기로 데려왔다. 정직하게 말해주기 바란다"고 했다. "도대체 무엇을 알고 싶은가" 하고 물었더니 커다란 몽둥이를 보여주었는데 그것은 고문용 도구였다.

"알겠어요? 이 몽둥이로 한번 당하면 생명이 위태롭다구요. 여기는 프랑스가 아닙니다. 나이 들었다고 해서 봐주거나 하지는 않습니다."

이렇게 협박하는 것이었다. 그러나 나는 무슨 소리인지 도저히 알 수가 없었다.

서울구치소 독방에

이어 KCIA는 "당신은 평양에 간 적이 있지?"라고 묻는다. "간 적 없소"라고 대답했더니 "그럼 맞고 나서야 말할 건가!"라고 협박했다. "가지도 않았는데 무엇을 말하란 말이오. 그렇다면 증인을 대보시오." 내가 이렇게 말하자, "동백림에는 왜 갔나. 공작금은 얼마나 받아왔나. 그돈 어디에 썼나. 누구누구에게 얼마나 주었나. 5만 달러냐, 10만 달러냐?"…… 이런 심문이 오후 7시쯤부터 다음날 새벽 2시까지 계속되었다.

"아무 일도 한 적이 없는데 그렇게 말한다면 마음대로 좋도록 조서를 만드시오"라고 나는 말했다. 그러자 이번에는 "아니 선생, 그렇게 말씀하지 마시고 정직하게 말씀해주세요"라고 어조를 바꾸는 것이었다. "그러나 내가 아무 일도 하지 않았다고 말해도 당신네들이 믿지 않는다면 더 말할 것이 없소. 마음대로 하시오"라고 나는 말했다.

이렇게 조사를 하는 가운데 일제시대에는 무어라고 '창씨개명'을 했느냐고 집요하게 추궁하기에 나는 '이창李昌'이었다고 대답했다. 그 자리에서 왜 일제시대의 창씨개명을 문제삼는지 이상하게 생각되었다.

그리고 나서 나는 서울(서대문)구치소의 독방에 수감되었다. 나는 중대범죄를 범한 거물처럼 되어 교도관조차도 가까이하려 하지 않았다. 세면하는 물조차 밖에서 넣어주었으며, 식사를 날라주는 수인당번은 "밥 받으시오"라면서 넣어주고는 서둘러 도망치는 그런 상태였다. 식사라는 것이 보리밥에 쌀이 조금 섞인 것으로, 그 보리나 쌀도 벌레먹은 것이어서 냄새 때문에 첫날에는 먹지도 못했다. 그러나 배는 고프고 해서 사흘째부터는 밥에 물을 부어 냄새를 씻어내고 먹었다.

처음에는 여러가지로 쇼크를 받았다. 목이 말라붙어서 소리도 나오지 않았다. 방은 다다미 넉 장 넓이의 독방이었는데, 하루종일 아무것도 하지 않고 거기에 앉아만 있었다. 걷잡을 수 없이 눈물이 났다. 일제시대에도 이와 같이 해서 많은 민족주의자들이 여기에 앉아 죽임을 당했을 것이다. 그렇게 생각하니 가슴이 메어져서 눈물이 쏟아지는 것이었다.

옥중에서는 가족의 소식도 모른다. 아내도 나처럼 독방에 들어가 있고, 아들 융세隆世는 외가에서 길러주고 있다. 그것도 나중에 알게 된 일인데…… 아무튼 독방생활을 할 무렵에는 교도관조차도 접근하지 않고 세상과 철저히 격리되어 도대체 무엇이 어떻게 되는지 알 수 없어서 불안과 고독으로 미칠 것만 같은 시기였다.

옥중에서 가장 괴로웠던 일은 화가인 내가 그림을 그릴 수 없다는 것이었다. 얼마 지나지 않아 간장을 잉크 삼아 화장실에 있는 종이에 데생을 하기 시작했다. 그리고 밥알을 매일 조금씩 모아서, 그것과 헌 신문지를 섞어 반죽을 해서 조각을 만들기 시작했던 것이다. 나는 교도관의 눈을 피해서 몰래 그일을 해야 했다. 나는 어린 시절에 가난했기 때문에 주변에 있는 것은 무엇이나 재료로 썼다. 땅바닥에다 그림을 그리고, 나무조각만 있으면 깎아서 조각을 하고, 신문지에 풀을 먹여서 오브제를 만들었다. 데

생도 붓이 없으면 나무젓가락을 펜으로, 간장을 잉크로 삼는 둥 그런 일을 어릴 적부터 해왔던 터였다.

언젠가 국제적십자사에서 감옥상태를 조사하기 위하여 높은 사람이 왔다. 그때 작곡가 윤이상 씨와 나를 포함한 열 사람쯤의 정치범이 불려나가 미리 교도관으로부터 "선생들은 특별히 좋은 대우를 받고 있다고 말해주시기 바란다"는 말을 들었다.

적십자 사람들이 와서 여러가지 질문을 해도, 감시하는 직원이 옆에 붙어 있으니까 사실대로 말해줄 수가 없었다. "감방 안에서 그림을 그릴 수 있습니까"라고 화가인 나에게 적십자 사람이 물었다. "지금은 그리지 않고 있으나 앞으로는 그리려고 생각합니다"라고 대답했더니, "그럼, 그림 그리는 재료가 필요하면 차입해드리겠다"고 했다. 그러나 나는 "아니오, 여기서 다 챙겨주니까요"라고 대답하는 수밖에 없었다. "식사는 어떻습니까"라는 질문에 대해서도 "충분합니다"라고 대답하였다. 나중에 어떻게 될지 모르기 때문이었다.

내가 교도소 안에서 그림을 그릴 수 있게 된 것은 재판이 끝난 뒤부터였다. 이점에 관해서는 나중에 말하겠지만, 최후에는 3년 징역형으로 확정되어 서울에서 대전교도소로 이감되었다. 대전에서 나는 소장에게 "어떻게든지 그림을 그리고 싶으니 화재畵材를 차입할 수 있도록 해주면 좋겠다"고 부탁하여 허가를 얻었다. 대전에는 나의 생질이 살고 있어서 먹이나 한지나 붓 같은 것을 차입해주었다.

그 무렵에는 내가 프랑스에서 유명한 화가라고 알려져 교도소 소장이나 직원들이 그림을 그려달라고 졸라대곤 했다. 소장에게 2~3매, 교도소 안의 의무관에게도 그림을 그려주고 몸이 아플 때에 진찰을 받기도 하였다. 젊은 교도관 중에는 착한 청년 하나가 있어서 "할아버지, 할아버지" 하면서 친절히 대해주었다. KCIA 사나이 중에도 인간성을 잃지 않은 사람이 있었다. 아마도 그런 사람들이 있기에 괴로운 구금생활도 견뎌왔는지 모르겠다.

죽은 줄 알았던 아들을 만나고자

나는 교도소에 들어갈 때까지 정치 같은 건 별로 생각하지 않았다. 일제시대에는 조선사람으로서 생각하는 바가 여러가지 있었지만, 해방 후에는 오히려 그림에만 전념했다.

투옥당하고 나서 먼저 생각한 것은 이런 곳에서 시간을 낭비하는구나 하는 것이었다. 파리에서는 일 분 일 초도 아끼며 생활하고 있었는데, 여기서는 아무 것도 하지 않고 지내지 않으면 안된다. 무슨 일도 해서는 안된다는 것이었다. 시간에 대해서 죄를 범하는 것같았다. 그리고 가족에 대한 불안·걱정으로 몸도 마음도 모두 아팠다. 그렇지만 절도로 들어온 한 여인이 이렇게 위로 겸 격려해주었다.

"언젠가는 나갈 수 있습니다. 그런 가운데 재판이 열리고 가족과 면회할 수 있는 날도 옵니다."

나는 옥중에서 지금까지 몰랐던 많은 것, 소설로 생각할 수밖에 없는 현실에 눈을 떴다. 사회의 밑바닥에서 살아온 여인네들이 실로 여러가지를 나에게 가르쳐주었다. 나는 대학에서 공부했지만 진정한 대학은 이 교도소 안의 생활이었다. 거기서 사회의 구조를 알게 되고 도대체 어느 쪽이 진짜 도둑인가를 생각하기 시작했다.

나는 태평양전쟁 전에 일본 도쿄에 가서 그림을 공부하다가 1945년 일본이 패전하기 직전 귀국하여 8·15해방을 한국에서 맞이하였다. 그 무렵 나는 막 40대에 접어들었을 때로, 이미 처자와 가정을 갖고 있었다. 그런데 지금의 아내 박인경을 사랑하게 되어서…… 처음에는 인경 혼자서 파리에 올 셈이었는데, 나는 전처와 이혼하고 지금의 처인 인경과 1957년에 파리에 왔다.

그로부터 몇 해가 지난 뒤, 프랑스에서 공부한 화가의 친구가 북한에 가서 내 아들을 만났다면서 몇 사람의 손을 거친 그의 편지가 내 손에 들어왔다. 아들이라 해도 그때 이미 마흔이 넘었고, 한국전쟁때 남한에 가족을 남겨둔 채 행방불명된 자식이었다. 아들은 한국전쟁때 인민군에 들어가

북으로 간 것이었다. 당시 서울에 있던 젊은 남자는 인민군에 끌려가기 일쑤였다.

죽었다고만 생각하고 있던 자식이 북한에 살아 있어서, 거기서도 가정을 갖고 아이도 있는 것을 알게 되었다. 편지의 필적으로 보아 아들처럼 생각되었으나, 그러나 내 자식이라는 확신이 들지 않아 편지를 냈더니 얼마 뒤에 아들한테서 사진이 왔다. 내 아들은 살아 있었구나, 기쁘고 또 기뻐서 한국에 남아 있는 아들의 가족에게 알리고 싶었지만 섣불리 알렸다가 어떤 결과를 가져올지 모른다—이것이 분단된 땅에 사는 사람들의 현실이었다.

어느 때던가 파리에, 전에 독일에서 통역을 맡아준 적이 있는 남자가 찾아왔다. 자기는 동백림에 가서 우연히 북한대사관 사람을 만나 북한에 살고 있는 내 아들에 관한 이야기를 들었다면서, 약 한 달 안에 동백림에 가면 아들과 만날 수 있을 것이라고 말해주었다.

지금과 달라서 그 무렵만 해도 서독에 있는 한국인 학생들은 바캉스 때면 자유롭게 동백림에 가곤 했다. 한국에서 오는 여행자들도 관광차 동백림에 다녀오곤 했다. 내 경우에도 아들을 만나기 위해 거기에 다녀오는 결과에 대하여 별로 마음에 걸릴 것이 없었다.

아는 바와 같이 서백림에서 동백림에 가는 것은 대수롭지 않은 일이다. 15분 동안만 전차를 타면 동백림이었기 때문에 나는 동백림에 가면 당연히 아들과 만날 수 있을 줄 알았는데, 그러나 만날 수는 없었다. 할 수 없이 파리로 되돌아왔다. 다시 반 년쯤 지나서 아들에게서 편지가 왔다. 그때는 전람회 관계로 가기 어려운 형편이었는데, 이번에는 만나게 되겠지 하는 생각에서 출발을 했다. 그러나 이때 역시 만날 수가 없었다.

북에 간 아들은 남에 남겨둔 어린 것에게 편지를 낼 수도 없었다. 육친 간의 이별은 우리들뿐만 아니라 약 1,000만 명쯤 되는 사람들이 체험하고 있는 일이다. 죽었다고 생각했던 자식이 살아 있었다…… 한 번만이라도 보고 싶다. 이것은 어버이로서 당연한 심정이 아니겠는가. (윤이상 씨도 옛친구이자 음악가로서 북에 살고 있는 최씨라는 사람을 만나기 위해 평양에 간 것이었다.

그런데 이런 일들이 '동백림사건'으로 조작되어, 바캉스때 동백림에 놀러간 학생까지도 포함시켜 그 사건이 만들어진 것이다. 프랑스에서는 나와 정치학자인 정성배 씨가 투옥되었다.) 자식이 살아 있었다…… 그 부자간의 대면을 갈망하는 극히 당연한 일이 죄로 몰릴 줄이야 누가 생각할 수나 있단 말인가.

2년 반 만의 석방, 다시 파리에

나는 재판을 받을 때 수백 명의 방청객이 보는 법정에서 큰 소리로 울었다. 슬퍼서 운 것은 아니었다. '옛날 일제시대에 일본인 재판관 앞에서 우리들의 선배가 바로 이렇게 재판을 받았을 것이다' 라는 생각이 들었기 때문이었다. 도대체 내가 무슨 나쁜 짓을 했단 말인가. 가령 공산주의자든 민족주의자든간에 우리나라의 헌법에는 틀림없이 사상의 자유가 보장되어 있지 않은가.

그렇게 생각하여 엉엉 울었으니 모두들 놀랐을 것이다. 곁에 있는 직원이 "선생님, 이러시면 곤란합니다"라면서 제지하였으나 그런 것쯤 알 바가 아니었다.

나는 말했다.

"모두 같은 민족이 아닙니까. 여러분들도 생각해보십시오. 내가 동백림에 간 것은 자식의 소식을 듣고, 거기서 만날 수 있다고 해서 간 것입니다. 이것도 근본적으로 보자면 민족분단의 결과입니다. 여러분, 나무 위에 있는 새의 둥지에 손을 집어넣어 새끼를 꺼내보십시오. 새가 어떻게 하는가. 어미새는 자기 목숨을 돌보지 않고 새끼를 지키지 않겠습니까. 그것이 어버이와 자식간의 정입니다. 죽은 줄로 알았던 아들이 북에 살아 있는 것을 알게 되었다…… 그 아들과 만나게 해주겠으니 오라고 했을 때 거절합니까. 만났다가 어떻게 될까를 생각해서 그만둡니까."

나의 물음에 판사는 아무 말도 못했다.

나에게는 무기징역이 구형되었다. 이번에는 나는 큰 소리로 웃었다. 그랬더니 서기가 다시 "선생, 조용히 하시오" 하고 주의를 준다. 그러나 너무도 넌센스여서 나는 웃지 않을 수 없었다.

　이 사건에 대해 유럽에서는 대대적인 구원활동이 전개되었다. 독일정부는 납치된 한국인들의 원상회복 및 독일의 주권침해 등에 관해서 강경한 항의조치가 있었고, 프랑스에서도 〈르 몽드〉의 특파원이 몇 번이고 한국에 왔으며 화가, 국제미술평론가협회, 각지의 미술관장 등이 항의문을 보냈다. 나중에 들었지만 미술가들뿐 아니라 카톨릭교회도 한국정부에 압력을 가했다고 한다. 내가 석방된 것도 독일과 프랑스의 각 분야에서 한국정부에 압력을 가한 결과였다.

　나는 1심에서 징역 5년, 2심에서 3년의 판결을 받고 교도소에서 2년 반을 지낸 뒤 1969년 특별사면으로 석방되었다.

　우리들은 파리에 돌아왔다. 그러나 예전처럼 한국에서 온 유학생이나 여행자들이 찾아와서 한국어로 이야기하고 고기를 먹고 술을 마시며 이야기를 나누는 그런 생활은 없어졌다. 함부로 우리집을 방문했다가 무슨 혐의가 떨어질지 모르기 때문이다.

※이상은 1985년 일본에서 출판된 《서울-파리-도쿄》(대담 이응로 · 박인경 · 富山妙子, 기록사)에 수록된 이응로 선생의 회고담이다.

판결문

서 울 형 사 지 방 법 원
제 3 부

판 결

사　　건　　67고 16114 국가보안법위반, 반공법위반, 간첩,
　　　　　　외국환관리법 위반
　　　　　　67고 16707 국가보안법위반, 반공법위반, 간첩,
　　　　　　동미수, 공갈
　　　　　　67고 16533 국가보안법위반, 반공법위반, 간첩
　　　　　　67고 25555 국가보안법위반, 반공법위반

피 고 인　　(1)정하룡鄭河龍 대학교 조교수(일명 장용식)
　　　　　　1934. 12. 25.생 34세
　　　　　　주거　서울시 성북구 미아동 625의 108
　　　　　　본 적　△△△△△△

　　　　　　(2)이순자李洵子 무직(일명 한경숙)
　　　　　　1931. 2. 12.생 37세
　　　　　　주거　서울 성북구 미아동 825의 108
　　　　　　본 적　△△△△△△

　　　　　　(3)조영수趙榮秀 대학강사(일명 김재호)
　　　　　　1934. 3. 14.생 34세
　　　　　　주거　서울 종로구 명륜동 1가 28

본 적   △△△△△△

(4)김옥희金玉嬉 무직
1938. 5. 7.생 30세
주거 서울 종로구 명륜동 1가 28
본 적   △△△△△△

(5)김중환金重煥 서울의대 부교수(의사)
1924. 1. 7.생 44세
주거 서울 종로구 돈의동 159
본 적   △△△△△△

(6)천병희千丙凞 대학강사
1939. 3. 21.생 30세
주거 서울 성북구 돈암동 3가 4
본 적   △△△△△△

(7)손영옥孫英玉 무직
1924. 2. 20.생 44세
주거 서울 종로구 돈의동 159
본 적   △△△△△△

(8)윤이상尹伊桑 작곡가
1917. 9. 17.생 50세
주거 서백림 20구 스타이 발쯔가 13
본 적   △△△△△△

(9)이수자李水子 무직

1927. 2. 16.생
주거 서백림 20구 스타이 발쯔가 13
본 적 △△△△△△

(10)최정길崔正吉 기-센대학생(일명 요한)
1940. 7. 14.생 28세
주거 부산 부산진구 부전동 352의 12
본 적 △△△△△△

(11)정규명鄭奎明 후랑크후르트대학 이론물리연구원
(일명 박명현)
1929. 4. 19.생 38세
주거 서울 동대문구 제기동 45
본 적 △△△△△△

(12)강혜순姜惠淳 무직
1934. 4. 2.생 34세
주거 서울 동대문구 제기동 45
본 적 △△△△△△

(13)박성옥朴成玉 광부
1932. 11. 9.생 36세
주거 서독 카스트롭 라옥세 아램부어가 80
본 적 △△△△△△

(14)김성칠金星七 광부
1935. 6. 22.생 33세
주거 전남 무안군 현경면 현화리 830

본 적 △△△△△△

(15)김종대金鍾大 하이델벨크 대학강사
1935. 10. 26.생 33세
주거 부산시 동래구 부곡동 868
본 적 △△△△△△

(16)어준魚浚 현대계장주식회사 전무이사
1927. 12.생 41세
주거 서울 동대문구 휘경동 312의 102
본 적 △△△△△△

(17)황춘성黃瑃性 교사
1935. 2. 16.생 32세
주거 서울 동대문구 휘경동 312의 102
본 적 △△△△△△

(18)어원魚源 무직
1917. 9. 5.생 50세
주거 경기 평택군 송탄면 지산리
본 적 △△△△△△

(19)어정희魚貞姬 간호원
1924. 11. 15.생 43세
주거 서울 성북구 미아동 938의 11
본 적 △△△△△△

(20)권태숙權泰淑 교사

1924. 11. 7.생 43세
주거 서울 서대문구 만리동 2가 77의 1
본 적 △△△△△△

(21)강빈구姜濱口 조교수
1935. 2. 4.생 34세
주거 서울 서대문구 충정로 3가 306
본 적 △△△△△△

(22)이국종李國種 무직
1932. 11. 30.생 35세
주거 서울 마포구 아현동 457의 3
본 적 △△△△△△

(23)천상병千祥炳 문필가
1930. 1. 29.생 37세
주거 경남 창원군 진동면 진동리 287
본 적 △△△△△△

(24)임석훈林錫勳 서백림 공대 박사과정 학생
1936. 2. 6.생 31세
주거 서울 성북구 삼선동 1가 171
본 적 △△△△△△

(25)이응노李應魯 화가
1903. 1. 12.생 64세
주거 서울 마포구 도화동 9의 123
본 적 △△△△△△

(26)박인경朴仁京 화가
1926. 7. 17.생 41세
주거 서울 마포구 도화동 9의 123
본 적 △△△△△△

(27)주석균朱碩均 한국농업문제연구소 소장
1903. 2. 27.생 64세
주거 서울 용산구 갈월동 7의 18
본 적 △△△△△△

(28)김광옥金光玉 회사원
1935. 11. 19생 32세
주거 서울 서대문구 북가좌동 국민주택 99
본 적 △△△△△△

(29)최창진崔昌鎭 조교수
1927. 4. 16.생 40세
주거 전남 광주시 지산동 507
본 적 △△△△△△

(30)김복순金福順 무직
1935. 9. 8.생 32세
주거 서울 용산구 갈월동 98의 35
본 적 △△△△△△

(31)공광덕孔光德 쌀쯔불크 대학생
1932. 1. 15.생 35세
주거 강원도 춘천시 교동 11

본 적 △△△△△△

(32) 김진택金鎭澤 광부
1941. 11. 27.생 26세
주거 강원 평창군 평창면 중리 264
본 적 △△△△△△

(33) 정상구鄭相九 와싱톤 대학생
1932. 1. 15.생 29세
주거 부산 동구 조량동 이하불상
본 적 △△△△△△

(34) 정성배鄭成培 불란서자료수집소 번역사
1933. 6. 4.생 34세
주거 전남 무안군 장상면 도창리 723
본 적 △△△△△△

검　　사　이종원, 함정호, 이준승, 이창우, 황진호
변 호 인　생략

공소사실

제25. 피고인 이응노는
6.25 사변시 월북한 장남 공소 외 이문세 및 질 이양세의 근황을 알고자 고심하던 중
1963. 9. 초순경 파리로 내방한 전시 임석진이가 동백림에 가면 장남 등의 소식을 알 수 있다고 말하면서 동백림 소재 북괴대사관 방문을 권유하기에 이를 응낙하고

1. 1963. 11. 24. 상피고인 박인경을 대동하여 파리발 열차편으로 서독 '쾰른' 시 소재 동 임석진가를 방문하여 동소에서 1박한 후 동인의 안내로 공로 서백림에 도착하여 에스반 편으로 프리트리휘가 동서백림 경계선을 통과, 동백림에 이르러 동대사관에서 전시 이원찬과 접선하여 동인이 지정하는 안전가옥에서 3일간 체류하면서 동인 및 북괴공작원 성명불상자로부터

(1) 하루속히 자주적 평화통일을 하여야 한다.
(2) 남북한의 예술인 운동선수 신문기자 등의 왕래가 허용되어야 한다.
(3) 남북한의 서신 왕래가 허용되어야 한다.
(4) 남북한 연립정부를 수립한 후 총선거를 실시하여야 한다.
(5) 북한은 대한민국에서 요청하면 언제든지 경제적 원조를 제공할 용의가 있다.
(6) 북한의 농민노동자들의 생활은 향상되었다.
(7) 북한의 광부들은 대우가 좋아 농부들이 광부되기를 희망한다.
(8) 김일성의 영도력으로 예술인에 대한 대우가 어느 나라보다도 좋다

는 등의 북괴를 찬양하는 교양을 받고 북괴발전상을 선전하는 시사 뉴스 문화 선전영화 및 6·25 당시의 기록 군사영화를 관람한 후 동 이원찬에게 전시 이문세의 사진을 전달해줄 것을 요청하고 동인과 30,000불 한도내에서 동양미술학교 설립기금을 북괴로부터 지원받기로 협의하고 재입동시의 접선 연락방법에 대한 지령사항을 받는 한편 동 박인경과 같이 동인으로부터 미화 2,000불을 수수하고

2. 동년 12월 20일경 전시 이원찬으로부터 입동하라는 연락서신을 받고 동월 28일경 동 박인경을 대동, 파리를 출발하여 같은 경로로 동백림에 도착한 후 동 이원찬이가 지정하는 안전가옥에 4일간 체류하면서 동인과 접선하고 동인으로부터 월남전에 한국군 파견은 부당하다는 등의 북괴선전을 듣고 북괴발전상에 관한 수편의 영화를 관람하여 교양을 받고 피고인의 질 공소 외 이희세를 비롯하여 적당한 대상자가 있으면 포섭하여 대동

입 등 하라는 지령을 받는 한편, 동 이원찬으로부터 암호표(증제53호), 난수표(증제54호), 암호해독문(증제55호), 비밀 잉크원료(증제58호) 등을 수수한 후 암호조립 및 해독방법에 대한 교육과 전시 이문세 및 이양세의 사진을 수교받고, 동 박인경과 같이 공작금 미화 300불을 수수하고

3. 그시경부터 박인경과 함께 북괴의로선에 동조할 것을 결의하고
(1) 1964. 10. 일자미상경 전시 이원찬이가 동 임석진을 통하여 파리시에 있는 상명불상 은행으로 송금한 공작금 미화 2,000불을 추심하여 이를 수수하고
(2) 위 지령사항을 수행하기 위하여 암호표 및 난수표에 의거하여 편지용지 표면에는 형식상 안부편지를 기재하고 동 이면에 백색 비밀잉크 분말을 물에 타서 암호숫자를 기재하여 보통서신 방법으로
가. 1964. 1. 7. '무사히 도착하였음' 이라는 안착신호를 발송하고
나. 동년 4월 23일 '2,000불을 시급히 보내기 바람'
다. 동년 10월 경 '보내준 돈 1,000불 잘 받았음. 그러나 이것으로는 시급한 것뿐이고 약속한 금액이 앞으로 필요함' 이라는 내용의 실정보고와 동시에 공작금 요청전문을 보내고
라. 동년 11월경 '한번 다녀가라' 는 지령을 받고 '아직 희세는 못 보내겠음' 이라는 연락을 발신하고
마. 1965. 1.경 '희세 포섭하여 보내주기 바람' 이라는 지령을 받고 '희세는 당분간 못 보내겠음' 희세 주장은 가족이 와야 할 것같으며 아직 고양이 되어 있지 않음
바. 1966. 12.경 '희세를 빠른 시일내에 보내주기 바람' 이라는 지령을 받고 '자세한 내용은 만나야 되겠으나 당분간 희세는 못 보내겠음'
이라는 등 수회에 긍하여 송수신을 하고

제26. 피고인 박인경은
1963. 9. 초순경 전시 임석진으로부터 북괴동독대사관을 방문하라는 권

유를 받고 남편인 이응노와 동행할 것을 합의한 후

1. 1963. 11. 24.경 동 이응노와 동도하여 상피고인 이응노의 판시 1 사실의 기재와 같이 동백림에 도착한 후 동 이원찬과 접선하고 영화를 관람하는 등 고양을 받고 접선연락방법에 관한 지령을 받은 다음 동인으로부터 동 이응노와 같이 공작금 미화 2,000불을 수수하고

2. 동년 12월 28일 경 동 이응노와 동도하여 제18의 2항 기재와 같이 동백림에서 동 이원찬과 접선한 후 교육 및 지령을 받는 한편 동 이응노와 같이 암호표 등 4점과 공작금 미화 300불을 수수하고

3. 그시경부터 동 이응노와 함께 북괴로선에 동조할 것을 결의하고 1964. 1. 7.경부터 1966. 12. 일자미상경까지 제18의 3항 기재와 같이 동 이원찬으로부터 공작금 미화 2,000불을 수수하고 동 이원찬에게 6회에 긍하여 동 이희세의 포섭 공작상황을 암호로 보고하는 등 수회에 긍하여 송수신하고,

상고이유서

68도 754호

상 고 이 유 서

피고인 이응로

위 사람에 대한 반공법위반 피고사건에 관하여 다음과 같이 상고이유를 밝히는 바입니다.

다 음

1. 원판결은 반공법 제5조 1항의 법리를 오해하였거나 그 해석을 그르친 위법이 있습니다.

즉, 원 판결은 피고인이 동백림에 가서 이원찬과 만나고 돌아올 때 미화를 받았으며, 돌아온 후 편지 연락을 하였다는 외형상의 사실만을 들어 곧 반공법 제5조 1항의 회합·통신·금품수수로 문의하였습니다.

그러나 동조의 죄는 단순한 외형상의 행위만 있으면 불문곡직하고 모두 성립되는 것이 아니라 '반국가단체와 국외 공산계열의 이익이 된다는 정을 알면서' 했을 때에 국한되는 바임은 법문상 명백합니다.

그런데 원판결이 유죄의 증거로 내세운 모든 자료를 살펴보아도 피고인이 그와 같은 행동을 함에 있어서 '반국가단체의 이익이 된다는 정'을 알았다고 볼 증거는 하나도 없습니다.

단지 피고인은 6·25 동란 때에 납북된 장남 이문세의 소식을 알 수 있을 것이라는 임석진의 말에 따라 부자의 정의와 인륜의 발로로서 동백림에 가는 등 본건 소위에 이른 것이요(이것은 원판결이 지지한 제1심 판결의 판시 모두冒頭에서도 인정한 바임), 거기에 이적의 인식 따위는 추호도 개재될 여지가 없었으며, 피고인이 실제로 취한 제반 행동은 굳이 비판적으로 평가한다면 (국내에 있는 일반국민의 안목을 본위로 해서 생각할 때) 다소 신중을 결缺한 아쉬움이 있고, 나아가서는 지각이 좀 부족한 처신이었다고 탓할 수는 있을지 몰라도, 당시 피고인이 놓여 있던 외부적인 여건과 정신적인 상황에 비추어볼 때 피고인이 반국가단체의 이익이 된다는 인식을 포지抱持하면서 본건 소위에 이른 것이라고 단정할 여지는 전무한 것입니다.

그럼에도 불구하고 피고인을 반공법 제5조 제1항으로 의율한 원판결은 필시 동조의 죄는 일정한 외형상의 사실(회합, 연락 따위)만 있으면 족하고 반국가단체의 이익이 된다는 인식의 유무는 따질 것 없이 곧 성립되는 것으로 그 법리를 오해하였거나 법의 해석을 잘못한 허물이 있다고 하지 않을 수 없습니다.

2. 원판결에는 그 이유에 모순이 있거나 이유불비의 위법이 있습니다. 즉, 원판결이 만약 전항 적시와 같은 법리의 오해를 범하지 않았다면, 피고인이 아버지된 심경에서 혈육지간의 눈물겨운 정으로 행여 자식의 소식이나 알 수 있을까 하는 일념에서 취한 본건 소위가 어찌하여 용공 내지 이적행위로 낙인찍히는 반공법상의 회합 통신 등으로 논단될 수 있는 것인지 그 이유를 설시해야 했을 터인데, 원판결이 지지한 제1심의 판결문에는 이점에 대한 언급이 누락되어 있으며, 설사 전 피고인을 포괄한 판시 사실 모두(제1심 판결문 28정 7행부터 8행까지)에서 '피고인 등은 다음 각항 기재 회합 통신 및 금품수수가 반국가단체의 이익이 된다는 정을 알면서' 라고 기재한 것을 가지고 이유설시라 볼 수 있다 하더라도 (원판결은 그렇게 보는 것같음=원판결 제91정 하단 밑에서 제7항 내지 제2행 참조) 그러한 한두 줄의 불충분한 기술만으로는 이유불비의 허물을 면할 길이

없다고 봅니다.

　더구나 피고인은 한국이 낳은 불세출의 예술가로서 세계 화단에 알려진 거성이었을 뿐더러 본건 소위의 발단이 또한 원판결도 긍인肯認한 바와 같이 아들 문세의 근황을 알고자 한 데 있을 뿐이요, 달리 본건 소위를 통하여 그밖에 또 무엇을 노렸을 리가 없었음이 분명하거늘, 그와 반대로 볼 무슨 사정이 없는 본건에 있어서 이적의 정을 알았다고 획일적으로 단정함은 일종의 억측에 상사相似한 추리이며, 전후가 당착되는 이유의 모순이라 아니할 수 없습니다.

　3. 원판결에는 채증법칙을 위배한 위법이 있습니다. 우선 판시소위 가운데 피고인이 동백림 소재 북괴대사관원으로부터 '공작금'을 받았다는 점을 살펴보면, 처음의 300불과 두 번째의 500불은 모두 동백림에서 서백림으로 출발하는 순간 그네들이 사전 입봉入封한 채로 피고인의 주머니에 강요하다시피 밀어넣으면서 여비에 보태 쓰라고 하기에 몇 번 거절하였으나 계속 같은 언동으로 나오므로 그 이상 거부할 수 없고 해서 반환하지 않고 그대로 돌아왔던 것입니다.

　그러므로 피고인은 그돈이 만의 일이라도 공작금이라는 정을 몰랐던 것이며 어디까지나 여비로 주는 인사치레로 알았을 뿐이었습니다.

　이점에 대하여는 위 금원수수 당시의 유일한 목격증인인 임석진의 증언 중 그들의 흉심을 알지 못하는 일반사람들은 작별의 순간에 그렇게 주는 돈이 공작금이라는 점을 짐작도 못할것이라는 지늘의 진술에 비추어보더라도 피고인이 어떤 정을 알고 받은 것이 아니라는 변소辨疎는 사리에 맞는 것입니다.

　그럼에도 불구하고 원판결은 이른바 금품수수에 대한 유일한 증인이라 할 위 임석진의 상기 요지의 진술을 아무런 이유도 없이 묵살 내지 배척하는 한편 공작금인 줄 알고 받은 양 막연한 추리작용으로 일관하였음은 명백히 채증법칙을 위반한 것이라 하겠습니다.

　객관적으로 살피더라도, 300불이나 500불 정도의 돈을 가지고 공작금이라 단정할 수는 없고, 나중에 송금받은 2,000불도 실은 동백림 방문때에 주고 온 그림값이었던 것입니다.

더욱이 사상적으로나 예술적으로나 반국가단체와 상극되는 입장을 견지해온 피고인에게 작별의 순간에 그렇게 어수룩하게 공작금을 줄 리도 없음은 상식에 속하는 일입니다.

한편 피고인의 수입이나 생활정도(그림 한 폭에도 수천 불씩 거래되는 실정이었음) 및 명성에 비추어 보더라도 기백 불의 돈을(그나마 나중에 알았지만) 공작금인 줄 알고 받았을 리가 만무한 것입니다.

이렇게 살펴볼 때 원판결은 임석진의 법정증언 중 피고인의 금품수수 해당 부분의 진술을 정당한 이유 없이 일부러 외면하고 채용치 않음으로써 채증법칙을 어겼으며, 그 때문에 피고인이 받은 미불을 만연히 공작금이라고 경단輕斷하는 등 판결에 영향을 미쳤습니다.

4. 이상의 여러 사유에 비추어 보건대, 원판결은 파기를 면치 못할 것으로 생각되오며, 다시 상이한 재판을 바라는 뜻에서 이 상고에 이르렀나이다.

1968. 7. 4.

위 피고인의 변호인
변호사　김재옥
변호사　한승헌

대법원 귀중

자료

동백림 공작단 사건

　1967년 12월 13일 서울형사지방법원(재판장 김영준 판사)은 세칭 동백림 공작단 사건으로 기소된 34명의 피고인에 대한 선고공판을 열었다. 재판부는 피고인 조영수, 정규명에 대하여는 사형, 정하룡, 윤이상, 강빈구, 어준 등에 대하여는 무기징역, 천병희, 최정길, 김중환 등에 대하여는 징역 15년 및 자격정지 15년, 임석훈에 대하여는 징역 10년 및 자격정지 10년, 이응로에 대하여는 징역 5년 및 자격정지 5년, 천상병에 대하여는 징역 1년에 집행유예 3년 및 자격정지 1년 등을 선고하였다. 판결문에 나타난 범죄사실 가운데 일부를 살펴보면 다음과 같다.

　① 정하룡(경희대학교 정치학과 조교수)은 프랑스 유학 당시인 1962년 9월부터 동베를린에서 공산주의 사상교육을 받고 처 이순자와 함께 여러 차례에 걸쳐 평양을 왕래하면서 간첩교육을 받고 공작금으로 미화 8,000달러를 수수하였으며, 귀국하여 학원에 침투한 뒤에는 조영수와 회합하여 북괴의 지령에 따라 활동하였다.

　② 조영수(대학강사)는 1965년 8월 평양에서 이효순, 임춘추 등 고위간부들이 입회한 가운데 노동당에 가입하고 공작금을 받은 다음, 귀국하여 공작거점을 구축하는 등의 활동을 하였다.

　③ 김중환(서울의대 교수)은 서독 유학시에 북한 공작원인 이원찬에게 포

섭되어 귀국하면 개인병원을 개설하여 남파간첩을 위장입원시켜 보호하여주라는 지령을 받고 귀국한 후, 지령대로 개인병원을 차리는 등 북괴의 활동에 동조하였다.

④ 윤이상(작곡가)은 1963년 4월 말 입북하여 이효순 등 북한의 간부들을 만나고 돌아온 다음 북한공작원으로부터 공작금을 받고 서독 거주 한국인 광부들을 접촉하면서 그 실태를 탐지하여 보고하였고, 이응로(화가)도 6·25 사변시 월북한 장남 이문세의 근황을 알고자 고심하던 차에 북한공작원인 이원찬과 접선, 회합하여 돈을 얻어쓰고 서신왕래를 하는 한편 반국가단체구성원의 활동에 동조하였다.

⑤ 정규명(프랑크푸르트대학 이론물리 연구원)은 1965년 8월 평양에 가서 노동당에 입당한 다음 북괴의 지령에 따라 공작금을 받아 유학생 포섭활동을 하였다.

그런데 서울고등법원(재판장 정태원 판사, 이경호, 김진우 판사)은 1968년 4월 13일 피고인 정규명의 항소와 검사의 피고인 천상병에 대한 항소는 이를 기각하였으나, 1심 판결에서 징역형을 선고받았던 정하룡, 임석훈에 대하여는 사형을, 사형을 선고받았던 조영수는 무기징역, 무기징역을 선고받았던 윤이상은 징역 15년 및 자격정지 15년에 처하는 등 제15심의 양형을 변경하였다.

대법원(재판장 김치걸 대법원 판사, 사광욱, 최윤모, 주운화 대법원 판사)은 1968년 7월 30일 상고심 선고공판에서 피고인들 가운데 정하룡, 조영수, 김중환, 천병희, 윤이상, 최정길, 정규명 등을 비롯한 12명에 대한 원심판결 부분을 파기하여 서울고등법원으로 환송하였다. 그 이유를 간략히 살펴보면 다음과 같다.

① 정하룡과 조영수는 친구 사이로 서로의 직장과 가정에서 예사로이 만날 수 있었던 처지이므로 북괴의 지령사항 수행과 관련 없이 만났다면 이를 반공법 제5조 제1항의 회합죄를 구성한다고 볼 수 없다.

② 김중환이 북괴의 지령사항을 실천할 의사와 목적을 가지고 귀국하였다고 볼 수 없으므로 반공법 제64조 제4항의 잠입죄를 범하였다고 볼 수

없다.

③ 윤이상에 대한 양형이 심히 부당하다.

④ 정규명이 북괴공작원에게 자기의 자서전을 제출하거나 포섭대상자로서 동창생 4명의 명단을 제출하여 제보한 행위는 국가보안법 제2조, 형법 제98조 제1항의 군사상 기밀을 탐지 수집하는 행위 또는 형법 제98조 제2항의 군사상 기밀을 누설하는 행위라고 볼 수 없다.

⑤ 최정길이 이원찬에게 "한국은 실업자가 많고 생산이 잘 안되어 영세민들의 생활이 말이 아니다"라고 제보하여 간첩을 하였다는 점에 대하여 피고인이 서독에 가기 전에 그와 같은 우리나라의 사정을 탐지하였다는 증거가 하나도 없을 뿐만 아니라 그와 같은 행위가 군사상 기밀을 누설하는 행위라고 볼 수 없다.

이같은 대법원의 판결에 대하여 검찰은 크게 반발하여 보안사범이나 간첩사범을 처벌하는 데 큰 차질을 초래하는 좋지 못한 판결태도라고 비판하기도 하였다.

이 사건을 환송받은 서울고등법원(재판장 송명관 판사, 박정근, 홍순표 판사)은 1968년 12월 5일 제1심 판결을 파기하고, 정하룡, 정규명을 사형, 조영수를 무기징역, 어준, 임석훈을 징역 15년 및 자격정지 15년, 천병희, 윤이상, 최정길, 강빈구를 징역 10년 및 자격정지 10년, 김중환을 징역 7년 및 자격정지 7년, 김성칠, 정상구를 징역 3년 6월 및 자격정지 3년 6월에 처하였다.

이 사건은 1969년 3월 31일에 선고된 대법원판결에 의하여 확정되었으나, 1969년 1970년에 있었던 광복절 경축 특별사면에 의하여 정하룡, 정규명은 징역 15년으로, 조영수는 징역 7년으로 감형되었다가 다시 1970년 12월 24일에 형집행정지 결정되었으며, 나머지 피고인들도 형집행정지 결정으로 모두 석방되었다.

- 《법원사》 법원행정처(1995)

자료

동백림사건 대법원 판결 후의 괴벽보와 괴전단

1. 반공과 남북 대립

5·16 당시 군사혁명위원회는 혁명공약에서 반공을 국시國是의 제1의로 삼는다고 하였고, 1961년 7월 3일 반공법이 공포되었다. 이 반공법은 제1조에서 국가재건과업의 제1목표인 반공체제를 강화함으로써 국가의 안전을 위태롭게 하는 공산계열의 활동을 봉쇄하고 국가의 안전과 자유를 확보함을 목적으로 한다고 규정하였다.

앞서와 같이 법원에 난입한 군인들에 대하여 군법회의 판결이 선고되었을 무렵인 1964년 7월 23일에는 정부가 국회에 '월남공화국 지원을 위한 국군부대의 해외파견에 관한 동의안'을 제출하였다. 야전 의무지원을 위하여 비전투 부대를 월남에 파견한다는 내용이었다. 이 동의안의 제안이유에서는 월남의 사태가 우리나라의 안전보장에 간접적으로 영향을 주고 6·25 당시 자유우방의 지원을 받은 우리나라는 공산위협을 공동으로 제거할 도의적인 의무가 있다고 하였다. 1964년 7월 30일 동의안이 가결되었다.

1964년 8월 14일에는 중앙정보부가 도예종都禮種, 양춘우楊春遇 등이 북한 공산집단의 지령을 받아 혁신계 인사와 교수, 언론인, 대학생 등을 포섭하여 정부전복을 목적으로 인민혁명당이라는 대규모 지하조직을 구성중에 있는 사실을 적발하였다고 발표하였다. 다음해인 1965년 8월 13일에는 월남에 국군 1개 사단과 지원부대를 추가로 파병하는 동의안이 국회에서 가결되었고, 9월과 10월에는 경상북도 영양과 안동 등지에서 북한의 무장간첩이 민간인을 살해하고 휴전선 부근 서해에서 어부 97명을 북한으로 납치하는 사건이 일어났다.

1967년 7월 7일에는 중앙정보부가 동백림 사건에 관하여 57명의 피의자를 검찰에 송치하였다. 서독과 프랑스에 거주하는 유학생 등이 동베를린에 거점을 둔 북한 공산집단의 대남 공작책과 접선하여 그들로부터 공작금을 받으면서 지령에 따라 우리나라 유학생들에 대한 포섭공작을 수행하는 한편 각종 정보사항을 탐지하여 제공하였다는 혐의였다.

다음해인 1968년 1월 21일에는 김신조金新朝 등 북한의 무장공비 31명이 청와대 습격을 목적으로 청운동 방면으로 침입하다가 경찰의 검문을 받자 총격을 가하고 버스에 수류탄을 던져 승객을 살상하는 사태가 일어났다. 또한 1968년 7월 2일에는 최영도崔永道 등이 전라남도 신안군 임자도 부근에서 북한 공산집단의 지령에 따라 남로당 전남도당을 재건할 목적을 가지고 고정간첩으로 암약하였다는 혐의로 검거되었다. 1968년 7월 13일부터는 김종태金鍾泰 등이 고정간첩을 중간연락망으로 하여 북한 공산집단과 연결되어 통일혁명당을 조직하였다는 등의 혐의로 계속 검거되었다.

동백림 사건에 관한 대법원판결

이러한 가운데 1968년 7월 30일 앞서와 같은 동백림 사건에 관하여 대법원판결이 선고되었다(68도 754). 김치걸金致傑(재판장), 사광욱史光郁, 최윤모崔潤模, 주운화朱雲化 대법원판사가 판결하였는데, 제2심 판결 가운데 일부 피고인에 대한 유죄부분을 파기하여 서울 고등법원에 환송하였다. 제2심 법원이 일부 피고인에 대하여 반공법이 규정하는 회합죄와 잠입죄, 국가보안법과 형법이 규정하는 간첩죄 등을 유죄로 인정한 것이 잘못되었고, 일부 피고인에 대한 형이 지나치게 무겁다는 등의 이유였다.

이 대법원판결에서는 대학교 조교수로서 제2심 법원에서 사형을 선고

받은 정하룡鄭河龍 피고인과 대학교 강사로서 제2심 법원에서 무기징역을 선고받은 조영수趙榮秀 피고인에 대하여는 이 피고인들이 북괴의 지령을 받아가지고 입국하였더라도 이들의 회합이 북괴의 지령수행과 아무런 관련이 없이 단순히 친구로서 만나기만 한 정도라면 회합죄를 구성하지 않는 것인데, 이들의 회합이 북괴를 이롭게 했다고 인정할 만한 증거가 없다고 하였다. 또한 대학교 교수인 김중환金重煥 피고인에 대하여는 이 피고인이 귀국하기 전에 반국가단체나 그 구성원으로부터 어떠한 지령을 받은 일이 있었다는 사실만으로는 잠입죄를 유죄로 인정하기에 부족하고 입국 당시 그 지령사항을 실천하겠다는 의사와 목적이 있어야 하는데, 이 피고인에게 그러한 의사나 목적이 있었다고 인정할 만한 증거가 없다고 하였다. 대학교 강사인 천병희千丙熙, 학생인 최정길崔正吉, 연구원인 정규명鄭奎明, 광부인 김성칠金晟七, 학생인 정상구鄭相九 피고인 등에 대하여는 이 피고인들이 북괴공작원에게 특정인의 포섭경위, 재독학생에 대한 한국 정부의 대책, 한국의 실업자와 영세민들의 생활상 등을 알려주었다고 하여도 이러한 사항은 국가보안법과 형법이 규형자는 군사상 기밀에 해당하지 않는다고 하였다.

이 대법원판결은 작곡가인 윤이상尹伊桑 피고인과 학생인 임석훈林錫勳 피고인에 대하여는 형이 너무 무겁다는 이유로 제2심 판결을 파기하였다. 윤이상 피고인이 음악예술 활동을 통하여 우리나라를 널리 해외에 소개하면서 한독친선에 공헌하고 현재 회개하고 있는 점, 임석훈 피고인이 서독에 오래 거주하여 국내사정을 잘 몰랐고 자수하여 수사에 협조한 점 등을 참작하면 윤이상尹伊桑 피고인에게 선고된 징역 15년과 임석훈 피고인에 대하여 선고된 사형은 지나치게 무겁다는 것이다.

괴전단과 괴벽보

이러한 대법원판결이 선고되고 3일 후인 1968년 8월 2일 서울시내에 전단이 뿌려졌다. 애국시민회 명의로 작성된 이 전단은 동백림 사건에 관한 대법원판결을 과격한 언어로 비난하면서 '김일성金日成의 판사를 잡아내라, 북괴와 야합하여 기회를 노리는 붉은 도당을 처단하라'는 내용을 담고 있다.

다음날인 1968년 8월 3일에는 대법원에서 가까운 배재중학교, 법무부, 반도호텔, 그랜드호텔, 대한공론사 부근 등에 역시 애국시민회 명의로 작성된 벽보가 출현하였다. 이 벽보 역시 대법원판결을 비난하면서 '물적 증거가 없다고 무죄라는 공산당을 감싸주기 위한 구실이 아니고 무엇인가, 김일성의 앞잡이 김치걸, 주운화 판사를 처단하라, 북괴의 복마전인 사법부를 갈아내라, 합법의 미명 아래 북괴 장단에 춤추는 빨갱이를 잡아내자'는 등의 내용을 담고 있었다.

같은 날 조진만 대법원장에게 편지가 우송되었는데, 이 편지에는 사법부 안에 용공판사를 두어서 되겠느냐라는 내용이 담겨 있었다. 동백림 사건에 관한 판결을 선고하였던 김치걸, 사광욱, 최윤모, 주운화 대법원판사에게는 앞서와 같이 서울 시내에 뿌려졌던 전단이 우송되었다. 1968년 8월 7일에는 주운화 대법원판사의 부인에게 '내조하는 부인으로 양심의 가책을 느끼지 않느냐'는 내용의 편지가 우송되었다.

파문과 수사

괴전단과 괴벽보의 출현에 대하여 조진만 대법원장은 1968년 8월 5일 판결에 대한 학문적 비판이나 법적 절차를 통한 다툼은 있을 수 있으나 용공판사를 처단하라는 등의 비난이나 협박은 있을 수 없는 일이라는 입장을 밝혔다.

1968년 8월 8일에는 대한변호사협회가 성명서를 발표하여 동백림 사건에 관한 대법원판결을 계기로 하여 발생한 괴벽보와 삐라 사건은 사법권의 독립을 말살하고 민주적 기본질서를 파괴하는 가공하고도 가증한 행위라고 하였다. 판결을 비판함에는 판결을 숙독한 연후에 국가의 이익과 개인의 권리 중 어느 것에도 지나치게 기울어지지 않는 중정中正한 태도를 가져야 하며, 판결이 확정될 때까지는 비판을 삼가는 것이 민주국가의 상례라고 한 것이었다.

신민당의 박한상朴漢相 원내총무는 1968년 8월 5일 괴벽보 사건은 제2의 백골단 사건으로 사법부의 존립에 위험을 주려는 묵과할 수 없는 사태라고 하였고, 유진오兪鎭午 신민당 총재는 8월 15일 괴벽보 사건은 정부 권력기관의 소행으로 생각한다고 말하였다. 1968년 8월 16일 국회에서는 내무·법제사법위원회의 연석회의가 열려 국무총리, 내무부장관, 법무부장관 등에 대한 질문이 있었다. 이 당시 박병배朴炳培, 김형일金炯一, 박한상, 김수한金守漢 의원 등은 일련의 사건들이 권력을 배경으로 한 조직적이고 체계적인 범죄조직에 의하여 저질러진 혐의가 짙다고 하였다.

커다란 파문이 일었으나 수사는 진전되지 못하였고, 검찰의 고위간부가 괴벽보는 판결을 비평한 것으로서 대수롭지 않고 범인을 잡더라도 광고물 단속법위반이거나 즉결심판 대상에 불과하다는 취지로 발언하였다고 전해지기도 하였다. 1968년 8월 14일 경찰은 조진만 대법원장과 주운화 대법원판사의 부인 등에게 우송된 편지는 모두 동일한 용지를 사용한 것으로서 시중에서 판매되는 일반 용지와는 다른 용지라는 사실을 확인하였다. 1968년 8월 22일에는 동백림 사건에 관한 대법원판결을 비난하는 전단을 뿌리던 두 사람이 검거되기도 하였는데, 이들은 애국시민회와는 관련이 없다고 진술하였다. 1968년 9월 16일부터는 국회의 '괴벽보 사건 등 진상조사 특별위원회'가 조사활동에 들어갔고, 12월 13일 정부에 대하여 범인의 신속한 체포를 강력히 촉구한다는 보고서가 국회 본회의에 접수되었다. 그러나 진상규명은 더 이상의 진전을 보지 못하였다.

동백림 사건의 재판장이었던 김치걸 대법원판사는 약 20년 후에 회고하면서, 대법원의 환송판결은 행정부의 희망에는 맞지 않는 것이었다고 하였다. 동백림 사건의 일부 피고인들이 서독에서 체포되어 우리나라로 연행되자 서독정부가 항의하여 외교문제가 일어났고, 박정희 대통령으로서는 사건을 빨리 끝내 외교적 난문제를 해결하려는 의도였는데, 대법원판결이 사건을 원심법원으로 환송함에 따라서 행정부의 희망대로 사건이 빨리 끝나지 못하게 되었다는 회고이다.

- 《법원사》 법원행정처 (1955)

3

동백림 간첩단 '장외' 사건

피고인 천상병

1. 사건개요: 동백림 사건의 파편에 다친 시인 ························· 173
2. 체험기: 들꽃처럼 산 '이순耳順의 어린 왕자' – 천상병 ········ 177
3. 공소사실 ·· 181
4. 그래 그랬었지, 상병아 – 신봉승 ·· 183
5. 천상병의 저승여비 – 이근배 ··· 193

사건개요

동백림 사건의 파편에 다친 시인

한승헌 (변호사)

　그의 이름 때문에 생전에도 '천상天上의 시인'으로 불리었던 천상병 시인, 순박하면서도 짓궂은 기인행각으로 많은 일화를 남긴 그는 '귀천歸天'이란 명시를 이 세상에 남기고 하늘나라로 떠나서 더욱 유명해졌다.
　검스레한 얼굴에 자주 껌벅이는 눈, 더듬거리는 말, 줄담배와 폭음, 애교 섞인 용돈 수금(?) 등으로도 고은, 김관식과 함께 가위 한국문단 3대 기인으로 불릴 만했다.
　1967년 7월 중앙정보부가 발표한 소위 '동백림 거점 북괴대남적화공작단사건'의 피의자 명단에 바로 그 '천상병'이란 이름 석 자가 끼어 있어서 세인을 놀라게 했다. 천시인에게 무슨 용공사건에 연루될 만한 사정이 있을 리가 없었기 때문이다.
　'동백림사건'이란 유럽에 살고 있는 남한의 문화예술인, 학자, 유학생, 지식인들이 (당시 분단 독일의) 동백림에 가서 북한 공관원들과 접촉, 반국가적 행위를 하였다는 것으로, 구속 기소된 피고인만 34명이나 되는 큰 규모의 사건이었다. 그중에서 작곡가 윤이상, 서베를린대학 박사과정 임석훈, 화가 이응로, 농업문제 전문가 주석균 등의 이름이 한층 주목을 받았다.
　나는 그중 이응로 화백의 변호를 맡아서 서울구치소 접견을 다니고 있었는데, 천시인만 변호인이 없었는 데다 밖에서 누구 접견 올 사람도 없는 듯해서 내가 변호를 자청했다. 문단 행사나 문인들의 이런저런 모임에서 그와 나는 서로 잘 아는 처지가 되었으므로 조금도 생소할 것이 없었다.

나는 그가 서울 상대商大를 다녔다는 사실을 그때 처음 알았다. 아마 나뿐만 아니라 대부분의 사람들이 그에게 어울리지 않는(?) 그런 학벌을 짐작하지 못했을 것이다. 바로 그 상대 친구의 한 사람인 강빈구(당시 서울대 조교수) 씨 역시 동백림사건으로 구속되어 있었는데, 그와의 관계가 혐의사실의 단서를 이루고 있었다.

공소장대로라면, 사건이 터지기 4년 전인 1963년 10월 초순 어느날 저녁, 그는 서울 명동 유네스코회관 뒷골목에 있는 대포집에서 강빈구 씨와 술을 마시고 있었다. 그때 강씨가 자신을 동독과 동백림 등 적성국을 왕래하였다는 말을 하면서 난수표와 출판사 이야기를 하던 끝에, 여의치 않으면 한국에서 고생하지 말고 동독에 갈 생각이 없느냐는 권유를 하더라는 것이다.

그것이 무슨 범죄라고 공소장에 들어가 있는가 하고 생각할 사람이 많을 것이다. 그러나 공소장에 의하면, 그것은 '동인(강빈구)이 반국가단체인 북괴의 구성원으로 그 목적수행을 위하여 암약중인 간첩이라는 정을 인지하였음에도 불구하고 이를 수사정보기관에 고지치 아니하고……' 라고 해서, 말하자면 반공법상의 불고지죄를 범했다는 것이다. 참 무서운 법이었다.

그뿐인가. 반공법 말고 형법상의 공갈죄가 얹혀 있어서 더욱이나 뜻밖이었다. 그것도 친구인 강빈구 씨를 상대로 협박을 하고 갈취를 했다니 파렴치범처럼 되어버렸다.

공소사실은 이러했다. 1965년 10월 중순 어느날 낮, 강씨 집에 가서 중앙정보부에서 자기더러 동독 갔다 온 사람을 대라고 해서 난처하다는 취지로 강씨를 협박했다 것. 그리하여 '동인으로 하여금 공포감을 갖게 하여 동인에게 금 2만 원만 주면 무마시켜주겠다고 금품을 요구, 동인으로부터 금 6,500원을 교부받아 이를 갈취하고……' 라고 적혀 있었다.

공소사실 제3항은 또 이러했다. '그시경부터 1967. 6. 25.까지 사이에 같은 방법으로 동인을 협박, 동인으로부터 1 주일에 1, 2회씩 서울 명동 소재 금문다방, 송원기원 등지에서 주대 100원 내지 500원씩 도합 금 30,000원 가량을 교부받아 이를 갈취하고……'

절친한 대학친구를 간첩으로 신고하겠다고 협박하여 2년 동안 매주 1, 2회씩 처음엔 6,500원을, 그 다음엔 100원 내지 500원씩 갈취했다는 것이다. 2년도 채 안되는 동안 매주 한두 번씩 상습적으로 뜯어낸 돈의 합계가 36,500원이라? 간첩신고 협박에 100원씩, 많아야 500원을 갈취했다? 이 것은 코미디였다.

나는 천시인이 강교수로부터 그만한 액수의 돈을 받았으리라는 점을 직감으로 알 수 있었다. 천시인은 누구에게나 악의 없이 손을 내밀고 "천 원만"을 버릇처럼 되뇌곤 했으니까. 학벌이 좋고 문재文才가 뛰어났음에도 그는 가진 것 없이 살아가면서 아는 사람을 만나면 으레 손을 내밀곤 했던 것이다. 시인 이근배 씨의 회고담에 의하면 "한참 후배인 나도 그의 수금처가 되어 거의 정기적인 내방을 받고 있었다. 어느날 찾아왔다가 내가 자리에 없으니까 책상 위에 놓인 김소운 수필집 《하늘 끝에 살아도》를 들고 갔더란다. 헌 책방에 넘길 양으로 들고 갔던 것을 첫 장을 읽다가 그만 오전 2시까지 독파했노라고 털어놓기도 했다"는 것.

또 다른 문인 한 사람도, 천시인은 일생 동안 악한 일 한 번 못하고 코흘리개 아이들과 같은 천진스런 행동으로 고작 한다는 짓이 손 내밀고 "나 천원" "괜찮아, 다 괜찮아"란 말뿐이었다고 회고했다.

바로 이런 그의 언행 기벽을 아는 사람은 그가 강빈구 씨한테서 100원, 500원을 거푸 얻어 쓴 것을 금방 이해하고 "또 수금을 했구나"하고 웃어넘겼을 것이다. 그러나 60년대 후반 대한민국의 법정은 그런 것조차도 모두 공갈죄로 처벌했다. 징역 1년에 3년 집행유예. 그런 식의 재판에 더 기대할 가치가 없다고 보고 천시인은 항소도 하지 않았다.

'남산'에 끌려갔을 때 받은 전기고문의 후유증에다 영양실조까지 겹친 가운데 그는 길거리를 헤매야 했고, 한때 소재불명이 되기도 했다. 그가 서울 응암동에 있는 시립병원에 행려병자로 강제 입원중일 때, 그런 사실을 모르는 밖의 문우들이 《새》라는 제호가 붙은 '유고시집'을 낸 비화도 있다.

  아주 고생스러울 때 만난 아내 목순옥 여사의 극진한 사랑과 보살핌 속에 술을 주식처럼 즐기며 살아가던 그는 1993년 4월 28일 홀연히 하늘나라로 돌아갔다. 그리고 영원한 그의 아내인 목여사는 지금도 인사동 골목에 '귀천'이란 찻집을 차려놓고, 남편의 체취가 묻어 있는 작품과 유품들과 더불어 의연하게 살아가고 있다.

체험기

들꽃처럼 산 '이순耳順의 어린 왕자'

천상병 (시인)

내가 왜 일본에서 태어났는가 하면 천석꾼의 아버지가 일본인의 사기에 휘말려 재산을 다 날리고 일본에 건너가 살았기 때문이다.
일본에서 중학교 2학년때 해방을 맞았다. 우리 식구는 곧 귀환해 마산에 정착했다.
마산중학교에 다니던 어느날 뒷산에 올라갔다가 사람들이 무덤 앞에서 우는 모습을 보았다. 그때 나는 '사람은 죽게 마련이구나'라는 생각에 사로잡혔다. 그래서 덧없는 인생을 그린 '강물'이라는 시를 썼다. 나중에 이 시를 본 국어교사였던 김춘수金春洙 시인이 감성의 뿌리가 살아있다고 칭찬해주었다.
중학교 6학년(지금의 고교 3년)이 되자 어느 대학을 갈까 망설였다. 적성에 맞는 문과를 택할까, 아니면 다른 학과를 택할까 고심하다 모든 학과를 종이쪽지에 써서 멀리 날아간 것을 택하기로 했다. 그렇게 선택된 것이 서울대 상대였다.
상대에 입학했지만 학과공부보다 문인들과 어울리며 지내는 것이 일과였다. 청춘과 음악과 예술을 함께 논하였다. 음악감상실인 르네상스나 돌체가 우리의 주된 본거지였다. 브람스 교향곡 4번을 들으며 많이 울기도 했다. 6·25를 전후하여 가난한 속에서 만났던 친구들. 그때의 다방과 술

집에는 인정이 넘쳐흘렀다. 전후의 피폐상이 참담했으나 문학 동인지를 만들기 위해 떠들고 또 돈문제로 허덕일 때면 다방과 술집은 사무실도 되고 더러는 재정 후원자도 돼주었다. 그때 모였던 음악인, 화가는 모두가 한 가족이었다.

지금의 세대는 상상할 수 없으리라. 형편없이 가난했지만 우정과 인정이 흐르던 시대였다. 그중 몇몇 친구들은 저 세상에서 산다. 오상원, 박봉우, 하인두. 더욱이 하나밖에 없는 친구이자 처남인 목순복이도 갔다.

지금의 아내와 결혼한 것도 처남 덕이었다. 30여 년 전, 그는 하나밖에 없는 동생이라며 우리에게 인사를 시켜주었는데 그날로 목순옥이는 여러 친구들의 공동의 동생이 되었다. 내가 입원할 때마다 와서 헌신적으로 간호해주었고 그 인연으로 우리는 나중에 부부가 되었다.

대학 4학년 1학기의 어느날이었다. 권오복 학장이 "상과대학 5등 안의 학생은 한국은행에 공짜로 들어가게 되어 있다"며 내가 5등 안의 성적이라고 암시해주었다.

그렇지만 나는 당시의 문예지인 《문예》에 유치환 선생님의 추천으로 시가 발표되고 52년에 추천이 완료되었기 때문에 정식으로 시인이 되어 있었다. 그래서 월급쟁이에는 아무 욕심이 없고 학교 다니기도 싫어, 4학년 2학기는 사람들이 생각하면 이상하다고 하겠지만 나로서는 시인 이상의 욕심이 없었기 때문에 잘한 일이라고 생각한다.

지금 내 나이는 육십하나, 환갑을 넘겼다. 내 환갑잔치에는 구상 선생님, 김구룡 선생님이 오셔서 축하해주었다.

돌이켜보면, 나는 정말 평탄한 놈은 아니었다. 67년 7월 동백림 사건에 연루되어 내 인생은 사실상 끝났던 것이다. 그때 정보부에서는 나를 세 번씩이나 전기고문을 하며 베를린 유학생 친구와의 관계를 자백하라고 했다. 죄 없는 나는 몇 차례고 까무러쳤을 망정 끝내 살아났다.

지금의 내 다리는 비틀거리며 걸어다니지만 진실과 허위 중에서 어느 것이 강자인가 나는 알고 있다. 남들은 내 몸이 술 때문이라고 하지만 결코 술탓만은 아니라는 것, 나만은 알고 있다. 나는 몇 번의 찢어지는 고통도 이겨냈다. 지금도 그때를 생각하면 몸서리쳐진다. 고문을 한 놈을 찾아 죽이고 싶은 심정일 때도 있었다. 그러나 나는 이겼으니 이것으로 만족한다.

6개월간 정보부에 갇혀 있다 풀려난 나는 고문의 후유증과 극도의 영양실조로 거리에 쓰러졌다. 친구들의 도움으로 남부 시립병원으로 옮겨졌는데 이때 목순옥이 밤낮없이 간호해줬다.

71년에도 정신황폐증에다 영양실조로 쓰러져 서울시립정신병원에 입원했을 때도 간호가 극진했다. 이런 고마운 사람과 43세때인 72년 5월 결혼했다.

나는 마누라도 좋지만 술도 멀리할 수 없어 한동안 매일 막걸리 두 되로 세 끼 식사를 대신했다. 아침에 두 잔, 낮에 두세 잔, 저녁에 또 두세 잔. 그러다가 88년 간경화증이란 사형선고를 받았다. 춘천의료원에 입원했는데 만삭의 임산부같이 배가 불러 1주일밖에 못 산다고 했다. 그런데 또 다시 살아났다. 거기에는 친구인 정원식 내과과장의 힘과 장모님, 아내의 보살핌이 컸다. 그래서 나는 행복한 사람이라고 속으로 감사하며 '행복'이란 시를 썼다.

나는 세계에서
제일 행복한 사나이다.
아내가 찻집을 경영해서
생활의 걱정이 없고
대학을 다녔으니
배움의 부족도 없고
시인이니
명예욕도 충분하고
이쁜 아내니
여자 생각도 없고
아이가 없으니
뒤를 걱정할 필요도 없고

집도 있으니
얼마나 편안한가
막걸리를 좋아하는데
아내가 다 사주니
무슨 불평이 있겠는가.

재작년부터 나는 아내에게서 매일 2천 원씩 용돈을 타 쓴다. 이것으로 매일 슈퍼에서 맥주 한 병, 아이스크림 하나를 사먹고 토큰 서너 개와 담배를 산다. 그리고도 어떤 때는 돈이 남아 저축도 하는데 지금은 통장에 1백만 원 가까이 들어 있다.

이돈으로 장모님 장례비 30만 원 정도를 떼어낼 요량이고 나를 따라다니는 문학청년 노광래 결혼식 비용으로 50만 원을 쓸 생각이다. 나머지는 막내조카딸 결혼선물을 사주리라. 돈을 쓰고 남으면 계속 저축을 할 것이다. 10년 후에는 아내가 찻집을 그만두게 되니까 내가 저축한 돈으로 살아야 하지 않겠는가. 그리고 하루에 맥주 두 잔 이상은 마시지 않겠다. 간경화 치료를 받고 난 후 아내는 하루 주량을 맥주 두 잔으로 '언도'했는데 나는 이것을 한번도 위반한 적이 없다. 그리고 열심히 시를 쓸 것이다. 천상天上의 친구들을 만날 때까지.

공 소 사 실

제23. 피고인 천상병은

1. 1963. 10. 상순 일자불상 오후 7시경 서울 명동 2가 '유네스코' 뒷골목 소재 옥호미상 대포집에서 상대동창인 상피고인 강빈구와 특주2승을 마시는 자리에서 동인으로부터 자신은 동독 및 동백림 등 적성국을 왕래하였을 뿐만 아니라 난수표도 받아왔다면서 출판사를 경영하여 회색잡지를 발간하거나 불연이면 한국에서 고생하지 말고 동독에 갈 생각이 없느냐는 권유를 받고 동인이 반국가단체인 북괴의 구성원으로 그 목적수행을 위하여 암약중인 간첩이라는 정을 인지하였음에도 불구하고 이를 수사정보기관에 고지치 않고

2. 1965. 10. 중순 일자불상 낮 12시경 상피고인 강빈구가에서 동인이 간첩활동을 하고 있어 수사대상인물임을 기화로 금품을 갈취할 목적하에 동인에 대하여 중앙정보부에서 내사중인데 자기에게 동독에 갔다온 사람을 대라고 해서 난처하다는 취지의 협박을 하여 동인으로 하여금 공포감을 갖게 하여 동인에게 금 2만 원만 주면 무마시켜주겠다고 금품을 요구, 동인으로부터 금품 6,500원을 교부받아 이를 갈취하고

3. 전시 그시경부터 1967. 6. 25.까지 사이에 같은 방법으로 동인을 협박, 동인으로부터 1주일에 1, 2회씩 시내 명동 소재 금문다방 송원기원 등지에서 주대 100원 내지 500원씩 도합금 30,000원 가량을 교부받아 이를 갈취하고……

— 동백림사건 공소장에서 발췌

자료

그래 그랬었지, 상병아

신봉승 (극작가)

상병아.

네 부음이 내게 전해진 것은 네가 눈을 감은 지 다섯 시간이나 지나서였다. 그때 나는 슬프다는 느낌보다는 허황하다는 생각뿐이었다. 네가 죽으면 나는 슬퍼해야 옳은 데도 왜 이리 허황해지는지 모르겠구나. 네가 살아 있을 때는 나더러 언제나 "요놈아, 요놈아"라고 불렀다. 그것이 고까워서 슬퍼지지 않는대서야 말이 되느냐. 그러나, 그러나 말이다. 네 죽음이 불러들이는 내 허황함은 웬만한 슬픔보다 훨씬 더 큰 것이었다.

우리는 40여 년 전, 폐허나 다름이 없었던 명동거리에서 만났었다. 엇비슷한 또래들이 몰려다니면서 차비를 털어 막걸리를 마시고는 한강 건너 흑석동에 있는 하숙까지 걸어서 돌아가곤 했었다. 통행금지에 걸리지 않기 위해서는 시간을 재고 맞추는 데도 귀신같아야 했었지.

그 시절 길거리의 난폭자가 있었다. 한 사람은 대한민국 김관식이었고, 또 한 사람은 천상병…… 성격은 다르지만 또 한 사람의 어둠침침한 사내가 있었다면 소설가 김말봉 여사의 아들 이현우였다. 그야말로 기인 3총사로 불리어서 손색이 없는 존재들이었다. 우리는 너희들에게 차비를 뜯기면서도 함께 어울려서 가가대소했었다. 얼마의 세월이 흐르고 이현우의 소식이 끊겼다. 상병아, 너는 소식이 끊긴 후 시집까지 받아먹고 끼득끼득

웃으면서 돌아왔지만, 현우는 여태 아무 소식이 없단다.
그리고 김관식이 세상을 뜨자 너는 기찬 시를 써서 우리의 가슴을 서늘하게 했었다.

우리가 두려웠던 것은
네 구슬이 아니라,
독한 먼지였다.
좌충우돌의 미학은
너로 말미암아 비롯하고
드디어 끝난다.
구슬도 먼지도 못 되는
점잖은 친구들아,
이제는 당하지 않을 것이니
되려 기뻐해다오
金冠植의 가을바람 이는 이 입관을.

― '김관식의 입관' 마지막 연

상병아.
네 죽음과 연결되리라고 마음먹지 않고서야 어떻게 이런 시를 쓸 수가 있냐. 살아 있지 않는 네 몸뚱이가 누워 있는 의정부의 의료원 영안실을 네 생전에 비한다면 엄청나게 호화판이었다. 살아 있는 너를 위해 그토록 애쓰던 목순옥 여사는 의연하고도 빈틈없는 모습으로 먼지만도 못한 네 친구들을 따뜻이 맞아주었다. 거기서도 나는 네 찌그러진 상판 앞에 향을 사르면서 슬픔보다는 허황하다는 느낌뿐이었다.

상병아.
너의 부음을 듣고, 네 행방이 묘연했던 시절에 엮어진 시집 《새》를 새삼스럽게 읽어보게 되었다. 이상하게도 너는 죽음에 관한 시를 많이 썼다는 생각이 들었다. 물론 일부분에 불과하지만 너의 삶을 조금은 안다는 나에게는 어쩐지 살아 있을 때의 회한으로 다시 허허해지더구나.

저승 가는 데도
여비가 든다면

나는 영영
가지도 못하나?

생각느니, 아,
인생은 얼마나 깊은 것인가.

— '소릉조小陵調' 의 마지막 세 연

　내 마누라도 눈시울을 적시는구나. 그래, 그랬었지. 상병아, 네가 내 집에서 눈칫밥을 먹은 것도 이젠 30여 년이 되었구나. 지금은 출가를 하여 두 아이의 어미가 된 우리 소영이가 다섯살 때의 일이었다. 그해 겨울을 눈앞에 둔 아주 추운 날이었다고 기억된다. 통행금지의 예비 사이렌이 울리고 나서였다. 초인종 소리를 듣고 대문께로 달려나갔더니 네가 서 있었다. 그해 너는 귀빈이었다. 그대로 눌러앉으리라고는 상상도 못했기 때문이었지. 비록 집주인과 함께 쓰는 전세집이었지만 이층에 서재로 쓰는 방이 하나 더 있었기에 너에게는 천국이고도 남았었지, 그러나 하루가 지나고 이틀이 지나고, 사흘, 나흘이 지나도 꼬박꼬박 네가 들어오면서부터는 불청객이 아닐 수가 없었다. 우리 내외는 통금시간이 가까워지면 공연히 가슴이 조마조마해지는 것을 경험하게 되더구나. 12시 3분쯤 전이면 내 마누라는 형언할 수 없이 묘한 웃음을 지어보이면서 말하곤 했었다.
　"오늘은 안 오려나 봐요."
　그러나 통금 사이렌과 동시에 초인종 소리는 어김없이 울리곤 했었다. 나는 대문을 열어주면서 소리치곤 했었다.
　"얌마, 주인집 보기도 챙피하다. 들어올려면 좀 일찍 들어올 수 없냐."
　상병아, 그때 지어보였던 네 표정, 기억나냐? 그 코믹하게 생긴 상판을 있는 대로 찌그러뜨리고는 정색하고 대들곤 하지를 않았냐.

"요놈아, 족제비도 낯짝이 있지. 너 같으면 일찍 들어올 수가 있냐."

그런 밤이 한 달쯤 지나고서야 너는 천덕꾸러기지만 우리 집 식솔이 되었다. 천덕꾸러기란 말이 듣기 거북하겠지만 그건 전부 네 탓이었다고 인정해다오. 밥을 먹을 때의 네 밥술이 어찌나 컸던지 다섯 번 정도면 밥사발이 비어지는 지경이었고, 그놈의 트림은 또 얼마나 요란했느냐. 게다가 죽어도 목욕을 안했으니 네가 덮고 자는 이불은 사흘이 멀다 하고 새까맣게 때가 타는데 마누란들 견디어낼 재간이 있더냐. 그래서 네 이불호청은 아예 벗겨냈지만, 그걸 기화로 호청빨래에 더 혼이 났다고 네가 잠든 지금에서야 마누라가 울먹거리고 있구나. 그런 나날이었지만, 간혹 네가 일찍 들어오는 밤이면 우리는 이층 서재에서 서로의 내밀한 얘기도 주고 받곤 했었지.

상병아.

사람들은 네 순진무구함 때문에 너를 '천상의 시인'이라고들 한다만은 나는 너를 천재라고 믿고 있다. 그것은 너와의 아주 가까운 거리에서 터득한 체험이기에 나로서는 고집할 수밖에 없구나. 그날도 우리는 이층서재에서 밤늦도록 소주를 마시고 있었다. 취기를 빌려서인지 너는 어처구니없는 네 삶을 있는 그대로 털어놓곤 했다. 여름이면 잡지사의 사무실에서 새우잠이라도 잘 수가 있지만, 추위가 밀려오면 속수무책이라고 하면서 지난해 겨울에는 소설가 한무숙 여사댁에서 곱사리를 끼었는데, 비단요에 지도를 그리게 되어 탈출을 했노라고 했다. 허허허, 그게 어디 탈출이냐, 쫓겨난 거지, 라고 내가 놀려주면 너는 언제나 탈출이라고 강변하곤 했다. 그 한무숙 여사가 얼마 전 타계하셨을 때, 너는 미어터지는 슬픔을 시에 담았다.

한무숙 선생님이
돌아가셨다. 우리를 남긴 채
그 고결하던 인품과 지혜가
저세상으로 가셨다.

내가 대학생 때
하숙 생활을 하지 말고
우리집에 와서
공부하라고 한 한선생님

언제나 인자하셨고
그리고 다정다감하셨던 한선생님
지금은 저세상에서
달콤한 영면을 이룩하시겠지요.

— '통곡합니다 한무숙 선생님' 전문

 그래, 이젠 너의 천재됨을 적으리라. 누군가가 말하기를 사람들이 못하는 일을 능히 해내는 사람을 재사才士라 하고, 재사가 못하는 일을 해내는 사람이 천재라고 했지. 네가 고백한 첫사랑의 경험은 정말로 날 숙연하게 했다. 또 그것은 놀라움이고도 남았다.
 네가 부산에 있을 때, 시립도서관에 출입하면서 옆자리의 소녀를 무척도 사랑하여 상근하다시피 했다는 고백을 하더니 그 소녀가 소설가 K여사의 따님이라고 했었다. 바로 옆자리에 그토록 사랑하는 여인이 있었는데도 너는 가슴만 두근거렸지 말 한번 걸어보지 못했다고 했다. 그런 어느 날 네가 열람실에 당도했을 때 소녀의 모습이 보이지 않았다. 너는 서운함이 지나쳐서 앞이 보이지 않더라고 했다. 그녀의 친구들에게 수소문했더니 사랑하는 소녀는 집안일로 영도로 갔다고 하더란다.
 너는 그길로 영도다리를 달려가서 소녀가 건너올 길목을 지켰노라고 했다. 그렇게 종일토록 영도에서 건너오는 사람들을 살펴보고 있는데 저녁 때가 되더라고 하면서,
 "요놈아, 그 순간 나는 눈앞을 지나가는 버스를 보면서 탄식했다. 버스를 탔다면 벌써 지나갔겠는데……그놈의 버스가 하루종일 보이지 않았던 까닭이 무엇이냐?"고 물었다. 나는 대답할 말을 잃었다. 그러면서도 네가

거짓말을 하고 있다고는 믿지를 많았다. 너의 집중력은 광기狂氣와 같은 것이기 때문이었다.

상병아.

너는 서양의 철학서적들을 탐독했다. 네 시를 읽어보면 그런 치기랄지 흔적이랄지를 쉽사리 찾을 수가 있지를 않느냐. 그중의 한 사람인 아리스토텔레스가 말했지. 조금도 광기를 갖지 않는 천재는 절대로 없다고……. 그 무렵 나는 서양문화사를 읽고 있었다. 너는 언제나 강제로 내 책장을 덮으면서 말했었다.

"요놈아, 뭘 하다가 인제야 그렇게 쉬운 책을 읽느냐. 때려치우고 내 강의를 들어라."

너는 책을 빼앗아 팽개치고는 내가 읽고 있었던 서양문화사를 줄줄이 외곤 했었다. 교활하게도 나는 그것을 확인한 때가 있었다. 너는 천재가 분명했다. 네 강론은 책과 같았다. 어느 날이었던가, 너는 일찍 들어와서 우리 식구와 함께 저녁식사를 마치고 텔레비전의 퀴즈 프로그램을 보게 되었다. 일곱 문항의 정답을 맞추면 텔레비전 한 대를 상품으로 준다고 하는데, 너는 퍼드러진 몰골로 벽에 기대어 앉아서 천둥치는 듯한 트림을 뱉어가며 정답을 맞추기 시작했다. 놀랍게도 프로그램이 끝날 때까지 단 한 문제도 틀리지 않았다. 텔레비전 세 대 몫이었다. 내 마누라가 감동했는지 네게 제안했지.

"천선생, 공밥만 축내지 말고 저기 가서 텔레비전이나 한 대 타오세요."

그때 너는 정색하고 대답했었다. 천재는 저런 곳에 나가는 것이 아니라고……. 그래, 그런 호기를 보이면서도 너는 내 집 식객노릇을 회한으로 간직하고 있었다.

그날은 내가 원고를 쓰고 있었던 탓에 너는 책상 밑에서 먼저 잠이 들었다. 자정을 조금 지났을 때 너는 엄청난 비명을 지르면서 상체를 곤두세웠다. 내가 왜 그러느냐고 물었을 때 네 대답은 기막혔다.

"요놈아, 현족화를 아느냐. 아버지가 현족화를 신고 내 가슴팍을 짓밟으며 왜 남의 집에서 자느냐고 호통을 치셨다.

현족화는 일본군 군용화를 말한다. 그렇다면 너에게는 악몽과도 같은 자격지심일 것인 데도, 너는 스스럼없이 그렇게 털어놓곤 했다.

그래, 알고도 남지. 너는 너의 방황을 시로도 썼으니까.

아가야, 왜 우니? 이 인생의 무엇을 안다고 우니? 무슨 슬픔 당했다고, 괴로움이 얼마나 아픈가를 깨쳤다고 우니? 이 새벽 정처없는 산길로 헤매어 가는 이 아저씨도 을지 않는데……

아가야, 너에게는 그문을 곧 열어줄 엄마 손이 있겠지. 이 아저씨에게는 그런 사람이, 열릴 문도 없단다. 아가야 울지 마! 이런 아저씨도 울지 않는데……

- '아가야' 뒷부분

상병아.
너는 정말 웃기는 놈이었지만, 미워할 수 없는 녀석이었단다. 너를 이층에서 자게 하고 내가 아래층으로 내려오면, 너는 정말 시도 때도 없이 아래층으로 달려오곤 했다. 너는 노크를 할 줄도 몰랐다.
언제나 방문을 난폭하게 열고는 주인행세를 했다.
"괜찮다, 괜찮아. 일어나지 마라. 담배 가지러 왔다……."
그러고는 방바닥을 더듬는데 우리 내외의 얼굴을 더듬기까지 하였다. 그런 밤이 어디 한두 번이었느냐. 너는 내 집에 있으면서 시를 쓰는 기미는 전혀 보이지 않았지만, 단 한번 내 원고지에 쓴 초고를 보여준 일이 있었다. 그렇다면 내가 밤늦게 아래층으로 내려가면 너만의 시간을 가진 것이 아니겠느냐. 그 경황중에서도 말이다.

大鑛하고 애오라지 隔漠하신 하나님의 나라에는
觀建하신 望法이 있느니라.
老子를 비롯하여 그 道學者들과 그 弟子들은,
비로소 그 道學者들은 그 術法을 가르쳤는지라.
中華의 여러 百姓들은

일깨우침이 多大하였는지라.
주太주이 간간이 長久하였도다.

— '易' 전문

처음에는 이보다 한자가 더 많은, 아예 한시와 비슷했던 것으로 기억된다. 그것이 고쳐져서 '易'이 되었구나. 그때도 나는 네 생각의 깊음에 감동했었다.

너는 다섯 살이었던 내 딸아이 소영이를 무척이나 귀애하면서 언제나 이름 대신 천사라고 부르곤 했다. 어느날이었던가, 내가 퇴근을 했을 때 너는 술상머리에 소영이를 앉혀놓고 술을 따르게 하고 있었다. 너는 소영이가 술을 따르고 나면 십 원짜리 동전을 한닢씩 주고 있었다. 그때 나는 너를 몹시 나무랐던 것으로 기억된다. 그리고 봄을 맞았다.

상병아.

날씨가 따뜻해지면서 너는 알게 모르게 새로운 방황을 시도하는 것으로 보였다. 내 마누라는 네 때문은 옷이라도 빨아입혀서 내보내기로 했지만, 워낙 단벌이어서 너는 옷이 마를 때까지 담요를 두르고 종일 동안 방 안에 갇혀 있었던 것으로 기억된다. 그리고 며칠 후 너는 두 달 동안의 식객 노릇을 스스로 청산했었다. 들려오는 소문에는 네가 소설가 오영수 선생댁에서 연일 소동을 피우고 있다고 했다. 내가 너를 모델로 라디오연속방송극 '불청객'을 쓴 것은 그로부터 2년쯤 지나서였다. 그 연속극은 '방 좀 빌립시다'로 개제가 되어 지금은 국제적으로 명성을 떨치고 있는 임권택 감독에 의해 영화화가 되었다. 너는 그 작품을 보고 나서 내게 모델료라면서 술값을 내놓으라고 투정을 부렸다. 어차피 매일 뜯기는 마당인데 마다할 필요는 없었는데, 그 영화를 평하는 네 일가견이 또 여러 사람을 놀라게 했다. 그럴 수밖에 없었다. 너는 하루의 시작을 언제나 영화관에서 스타트했지, 조선일보사의 곁에 '시네마 코리아'라는 외화 개봉관이 있었다. 너는 오전시간을 거기서 소일했던 탓에 영화에 대해서도 남다른 안목을 갖추고 있었다. 그후에도 너는 내 집에 전화를 걸어서 천사의 안부를 묻고는 용돈의 액수와 가지고 나올 장소를 일방적으로 통고하곤 했다.
 상병아.
 동백림 사건이 터지면서 너야말로 아무 죄 없이 영어의 몸이 되었다. 당시 중앙정보부 사람에게 네 안부를 물으면 그들은 너를 천희갑千囍甲이라고 불렀다.
 수사관이 탕! 하고 소리치면 너는 억! 하고 죽은 것이 아니라 재빨리 책상 밑으로 숨어버리는 코미디언이라고도 했다. 네가 죽을 고생을 하고 석방되던 날의 기억도 생생하다.
 우리는 얼이 빠져 있는 너를 명동에 있는 금문다방으로 데려왔는데 네 첫마디가 또 우리를 어리둥절하게 했었다.
 "여기가 뉴욕이냐?"
 다방에 장식된 크리스마스 트리를 보면서 뱉어낸 말이었다. 그때부터 너는 예전과 달랐다. 용채를 뜯으면서 계면쩍어하기 시작했다. 우리는 그것이 고문 때문일 것이라고 수근거렸다.
 상병아.
 네가 행방불명이 되었을 때의 얘기는 생략하기로 하자. 그때의 일은 네 시집 《새》에도 실려 있지를 않느냐. 그리고 얼마 후 나는 네가 결혼한다는 소식에 접했다. 신부는 목순옥, 주례는 김동리 선생이셨고 사회는 내가 맡기로 했다. 그날은 공교롭게도 네가 그토록 칭찬을 아끼지 않았던 스토코브스키가 지휘하는 뉴욕 필의 방한 연주일이었다.
 내가 결혼식장으로 달려갔을 때 너는 가슴에 꽃을 단 모습으로 얼마간 상기되어 있으면서도 진지하게 물었다.
 "요놈아, 네가 웬일이냐?"
 "이런 젠장, 사회보러 왔다······."
 "사회······? 요놈아, 결혼식에도 사회가 있냐."
 우리는 또 포복절도하며 웃었지만 너의 방황이 끝나는 날이었기에 매양 즐거워했다. 그날 이후, 너는 목순옥 여사의 상상을 초월하는 넓고 안온한 품 안에서 어린애 같은 투정질을 일삼았다. 어느 여성지에 발표된 네 에세이에는 돈을 써보고 싶다는 어리광이 토로되어 있기도 했다. 버스값을 지불하는 일까지 목순옥 여사가 대행해주고 있었으니까.

상병아.

너는 예순셋의 생애를 정말로 순진무구하게 살다가 귀천했다. 그렇게도 많은 사람들의 용채를 뜯어냈는 데도 너를 미워하는 사람이 없다는 것은 네 삶에 때가 묻지 않아서일 것이다.

나 하늘로 돌아가리라
새벽빛 와 닿으면 스러지는
이슬 더불어 손에 손을 잡고,

나 하늘로 돌아가리라
노을빛 함께 단둘이서
기슭에서 놀다가 구름 손짓하며는,

나 하늘로 돌아가리라
아름다운 이 세상 소풍 끝내는 날,
가서, 아름다웠더라고 말하리라……

— '歸天' 전문

상병아.

오직 너만이 말할 수 있으리라, 네가 도착한 그곳에서도 너의 말만은 진실이라고 믿을 것이다. 석가도 예수도 네가 아름다웠다는 보고에 감동할 것이리라. 암, 그렇다 마다…….

상병아, 잘 가거라!

자료

천상병의 저승여비

이근배 (시인)

저승 가는 데도 여비가 든다면
나는 영영 가지도 못하나
　　　　　　　　　– 천상병

　세상에는 행복한 걱정거리도 다 있다. 개똥밭에 굴러도 이승이 좋다거늘 저승에 갈 여비까지 걱정하다니? 그러나 이 두 줄의 시구의 앞에는 많고 많은 시인들 가운데 천상병만이 내지를 수 있는 아픈 이야기가 있다.
　'아버지 어머니는/고향 산소에 있고/외톨백이 나는/서울에 있고/형과 누이들은/부산에 있는데/여비가 없으니 가지 못한다' 는 '70년 추석에' 라는 부제가 붙은 시 '소릉조' 의 뒤에 오는 역설의 극치이다.
　천상병은 1930년 일본에서 태어나 중학교 2학년 때 해방을 맞아 귀국, 마산에서 중학교를 마치고 6·25 전쟁중에는 미군 통역관으로도 일을 한다. 51년 전시중 부산에서 서울대 상대에 입학했으며 이때부터 시동인지 '처녀' 를 함께 하면서 시 쓰기에 몰두, 52년에는 '문예' 지에 '강물' 과 '갈매기' 로 유치환과 모윤숙의 추천을 완료했고 이어 53년에는 다시 《문예》에 평론 '나는 거부하고 저항할 것이다' 와 '사실寫實의 한계' 가 조연현에 의해 추천완료되어 50년대의 머리맡 전쟁의 소용돌이 속에서 시와 평론을 한 손에 움켜쥐는 특유의 저력을 내뿜는다.

64년에는 부산시장의 공보비서로 들어가 한 2년간 월급쟁이가 되기도 했으나 그의 멍에에 얽매이기 싫어하는 천성은 앞서갈 수 있는 학력과 뛰어난 글재주가 있음에도 헐벗고 떠다니는 길을 택했다.

한참 후배인 나도 그의 수금처가 되어 거의 정기적인 내방을 받고 있었다. 어느날은 찾아왔다가 내가 자리에 없으니까 책상 위에 놓인 김소운 수필집 《하늘 끝에 살아도》를 들고 갔더란다. 헌책방에 넘길 양으로 들고 나갔던 것을 첫 장을 읽다가 그만 오전 2시까지 독파했노라고 털어놓기도 했다.

그는 맨입으로만 나서는 것은 아니었다. 다른 잡지도 그러했겠지만 내가 《한국문학》을 할 때는 그의 원고은행이 되어 있었다. 청탁하지도 않은 시를 원고지도 아닌 백지에 여러 편을 써다놓고는 실리지도 않은 시의 원고료를 받아가는 것이다. 관훈미술관 3층에 편집실이 있을 때 그는 종로예식장에서부터 인사동 바닥이 다 들리게 쩌렁쩌렁한 소리로 "이근배 씨!"를 불러댔고 사무실 문을 박차고 들어와서 원고료 내라는 불호령에 편집부 여기자들은 웃음을 참아야 했다.

문단 선후배를 떠나 그와 나는 막역지우가 되고 있었는데 예의 그 정신병원에 들어가 행방불명이 되어야 했던 까닭을 가까운 친구들이나 부인도 아닌 내게만 털어놓았던 것이다. 그의 모든 기록에는 '행려병자로 쓰러져 서울시립정신병원에 입원'으로 되어 있지만 내게 들려준 이야기에 진실이 들어 있다.

천상병은 부산에 가면 그 동안 밀린 수금을 할 수 있겠다고 생각했는지 내려갔단다. 거기서 여비는커녕 밥도 못 얻어먹고 서울행 완행열차를 무임승차했는데 도저히 견딜 수 없어 왜관에서 내렸더란다. 왜관에서 구상 시인의 부인이 병원을 하고 있다는 정보 하나만 믿고 한밤중에 내렸으나 남대문에서 김씨 찾기더란다. 헤매다가 다시 무임승차, 통금이 해제된 뒤 서울역에 내려 밥 줄 곳을 생각해낸 것이 돈암동 김구용 시인 댁이더란다. 터벅터벅 시간 반 남짓 걸어서 삼선교에 이르렀을 때 하느님께서 자전거를 내려주셨더란다. 마악 올라타고 페달을 밟는데 "저놈 잡아라!"는 소리와 함께 우악스런 사내의 손이 등덜미를 낚아채더란다. 꼼짝없이 성북경찰서로 끌려가서 절도죄로 콩밥을 먹게 되었는데 조서를 꾸미던 형사가 무슨 생각에서인지 택시에 태워 정신병원에 데려다주었다는 것이다.

  나는 뒤에 '하느님의 자전거'라는 시를 썼거니와 천상병이 93년 4월 저승길을 떠날 때 모인 부의금 8백만 원을 장모가 의정부 수락산 밑 쓰러져가는 집 아궁이에 숨겨둔 것을 부인 목순옥 씨가 빈 방에 불이나 때주자고 불을 피워 재가 되어버렸다. 은행에서 재가 된 돈의 반액만 내어주니 재가 된 반은 천상병의 저승 가는 여비였고 반의 금액은 그가 걱정하던 장모의 장례비로 남겨둔 것이라나? 이승에서는 못 가져본 여비, 저승 갈 때 흠뻑 썼겠구나.

4

전국체전 재일동포선수단 감독 사건

피고인 **홍성인**

1. 사건개요: 재일동포 형제간 안부전언이 반공법에 ·············· 199
2. 공소사실 ·· 203
3. 항소이유서 – 한승헌 ··· 205

사건개요

재일동포 형제간 안부전언이 반공법에

한승헌 (변호사)

　전국체육대회 재일동포선수단 감독으로 1963년에 이어 1964년 10월 모국땅을 밟은 홍성인 씨, 그가 뜻밖에도 국가보안법 위반으로 구속되었다. 이 소식은 재일동포사회에서 충격과 놀라움으로 번져나갔다.
　오사카(大阪)에서 살고 있는 홍씨는 동포사회에서 널리 알려진 민단(한국거류민단-한국계)의 행동대원이었기 때문이다. 그는 1949년 제주도에서 일본으로 밀항한 사람인데, 대한태권도협회 사범으로 다년간 활약하였고, 한국의 태권도선수단을 일본에 초청, 국위를 떨치게 함으로써 국내 각계로부터 감사장이나 표창장을 받았다. 뿐인가, 재일동포 북송(北送)저지투쟁과 한일회담촉진운동에 앞장서 실력투쟁까지 함으로써 반조총련 투쟁에 공을 세우기까지 했다. 그런 사람이 남한에 와서 공로훈장 대신 수갑을 차게 되었다니, 그 내막이 여간 궁금하지 않았다.
　혐의내용은 홍씨가 일본에 사는 친지 오용범 씨의 부탁을 받고 서울에 사는 그의 친동생인 오용수 씨에게 전언(傳言)을 한 것이 반공법상의 '편의제공행위'에 해당된다는 것이었다. 말심부름이 곧 범죄라는 것. 홍씨는 같은 오사카에 사는 오용수라는 사람과 동향 출신이라서 절친한 사이가 되었다. 1963년 10월 1일 오씨는 홍씨에게 전국체전 재일동포선수단 감독으로 서울에 가게 되면 동대문구 전농동에 사는 자기 친동생을 만나 안부를 좀 전해달라고 부탁했다.

홍씨는 다음날 선수단을 이끌고 귀국, 전주에서 열리는 전국체전에 참가했다. 대회가 끝난 뒤 서울 전농동에 사는 오씨의 동생 오용수 씨를 찾아가 오씨가 부탁한 대로 "부산으로 이사하거든 곧 편지하라"는 전언을 했다.

홍씨는 동향 친구가 자기 친동생에게 그 정도의 안부와 전갈을 부탁하기에 아무런 의심도 갖지 않았다. 그러나 이 말심부름 하나가 엄청난 반국가 용공행위로 몰려 구속사태까지 불러들였다.

검찰의 주장은 이러했다.

오용수는 1965년 3월 제주고등학교 선배 한 사람의 주선으로 부산에서 일본으로 밀항한 자로서 조총련 오사카지부 간부로 있는 사람인데, 홍씨는 그런 사실을 알면서 말심부름을 하여 편의제공을 하였다는 것. "부산으로 이사하거든 편지하라"는 전갈 내용도 '부산에 이동하여 거소를 정한 후 편지로써 통지하라'고 지시했다는 것이다.

다음해인 1964년 전국체전 참가차 다시 귀국했을 때에도 홍씨는 일본에 사는 양 아무개의 부탁대로 오용수 씨를 만났다.

인천여고에서 열린 재일교포선수단 환영회에 참석중인 홍씨에게 주최측 안내원이 누군가 면회온 사람이 있다고 해서 나가보았더니, 바로 오용수 씨가 와 있었다. 이때 홍씨가 오씨에게 전한 말은 공소장에 이렇게 적혀 있었다.

홍씨는 '……양梁 명불상名不詳을 상면, 동인으로부터 북괴선전을 청문교양 받은 후, 만약 전국체육대회를 계기로 귀국할 시 오용수가 찾아갈 터이니 필히 동인을 만날 것이며, 그리고 동인에게 지정한 장소로 빨리 나와 대기하라는 말을 전하라는 등 지시를 받자…… 동 오용수를 상면하고 동인에게 전시 양 명불상의 지시사항을 전달하여 편의를 제공한 것이다.'

그러나 홍씨는 양 아무개에게서 친북교양을 받았다든가 무슨 지시사항 전달 따위는 사실이 아니라고 부인했다. 사실, 이런 정도의 안부전갈을 사건화하는 것은 재일동포사회의 실정과 애로를 도외시한 억지였다. 물론 1960년대 전반기만 해도 일본내에서 좌우대결, 즉 남한을 지지하는 한국

거류민단(민단)과 북한을 지지하는 조선인총련맹(조총련) 간의 대립은 심각했다. 그러나 한 지역, 한 마을, 앞뒷집에 사는 동포에게 민단과 조총련으로 소속을 달리한다는 이유로 접촉과 교분을 막을 수는 없는 일이었다. 핏줄을 같이하는 동족으로서의 정까지도 끊을 수야 없는 것이었다. 그러므로 조총련 사람을 만난 것을 두고 곧 용공이나 불온이라고 단정하는 것은 그야말로 비현실적인 '적화사업'이었다.

또한 지금부터 40년 전인 60년대만 해도 한일간의 왕래나 통화가 그리 수월치는 않았다. 그런 현실이고 보면 입국이 허용되지 않는 조총련계로서는 남한에 사는 친족과 소식이나 안부를 나누고 싶은 심정이 더욱 간절했을 것이다. 아무리 민단계라 할지라도 동족의 그런 심정을 박절하게 외면할 수는 없지 않았을까.

이런 특수한 사정을 감안하지 않고 국내의 철저한 분단·대결상태를 잣대로 삼아 재일동포의 언행을 범죄로 본 것은 대단한 잘못이었다. 오씨의 부탁이 만의 하나라도 불온한 전갈이었다면 하필이면 민단쪽의 전위적 역할도 서슴지 않는 홍씨에게 섣부른 말을 했을 리도 없었다.

그러나 그런 사리와는 동떨어지게 1심에선 징역 1년에 3년간 집행유예, 몸은 풀려났지만 유죄판결이었다. 민단의 청년운동 간부요, 전국체전의 선수단 감독이라는 사람이 서울에 가서 반공법으로 처벌을 받게 되자 재일 민단쪽은 한때 낭패에 빠지기도 했다.

나는 항소이유서에서 1심판결의 과오를 몇 가지로 요약해서 지적했다. 첫째, '오용수에게…… 지정한 장소로 이동 대기하라' 운운하는 전언을 했다는 증거가 없다. 말의 뜻과 표현을 견강부회牽强附會식으로 각색했다. 둘째, 그 전언내용이 반국가적 활동의 편의제공으로 볼 수 없는 것이며, 모종 공작상의 연락이었다면 조총련계 체육회 가입을 거부하고 민단 간부직에 있는 홍씨에게 그런 부탁을 했을 리가 없고, 홍씨 또한 그런 청을 들어주었을 리가 없다. 셋째, 이건 유죄판결은 재일교포사회의 특수성을 이해하지 못한 데서 나온 오판이다. 그밖의 법률적 측면에서 몇 가지 문제를 삼았다.

그러나 끝내 무죄판결은 나오지 않아서 아쉬웠지만, 홍씨는 일본으로 돌아가 민단활동을 계속해서 명예회복을 했고, 나중엔 오사카 민단 단장, 민단 총본부 감찰위원장 등 요직을 역임했다.

조국분단이 빚어낸 재일동포의 비극 1막이었다.

공 소 사 실

(1) 1962. 8. 불상, 오사카시 이쿠노쿠 마루야스 다방에서 조총련 오사카시지부 교육부장인 동시 전시 노동당 지하당 재일거점 신순삼의 하부선인 양(梁) 명불상 당45년 가량으로부터 조총련 체육회에 가입하라는 권유를 받은 사실이 있고, 그경부터 1963. 9.경까지 사이에 5, 6회에 긍하여 전시 마루야스 다방 또는 동소 부근 권법 신선도장 등 소에서 동인으로부터 조선민주주의인민공화국 깃발 아래 조국의 평화적 통일을 성취해야 한다. 북반부는 전체인민이 단결하여 비약상을 이루고 있으며 남반부는 경제적 도탄에 빠져 있다. 그러기 때문에 남반부 노동자 농민을 해방시키기 위하여 다같이 뭉쳐서 투쟁대열에 나서야 한다는 요지의 교양을 받은 사실이 있은 후,

1963. 10. 전시 동소에서 조총련 오사카시지부 간부인 오용범을 상면, 동인으로부터 만약 체육대회 참가차 귀국할 경우에는 서울 동대문구 전농동 127의 130 거주 이정인 가(家)내 오용수를 방문, 동인에게 '부산에 이동하여 거소를 정한 후, 편지로서 통지하라'는 말을 전해달라는 지시를 받자, 1963. 10. 2. 전국체육대회 재일교포선수단원으로 선발되어 귀국하였을 시, 전북 전주에서 동 대회를 종료한 1963. 10. 중순, 동 이정인가로 동 오용수를 방문, 동인에게 전일의 오용범 지시내용을 전하여 동 오용범의 편의를 제공하고,

(2) 1964. 8. 25. 동 마루야스 다방에서 동 양 명불상을 상면, 동인으로부터 전시 (1) 내용과 여한 북괴선전을 청문, 교양받은 후 만약 전국체육대회를 계기로 귀국할 시는 오용수가 찾아갈 터이니 필히 동인을 만날 것이며, 그리고 동인에게 '지정한 장소로 빨리 나와 대기하라' 는 말을 전하라는 등 지시를 받자 1964. 9. 21. 전국체육대회 재일교포 선수단원으로 귀국, 1964. 9. 3. 오후 8시 인천여자고등학교에서 개최되는 재일교포선수단 환영회에서 동회 주최측 안내원이 면회왔다는 연락으로 동교 교정에서 동 오용수를 상면하고, 동인에게 전시 인명불상의 지시사항을 전달하여 편의를 제공하고, (이하 생략)

66노195

항 소 이 유 서

피고인 홍성인

위 피고인에 대한 반공법위반피고사건에 관하여 항소를 제기하였는바, 그 이유를 다음과 같이 개진하나이다.

다 음

一, 원심판결은 피고인이 2차에 걸쳐 전국체육대회에 참가하는 재일교포선수단 감독으로 한국을 방문하였을 때, 재일교포 오용범의 의뢰에 따라, 서울에 있는 그의 실제 오용수에게 말심부름(전언)을 하였다는 사실을 인정하고 반공법 제7조(편의제공)를 적용, 유죄로 판시하였습니다.

二, 그러나 위와 같은 원심판결은 사실을 오인하여 판결에 영향을 미친 위법이 있습니다.

1. (증거에 의하지 않은 판단)
원판결이 죄 되는 사실로 설시한 바를 요약하면 ① 오용범이 조총련 간부임을 알면서 그의 부탁으로 ② 그의 친제 오용수에게 "부산에 이동하여 거소를 정한 후 편지로 연락하라" 또는 "지정한 장소로 빨리 이동하여 대기하라"는 등의 전언을 했다는 것인데, 그와 같은 유죄의 증거로 원판결이 열거하고 있는 ① 피고인 홍성인과 상피고인 오용수의 법정진술과 검사 작성의 동인 등에 대한 피의자신문조서 ② 동 홍성인의 자필진술서 등을 아무리 정사하여도 원판결 적시처럼 "지정한 장소로 이동대기 운운"의 전언을 한 것이라고 볼 자료가 전혀 없으며, 결국 원판결은 증거에 의하지 않은 판단을 하였다는 비난을 받아 마땅할 것입니다.

2. (진술내용의 견강부회격인 윤색)
오히려 원심의 일건기록상 증거를 살펴보면, 피고인의 전언 내용은 판시사실과는 전혀 다르며, 단지 "부산으로 이사하고 편지로 주소나 알려라"는 것이었을 뿐인데, 원심은 이말의 뜻과 표현을 터무니없이 비약시켜 견강부회로 윤색한 오류를 범하고 있습니다.

3. (편의제공이라는 주관적 인식의 결여)
더구나 오용범은 피고인의 동향 동리 출신의 교포이고, 그의 제弟인 오용수와는 국민학교를 같이 다닌 동창의 사이었던 만큼, 피차에 너무도 잘 아는 사이에 형제간의 안부 및 그 정도 전언을 부탁하는 것은 오직 혈육지 형제간의 정의와 사생활면의 형으로서의 권고로 알았을 뿐, 하등 이상스럽게 생각될 여지가 전무하였으며, 항차 그 말심부름이 반국가적 활동에 어떤 편의를 주는 것이라는 주관적 인식이 전혀 없었습니다.

4. (객관적으로도 편의제공 불성립)
무릇 반공법상의 '편의제공'이라 함은 그 입법동기와 법문 전반의 취지 및 법 해석의 원칙에 비추어볼 때, 반국가 행위자에게 '그 반국가적 행위의 수행을 용이하게 하는 성격을 띤' 편의제공을 봉쇄하자는 데 목적이 있다 할 것인즉 본건처럼, 부산으로 이사하고 편지하라는 친형제지간의 사생활면의 권유정도의 전언은 내용 그 자체가 객관적으로도 하등 반국가활동상의 편의제공이 될 만한 것이 아닌 이상 반공법상의 이른바 '편의제공' 이 아니라 할 것입니다.

만약 모종 공작이나 활동상의 연락사항이었다면, 조총련체육회 가입권유를 단호 거부하고 시종 대한민국 거류민단계의 간부(후술)로서 맹활약중인 피고인에게 그런 부탁을 할 리가 만무함은 우리의 경험칙상 명백한 사리라 하겠습니다.

5. (편의귀속자가 반국가적 범죄자임을 부지)

또한 피고인은, 민단계의 집회 행사 등의 기회에 오용범이를 본 일이 없기 때문에 그가 민단계 인물이 아닌가보다 하는 정도의 추측은 하였지만, 그 사람이 반국가단체인 조총련의 간부임은 몰랐다고 변소하였으며, 이를 뒤집을 별단의 자료도 없습니다. 따라서 위 오용범이가 '국가보안법 또는 반공법의 죄를 범한 자라는 정'을 알았다는 것을 전제로 하는 원판결은 이 점에서도 하나의 오단誤斷을 한 것입니다.

6. (공소사실 자체에 내재하는 모순)

만약 피고인의 소위를 반공법상의 편의제공행위라 본다면, 피고인으로부터 전언을 받은 오용수는 의당 국가보안법 제3조(일반목적)나 반공법 제4조(반국가단체를 이롭게 하는 행위), 아니면 최소한 동법 제5조(회합 통신) 위반으로 문의되어야 옳을 것인데, 검찰이 동인을 반공법위반으로 기소하면서 정작 그와 같은 홍성인의 편의제공행위에 대응되는 내용이 포함되어 있지 않은 점은 결국 홍성인에 대한 본건 사실인정이 하나의 명백한 모순이라는 것을 드러내고 있는 것입니다.

7. (해외 교포사회의 실정에 관한 이해부족)

한편 재일한국교포사회의 환경과 실정을 보건대, 모든 교포의 피아간에 소속(민단 혹은 조총련) 사상, 동태, 향배 등을 낱낱이 정확하게 파악하고 접촉한다는 것은 사실상 불가능한 일이며, 또 평상의 대인관계에 있어서까지 구적시仇敵視할 수도 없는 바임은, 동일민족이라는 생리와 감정의 작용으로 어쩔 수 없는 일이라 하겠습니다. 그러므로 교포 중 귀국하는 인편이 있으면, 그를 통하여 각자 친족이나 지기에게 안부와 용건을 전하는 등 서로 사적인 편의를 보아주는 일은 오히려 보편적이고 인간적인 당연한 현상이라 하겠습니다.

그럼에도 불구하고, 사후에 상대편의 누가 조총련계 사람이라는 점이 밝혀졌다는 일사만으로, 그의 반국가적 활동과는 전혀 무관한 순전한 사적인 면의 말심부름을 한 것마저 반공법상의 편의제공이라고 보는 것은 해외에 있는 교포사회의 특수성을 몰이해하고, 법률조문을 부당하게 확장해석한 그릇된 판단이라 하지 않을 수 없습니다.

8. (피고인은 오히려 반공활동에 유공)

여기에 덧붙여, 피고인의 신분, 경력 활동상황 등을 아울러 살핀다면, 그가 정을 알면서 반국가활동에 편의를 제공할 사람이 아님은 물론, 나아가서는 젊고 유망한 반공청년임을 알고도 남음이 있습니다.

즉, 그는 재일대한태권도협회의 이사 겸 상임사범으로 재임함을 비롯하여 여러 민단계 단체의 간부를 역임하면서, 다년간, 민단편에서 활약해왔고(기록에 첨부된 탄원서, 재직증명서, 진정서 등 참조), 특히 1963년부터 3년에 걸쳐 모국 전국체육대회에 재일교포선수단을 인솔, 감독으로서 헌신하였으며 또 모국의 태권도선수단을 일본으로 초청하여 체육을 통한 조국의 국위선양에 공이 컸고 일본에서 왕년의 재일교포북송저지투쟁과 한일회담촉진운동 등에는 진두에서 전위적인 역할(주로 실력투쟁)을 담당하는 등 대 조총련 투쟁에 현저한 공적을 남겼습니다.

이상과 같은 성분과 활동경력을 가진 피고인이 그가 충성을 바친 대한민국의 법률에 의하여 죄가 되는 반국가적 행위를 저지를 이유가 호무한 바이며, 상피고인 중에 반국가사범이 끼어 있다고 해서 어떤 선입감이나 편견에 사로잡혀 판단을 그르쳐서는 안될 일임을 강조하지 않을 수 없습니다.

이상과 같은 제 이유를 통찰하시어 원판결을 파기하고 피고인에게 무죄의 판결을 내려주시기를 바라옵고 이 항소에 이른 것입니다.

1966. 7. 21.

항소인, 피고인 홍성인의 변호인

변호사　한승헌

서울고등법원 귀중

5

통일혁명당 사건

피고인 김종태, 김질락, 이문규, 이관학, 김승환, 이재학, 오병철, 신광현, 정종소, 노인영, 허정길, 박경호 등 33명

1. 사건개요: 통일혁명당 사건과 김종태 ·········· 213
2. 통일혁명당 사건 ·········· 216
3. 항소이유서 – 한승헌 ·········· 218
4. 항소이유서 – 박경호 ·········· 228
5. 항소이유서 – 허정길 ·········· 232
6. 상고이유서 – 한승헌 ·········· 235
7. 통혁당 사건 – 김태호 ·········· 242

사건개요

통일혁명당 사건과 김종태

한승헌 (변호사)

 이른바 '통일혁명당 사건'의 첫 공판이 열린 것은 1968년 11월 22일 오전이었다. 27명의 피고인 중에는 김종태(42·통혁당 총책)를 비롯하여 김질락(34·경남일보 논설위원), 임중빈(29·문필가), 김진환(43·청맥사 사장), 박성준(28·서울대 상대 경제학과 4년생), 이문규(32·학사주점 대표), 이재학(34·대한교육보험 홍보과장), 김상도(54·김종태의 형·전 국회의원) 등 젊은 엘리트층이 망라되어 있어 세상의 놀라움을 샀다. 전후 세 차례에 걸쳐 구속 기소된 피고인만도 39명에 이르는 큰 사건이었다.
 공소 사실인즉 '1964년 3월 김종태를 수괴로 김질락, 이문규 등을 지도위원으로 한 통일혁명당이 베트콩식 연합전선 조직인 민족해방통일전선을 목표로 조직되어 무장봉기, 주요시설 파괴, 정부요인 암살 등의 방법으로 대한민국 정부 전복과 공산정권 수립을 꾀하였으며 북괴로부터 자금도 받았다는 내용이었다.
 통혁당의 '수괴'로 지목된 김종태는 간첩 김수상과 만나 임자도를 거쳐 배편으로 전후 4차례에 걸쳐 북한을 왕래한 사실을 시인하였다. 그리고 북한에서 갖고 온 자금으로《청맥靑脈》지를 발간했다는 공소사실도 부인하지 않았다.
 그러나 청맥사 사장 김진환은 김종태로부터 받은 돈으로《청맥》지를 통권 28호까지 발행한 사실은 시인하였으나 김종태가 북의 지령을 받은 간첩이라는 사실은 전혀 몰랐다고 부인했다. 당시 《청맥》지나 학사주점은 지식층이나 젊은 세대들 사이에 상당히 알려져 있었고 관심의 대상이었기 때문에 그것들이 북한의 자금과 연계되어 있다는 검찰의 공소사실에 당혹스러움을 금치 못했다.

주범인 김종태의 공소장에 적혀 있는 혐의사실은 무려 1백 80개 항목에 이르렀으며, 피고인들의 범죄사실을 요약한 도표만도 갱지 전지 절반 크기로 16장이나 되었는가 하면 변호인석에는 19명의 변호사들이 줄지어 앉아 있었다.

내가 변호를 맡은 노인영, 허정길, 박경호 씨 등은 사건 전체로 보면 조연급에 불과했다. 그만큼 더 억울한 처지였다. 젊은 지식인다운 정의감과 현실비판 의식 및 그에 입각한 언행들이 어이없게도 반국가적 행위로 조작되었다. 독서회나 경제복지회 등 학구적 모임을 반국가단체로 몰았는가 하면, 학우·친지들간의 만남과 담론은 국가보안법상의 회합, 동조에 불고지죄까지 뒤집어썼다. 서로 책을 빌려본 것조차도 이적행위로 기소되었다. 그들은 물론 법정에서 그런 공소사실을 한결같이 부인했지만 아무런 소용도 없이 중형을 받고 말았다.

그들 피고인을 변호하는 가운데 나는 주범격인 김종태 씨의 진술을 들을 기회가 있었다. 김은 자신이 평양에 갔을 때 김일성과 만났다고 수사단계에서 시인한 바 있으나 실제는 만난 일이 없다고 법정에서 진술했다. 검사는 김이 자신의 입으로 말해놓고 이제 와서 딴소리 하는 이유가 무엇이냐고 다그쳤다. 김의 대답은 이러했다.

"원래 조직의 보스는 카리스마적 요소를 필요로 한다. 그래서 실제로는 만나지 못한 김일성을 만났다고 (북에 다녀온 뒤에) 말했던 것이다."

김은 서울구치소 수감중에 홑이불을 찢어 만든 밧줄을 이용하여 2층 감방에서 뛰어내려 탈출을 기도하다가 붙잡혀 특수도주미수죄로 추가기소되기도 하였다.

1심에서 사형선고를 받은 그는 항소심 법정에서는 보이지 않았다. 법에 규정된 기간 안에 항소를 하지 않아 사형이 확정된 때문이었다. 그는 나중에 피고인이 아닌 증인으로 법정에 불려나와 증언을 했다. 구차하게 항소 같은 것을 하지 않겠다는 단호한 결심 때문인가 추측했으나 그게 아니었다. 법조문의 오해로 빚어진 뜻밖의 사고였다. 자신의 카리스마 조작까지 할 만큼 머리가 좋은 김도 중요한 대목에서 돌이킬 수 없는 실수를 범했던 것이다.

형사소송법에는 '사형 또는 무기징역이 선고된 판결에 대하여는 상소(항소 또는 상고)를 포기할 수 없다' 는 규정(제349조)이 있다. 김은 이 조항을 사형 판결에 대해서는 항소를 하지 않고 가만히 있어도 자동적으로 항소심에 가는 줄로 잘못 알고 항소장을 내지 않았던 것이다. 그 규정의 취지는 일단 항소나 상고를 포기했다 하더라도 상소기간, 즉 판결 선고일로부터 7일 안에 상소를 할 수 있다는 뜻이다.

변호인이나 교도관이 그 규정의 올바른 뜻을 알려주지 않았다면 그 역시 잘못이었다고 본다.

그는 뒤늦게 상소권 회복 신청을 냈으나 1·2·3심에서 모두 기각당한 뒤 1969년 7월 10일 낮 12시 5분 서울구치소의 교수대에서 형장의 이슬로 사라졌다. 그뒤 이문규도 마찬가지의 종말을 고했다.

자료

통일혁명당 사건

1969년 1월 25일 서울형사지방법원 제6부(재판장 이상원 판사, 임규오, 예상해 판사)는 통일혁명당 사건으로 기소된 김종태, 김질락, 이문규, 이관학, 김승환 피고인에 대하여 사형, 이재학, 오병철, 신광현, 정종소 피고인에 대하여 무기징역, 나머지 21명의 피고인에 대하여는 징역 15년부터 집행유예까지의 형을 선고하였다.

김종태는 1964년 3월경 평양에서 노동당 대남사업총국장으로부터 합법적 출판물을 발간하여 자주적 민족주의 사상을 고취시키면서 동조자를 규합하여 결정적인 시기에 봉기하여 적화통일을 이룩하는 데 선봉이 되게끔 하고 별도로 지하당을 조직하여 활동하라는 지령을 받고 남파되었으며, 그후 4회에 걸쳐 북괴 공작선을 타고 평양을 왕래하면서 공작금과 무전기, 난수표 등을 받아서 사용해왔다.

그는 그해 6월 김진환, 김질락, 이문규 등과 함께 월간잡지 《청맥》을 발간하여 편집방향을 반정부·반미·외세배격·평화통일로 정하여 반정부·반미사상을 고취하는 한편 1965년 4월 말에 이문규로 하여금 대학생들이 잘 모여들던 학사주점을 인수하게 하여 위장사업체로 운영하였다. 또한 그해 11월에는 반제·반봉건·반식민 투쟁을 통한 민족해방전선을 형성하여 민주주의 혁명을 수행한 후 마르크스·레닌주의 혁명으로 공산국가를 실현하는 것을 강령으로 하는 지하단체인 통일혁명당을 조직한 뒤, 김종태 자신은 당수가 되고 김질락과 이문규는 지도간부가 되었으며 과거 남로당 출신의 신광현을 포섭하여 경북도책으로 임명하였다. 또 조총련의 지령을 받아 남조선해방전략당을 조직하고 활동중이던 권재혁, 이일재 등과 접선하여 연계공작을 하기도 하였다.

한편 이관학, 김승환 등은 노동당 연락부 직속부대에 소속되어 대남간첩의 해상 호송업무 등을 담당하여오던 자들인데, 1968년 8월 20일경 김종태, 김질락, 이문규 등을 구출, 월북시키기 위하여 무장공작선으로 서귀포에 침투하다가 교전중 체포되었다.

통일혁명당 사건에 대한 항소심 선고공판은 1969년 5월 26일 서울고등법원 제1형사부에서 열렸으며(재판장 윤운영 판사, 이택돈, 이완희 판사), 상고심 선고공판은 그해 9월 23일 대법원 제3부(재판장 김영세 대법원판사, 김치걸, 사광욱, 홍남표, 양병호 대법원판사)에서 하였다.

이 사건은 1968년 7월경에 적발된 임자도간첩단 사건, 통일해방전략당 사건 등과 더불어 북한의 대남적화전략을 보여주는 대표적인 사례였다고 할 것이다.

－《법원사》법원행정처 (1995)에서

항소이유서

69노 201호

항 소 이 유 서

피고인 노인영
　　　　허정길
　　　　박경호
변호인 변호사 한승헌

위 사람들에 대한 반공법 위반 등 피고 사건에 관하여 별첨과 같이 그 항소이유를 밝히나이다.

1969년 5월 7일
위 피고인 등의 변호인
변호사 한승헌

서울고등법원 형사제1부 귀중

피고인 노인영에 대하여

一. 원판결은 사실을 오인하여 판결에 영향을 미친 허물이 있습니다.

1. 즉, 원판결을 보면 피고인은 독서회와 민족해방 전선과 같은 반국가단체를 구성하였고(판시 ②, ⑲)라고 되어 있으나

가. 피고인이 신영복과 더불어 독서회를 만든 것은 사실이지만 그것은 어디까지나 독서를 통한 학구적인 절차탁마에 그 본의가 있었던 것이지 결코 정부를 참칭하거나 국가를 변란할 목적으로 만든 반국가단체가 아니었습니다.
설령 그들의 모임에서 현실 비판조의 이야기가 나왔다고 해도 이것만으로 국가변란의 목적이 있었다고는 도저히 볼 수 없습니다.
그리고 3인이 서책을 서로 바꾸어 보며 또 다방에서만 만났을 뿐이므로 결사나 집단이라고 볼 수도 없습니다.

나. 민족해방전선이란 단체는 더구나 만든 일이 없으며 그런 이름도 들어본 일이 없습니다.
오직 피고인은 전시 신영복, 이수인 등과 자주 만나 여러가지 담론을 나누곤 하던 차에 신이 우리 서클의 이름을 지어야겠다는 말에 단지 3인이 이렇게 그저 만나는 것인데 무슨 이름이 필요하냐고 반박했으며 만일 원판결 설시처럼 지하당 운운의 말이 나왔다면 사람의 출입이 빈번한 공개영업장소인 다방같은 데서만 만날 리가 없었던 것입니다.
결국 민족해방전선 운운하는 말조차 논의된 바 없었고 하물며 그런 단체를 구성한 바는 더구나 없습니다.

2. 원판결은 신영복과 3인이 자주 만난 사실을 당소조회의로 보고 그때마다의 담론내용을 지하당조직확장에 관한 음모로 단정하였으나 (②~④, ⑦, ⑪~⑭). 전기한 바와 같이 피고인에게는 국가보안법 제1조에 명시되어 있는 국가변란의 목적이 추호도 없었던 이상 지하당의 조직확장을 음모했다는 점은 터무니없는 억측이라 하겠습니다.
아마도 원심은 피고인 등이 친구끼리 만난 자리에서 현실에 대한 불만

을 토로하기도 하고 다른 친구들의 근황도 알리기도 한 것을 가지고 사회주의 혁명사상의 고취 혹은 조직확장을 위한 포섭활동으로 속단하고 있는 모양인데 이와 같은 판단은 가공할 논리의 비약이 아니면 국민의 언론자유보장을 몰각한 소견이라 할 수밖에 없습니다.

3. 원판결은 피고인이 신영복. 이수인 등과 만난 소위를 반공법 제5조 1항 소정의 회합으로 보고 있으나 (①~㉑ 중)
그들이 서로 만난 의도, 장소, 상황, 교담내용에 비추어 보더라도 순전한 친우간의 회동에 불과했으므로 반국가단체의 이익이 된다는 정을 도대체 의식하지도 않았고 또한 상면한 다른 2명의 친구들이 반국가단체의 구성원이거나 그 지령을 받은 자도 아니었습니다.
그렇다면 피고인의 위와 같은 소위는 아무리 생각해도 반공법상 이른바 '회합'에는 해당되지 않음이 자명합니다.

4. 원심은 피고인이 신영복으로부터 사회주의 혁명이념을 주입하는 교양을 받고 그 노선에 동조하였고(①) 민족해방전선을 구성하였으며(⑲) 북괴의 1. 21.사태 도발을 찬양하였다(⑱)는 사실을 인정하고 이를 모두 반공법 제4조 1항의 동조, 찬양, 고무, 그밖에 이롭게 하는 행위로 보았으나
피고인은 전기와 같은 각 사실에 해당되는 언동을 전혀 한 바가 없으며 설령 신영복으로부터 일방적인 이야기를 들었다손 치더라고 교양을 받은 것이라고는 보기 어렵고 그밖에 반국가단체나 그 활동에 동조, 찬양, 고무하였다고 볼 증좌는 아무 데도 없습니다.

5. 피고인이 신영복으로 부터 책을 빌려보거나 김형래에게 빌려준 사실은 있지만 이것도 반공법 제4조 2항에 저촉되는 소위라고는 볼 수 없습니다(⑤⑥⑧⑨⑩⑫⑭⑰⑳).
즉, 위 조항에 의하면 동조 12항의 목적, 반국가단체를 이롭게 할 목적이 있어야 하는데 피고인의 본 판시소위는 그러한 목적에서 나온 것이 아

니라 앞에 나온 독서회의 취지에 따른 행위이거나 우발적으로 있을 수 있는 친구끼리의 책 빌려보기의 한 단면에 지나지 않았던 것입니다.

　더욱이 그런 책 가운데는 하나의 학술서적으로서 누가 읽어도 무방한 것이 없지 않고 설혹 일부 책자의 내용이 불온서적이라 할지라도 그것을 빌려 받았다고 해서 곧 반국가단체를 이롭게 하는 행위를 할 목적이 있었다고 볼 수는 없는 것입니다.

　6. 피고인이 반국가단체의 가입을 권유, 음모하였다고 원판결이 인정한 것도 사실이 아닙니다(⑮⑯)

　가. 먼저 판시 ⑮에 있어서
　피고인은 정품회의 회장도 아니며 그 회안에 동학연구회라는 모임이 있지도 않았고 따라서 그 회원 40명을 어디에 가입시키겠다는 말은 나올 여지도 없었습니다.
　가입시킬 모체라고 할 반국가단체의 존재마저 인정할 수 없는 본건에서야 더욱 말할 나위가 없습니다.

　나. 다음 판시 ⑯에 대하여
　그때 3인이 모인 자리에서 마침 《새농민》이란 잡지를 들추며 이야기를 하는 가운데 피고인은 새농민사 기자로 이는 박공순을 아는 사람이라고 말했을 뿐 그 사람을 포섭해보겠다 운운의 말은 나온 바도 없습니다.

　二. 원판결은 증거에 의하지 아니하고 사실을 인정한 위법 또는 국가보안법 및 반공법 중 각 해당법조의 법리를 오해한 위법이 있습니다.
　즉, 전기한 사실 오인의 주장에서 누술한 바와 같이 피고인은 판시사실에 적시된 그러한 행위를 한 바 없거나 목적이 없었으므로 원심법정에서 공소사실을 모두 부인했습니다.
　그러므로 검사작성의 피고인에 대한 피의자 신문조서도 위 법정진술과 상치되는 부분은 증거로 하지 않음이 (증거능력 내지 증명력의 문제에 있어서) 공판중심주의의 본질에 비추어 타당하다 하겠고 그밖에 원판결설시의 몇 가지 증거를 살펴보아도 공소사실을 인정할 자료는 엿보이지 아니합니다.

특히 피고인의 '범의'의 점을 인정할 증거는 아무 데도 찾아볼 수 없습니다.

결국 원판결은 적법한 증거 없이 사실을 인정했거나 자유심증을 남용하였다고 볼 수밖에 없습니다.

또한 원심은 국가보안법 제1조 및 동법 제8조에 해당되는 소위란의 '정부를 참칭하거나 국가를 변란할 목적'이 전제되어야 하고

반공법 제4조 제1항 및 제2항이 적어도 반국가단체를 이롭게 한다는 인식만은 필요로 하며 동법 제5조 1항 또한 '반국가단체의 이익이 된다는 정을 알면서' 했을 경우에 비로소 구성요건이 충족된다는 제법리를 잘못 이해한 채 그저 외형상의 비슷한 행위만 있는 듯하면 전기법조가 요구하는 주관적 요건의 존부를 가릴 것 없이 죄가 성립되는 양 그릇되게 해석한 잘못을 범하고 있다 하겠습니다.

三. 설사 피고인에 대한 공소사실이 모두 인정된다 하더라도 원판결이 피고인에게 징역 7년의 형을 선고하였음은 그 양형이 너무 무거워 부당하다고 하겠습니다.

즉, 피고인은 어려운 환경 가운데에서도 꾸준히 학업을 연마하여 보통고시에 합격하고 이어 서울대학교 상과대학 무역학과를 졸업한 후 동행정대학원에서 수학한 학구적인 젊은이로서 원자력연구소 및 과학기술처에서 국가의 과학진흥과업에 일익을 맡아 여러가지 공헌을 한 영재이며 본건제반소위의 동기가 청년기에 있기 쉬운 욕구불만과 비판적 자세에서 연유한 것으로서 결코 불순한 저의가 개입된 것이 아니었으며 또한 행위의 결과가

현실적으로 어떤 실해발생에 이르지 아니한 점 등 그 정상을 참작할 때에 피고인에 대한 원판결 선고형은 너무 가혹하다고 아니할 수 없습니다.

피고인 허정길에 대하여

1. 원판결은 사실을 오인하여 판결에 영향을 미쳤습니다.

가. '불고지'의 점에 대하여
피고인은 이재학이가 국가보안법 또는 반공법상의 죄를 범한 자라는 정을 알지 못하였습니다.
즉, 피고인은 이재학이가 농촌문제에 관심 있는 사람이라는 것을 알고 사귀어왔을 뿐이며 후술(회합, 동조부분에서)하는 바와 같이 그의 언동이란 것도 하등 반국가적인 점을 찾아볼 수 없었습니다.
당초 피고인을 이재학에게 소개한 바 있는 이우제도 원심의 증인진술에서 피고인보다 오래 전부터 동인을 알고 지냈지만 전혀 수상한 행색이 없었던 점으로 보아 피고인은 더구나 그의 정체에 대하여 의심도 갖지 않았을 것이라고 말하였으며 달리 그와 같은 증언을 믿지 않을 만한 반증도 없습니다.
그렇다면 피고인이 이재학을 법률상 고지의무가 있는 대상자임을 알았다는 것을 전제로 한 불고지죄는 성립되지 않는다 하겠습니다.

나. '회합'의 점에 대하여
피고인이 이재학과 만난 것은 사실이지만 그가 반국가단체의 구성원이 아니었고(구성원이었을지라도 그런 정을 몰랐음은 전기한 바와 같다) 또 그것이 반국가단체의 이익이 되는 것도 아니었으며 항차 이익이 된다는 인식은 전혀 없었습니다.
그들이 만난 장소가 은밀한 곳도 아닌 대한교육보험회사의 사무실이었으니 특정한 증인의 이목이 근접하여 있는 곳에서 반국가적 회합이 반복될 수 있다는 것은 우리의 통념에 비추어 인정할 수 없는 일이라 하겠습니다.

다. '표현물 취득'의 점에 대하여
피고인은 《사회기원론》《유물론통사》 등 책자를 취득한 일이 없으며 오직 《혁명전쟁과 대공전략》이란 책을 이재학으로부터 빌려본 바 있지만 그 책은 육군대학교수인 임동완 저로서 일종의 반공서적입니다.
사실이 이러할진대 반국가적인 목적으로 표현물을 취득했다는 원심판시는 사실을 그릇 판단한 것이라 하겠습니다.

라. '동조'의 점에 대하여
(1) 판시 ② 사실에 대하여
피고인은 이재학으로부터 무슨 지시를 받거나 그에 동조한 바 없습니다.
대한교육보험회사의 공개된 사무실 분위기에서 어떻게 모택동전법에 따라 운운하는 말이 나올 수 있으며 고향에 가서 조직활동을 하라는 등의 지시가 오고 갈 수 있는지 건전한 상식으로서 그 진부를 알기에 어렵지 않은 문제입니다.
적어도 반국가단체의 활동에 동조하는 언동을 그런 상황하에서 자행할 수 있다고 믿을 수는 없습니다.
(2) 판시 ③ 사실에 대하여
박지학과 하숙을 함께한 것은 여름방학 후의 숙소형편상 그렇게 되었을 뿐이고, 그를 포섭할 목적이 있었다거나 또 실제 반국가적인 교양을 시켜 포섭하려고 한 바가 없음은 원심에서 증인 박지학이 진술한 바에 의하여 명백합니다.
북괴의 집단농장의 우월성을 강조, 찬양하였다고 하나 위 박지학의 진술에 의하면 피고인은 그런 말한 바 없고 오직 이스라엘식 협업농장의 장점을 이야기했을 뿐이라고 합니다.
(3) 판시 ⑤ 사실에 대하여

피고인은 결코 사회주의 서클을 만들려고 한 일은 없고 따라서 반국가 단체의 활동에 동조한 바 없습니다. 오직 농촌의 개발향상을 위한 자기의 신념에서 책도 읽고 구상도 했을 뿐입니다.

2. 원판결은 반공법상의 '불고지죄' '회합' '동조' '표현물취득' 의 법리를 오해한 위법이 있습니다.
이점에 관하여는 전기 오인주장의 기술과 앞서의 노인영, 박경호의 항소이유에서 언급된 바와 같습니다.

3. 원판결은 그형의 양정이 부당합니다.
설령 피고인의 죄책이 인정된다 하더라도 피고인은 오직 농촌개발 향상을 이뤄보겠다는 일념에서 공부하고 행동해왔으며 실제로 반사회적 위해를 야기시킬 만한 소위는 아무 것도 없으며 아직 전도가 촉망되는 학구적 청년이라는 점 등 정상을 살펴볼진대 원판결의 선고형은 너무도 과중한 것으로서 파기되어야 한다고 생각됩니다.

피고인 박경호에 대하여

1. 원판결은 사실을 오인하여 판결에 영향을 미친 허물이 있습니다.

가. 반국가단체인 민족해방전선을 결성하였다는 점에 대하여
피고인은 민족해방전선이란 단체를 구성하거나 이에 가입한 사실이 없습니다.
즉, 피고인은 기독학생들의 모임인 경제복지회원들과 가끔 만난 일은 있으나 동대문 지하도 부근에 있는 길다방에서 박성준, 이근식 등과 3인만 만나서 민족해방전선을 구성하기로 모의한 바는 없으며 그에 가입한 일도 없습니다. 피차에 학구적인 입장에서 의기상통하는 그들과 만나서

학문과 현실에 대한 의견을 토로했을 뿐이며 조금도 반국가적인 행동목적은 없었습니다.

따라서 거기에는 단체라든가 조직의 성격이 처음부터 존재할 여지가 없었고 원심설시의 증거를 아무리 살펴봐도 이러한 변소를 뒤집고 공소사실을 인정할 자료는 하나도 없습니다.

상피고인 이근식이 원심에서 당초의 진술을 바꾸어 마치 공소사실을 시인하는 듯한 말을 하였으나 그 내용을 자세히 보면 반민족 반민주 세력에 대항하는 참다운 민족운동 하자는 말이 있었으나(원심기록 p.1120) 민족해방전선을 구성한 사실은 없다(기록 p.1368)고 밝힘으로써 오히려 공소사실이 해임을 확인해주고 있습니다.

나. 4·19학생탑 등지에서 반국가단체 구성원과 회합했다는 점에 대하여

피고인은 박성준과 가까운 곳에 살았고 그 부근에 4·19학생탑이 있어서 거기에 산책을 나갔을 뿐이며 'NEL'의 신문발행을 논의하거나 그밖에 반국가단체를 이롭게 하는 행위를 한 바 없습니다.

또한 NEL이란 것이 실재하지도 않았고 달리 박성준이가 반국가단체의 구성원이거나 그 지령을 받은 자도 아닌 이상 친구사이에 산책나가 만나곤 한 소위를 반공법상의 회합으로는 볼 수 없다 하겠습니다.

다. 반국가단체를 이롭게 할 목적으로 표현물을 취득 혹은 반포하였다는 점에 관하여

(1) 피고인이 취득한 것으로 되어 있는 도서 중
    ① 중국혁명과 중국공산당
    ② 정치학 노-트
    ③ 자본주의의 발걸음
    ④ 청춘의 노래
    ⑤ 세계사상전집
    ⑥ 나의 비판지침

⑦ 새벽길
	⑧ 밀림
	⑨ 공상에서 과학으로
	⑩ 경제학입문
등은 전혀 취득한 사실조차 없습니다.
	(2) 피고인이 취득 또는 복사한 서적이란 것도 학문상으로 보아 누구나 읽어서 무방한 것이었으며 설령 내용이 다소 좌경적인 점이 개재되어 있었다 하더라도 반국가단체를 이롭게 할 목적을 가지고 나온 소행이 아닌 본건은 범죄가 될 수 없다고 봅니다.
	(3) 김국주에게 사회과학개론 노트 복사 책을 주어 반포했다고 하나 그런 일이 없습니다. 이점은 김도 받은 사실이 없다고 진술했으며 아무런 인정자료가 없는 것입니다.

	2. 원판결은 국가보안법 및 반공법 중 본건에 적용된 조항의 법리를 오해한 위법이 있습니다.

	즉, 국가보안법 제1조의 이른바 '정부를 참칭하거나 국가를 변란할 목적'이 없었고 반공법 제4조의 '반국가단체를 이롭게' 한다는 인식이 없었던 피고인의 사건소위를 모두 유죄로 본 것은 전기 법조의 '반국가단체'나 그를 '이롭게' 한다는 법리를 잘못 해석하였기 때문이라고 봅니다.

	3. 가사 피고인이 유죄라 하더라도 원심의 양형은 너무 가혹, 부당하므로 파기되어야 하겠습니다.
	즉, 피고인은 서울 문리대 정치학과에 재학중인 학생으로서 아직 면학도상에 있으며 달리 불온한 의도가 없이 오직 젊은 의욕을 살려 행동하고 독서하는 가운데 본건소위에 이르렀고 행위의 반사회성이 현실화된 바가 전혀 없었다는 점 등을 감안할 때 원판결보다 관대한 형을 선고하여야 할 것으로 생각됩니다.

항소이유서

사건번호 69, 201

항 소 이 유 서

서울구치소 재감중
피고인 박경호

서울고등법원 형사부 귀중

본적 △△△△△△
주거 서울시 성북구 수유동 199
서울문리대 정치학과 3년
박경호 (1945. 3. 9. 생)

　본인은 아직 어린 학생 신분으로 이러한 엄청난 정치적 사건에 관련되어 오늘에 이르렀음에 대하여 사회와 학교당국에 대하여 심히 죄송스럽게 생각하고 있음을 우선 말씀 올립니다.
　또한 저의 오늘의 이와 같은 불행은 저 자신의 사회주의에 대한 현학적인 과도한 호기심과 그러한 지적인 욕구를 부주의한 선배 접촉을 통한 음성적인 방법으로 충족시키려 하였던 저의 어리석은 생각에 기인된 결과임을 마음깊이 뉘우치며 반성하고 있습니다.

그러나 저에 관한 공소사실을 살펴보건대, 1968년 8월 2일 저가 수사기관에 연행된 이후, 수차에 걸친 취조과정에서 말씀드렸던 저의 의견이 묵살된 경우가 많았고, 또한 왜곡, 과장, 곡해되어 있음에도 불구하고 일심에서 그대로 인정되어 있는 실정이옵기에 다시 한 번 저의 범죄사실에 관한 사실과 저 자신의 솔직한 심정을 말씀드리고 재판장님의 현찰을 기대하는 바입니다.
  一. 저는 저 자신이 주관적인 어떤 주의사상을 가질 수 있을 만큼 수업을 쌓지 못했습니다.
  이제 겨우 대학교 3학년에 재학하고 있는 저로서는 한 사상에 대해서 비판적으로 받아들일 수 없는 반면, 한 가지에 집착되어 있을 수도 없이 다방면에 걸친 광범한 독서를 열망하였고 장래의 자신을 위해 지식에 굶주려 있었으므로, 우리나라의 현실정을 비판하여 어느 특정한 사회로 되어야 한다고 생각한 적도 없으며, 또한 그런 정도의 실력을 갖추지도 못했습니다. 따라서 저가 사회주의에 관한 서적을 상피고인 박성준을 통하여 읽게 되었던 것은 저 자신의 학문적 소양을 위한 사회과학의 제분야에 걸친 광범한 독서의 일환으로 행하여진 것으로 순수한 학술적인 목적 이외에 다른 목적이 있을 수 없습니다.
  그간의 사정을 좀더 설명하오면, 1967. 3. 저가 서울 문리대 정치학과 2년 재학시 교내의 학술단체인 경제복지회에 가입하여 당시 동회 회원이던 상피고인 박성준을 알게 된 후 그의 풍부한 학식과 인격을 존경하여 가까운 선배로 사귀었으며, 특히 박성준은 많은 장서를 가지고 있었기 때문에 그의 집에 수시로 드나들며 여러 방면의 서적을 빌려 읽게 되었던 것입니다. 그러던 중 동년 후학기 저의 전공과목인 정치사상사(민병태 교수) 시간에 다루어진 사회주의 사상에 관한 문제를 좀더 알고 싶은 충동으로, 박성준에게 문의한 바 《모택동사상》(김상협 교수 저)과 함께 '중국혁명과 중국공산당'이란 논문을 빌려주었습니다. 그후 때로는 저가 요청하고, 때로는 박성준 스스로 빌려주기도 하는 등, 수권의 사회주의에 관한 서적, 노트 등을 빌려 받았으나, 그러한 책들은 박성준이 고서점, 일본서점 등에서 사고, 친구로부터 빌리기도 한 것이라고 하였기 때문에, 출처에 대하여 별로 깊은 생각 없이 받아 읽었습니다.

또한 평소 박성준의 기독교 신자로서의 인격과 성실을 잘 알고 있는 본인으로서는 배후에 불순한 목적이 있으리라고는 생각할 수 없었으며, 저 자신은 별 주의 없이 지적인 충동에 끌려 읽어갔던 것입니다.

또한 1968. 5. 박성준이 이근식과 저가 있는 자리에서 제안했던 우리들 3사람의 모임도 당시 박성준의 말로는 "사회과학 전반에 걸친 체계적인 공부를 위해 우선 가까운 세 사람이 모여 서로의 공부를 돕고 의문난 점은 토의하자"고 했기 때문에 저는 그 이상은 잘 알지 못하고 있었습니다.

一. 이상과 같은 저의 본서의 의도와는 상관없이 저가 사회적으로 엄청난 물의를 일으키고 있는 정치적 사건에 관련되었음을 알았을 때 저 자신은 커다란 충격을 받지 않을 수 없었습니다.

젊은 학생의 순수하고 깊은 열정이 쉽게 이용당하곤 하는 우리나라의 정치·사회적 조건에 대해 깊은 통찰이 없었던 저로서는 저 자신의 불행을 알았을 때는 이미 구속된 후였던 것입니다.

우리나라의 정치·사회 환경의 통찰이 없이 어리석은 지적 충동에 끌려 부주의하게 선배를 접촉하여 저 자신을 불행하게 하고, 학업을 중단당한 채 자유를 잃었으며, 저에게 기대를 가졌던 주위사람들을 크게 실망시키는 결과를 초래하였음을 마음깊이 뉘우치며, 이번 사건을 산 교훈 삼아 우리의 급박한 현실을 좀더 이해하고 승공대열에서 분투할 결심을 새롭히고 있습니다.

책 속에서 밖의 현실에 대한 안목을 갖지 못했던 저는 교도소 생활을 통하여 많은 것을 보고 듣고 느꼈으며, 인간에게 자유의 의미가 어떤 것이며, 이러한 소중한 자유를 부정하려드는 사회주의의 인간성에 대한 기만을 통절히 느꼈습니다.

또한 저 자신도 의식하지 못하는 사이에 그러한 사회주의의 괴뢰인 북괴의 손길이 저에게까지 미쳤음을 생각할 때 전율을 느낌과 아울러, 우리나라가 현금 처해 있는 역사적 조건을 재확인하였던 것입니다.

이제 만약 저의 이상과 같은 사정과 심정이 현명하신 재판장님께 전달되옵고, 다시 학창에 돌아가 학구에 전념할 기회가 주어진다면 후배들은 다시는 저같은 불행을 당하지 않도록 노력함과 아울러 좀더 성실한 승공대열의 일원이 될 각오임을 말씀드리오며 관대한 처분을 앙망하옵니다.

1969. 5. 1.

박경호朴璟浩

위 무인은 본인임을 증명함
입회교도보 김인부

항소이유서

69노 201

항 소 이 유 서

서울고등법원 형사부 귀하

피고 허정길
현재 서울구치소 재감
4사 상 1방 수형번호 183

본적 △△△△△△
주소 상동
피고 허정길 당25세
현재 서울구치소 수감중

취지

서울형사지방법원 68고 26276호 국가보안법위반피고사건에 관하여 1969년 1월 25일 서울형사지방법원에서 선고한 판결에 관하여 불복 항소하였던 바 그 이유를 다음과 같이 개진하나이다.

다 음

원심판결은 피고인에 대하여 징역 5년 및 자격정지 5년에 처하였으나
첫째 피고인은 평소에 사회주의운동을 위하여 또는 북괴에 동조하기 위하여 아무런 목적의식이 없었음과 동시에 동조행위를 한 사실이 없으며,

둘째 피고인이 중앙정보부나 검찰에서 심문을 받을 때 관련 상피고인 이재학의 일방적인 진술에 의해서 희생되어 조서가 꾸며졌고 압력과 공포분위기에 의해서 진술된 것이며 검찰심문조서 역시 중앙정보부 심문조서대로 시인하도록 강요받아서 된 것이기 때문에 전연 임의성이 없고,

셋째 피고인은 통일혁명당이나 조국해방전선 등의 반국가단체에 가입한 사실도 없고 협조한 사실도 없으며 그 명칭도 공소장에서 처음 안 것으로서 전연 관련이 없었고,

넷째 1966년 6월경부터 1968년 4월경까지 4회에 걸쳐 피고인이 관련 상피고인 이재학으로부터 공산주의 이론 습득, 지하조직 활동, 게릴라 전법 습득 등 어마어마한 교양과 지시를 받아 동조한 것처럼 되어 있는데 이것은 전연 터무니없는 것이며 또 사회기원론, 유물론통사 등 교양서적을 교부받은 사실이 없음과 동시에 그가 반국가단체 구성원으로서 활동하는 자인 정을 확실하게 인지한 적이 없고, 이재학과는 선후배관계로서 취직문제 및 농업문제에 대한 일반적인 이야기를 나누는 사이일 뿐 명령하고 그것을 받아 실천하는 또 정치적인 관계는 전연 없었고 그로부터 받은 《혁명전쟁과 대공전략》이라는 책은 공소사실에 있는 것처럼 '게릴라전법'을 습득하기 위한 교재로써 교부받은 것이 아니고 저자가 자기의 대학교 동창인데 현재 육군사관학교 교수로 있다면서 주기에 받은 것일 뿐이며, 상기한 것은 관련 상피고인 이재학도 똑같이 진술하고 있으며 이에 대한 범죄행위라는 근거가 없는 것으로써 무죄임이 명백하고,

다섯째 중앙대학교 농촌개발연구회 회원인 박지학을 공산주의 운동에 가담시킬 목적으로 설득교양시켰다는 것은 전연 터무니없는 것이며 있을 수도 없는 것입니다. 왜냐하면, 첫째로 본피고인이 사회주의자가 아니고 또 사회주의 이론을 타인에게 설득 교양할 만한 이론적 체계와 능력이 없음이 솔직한 표현이고, 둘째는 그때 당시 농업근대화 방안으로서 정부에서 제시한 농업협업화와 기업화문제에 있어서 협업농업에 대한 토론을 가지고 집단농장으로 바꾸어진 것이기 때문입니다. 이것은 중앙정보부 조서나 검찰 조서에도 본피고인이 명백히 밝혔는 데도 불구하고 공소된 것이

고 박지학의 증언에서도 처음에 협업화에 대한 사실을 말하였는 데도 수차에 걸친 반복질문과 반위협적인 처사로 극히 일부를 시인하고 있으나 집단농장에 대해서는 말 한마디 낸 사실이 없습니다.

여섯째 동동회에 침투하여 사회주의 서클을 조직하기 위한 교양계획을 세운 것에 관해서도 전연 터무니없는 사실이며 본피고인이 대학에서 전공한 농촌지도사업을 보다 더 효과적으로 수행하기 위해서 그 사업에 관심이 많은 사람들로 구성되어 있는 동동회 회원에게 명실공히 갖추어야 할 넓은 지식을 습득시켜 지역사회발전에 공헌하려는 원래 목적과는 전연 판이하게 북괴노선에 동조하는 서클조직 운운하는 것은 언어도단이며 실제로 농업근대화 과업에 미력한 힘이나마 진력하고자 하는 피고인의 진심과 상반되어 있는 것입니다.

이러한 일은 피고인이 대학을 졸업하고 실제로 농촌지도직 공무원으로 일해온 사실로도 알 수 있는 것인바 현명한 판단과 법률의 공정을 기하여 관제 공산당원이 되지 않도록 원심판결을 시정하고 사실의 진위를 분명히 가려주시옵기 바라와 항소를 제기하였던바 그 이유서를 제출하나이다.

1969년 4월 30일

피고 허정길

위 무인은 피고의 무인임을 확인함

교도보 김규배

서울고등법원 형사부 재판장 귀하

상고이유서

69도1912호

상 고 이 유 서

피고인 노인영
　　　　박경호

위 사람들에 대한 반공법 위반 등 피고사건에 관하여 별첨과 같이 상고이유를 밝히나이다.

1969. 8. 13

위 피고인 등의 변호인 변호사 한승헌

대법원 귀중

(별첨)　　　　　　　　상고이유

一. 피고인 노인영에 대하여

1. 원판결은 채증법칙을 위법하였거나 자유심증을 남용함으로써 적법한 증거에 의하지 아니하고 사실을 인정한 위법이 있습니다.
즉;

가. 원판결은 판시 ①~⑳ 중 피고인이 신영복, 이수인 등과 상면교류한

소위를 반공법 제5조 12항 소정의 '회합'으로 논단하고 있는바 무릇 반공법 제5조 제1항의 '회합죄'가 성립되려면 ①회합의 상대방이 반국가단체의 구성원 또는 그 지령을 받은 자라야 하고 ②그러한 상대방의 신분을 행위자가 알면서 회합을 했어야 하며 ③ 그러한 회합이 반국가단체나 국외공산계열의 이익이 되는 것이어야 하고 ④ 행위자가 위와 같이 이익이 된다는 정을 알아야 한다고 볼 것인데,

피고인과 전시 양인은 피차에 대학동창 관계로 얽힌 친우지간으로서 종전부터 수시 만나서 우의를 나누어오던 사이였기 때문에 그들이 반국가단체의 구성원이거나 그로부터 지령을 받은 자라는 정은 전혀 알지 못하고 오직 학창시절의 기질만을 상통하여 교분을 지속한 데 불과하고 3인의 회동에서 때로는 우리나라의 현실에 대한 분석이나 비판조의 담론이 나왔다 하더라도 이것은 청년기에 흔히 싹트는 우국지정이나 학구심에서 우러나온 소위일 뿐이므로 (사회주의 체제로의 전기의 필요성, 지하조직의 확장 음모 등을 말한 사실이 없음은 후술) 그러한 회합이 반국가단체의 이익이 된다고 속단할 수 없고 더구나 피고인으로서는 그러한 이익이 된다는 정은 조금도 몰랐던 것입니다.

그럼에도 불구하고 원판결이 피고인의 주관적 인식 내지 지정의 점에 관하여 확신을 줄 만한 이렇다 할 증거도 없이 오직 외형상의 회동사실만을 가지고 반공법 제5조1항의 회합으로 단정한 것은 채증을 잘못하였거나 허무한 증거에 의하여 사실을 인정한 위법을 범한 것이라 아니할 수 없습니다.

나. 원판결 판시 ②에서 보면 피고인이 전시 3명의 친우와 더불어 독서회를 만든 것을 반국가단체인 지하당 3인소조의 구성으로 문의를 하였으나,

무릇 국가보안법 제1조에서 지적하는 반국가단체라 함은 ①정부를 참칭하거나 국가를 변란의 목적을 가지고 만든 ②결사 또는 집단이어야 함은 명문상 뚜렷한 요건이라 할 것인바,

피고인이 전시 양인과 함께 만든 독서회(실은 그러한 명칭도 당시 있었던 것이 아니고 후에 수사기관에서 편의상 붙인 것에 불과함)란 것은 피고인 등이 학교졸업 후라고 해서 음주유흥과 잡담 따위에 허송세월을 하지 말고 학구열을 되살려 좀더 많은 책을 읽고 공부를 하자는 순수한 동기에서 출발한 모임이었고 달리 불순한 저의가 있었던 것이 아닌 이상 국가변란이나 정부참칭이라는 어마어마한 목적은 추호도 개입된 바 없을 뿐더러 결사나 집단이기 위해서는 필수적이라 할 일정한 정치적 행동강령과 조직체계 등 공동목표 달성을 위한 최소한의 요건마저도 갖추지 못한 채 그저 3인의 친우가 다방 같은 곳에서 특정한 논의사항의 예정 없이 서로 회동하여 독서의욕을 앙진시키고 절차탁마하는 계기를 조성했을 뿐인 본건 독서회는 도대체 결사나 집단이라고 볼 여지가 호무한 것이며 이와 달리 인정할 증거는 아무것도 없는 것입니다.

설령 그들이 돌려본 서적 중의 일부가 현하시국에 비추어 다소 온건치 못한 흠이 있다 하더라도 그것만으로서 곧 독서회 자체를 반국가단체라 낙인찍을 이유는 되지 못한다고 아니할 수 없습니다.

다. 원판결은 또한 상기 3인이 자주 만나 담론한 행위를 지하당 조직확장에 관한 음모 또는 예비로 속단하였으나 (원판결 ②~④, ⑦~⑪, ⑯, ⑲), 특히 판시 ⑮, 자신이 회장으로 있는 정풍회내의 동학연구회에 침투 운운의 점에 대하여는 피고인은 정풍회의 회장도 아니었고 그회 안에 동학연구회라는 모임이 존재하지도 않았으며, 따라서 그 회원들을 어디에 가입시키거나 포섭하겠다는 말은 전혀 나올 여지조차 없었습니다.

판시 ⑯: 새농민사 기자인 박공순의 포섭 운운의 점에 있어서는 마침 전시 3인이 모인 자리에서《새농민》잡지를 뒤적이며 이야기를 하던 가운데 피고인은 위 박공순과 서로 아는 사이라고 말했을 뿐이고 원심이 이 부분의 증거로 내세운 제일심에서의 증인 박공히의 진술 역시 피고인의 포섭계획을 입증하는 자료가 못되며 달리 아무런 증거도 없습니다.

라. 원판결 판시 ⑤⑥⑧⑨⑩⑫⑭⑰⑲의 도서취득 보관의 점에 관하여 살피건대, 그 적용법조인 동법 제4조 2항에 보면 표현물의 취득 보관행위가 동조 제1항의 행위를 할 목적, 즉 반국가단체나 구성원 또는 국외의 공산계열의 활동을 찬양, 고무 또 동조하는 등 방법으로 반국가단체를 이롭게 할 목적이 있어가지고 행하여진 경우에 한하여 범죄가 성립하는 것이거늘 그와 같은 주관적 요건의 존재를 증명할 하등의 증거도 없는 본건에 있어서 단순히 친우간에 책 빌려보기의 과정에서 내용에 약간 불온한 서적이 끼어 있었다는 이유만으로 반국가단체를 이롭게 할 목적이 있었다고 추단하였음은 자유심증을 남용한 위법이 있다고 보지 않을 수 없습니다.

2. 또한 원판결은 국가보안법 및 반공법 중 본건 적용법조에 관한 법리를 오해하였거나 아니면 이유부재 내지 판단유탈의 위법이 있다 하겠습니다.

즉, 전 1항에서 지적한 바와 같이 피고인에 대한 판시소위 중에서

가. '회합'의 점은 ① 그 상대방이 반국가단체의 구성원이거나 그 지령을 받은 자이며 그와의 회합이 공산계열의 이익이 된다는 정을 알아야 하고,

나. 반국가단체 구성 및 그 예비음모 등의 점에 있어서는 '정부를 참칭하거나 국가를 변란할 목적' 및 그를 위한 '결사나 집단'이 이루어져야 하며,

다. '문서도화의 취득보관' 또한 반국가단체를 이롭게 할 목적이 있어야 하는 등 범죄의 주관적 요소인 목적, 고의 또는 인식의 존재를 전제로 하여서만 성립되는 것임에도 불구하고 그러한 주관적 요건의 존재에 관한 명백한 입증도 없이 단순히 외형상의 회합, 독서회 도서취득 등 현상만을 가지고 막연히 전기한 소정 범죄의 성립을 인정하였음은 위에 열거한 반

공법상의 '회합' '문서 등 취득' 국가보안법상의 '반국가단체 구성'에 관한 상기 제법리를 오해한 소치라고 보지 않을 수 없으며 그와 같은 피상적인 국어사전 용어풀이에 해당되는 행위만을 가지고 어떻게 하여 불법한 목적이나 범의까지를 그토록 인정할 수 있는지에 관하여 납득할 만한 이유를 설시하지 않고 막연히 공소사실 그대로를 인정한 것은 분명히 이유 부재의 허물이 있다 하겠으며 본건 전반에 걸쳐 관련이 있고 진상규명에 관건을 쥐고 있다 할 수 있는 증인(피고인측 신청) 이수인을 심문하지 않은 채 판결을 내린 원심은 심리미진의 위법까지도 저질렀다고 아니할 수 없습니다.

二. 동 박경호에 대하여

1. 원판결은 채증법칙을 어겼거나 자유심증을 남용하여 허무한 증거에 의하여 사실을 인정한 위법을 내포하고 있습니다.

가. 피고인은 반국가단체인 민족해방전선을 구성하였거나 이에 가입한 사실이 없습니다. 원판결이 피고인의 반국가단체 구성행위를 인정하는 증거로 내세운 것은 (피고인과 상피고인 박성준은 범행사실 부인), 오직 증인 신영복의 제1심 법정에서의 진술 및 수사기관에서 동인이 작성한 진술로서뿐인데 위의 증거를 아무리 살펴보아도 피고인이 정부를 참칭하고 국가를 변란할 목적하에 어떤 결사나 집단을 구성하였다는 흔적은 하나도 나타나 있지 않으며 (혹시 제1심에서 상피고인 이근식의 진술 중 자기에 대한 공소사실을 시인하는 듯한 진술을 오해하여 유죄의 심증을 얻었는지 모르겠으나,

동인의 법정진술 및 수사기관에서의 피의자신문조서, 진술서 등은 원심이 증거로 채용한 흔적이 없음에 비추어 용인될 수 없음은 물론, 동인의 진술내용도 실은 '반민주, 반민족 세력에 대항하는 참다운 민족운동을 하

자는 말이 있었으나' (제1심 기록 p.1120) '민족해방전선을 구성한 사실은 없다' (기록 p.1368)고 되어 있는 것입니다.

일건 기록과 증거에 의하여 엄밀히 살펴본다면 피고인은 박성준, 이근식 등 2명의 학우를 포함한 서울시내 각 대학의 기독학생들의 공인된 모임인 경제복지회 회원들과 가끔 만나 피차 학구적인 입장에서 학문과 현실에 대한 의견을 토로했을 뿐이며 원판시와 같은 반국가적인 언동은 이를 인정할 자료가 하나도 없는 것입니다.

나. 4·19 학생탑 등지에서 박성준과 만난 것은 결코 반공법 제5조 제1항의 '반국가단체 구성원 또는 그 지령을 받은 자와의 회합'으로 볼 수 없습니다.

즉, 피고인이 4·19 학생탑 근처에서 박성준과 자주 만난 것은 우연히도 두 사람의 집이 동 학생탑 부근이었기 때문에 가까운 그곳으로 산책을 함께 나다녔을 뿐이며 NEL의 신문발행을 논의하거나 그밖에 무슨 반국가적 언동을 한 바 없으며 피고인이 반국가단체의 이익이 된다는 정을 알면서 박성준과 회합하였다거나 동인이 반국가단체의 구성원 또는 그 지령을 받은 자임을 알았다는 증거는 아무 데도 없는 것입니다.

다. 원판시 제②에서 인정한 표현물의 취득반포의 점에 있어서도

(1) 피고인이 취득한 것으로 판시된 도서 중 중국혁명과 중국공산당, 정치학 노오트, 자본주의와 발걸음, 청춘의 노래, 세계사상전집, 나의 비판지침, 새벽길, 밀림, 공상에서 과학으로, 경제학입문 등 10종은 전혀 취득한 사실이 없고 또 증거도 전무합니다.

(2) 판시 제(2)의 (3)에서 상피고인 김국주에게 《사회과학개론》, 노트 복사분을 주어 반포했다고 되어 있으나 이점은 전혀 허무한 사실로서 위 김국주도 피고인으로부터 그런 표현물을 받은 일이 없다고 부인하고 있을 뿐더러 달리 그 수교행위를 인정할 증거가 하나도 없습니다.

(3) 그밖에 피고인이 취득한 도서가 약간 있기는 하나 반국가단체를 찬

양 고무하거나 기타의 방법으로 이롭게 할 목적이 없었던 이상 반공법 제4조 제2항으로 논할 수는 없다고 하겠습니다.

2. 원판결은 피고인에게 적용한 국가보안법 및 반공법상 제조항의 법리를 오해한 위법이 있습니다.
즉, ① '정부를 참칭하거나 국가를 변란할 목적'이 전혀 없었던 학우간의 모임을 국가보안법 제1조의 반국가단체의 구성으로 ② 반국가단체의 이익 된다는 정을 모르고 친우끼리 만난 행위를 반공법 제5조 제1항의 회합으로 ③ 반국가단체를 이롭게 할 목적 없이 한 도서의 취득을 동법 제4조 1항에 문의 판시한 것은 위 각 죄가 엄연히 목적의식이나 범의 등 주관적 요건을 필요로 한다는 법리를 착각 내지 오해한 허물을 범고한 것이라고 아니할 수 없습니다.

자료

통혁당 사건

김태호 (언론인)

어둠의 장막이 드리워진 서울구치소 9사 51호—. 감방의 창문에 검은 손길이 어른거리더니 미리 뜯어놓았던 듯 6개의 쇠창살이 성냥개비처럼 떨어져나갔다. 순간, 2층 창가에서 동그랗게 뭉친 하얀 밧줄이 스르르 굴러내린다. 검은 그림자는 잽싸게 밧줄에 대롱대롱 매달렸다. 이어 검은 사나이의 발이 땅바닥에 닿는가 싶더니 밤하늘을 찢는 듯한 비상경보 사이렌이 울리고, 서치라이트가 화살처럼 내리꽂힌다. 탈옥수—. 눈이 부신 듯, 한 손으로 빛을 가리는 그 사나이—. 그가 바로 통일혁명당 사건의 수괴 김종태金鍾泰였다.

전 남로당계南勞黨系 인물과 혁신적 지식인, 청년층을 포섭하여 민중봉기를 일으키고 국가전복을 꾀하려던 통혁당 사건 —.

김종태는 항소기간이 끝나는 날을 그냥 넘기는 바람에 제1심의 사형판결이 그대로 확정되고 말았으니…….

특수도주 미수

……한 번 가는 그길이 살아서 돌아올지, 영원한 이별의 길이 될지 아무도 모르는 생사의 길을 떠나는 사람이 어쩌면 얼굴빛 한 점 변하지 않고

갈 수 있단 말인가? 병아리같이 예쁘기만 한 너희 형제들 아무런 애착이나 미련도 없는 듯 모르는 체 떠날 수 있단 말인가? 후일 엄마는 탐정소설과 같은 공소장을 보고야 "그랬었구나!" 하고 아빠의 어이없는 행위에 놀랐단다. 아빠가 월북을 꾀하다가 실패하고 돌아온 것을 그때야 알았단다.

간첩 사형수의 아내이자 자신도 6년의 복역수로서 어린 두 딸에게 보내는 옥중수기는 피눈물로 얼룩진 한 엄마의 단장의 울부짖음이었다.

……마침내 나는 그동안 거절만 하던 일을 해주기로 마음먹고 나의 자존심을 꺾었더란다. 미소를 머금은 아빠의 눈길과 불붙는 심장을 획득하기 위해서는 내 힘이 닿는 한 무슨 짓이라도 할 각오까지 하게 되었다. ……결혼은 왜 이렇게 여인을 무력하게 만드는 것일까? 사랑은 온갖 수단을 낳는다는 말과 같이 그때부터 나는 아빠의 범죄행위에 완전한 공동참여자가 되지 않을 수 없었단다.

서울 구치소 9사 51호 감방의 창문에 검은 손길이 어른거린다.
1968년 9월 29일 밤 8시.
미리 뜯어놓았던 듯 6개의 쇠창살이 성냥개비처럼 떨어져나갔다. 2층 창가에서 동그랗게 뭉친 하얀 밧줄이 바깥으로 스르르 굴러내린다. 검은 그림자는 민첩하게 밧줄에 대롱대롱 매달렸다.
"앵!" "앵!" 검은 사나이의 발이 땅바닥에 닿은 순간이었다. 비상경보를 알리는 사이렌 소리.
"탈옥이다!"
구치소 앞 마당에는 서치 라이트가 화살처럼 내리꽂힌다.
눈이 부신 듯, 한 손으로 빛을 가리는 탈옥수.
푸른 수의에 턱수염이 덥수룩하다.
필사의 탈출 30미터.
긴급 출동한 교도관들에게 목덜미를 잡히는 탈옥수, 그는 교도관의 교대시간을 노려 탈옥하려던 게 틀림없다.

그가 갇혔던 감방 밑바닥에는 하얀 종이 한 장이 제멋대로 나뒹굴었다. 다급하게 휘갈긴 글발.

'통일이 될 때까지 죽지 않고 살아 있으면 다시 만나자. 혁명가의 아내·딸·아들로 자라주기 바란다.'

18개 항목으로 기소된 간첩에게는 '특수도주 미수죄'가 추가됐다.

탈옥수를 구출하라

이보다 한 달 남짓 앞서 8월 20일 새벽, 북한 진남포항에서 한 척의 어선이 닻을 올렸다.

항공기 엔진에다 3개의 스크루를 장치한 75톤급, 시속 35노트의 이 배에는 레이다 1대, 82밀리 무반동총 1정, 12.7밀리 고사포 1문, 중기관총 1정과 14정의 기관단총, 수류탄 등을 적재, 어망으로 가리고 있었다.

어선으로 위장한 무장 간첩선은 쾌속으로 남진하고 있었다.

간첩선은 무슨 사명을 띠고 어디로 가는 것일까?

이날 밤10시, 제주도 남단 서귀포항 동남방 30미터 앞 해상

철썩—쏴—.

칠흑같은 밤에 파도소리만이 정적을 깨뜨린다.

한 50분쯤 지났을까. 포구 앞 4백 미터 전방에 괴물같은 검은 배의 그림자가 엔진을 끈 채 서서히 움직이고 있었다.

고무보트를 내려 타고 3명의 사나이가 포구 앞 새섬을 향해 움직이기 시작했다. 새섬의 우뚝한 바위 위에 접선인물로 가장하고 서 있는 사나이에게서 무슨 낌새를 챈 듯, 3명의 사나이는 대뜸 품 속에 감추었던 기관단총을 꺼내 드는 순간—,

탕, 탕, 탕 ……

해안에서 먼저 불을 뿜기 시작했다.

해안절벽으로 쫓긴 무장간첩들은 수류탄을 던지고 기관탄총을 난사했

으나 이내 낙엽처럼 벼랑에서 떨어져갔다.

해안에는 급보에 접한, 육 · 해 · 공 · 해병대 및 경찰기동대 1개 중대 병력이 매복해 있었던 것이다.

해상에서 동정을 살피던 간첩선은 뱃머리를 돌려 전속력으로 달아나기 시작했다.

숨가쁘게 쫓고 쫓기는 간첩선과 해군 함정. 마치 고래와 새우가 경주하는 것같은 기이한 대조對照. 무전연락을 받고 출동중이던 5척의 해군 경비정은 4시간 만에 간첩선을 완전포위했다. 하늘에서는 헬리콥터가 조명탄을 터뜨려 해상을 대낮같이 밝혔고, 함정들은 일제히 기관포로 집중사격을 가해 간첩선을 벌집처럼 만들었다.

이배에 타고 있던 14명의 공비 중 사살된 간첩은 12명, 생포된 인민군 753군부대 중위 이관학(李官學 · 35 · 수부장 겸 조타수), 소위 김승환(金承煥 · 32 · 수부 겸 막심증기 사수) 등의 얘기 ―

"남파의 임무는 무엇인가?"

"우리 임무는 통일혁명당의 영웅 이문규李文圭 동무 등을 구출하는 것이다."

"잡혔을 때는 어떻게 할 생각이었나?"

"잡힌다는 생각은 없었고, 끝까지 싸우는 것만이 우리 임무다."

"이수근 씨의 판문점 탈출사건(1967년 3월 22일)을 아는가?"(이때는 이의 간첩행위가 탄로나기 전이었음)

"평양방송은 이씨가 납치되었다고 보도했으며, 〈로동신문〉에서는 북한측이 군사정전위원회를 통해 미측에 항의했더니, 미군측은 단지 차만 빌려줬을 뿐이라고 대답했다고 보도했다."(이수근은 북한에서 위장 탈출한 사실이 탄로, 1969년 5월 2일 사형선고를 받고, 배신 8백 33일 만인 동년 7월 3일 사형이 집행되었다.)

이들은 서울구치소 감방에서 탈옥을 기도했던 그 간첩을 구출하러 왔던 북한의 무장공비 특공대였던 것이다. 구치소에서 탈출하려던 검은 사나이, 그가 바로 통일혁명당 사건의 수괴 김종태金鍾泰였다.

김일성을 만나다.

전 남로당계 인물과 혁신적 지식인·청년·학생층을 포섭하여 동학란식 민중봉기를 일으키고, 국가전복을 꾀하려던 통일혁명당 사건.

피고인만도 30명, 변호인석엔 김태청金泰淸·이항녕李恒寧·황성수黃聖秀·태륜기太倫基·이병하李炳夏·한승헌韓勝憲·백상기白翔基 씨 등 22명의 변호사가 출정했으며, 재판부와 검사까지 합치면 피고인수보다 더 많았고, 공판횟수 19회, 판결문 1천여 페이지에 이르는 기록적 대간첩단 사건이었다.

이 사건의 주모자 김종태, 일명 백두일白頭一이라고도 불리는 그의 나이는 41세, 서울 D대학교 경제학과 출신.

안동·포항 등지에서 교편생활, 국회의원 비서관, 다방업, N신문사 주필 겸 논설위원, 고가古家수리업, 자동차매매업, 출판업 등 다채로운 경력에 천의 얼굴을 가진 사나이.

자유당 말기 정해영鄭海永·김성탁金成鐸(자유당)과의 국회의원 선거전에서 선글라스에 마스크를 쓰고 대구지방 깡패들을 동원, 정해영의 선거운동원에 폭행을 가하는 등 정치 테러리스트의 악명을 떨쳤던 자이기도 하다.

대남공작원 김수상金洙常은 김의 그런 약점을 노렸다. 김종태는 평소 자신이 노동자·농민 등 약자의 대변자이며, 이를 위해 싸우는 혁명가라는 생각을 가지고 있었다.

1964년 2월, 김은 경북 G중학교 교사로 있던 김질락金瓆洛을 영천군 금호면 원제동 산기슭으로 불러냈다.

이곳은 김질락의 어머니 산소가 있는 곳이다.

공판에서의 김질락의 진술을 재생, 그 당시의 대화를 들어본다.

검   김종태를 어떻게 아는가?
김   내 삼촌이다. 친척 60명 중 나를 제일 사랑했고 내가 중학교 2학년 때 좌익운동을 한 사실도 알고 있고, 대학 2학년 때에는 '청맥전선(靑脈戰線)'이란 서클도 같이 만든 적이 있습니다.

검 산소에 불러냈을 때, 김일성을 만나고 왔다고 얘기했다는데…….

김 그래서 '사람 웃기지 말라' 면서 김일성과 만났다면 모르되 시시하게 조무래기 간첩 같은 것과 상대해선 안된다고 했습니다. (그 당시 김종태는 평양에 갔다 온 일이 없었음.) 삼촌얘기로는 남한에 사회주의운동가가 12명이 있는데, 그중에 10명은 국외에 나가 있고 나머지 2명 중 1명은 자기라고 자랑했으나, 허풍을 잘 떠는 삼촌의 말이라 반신반의했지요.

검 통혁당의 궁극적 목적은 무엇인가?

김 합법·비합법·반합법 등 어떤 방법으로든지 사회주의 혁명을 하려는 데 있습니다. (1969년 11월 29일, 제3회 공판)

김질락과 산소 옆에서 만난 직후인 1964년 3월 초, 김종태는 자기 말대로 대남공작원 김수상과 2명의 무장대원의 안내로 전남 임자도를 출발, 월북했다.

이북에 도착하여 노동당에 입당한 김은 수·발신용 난수표, 암호 해문요령서의 이용법, A-3방송 수신방법 등 간첩으로서의 기초훈련을 쌓았다.

또 남한에 내려가면 출판물을 발간, 반미·반국가 사상을 고취시키라는 지시와 함께 공작금 3백만 원도 받아가지고 20일 만에 다시 돌아오게 된다.

1964년 8월, 김은 2백 50만 원을 대주어 종합잡지 《청맥》을 발간토록 하고 김질락을 주간에, 이문규를 편집장으로 임명, 북괴의 지령에 따라 남북협상론 등을 게재하고 청년 학생층을 선동하고 있었다.

두 번째로 월북한 김은 평양 노동당 중앙당사에서 이번에는 진짜로 김일성과 만나 통일혁명당 창당에 대한 지령을 받게 된다.

김일성은 이 자리서 "남반부 혁명은 남반부 동무들이 해야 되니 잘 부탁하오"라고 김을 추켜세우기를 잊지 않았다.

1965년에 가칭 '통일혁명당'을 창당한 김은 조직원리상 2명의 간부를 한 곳에 있게 할 수 없다 하여 통혁당 지도위원인 이문규를 《청맥》지에서 사임케 하고 학사주점을 경영토록 했다.

당초 출발은 그렇지 않았으나 이문규가 김으로부터 70만 원을 받아 인수하면서부터 학사주점은 붉은 첩자의 온상으로 변해갔던 것이다.

60년대 대학생들의 낭만과 추억이 담긴 학사주점, 시골학생이 서울에 오면 한 번쯤 들러본다던 서울의 명소, 후일 영화화되기까지 한 그 유명한 술집이 간첩의 공작금으로 운영되는 줄 아는 사람은 간첩 이문규뿐이었다.

1967년 4월 15일, 이문규는 부인과 자녀들에게 사업상 전남 고흥에 다녀올 일이 있다면서 서울 갈현동의 전셋집을 나섰다.

북한 공작원과 접선, 월북하기 위해 고흥의 반대편인 목포로 내려간 그는 트랜지스터의 다이얼을 평양방송에 맞춰놓고 있었다.

아침 7시, 평양방송에서는 노랫소리가 10분 동안 흘러나왔다. 이는 월북을 포기하고 서울로 예상보다 빨리 되돌아오고 말았다. 노랫소리는 '공작선이 사정에 의해 가지 못한다'는 북한 대남사업총국의 암호였던 것이다.

'……생사의 길을 떠나는 사람이 어쩌면 얼굴빛 한점 변하지 않고 갈 수 있단 말인가.'

후일에 간첩 사형수가 된 이문규의 부인 김병영金炳瑩의 옥중수기는 바로 이때의 얘기를 쓰고 있다.

목포시내 한가운데 우뚝 솟은 유달산 기슭에 한가스러워 보이는 한 사내가 서 있었다.

그는 무료한 듯, 돌을 한 개 집어 던진다. 유달산에 올라 돌을 던지고 있는 이 사나이는 누구인가?

별 볼 일이 없는 듯 사내는 또 한 번 돌을 던진다. 돌을 던진 시간의 간격은 정확히 5분. 두 번째 돌을 던지자 어디서 나타났는지 한 사내가 슬금슬금 접근해오더니 은근히 속삭인다.

"한 분이십니까?"

"네, 혼자입니다."

돌을 던지던 사내의 대답.

돌을 던지던 남자는 김종태金鍾泰였다. 김의 손신호에 따라 멀리서 또 다른 2명의 남자가 산을 올라온다. 이문규와 김질락이었다.

이렇게 북한 공작원과 접선한 이들은 무장 호송원을 따라 북상하는 공작선을 타게 된다. 1967년 5월 5일 밤의 일이다.

이와 김은 평양에 가서 김일성의 비서 허봉학(인민군 대장)을 만나 통혁당 확장문제, 정부전복 전술전략에 대한 밀봉교육과 교양을 받은 뒤, 한화 1백만 원씩을 받고 돌아왔다.

간첩으로서의 자격을 갖춘 것이다. 이들은 이때부터 《청맥》과 학사주점을 아지트로 본격적인 아지프로(선동선전) 활동에 들어가게 된다.

김종태의 최후

공군에서 《코메트》, 《보라매》 등의 잡지를 편집하다 중위로 제대한 이문규는 모교인 S대학교 동창과 언론계 친구들을 포섭, 좌경서적을 읽게 했다.

김종태는 다시 1968년 4월 22일, KAL비행기로 제주도로 날았다. 북한에서 훈련을 시키기 위해서 이진영과 오병현을 대동, 네 번째로 월북을 감행했다.(이와 오는 통혁당 간부들의 일망타진으로 북한에서 아직 돌아오지 못하고 있다.)

김종태 등은 1968년 6월 1일, 동래관광호텔에 모여 북한정권 수립 20주년 기념일인 9·9절에 소위 남조선혁명 대표로 참가하기 위해 붉은 축기와 메시지를 준비하기도 했다.

그러나 그들의 뒤를 쫓는 운명의 발걸음은 붉은 첩자들의 생각보다 훨씬 빨랐다.

수사기관에서는 이미 그들이 타전하는 암호내용을 해독하고 있었던 것이다.

이들의 위급신호를 받고 8월 20일 진남포항을 출발, 다음날 밤, 제주도 앞바다에 나타난 무장공비 특공대를 타진한 정보당국은 3일 뒤인 24일, 재남 지하당사건, 세칭 통일혁명당 사건의 전모를 발표, 전국민을 깜짝 놀라게 만들었다.

1968년 9월 4일 기소되어 임두빈任斗彬 · 이창우李彰雨 · 김종건金鍾鍵 · 이규명李揆明 검사의 관여로 서울형사지법 합의6부 심리로 열린 공판은 이듬해 1월 25일 수괴 김종태 · 이문규 · 김질락과, 무장공비로 생포된 이관학 · 김승환 등에게 사형을 선고(국가보안법 · 반공법 · 간첩죄 적용)했다. 김종태는 항소기간이 끝나는 날인 2월 1일을 그냥 넘기는 바람에 항소기일 도과로 원심인 사형이 그대로 확정되고 말았다.

김은 그뒤 상고권 회복신청을 냈으나 기각되었으며, 이에 다시 항고를 제기했으나 다시 기각되었다. (1969년 5월 28일)

우리 형사소송법(제349조)은 '사형 또는 무기징역 · 무기금고가 선고된 판결에 대하여는 상소를 포기할 수 없다'고 규정하고 있으나 법원은 기일 도과는 어쩔 수 없다고 해석한 것이다.

상소권을 포기할 수 없다는 규정은 중대한 범법자에게 압력을 가해 상급심에서 다툴 길을 막을 수 없다는 입법정신을 명문화한 것이다. 나머지 피고인들은 항소를 제기했으나 서울고법(재판장 윤운영尹雪永 부장판사, 정윤鄭間 검사 관여)은 김종태를 제외한 4명의 피고인에게 역시 사형판결을 내렸다.(5월 26일)

항소심에서는 대부분의 나머지 피고인들에게는 1심 형량보다 가벼운 형을 선고했으나, 유독 이문규의 처 김병영에게는 징역 6년(1심은 5년)을, 김종태의 처 임영숙林榮淑에게는 징역 12년(1심은 7년) 등 더 무거운 형벌을 주었다.

한편 이 사건으로 육군보통군법회의를 거쳐 고등군법회의의 심판을 받은 4명의 현역장교 중 신영복(27 · 중위)에게는 사형이 선고됐으며(후에 감1등, 무기징역이 되었음), 주범이 아닌 피고인들에게는 1년 내지 15년의 징역과 집행유예 판결을 내리는 것으로 종결을 지었다.

"나는 그 동안 공산주의를 위해 싸워왔으나 이젠 공산주의자로 죽고 싶지 않다. 나는 순수한 인간으로 돌아가 죽고 싶다."

사형판결을 받은 전 공산주의자 김질락이 남긴 최후의 말이었다. 그의 참회는 너무 늦은 것이었으나 이미 공산주의자는 아니었다.

대전교도소에서 모범수로 복역했던 학사간첩 이문규의 부인 김병영은 한 여인으로서 남편에게 무슨 말을 하고 싶었을까?

"마지막으로 이미 지상에 없는 그와 단 몇 분간의 면회가 허용된다 하더라도 저는 더 이상 할 말이 있을 것같지 않아요. 단 한마디 '진정으로 당신은 나를 사랑했나요?' 그에게 양심이 있었다면 아마 떳떳한 대답은 못할 줄 알아요."

이문규에게 있어 그녀는 자기 생애의 일부분이었을는지는 몰라도 여인에게는 그의 사랑만이 전생애였는지 모른다.

6

담시 '오적' 필화 사건

피고인 김지하 [본명 영일], 부완혁, 김승균, 김용성

1. 사건개요 : 부정부패 풍자시를 반공법으로 ·························· 255
2. 체험기: 똑같이 수갑을 찬 피고인과 변호인 – 김지하 ············ 259
3. 변론서 – 이병린 ··· 263
4. 김지하 담시 '오적' 필화 – 김삼웅 ······································ 274

사건개요

부정부패 풍자시를 반공법으로

한승헌 (변호사)

'시를 쓰되 좀스럽게 쓰지 말고 똑 이렇게 쓰렸다'로 시작되는 담시 '오적五賊'은 3백 행이 넘는 장시이기도 하다.

우리 사회의 부패타락상을 신랄하게 풍자·비판한 이 '오적' 시에 대해서 검찰은 "계급의식을 고취한 용공작품"이라는 공격을 서슴지 않았다.

1970년은 전해부터 계속된 3선개헌 반대투쟁의 열기와 함께 막이 올랐다. 당시는 집권층 사람들과의 스캔들로 화제를 불러일으킨 정인숙 여인 피살사건(3월 17일), 와우아파트 붕괴사건(4월 8일) 등이 잇따라 터져나왔으며 동빙고동의 세칭 '도둑촌'을 비롯한 호화주택 문제 등으로 국민과 야당의 비판수위가 높아가던 때였다.

민심이 흉흉해진 가운데 박정희 정권은 저항세력에 대한 탄압에 나섰다.

그 첫 번째 일격이 당시 '오적'을 쓴 시인 김지하의 구속이었다. 집권층이 자신들의 부정부패를 은폐하기 위해 꾸며낸 언론탄압이었다. 국내뿐 아니라 해외 여러 나라에서도 언론과 문학의 자유에 대한 탄압이라는 거센 항의가 빗발쳤고, 이런 가운데 김지하 시인은 세계적으로 그 이름이 널리 알려졌다.

'오적'이란 재벌, 국회의원, 고급 공무원, 장성, 장·차관 등을 꼬집은 것으로 짐승이름을 뜻하는 희한한 한자로 음을 맞춰 표기했기 때문에 옥편을 찾아도 쉽게 눈에 띄지 않는 벽자(僻字) 투성이였다.

'오적'이 당초 《사상계》 70년 5월호에 실렸을 때는 판매금지 정도로 넘어갔다. 그러나 그해 6월 1일자 《민주전선》(당시 야당인 신민당 기관지)에서 이를 전재하자 작가를 반공법위반으로 구속하는 사태로 번진 것이다.

이 사건으로 작가인 김지하 씨 말고도 《사상계》 발행인 부완혁, 편집장 김승균, 《민주전선》 주간 김용성, 편집위원 손주향 씨 등이 구속됐다.

검찰은 국제문제연구소 연구원 염희춘이라는 사람을 증인으로 내세웠다. 물론 그는 '오적'의 용공성을 강변했다.

이에 변호인측은 당시 고려대 교수인 이향녕, 작가 김승옥 씨의 증언을 통해 '오적'이 공산주의적 계급사상을 고취한 것이 아니라 우리 사회의 부정부패를 고발한 작품임을 강조했다. 또한 변호인측의 신청에 따라 언론계에서 선우휘 조선일보 편집국장, 문단에서 박두진 시인, 학계에서 안병욱 숭전대 교수가 '오적' 시에 대한 감정서를 법원에 제출했다.

감정서에서 박두진 씨는 "시 '오적' 정도의 풍자와 고발은 조금도 부당하거나 공공질서를 해치거나 국민의 기본권 행사의 범위를 벗어난 것이 아니다. 작가적 책임과 사명을 자각하는 문학자라면 시 '오적' 정도의 표현은 당연한 것으로 봐야 한다"고 하여 검찰의 용공론을 반박하였다.

선우휘 씨는 "일부 특수층의 부정부패는 작가가 발상하기 전에 이미 신문과 국회의 원내발언을 통해 밝혀진 것이며 사회의 부정부패에 대한 공분을 표현한 것으로 본다"는 의견을 밝혔다.

《민주전선》 관계자들과 함께 법정에 선 김시인은 '오적' 시를 통한 남한의 극심한 부패상 폭로가 '북괴주장에의 동조'에 해당된다는 검찰의 주장을 비웃었다.

나는 고 이병린 변호사와 함께 그 사건의 변론을 맡았다. 변호인 반대신문에서 김시인은 "내 시를 자꾸 용공이라고 하는데 참다운 반공은 강한 국방력도 문제이지만 우선 내적인 부정부패를 뿌리뽑음으로써 국민을 단결시키는 데 있고, 따라서 부정부패 그 자체가 이적이 될지는 몰라도 그것을 비판하는 소리가 이적이 될 수는 없다"고 맞받아쳤다.

그는 또 "우리 사회에 실제로 오적이 있으니까 '오적'을 썼을 뿐"이라고 말했다.

법정논쟁에서 김 시인은 넓은 식견을 바탕으로 유창한 언변을 구사해 누가 피고인지 알 수 없는 분위기를 연출했다.

김시인은 1994년 간행된 나의 화갑기념문집에 실린 글에서 '재판이 열리고 변호인 반대신문이 진행되자 선생의 그 간결하고 세련된, 그러나 군더더기 하나 없는 유명한 꼭지따기가 시작되었다'고 얼마쯤 '윤색'을 하고 나서 다음과 같은 문답을 떠올렸다.

―피고인은 공산주의자입니까.
"아닙니다."
―그럼 왜 이 재판을 받게 됐습니까.
"나도 모르겠습니다."
그의 회상은 이렇게 이어져나갔다.
'강타였다. 사건의 실체를 한두 마디 물음으로 요약해 간단히 드러내 버리는 거였다.'

그가 스물아홉 살 때의 일이었다.

한편 재판 진행중에 구속 피고인들은 모두 보석으로 풀려났는데, 그뒤 김지하 씨는 지방에 있는 요양소에 가 있게 되어 1심판결은 나머지 3명에 대해서만 선고됐다.

"각 징역 1년, 자격정지 1년에 처할 것이로되 정상을 참작하여 그형의 선고를 유예한다"는 판결이었다(그해 12월 20일).

'오적'을 실었던 《사상계》는 그뒤 신문통신 등의 등록에 관한 법률위반으로 등록이 말소됐으나 사상계사측이 제기한 등록취소무효확인 청구소송에서 연승해 대법원 확정판결까지 받았다. 그때만 해도 우리 사법부가 제 소임을 다하려고 애썼기 때문이다.

그리고 김지하 시인에 대한 사건은 미결로 남아 있다가 뒷날 1974년의 민청학련사건의 군법회의에서 병합심리끝에 유죄판결을 받게 된다.

나는 민청학련사건에서도 김시인의 변호를 맡게 됐는데, 그가 1975년 2월에 형집행정지로 풀려났다가 다시 '인혁당 사건 날조' 유포로 재구속됐을 때 또다시 변호인 선임계를 냈다.

그러자 중앙정보부는 나까지 반공법위반으로 구속함으로써 피고인과 변호인이 서울구치소 안에서 극적으로 만나게 되는 진풍경도 경험했다.

체험기

똑같이 수갑을 찬 피고인과 변호인

김지하 (시인)

'오적'사건 때 검사실에서

한승헌 선생을 생각하면 마음이 아득해지고 눈이 가늘어짐을 느낀다. 아득한 속에 떠오르는 방이 있다. 1970년 '오적五賊' 필화사건때 담당검사였던 박종연. 씨의 방이다.

그방에서 한승헌 선생을 처음 만났다. 나는 그때 꽁꽁 묶여 있었는데, 웬 깡마르고 날렵하게 생긴 검은 싱글의 한 신사가 들어와 내 어깨를 툭 치며 말했다.

"김시인, 나 한승헌 변호삽니다. 내가 사건 맡아서 변호해줄 터이니 안심하시오."

이상한 것은 선생 말대로 그 순간 안심이 되던 거였다. 자신만만하시면서도 세련되고 나긋나긋한 태도, 나를 안심시키기에 충분했다. 선생과의 첫 상면이다.

선생은 재판부 교섭과 꼭지따기의 명수로 알려져 있었다. 과연 그랬다. 재판이 열리고 변호사 반대신문이 진행되자 선생의 그 간결하고 세련된, 그러나 군더더기 하나 없는 유명한 꼭지따기가 시작되었다.

"피고인은 공산주의자입니까?"

"아니오."

"그럼 왜 이 재판을 받게 되었습니까?"
"모르겠습니다."

강타였다. 사건의 실체를 한두 마디 물음으로 요약해 간단히 드러내버리는 거였다.

이어 표현의 자유, 정부의 부정부패, 풍자의 원리, 청백리 사상, 판소리의 현대화 등등 내가 꼭 말하고 싶었던 항변의 꼭지를 약속이나 한 듯이 똑똑 따내어주었다. 이심전심이라고 생각했다. 아니, 선생의 능력이라고 생각했다. 아니, 선생의 정의심과 자유에의 정열이라고 생각했다. 그것도 아니다. 결국 그것은 선생의 인품이었다.

외유내강, 이말보다 더 적절한 표현을 선생을 그림에 있어 달리 찾을 도리가 없다. 외유내강, 선생을 생각할 때마다, 만나뵐 때마다 느끼는 것이다. 선생의 글에서도 느끼는 것이다. 장바닥의 나같은 중생은 암만 발버둥쳐도 이룰 수 없는 덕성을 선생은 이미 타고난 것이다. 이 '내강'이 선생을 그 험난했던 민주화투쟁의 고난 속으로 그토록 오랫동안 몰아넣었고, 그럼에도 그 '외유'가 남들이 모두 민주화운동의 공적을 뽐내는 요즈음에도 겸허하게 모든 공을 사양하며 자신의 길만을 걸으셔 세인이 더욱 존경의 마음으로 선생을 우러러보게 만드는 것이라 생각된다.

'오적' 재판은 선생과 나의 승리로 끝났다. 비록 보석이라는 찜찜한 결과였지만 이런 종류의 재판의 승패는 그런 결과에 있는 것이 아니다. 내가 감옥에서 풀려난 뒤 선생은 내게 술자리를 마련해주셨다. 내가 사야 할 판에 도리어 얻어먹었으니 지금까지도 송구스럽다. 그 자리에서 나는 처음으로 선생이 법률가이면서 또한 문인이라는 사실을 알았다. 그리고 참으로 정 많고 눈물 많은 분이라는 것도 알게 되었다.

민청학련사건 때의 '개판'

인연이었던가, 선생과 나는 1974년 민청학련사건때 또 만났다. 그 살얼음 같고 칼바닥 같던 시절, 선생은 두려움도 없이 우리 사건을 맡아주셨다. 군사재판이라는 것은 재판이 아니다. 그것은 그때 재판받던 학생들 사이에 유행하던 말처럼, 법이라는 점 하나가 떨어져나간 '개판'이었다. 무법천지! '앞줄 사형! 둘째줄 무기! 셋째줄 20년!' 이런 식이었다. 그런 판에서도 선생은 조금도 두려워하거나 흐트러짐 없이 차분하게 그리고 그 유명한 꼭지따기로 나와 학생들의 항변을 끝까지 잘 이끌어내어주셨다.

생각난다. 그 무렵 검사였던 어느 법무관 방에서 선생을 잠시 뵌 적이 있다. 선생 왈,

"지금 밖에 이대 김옥길 총장님이 와계신데 만나보고 싶어합니다. 만나보시겠소?"

나는 법무관을 쳐다보았다.

법무관 왈,

"곤란합니다."

선생은 고개를 갸웃거리며 화난 표정으로 나갔다. 그뒤에 대고 법무관 왈,

"저 사람 한번 혼 좀 나야겠군!"

소름이 끼쳤다. 그리고 불길한 예감이 왔다. 선생이 당할지도 모른다는 예감이. 예감은 그뒤 적중했다. 1975년 중앙정보부는 선생을 반공법위반으로 걸어 구속한 것이다.

나는 선생에게 빚이 많다.

민청학련사건으로 구속중에 나는 첫 아들 원보를 얻었는데, 선생은 불안에 떨고 있던 내 가족을 자주 찾아 위로와 격려를 아끼지 않으셨다. 그때마다 어린 원보를 어린이대공원 등으로 데려가 비행기도 태워주고 장난감도 듬뿍 사주셨다. 재롱부리는 원보를 보고 그때 선생이 하셨다는 말,

"응, 김지하 임자 생겼군!"

수갑을 찬 나의 변호인

다시 말하거니와 나는 선생에게 빚이 많다. 1974년에 소름끼치던 예감이 1975년 적중했던 것이다. 내가 석방된 지 27일 만에 인혁당 관계 〈동아일보〉 기고문 사건으로 반공법에 저촉되어 다시 구속되자 선생은 즉시 변

호를 자청하고 나섰던 것이다. 이번 사건만은 맡지 말라는 중앙정보부의 칼끝 같은 여러 차례 협박에도 아랑곳없이 변호사선임계를 제출하자 당국은 사형제도를 비판한 글을 핑계로 선생을 반공법위반으로 덜컥 구속해버린 것이다.

출정일이 같았다. 재판 출정차 구치소 앞마당에 쭈그려 앉아 있는데 바로 가까이 선생이 묶인 채 나를 바라보며 웃으시는 것 아닌가!

"아니, 도대체 어찌 된 일입니까?"

"김시인 변호하려 했다고 잡아넣더군."

할 말이 없었다. 송구스러워 지금도 낯이 붉어진다. 그 죄송함을 어찌 글로 표현할 것인가?

다들 나를 두고 무심한 인사라고 한다. 그런가 보다. 그리 폐를 끼쳤음에도 선생께 대접도 한번 해드리지 못하고 긴 세월 무심히 보냈으니!

그뒤 선생은 민주화투쟁으로 오랜 옥살이를 하셨다. 풍문으로만 선생의 고초를 전해들으며 언젠가는 한번 모셔야지 하는 생각만, 그러나 생각뿐이었다. 나는 오랫동안 중병을 앓으며 숨어 살고 있었기 때문이다.

그런데 이번에도 또 선생이 먼저 나를 부르신 것이다. 몇 년 전이던가, 내가 퉁퉁 부어 사람을 피하고 있을 때 만나자는 전갈이 왔다. 이대 뒤 '석란石蘭'에서였다. 아내와 함께 나가 선생에게 저녁을 얻어먹었다. 옛이야기를 하며 보낸 몇 시간이 지금도 잊히지 않는다. 선생의 너그러움과 정겨움을 끝끝내 잊지 못할 것이다.

회갑을 맞이하신다는 것, 그래서 기념문집을 발간하기로 했다는 것, 그래서 내게도 써달라는 청이 온 것을 몇 달을 게으름부리다가 이제야 꽁지빠진 새새끼 같은 짤막한 글이나마 끄적거리고 있는 무심한 자신이 미운 생각이 든다. 끝내 베푸는 사람 따로 있고 끝내 폐 끼치는 사람 따로 있나 보다.

변론서
―피고인 김영일 외 3명에 대한 반공법 위반사건 변호안(초)

이병린 (변호사)

1. 개론

반공법 위반이라고 해서 이 재판의 대상이 되고 있는 오적五賊"시는 문인의 문학작품이요, 좀더 좁게 말한다면 담시라는 형식으로 된 일종의 풍자시諷刺詩인 것입니다. 그 표현의 체재는 판소리조를 닮고 있으며, 그 내용에 있어서는 서민적인 체취를 풍기고 있습니다.

이른바 오적五賊을 사장·국회의원·고급공무원·장성·장차관 등으로 표현함에 있어서 일부러 짐승을 의미하는 어려운 한자를 골라서 쓴 것은 사회에 실권하는 사장·국회의원·고급공무원·장성·장차관의 계층을 직접 지칭하는 것이 아니라, 지도층에 있는 사람 중 극도로 부패한 자를 상징적으로 표현한 말인 것입니다.

이와 같이 시 오적은 권세를 미끼로 부정축재를 해서 호화생활과 사치·향락을 누리고 있는 자들을 도적이라고 규정한 데 특색이 있고, 그러한 기본관점을 토대로 하여 그 기본관점의 이미지를 살리기 위해서 하나의 시를 짓는 기교로서 혹은 과장 혹은 비유 혹은 픽션적 요소 혹은 상상적 표현방법 등을 쓰고 있는 데 불과한 것입니다. 그러면 이 도적이라는 기본관점이 과연 동떨어지고 엉뚱한 견해인가 아닌가를 먼저 검토해보고자 합니다.

그점에 대해서 정다산丁茶山의 표현을 빌려 이를 고찰해보기로 하겠습니다. 이을호李乙浩 교수는 그가 저술한 《다산경학사상연구》라는 책에서 다산의 말을 인용하여 다음과 같이 말하고 있습니다. '그러므로 군목君牧이야말로 백성들의 삶을 맡은 부모처럼 애써야 함에도 불구하고, 백성들의 피땀을 빠는 군목이 있다면 우리는 그를 무엇이라 불러야 하는가. 그러한 군목은 남의 물건을 훔치는 좀도둑에 비하여 오히려 큰 도둑이라 불러야 마땅하지 않을까. 맹자는 그런 군왕을 일러 필부匹夫라 하였지만, 다산은 그런 목자를 대도大盜라 하였으니 관료인 벼슬아치의 착취搾取야말로 실로 대도 이상의 행위가 아닐 수 없다. 옛날에는 종자 수천 인을 거느리고 천하를 횡행한 도척이 같은 큰 도적이 있었지만, 만일 다산이 그런 바와 같이 소위 감사監司의 행패는 저 도척이의 그것보다 결코 뒤지지 않을 것이라고 한다. 그런 수령을 맞는 민생들은 마치 도로盜路의 떼를 맞는 백성들의 처지와 조금도 다를 것이 없는 것이다. 그러한 수령은 인민의 부모가 아니라 공인된 대도에 지나지 않는다. 그러므로 수령이란 따지고 보면 민생들의 부모가 되느냐, 그렇지 않으면 백성들의 도로 같은 원수가 되느냐의 두 갈래가 있을 따름이다.'

아시는 바와 같이, 정다산은 우리 민족이 낳은 근세의 탁월한 선각자의 한 사람입니다. 그분이 헛된 말을 했다고 생각되지 않음은 물론, 또 이론적으로 살펴본다 할지라도 사리에 맞는 말이라고 하지 않을 수 없는 것입니다. '오적' 시의 작자인 김영일은 이른바 오적은 그러한 지위에 있는 사람 전체를 가리킨 것이 아니라, 일부 부패한 사람들을 풍자해서 하나의 커다란 경각심을 환기시키고자 하는 데에 그 집필동기가 있었다고 명백히 진술하고 있습니다.

이렇게 본다면 피고인 김영일은 그가 의식했건 안했건간에 도적이라는 명칭을 정다산의 사상에서 본따왔다고 볼 수 있는 것입니다. 정다산은 경학적인 견지에서 산문을 썼기 때문에 그말이 추상적인 데 반하여, 피고인 김영일의 '오적' 시는 시이기 때문에 문학의 세계, 시의 세계의 독특한 특색이 발휘되고 있는 것입니다. 차이는 오로지 이점에 있을 뿐입니다. 즉,

시의 세계에서는 이론정연한 논문임에 비하여, 구체성·어느 정도의 픽션적 요소·표현의 과장·정서적 내지 열정적인 요소가 요구됨으로써 그 표현상의 기법이라는 차원이 달라질 수밖에 없다는 것입니다. 따라서 이러한 차이는 논문과 시라는 카테고리의 차이에서 자연적으로 발생하는 것이고, 그 작자가 정다산이기 때문에 또는 김영일이기 때문에 차이가 생기는 것은 아니라고 보아야 할 것입니다. 만약 이 문제, 즉 공무원의 부패라는 문제에 대하여 정다산으로 하여금 풍자적인 시를 쓰게 하고 피고인 김영일로 하여금 산문을 쓰게 하였다면, 그 표현방법과 뉴앙스는 비록 다를지언정 정다산의 풍자시는 김영일의 그것과 비슷하여질 것이고 김영일의 산문은 정다산의 그것과 유사하여질 것이라는 것은 추측하기에 족하다고 할 것입니다. 이와 같이 고찰해볼 때에, 피고인 김영일이 도적이라는 표현을 했다고 해서 그것이 반공법 위반이 되겠느냐 하는 점은 우리로 하여금 큰 의문을 가지게 하는 것입니다.

한 걸음 더 나아가서 생각할 때에, 위와 같은 문제에 대한 가치평가가 어찌 정다산이나 김영일에 한하여 이루어져야 한다고 볼 것입니까. 이것은 모든 국민과 인류에게 주어진 가치평가에 관한 과제라고 보아야 할 것입니다. 왜냐하면 선을 좋아하고 악을 미워하는 것은 인간의 본성일 뿐만 아니라, 사회의 기강을 바로잡아나가는 원동력이 아닐 수 없기 때문입니다. 이렇게 볼 때에 김영일이 극도로 부패한 사람, 그중에서도 특히 지도적 지위에 있는 사람으로서, 극도로 부패해 있는 자를 도적이라고 규정하였다는 것은 국민이나 인류의 통념을 대변한 데 불과하다는 것을 알 수 있을 것입니다.

돌이켜 생각하건대, 우리나라와 민족은 지금 생사의 간두竿頭에 서 있고, 성쇠의 갈림길에서 미증유의 역사적 고난을 겪고 있지 않습니까. 그러한 때에 만약 지도의 중책을 지고 있는 사람으로서 빙공영사憑公營私하고 부정축재를 일삼아서 국고에 큰 손실을 주고 국민의 피·땀을 빠는 자가 있다면, 이를 도적이라 규정하여 절대배격하여야 될 것은 민족정의감이 명하는 지상명령이 아닐 수 없습니다. 이러한 불의를 보고도 분개할 줄 모르는 국민은 정의를 위하여 궐기할 줄 모르는 국민으로서, 자신의 역사를 창조하고 또 그것을 발전시키는 능력이 없는 국민이라고 할 것입니다.

사람의 행동을 평가하는 데 있어서 가장 중요한 원칙의 하나라고 할 것은 그 근본이 옳으냐 그르냐 하는 것을 따져보는 데 있다 할 것입니다. 만약 근본이 옳다면 지엽적枝業的인 문제에 있어서 다소 하자가 있다 할지라도, 그것을 가지고 근본이 그르다고 공격하는 자료로 삼아서는 안될 것입니다. 이런 의미에서 김영일의 '오적' 시를 반공법에 관련시킨다는 문제에 대해서는 근본적인 의문이 없을 수 없는 것입니다.

검사는 '오적' 시의 작자가 사회에 대하여 불만을 가졌다던가, 표현이 과장된 부분이 있다던가, 픽션적 요소가 있다던가 하는 것을 근거로 삼아서, 공산주의자들이 부르짖는 계급대립의식을 고취했다던가, 인민의 봉기를 선동했다던가, 관민을 이간시켰다던가 하는 따위로 논법을 전개하여, 적인 북괴에게 이익을 주는 무리라고 단정하고 있습니다. 그러나 이것은 두 가지의 오류를 범하고 있는 것이 명백하다고 생각되는 것입니다. 그 하나는 법률적인 오해요, 또 하나는 문학작품 내지 시에 대한 몰이해성에서 나오는 것이라고 할 것입니다.

2. 시(풍자시)의 본질(생략)

3. 공소장은 동문서답식이다(생략)

4. '동조同調'는 무슨 뜻인가, 왜 '이적利敵'이 되는가

검사는 본건 피고인들을 모조리 반공법 제4조 제1항 위반죄목으로 기소하고 있습니다. 그 이유로서는 피고인들이 '오적' 시를 통해서 계급대립의식을 고취하였으므로 북괴에 이익을 주었다는 데 있습니다. 그러나 이러한 논리는 도저히 용인될 수 없습니다.

피고인들 중에서도 김용성金龍星·부완혁夫琓赫 같은 사람은 시종일관한 반공투사라는 것은 이미 세상이 다 알고 있는 바입니다. 다른 피고인들

도 모두 열렬한 자유민주주의자이며, 공산주의자가 아니란 것은 모든 사실이 엄연히 증명하고 있는 바입니다. 그렇다면 반공투사나 열렬한 자유민주주의자가 어떻게 북괴에 동조할 수 있겠습니까. 무릇 사상이라 하는 것은 정신생리적인 것입니다. 비유해 말씀한다면, 육체적 생리의 원인으로 해서 어떠한 음식을 싫어하는 자는 아무리 강제로 그 싫어하는 음식을 먹인다 할지라도 먹으려 들지 않으며, 또 강제적으로 먹인다 하더라도 그것이 절대로 살로 가지 않는 것입니다. 정신생리도 이와 같아서, 자유민주주의를 신봉하는 사상이 견고한 사람에 대하여, 공산주의자가 제아무리 감언이설로 공산주의를 선전한다 할지라도, 절대로 그에 동조할 생각이 나지 않음은 물론 오히려 큰 반발을 자아내게 하는 것입니다. 공산주의자들이 통치에 있어서 사람의 사회적 성분을 극심히 따지는 것도 위와 같은 이유에서라고 보아야 할 것입니다.

이러한 사실은 구태여 이유를 붙여서 설명할 필요도 없이, 6·25 사변을 몸소 겪었고, 또 현재도 북괴의 악랄한 남침을 목격하고 있는 우리로서는 각자 우리의 정신생리에 비추어 공리적으로 증명되는 사실인 것입니다. 결국 검사는 '오적' 시의 내용을 전체적으로 올바로 이해하지도 않고, 그중 일부를, 그것도 정면으로가 아니라 왜곡해석해서 계급의식을 고취하는 것이라고 견강부회牽强附會적 해석을 하고 있는 것입니다.

'오적' 시 중에는 공산주의에서 말하는 소위 계급이라는 말이 등장하고 있지조차 않고 있습니다. 검사는 혹시 사장·국회의원·고급공무원·장성·장차관을 유산계급으로 보고 괴수를 무산계급으로 보는지도 모르겠습니다. 그러나 이러한 의미의 유산계급과 무산계급은 자본주의사회에서도 엄존하고 있고, 또 흔히 쓰이는 말이기도 한 것입니다. "돈 있는 사람" "돈 없는 사람"이라는 말은 이것을 증명하고 있는 것이 아니겠습니까. 또 돈 있는 사람의 횡포나 돈 없는 사람의 비애에 대해서도 항간에서는 입이 닳도록 떠들고 있는 것입니다. 그러면 이것이 공산주의 사상이라는 말입니까. 그렇게 본다면 이른바 동조죄로 교도소에 안 들어갈 사람이 어디 있겠습니까. 민주주의로 가느냐 공산주의로 가느냐 하는 갈림길은 위와 같은 사회적 부조리를 어떻게 해결해야 할 것이냐 하는 그 태도에서 결정되는 것이라고 할 것입니다. 즉, 민주주의자들은 국가가 현명한 정책을 쓰지 않고 빈익빈 부익부 하는 현상을 그대로 내버려둔다면, 도저히 국가와 개인의 행복을 기할 수 없다는 점에 착안하여, 한 편으로는 빈부를 조절하는 정책을 쓰고 다른 한 편으로는 빈자와 약자를 보호하는 복지정책을 써서 개인의 존엄성을 인정하면서 균형있는 사회발전을 기하고자 하는 것입니다.

이에 반하여, 공산주의자들은 유산계급이 무산계급을 착취하고 억압하기 때문에 사회의 부조리가 생긴다는 대전제하에 유산계급과 무산계급은 공존할 수 없다고 보고, 무산계급이 굳게 결속하여 무자비한 투쟁을 전개함으로써 유산계급을 타도·박멸해가지고 그네들의 이른바 프롤레타리아 독재사회를 이룩하자는 데 있는 것입니다. 이렇게 볼 때에 유산계급과 무산계급이라는 것은 민주주의 사회나 공산주의 사회를 막론하고 공통적으로 실재하는 것이며, 또 그 용어도 사용되고 있는 것입니다. 그 용어에 대한 의미를 본다면 민주주의 사회에 있어서의 의미가 백팔십도로 다른 바가 있다는 것을 우리는 똑똑히 인식할 필요가 있다고 생각합니다. 즉, 민주주의 사회의 빈부계급은 공존과 공영을 전제로 한 것이며, 공산주의 사회의 빈부계급은 공존을 불허하는 계급인 것입니다. 또 민주주의 사회의 빈부계급은 정치형태의 동일성을 유지하면서 상호조정을 목표로 삼고 있는 계급이며, 공산주의 사회의 빈부계급은 혁명을 목적으로 일방의 타도를 목표로 삼고 있는 계급인 것입니다. 이와 같이 용어는 같다 할지라도 그 계급이라는 의미·내용은 천양지판의 차이가 있는 것입니다.

이런 의미로 보아서 부자의 횡포나 무견식 또는 애국·애족심의 결여 등은 민주주의 사회에 있어서도 지탄의 대상이 되고 있는 것이며, 우리 사회에서 그러한 부류를 비꼬며 공격하는 언론이나 문학작품이 얼마든지 있는 것입니다. 또 그러한 것은 반드시 있어야 사회발전을 기할 수 있는 것입니다. 그렇기 때문에 어떠한 언론이나 문학작품이 빈부차이에 대한 부조리를 파헤쳤다 할지라도, 그것이 계급투쟁에 의한 타도와 프롤레타리아

독재를 지향하거나 주장하는 것이 아닌 이상, 그것을 가지고 곧 공산주의에 동조했다는 것은 심한 방향착각일 뿐만 아니라 문화의식을 부정하는 것이라 할 것입니다.

실례를 하나 말씀드린다면, 연전에 대전방송국에서 방송된 방송극 중에 '송아지' 라는 방송극이 있었습니다. 그 작품에서 작가가 빈부의 계급의식을 고취하여 북괴에 동조하였다는 이유로 역시 반공법 위반으로 기소된 바가 있으나, 무죄의 판결을 받고 확정된 사실이 있습니다. 위 판결은 본건에 대하여도 적잖은 시사를 준다 할 것입니다.

본건 '오적' 시에 있어서 공산주의자가 주장하는 바와 같은 계급투쟁과 타도 및 프롤레타리아 독재사회를 실현해야겠다는 주장이 어디에 있습니까. 간접으로나 직접으로나간에 그것을 지적할 수 있는 사람은 없을 것입니다.

이 '오적' 시는 위에서도 말씀드린 바와 같이 우리 전통적 사상인 청백리사상을 고취하고 신봉하는 도가 강하니만큼, 그에 배반되는 부정을 미워하는 심정도 비례해서 강해졌고, 그것을 그대로 표현한 것뿐입니다. 우리 전통사상을 고취한 것이 어째서 북괴에 동조한 것이 되는 것입니까.

지금 우리 사회에 큰 병통이 있다면, 그것은 시비와 흑백을 가리는 데 있어 추상적인 말만 하고, 일단 유사지추有事之秋에 다시 말씀하면 구체적 사실에 봉착하였을 때에는, 위와 같은 추상적 원리를 무참히 짓밟아버린다는 것입니다. 예를 들어 말씀드린다면, 옳은 일을 해야 하느냐 그른 일을 해야 하느냐고 묻는다면, 누구나 옳은 일을 해야 한다고 대답합니다. 또 부정과 불의를 규탄해야 하느냐 찬성해야 하느냐 하고 묻는다면, 누구나 서슴지 않고 규탄해야 된다고 주장합니다. 그렇다면 본건을 가지고 반문하고자 하는 것입니다. 본건 풍자시의 목적은 권선징악이라는 옳은 일에 있습니다. 극도로 부패한 자들을 배격하는 데 있습니다. 그렇다면 피고인들은 옳은 일을 한 것입니까, 그른 일을 한 것입니까. 검찰관이나 법관뿐 아니라, 이 사회의 모든 사람은 이 물음에 구체적으로 답변할 의무가 있다고 생각합니다. 왜냐하면 권선징악 없는 사회는 암흑사회요, 민생은 끝없는 도탄 속에서 신음해야 하기 때문인 것입니다.

　일반사회에서는 피고인들이 동조와 이적죄로 징역을 가게 된다면, 그보다도 먼저 오적에 해당하는 사람이 징역을 가야 할 게 아니냐고 말하고 있는 것입니다. 피고인들 중에서도 그러한 말을 하고 있는 사람이 있습니다. 이것은 부정한 짓을 한 사람이 나쁘냐, 부정을 규탄한 사람이 나쁘냐 하는 상식논리에서 나온 말로서 통속적 진리를 내포하고 있는 말이라고 승인하지 않을 수 없는 것입니다. 그러나 법률적으로 볼 때에는 피고인들의 행위가 이적행위가 아닌 것과 마찬가지로, 오적에 해당하는 사람이 있다 할지라도 다른 죄책을 짓는 것은 별 문제로 하고, 반공법 위반은 아니라고 단정할 수 있는 것입니다.

　인과관계란 것은 확대하면 한이 없어서, 극도에 달하면 한 알의 먼지도 우주를 포함한다고 볼 수 있는 것입니다. 그러나 법률상의 인과관계는 직접적인 인과관계로서, 상식상으로 누가 보든지 적에게 이익을 주었다고 볼 만한 사실이 있어야 비로소 이적의 죄책을 지게 되는 것입니다. 본건 피고인들의 행위를 동조로 붙인다는 것은 한 알의 먼지 안에도 우주가 포함되었다는 철학적 의미에서도 설명하기 어렵습니다. 더욱이 법률적으로 상당 인과관계적 견지에서 본다면 견강부회와 취마억측에 의한 모순을 범하고 있다는 것을 명백히 지적하지 않을 수 없는 것입니다.

　다음에는 피고인들의 행위가 과연 이적이 되는가를 살펴보기로 하겠습니다. 본건 '오적' 시를 북괴가 휴전선에서 방송을 했다고 합니다. 검사는 이점을 들고서 '오적' 시가 적을 이롭게 했다는 가장 유력한 근거로 내세우고 있는 것입니다. 북괴가 이시를 신문에 실은 것도 증거로 제출되어 있습니다. (중략) 본변호인은 여기서 적을 이롭게 하느니 하는 사고방식부터가 틀렸다는 것을 지적하고 싶은 것입니다. 사람을 처벌하려면 그 사람의 행위가 옳으냐 그르냐를 판단하는 것이 선결문제라 할 것입니다. 그런 문제를 선결하지 않고, 이인가 해인가 하는 문제만 따진다면 말끄트머리를 잡아가지고 유학파적 논리를 농弄하여 적을 이롭게 했느니 안했느니 하고 끝없는 궤변을 농하는 결과가 될 것입니다. 결국 끄트머리에 가서는 우리 헌정질서가 용인하는 옳은 일은 했지만 적에게 이롭게 했다는 논리가 성립하게 되는 것입니다. 이것이 백마비마白馬非馬론적 궤변이 아니고 무엇이겠습니까. 옳은 일을 했으면 도덕적으로 찬양받아야 마땅한데, 어째서 법률적으로 처벌받아야 합니까, 본건이 바로 그런 성질을 띠고 있는 사건이라고 생각됩니다. 왜냐하면 부정을 규탄한다는 것은 옳은 일이기 때문입니다.(중략)

5. 언론의 자유와 반공법 (생략)

6. 피고인 김용성에 관한 문제 (생략)

7. 맺는말

끝으로 사물판단에 있어서 경중을 가려야 한다는 점에 관하여 하나의 예화를 들고자 합니다. 1931년 만주사변 발발 당시에 스톤이라는 미국연방대법원 판사가 있었고, 그 조수로 월터 게르혼이라는 사람이 있었습니다. 이분은 인권에 대하여 많은 연구와 진력盡力를 한 사람인데, 하루는 이 월터 게르혼이 워싱턴에 있는 일본대사관 앞을 지나다가 보자니까 공산주의자 일단이 만주사변을 제국주의적 침략이라고 비난하면서 데모를 하고 있었습니다. 그 데모대는 그다지 기세가 오르지도 못하고 또 하등 질서문란한 행동을 한 일이 없음에도 불구하고, 일대의 경관이 이에 대하여 심한 공격을 가하고 구타하였을 뿐 아니라 대원을 체포하여 신속히 기소하고 말았습니다. 이들 데모대원은 도리어 경찰관을 습격하였다는 혐의로 소추하였는데, 공판기일이 가까워옴에 따라 신문기사를 보면 그들이 좀처럼 세상의 동정을 받을 것같지 않았습니다. 더욱이 곤란한 것은 목격한 증인이 없다는 것이었습니다. 그리하여 게르혼 씨는 이래서는 오판이 되지 않을까 걱정하고, 세상의 오해를 무릅쓰고 그들을 위하여 증언대에 설 것을 결심하고 그일을 스톤 판사에게 의논하였더니 꼭 나가서 본 대로 말하라고 권고하였습니다. 그래서 그대로 증언하였더니 저속한 신문들은 일제히

'대법원의 판사의 조수, 적을 지지하다' 라는 제목으로 대서특필하였습니다. 스톤 판사가 그에 의하여 당혹하였느냐 하면 그렇지는 않고, 태연하게 "옳은 일을 하는 것이 그때 그때를 적당히 안이하게 발라마치는 것보다 중요하다"고 말하였다 합니다.

이 예화를 듣고 우리가 통절히 느끼는 것은 옳은 일을 하는 것, 다시 말씀하자면 헌법정신에 따라서 법을 올바로 지켜나간다는 것이 얼마나 중요한가, 또 그 비중은 그 무엇하고도 바꿀 수 없는 큰 것이라는 것입니다. 또 하나는 공정한 재판을 하도록 국민은 사법운영에 협조해야 한다는 것입니다. 앵글로 색슨 민족이 세계를 제패한 이면에는 이러한 정신적인 기초가 있다는 것을 간과할 수 없는 것이라고 생각합니다.

돌이켜 우리 사회 실정을 살펴보건대, 반공이라고 하면 무조건 절대시하고 그것을 위한 일이라면 아무리 무리한 방법을 쓰더라도 정당화하여야 된다는 사고방식이 횡행하고 있는 것을 알 수 있는 것입니다. 스톤 판사와 그 조수 게르혼이 신문지상에서 악평을 받고 세상사람의 의혹을 사면서까지 공산당원을 위하여 자진하여 진실한 증언을 하도록 한 이유는 무엇이겠습니까. 그들은 과연 공산당원에게 이익을 주는 것을 목적으로 삼았다고 보아야 할 것입니까. 아니면 사실대로 증언하는 일과 공평하게 재판한다는 일이 그 무엇보다도 중대한 일이라고 여겼기 때문이라고 보아야 할 것입니까. 다시 말씀하자면, 공산당원에게 일시적으로 이익을 주는 것과 사실대로 증언하고 공정한 재판을 하는 것과 비교교량해서 그 어느 편이 비중이 더 크다고 여긴 것입니까. 두 말씀 할 필요도 없이, 후자에 더 큰 비중을 둔 것입니다. 그리고 그와 같은 사고방식은 정당할 뿐 아니라 민주주의를 유지·발전하는 데 있어서 필요불가결한 것이라 할 것입니다.

위 사건과 본건을 비교하여볼 때에 유사한 공통점이 있다고 하겠습니다. 즉 북괴가 '오적' 시의 내용을 방송하거나 신문지에 실리는 따위의 상투적 선전수단을 쓰는 것을 두려워하는 것과 민주사회의 부정부패를 막아서 반공과 민주사회의 기초를 확립하는 것과 그 어느 것이 비중이 더 크다고 보아야 할 것입니까. 후자의 비중이 더 크다고 보아야 할 것은 물론입니다. 본건은 위 사건과 공통점도 있는 동시에 차이점도 있습니다. 즉 그 차이점은, 공산당원을 위하여 증언을 해줌으로써 공산당원에게 유리한 판결이 날 것을 직접 인식하고 있었음에 반하여, 본건에 있어서 피고인들은 북괴에 동조하거나 그에게 이익을 준다는 의식이 전연 없다는 점입니다.

생각건대 양민을 반공법 죄목으로 기소한다는 것은 피고인들을 소위 빨갱이와 똑같은 비국민이라고 낙인을 찍는 것이 아니고 무엇이겠습니까. 그런데 피고인들은 열렬한 반공투사이거나 철저한 민주주의자임이 명백합니다. 이러한 사람들이 반공법 위반의 죄인이 되어야 한다면 우리 국민이 상식상으로 납득할 수 없는 것입니다.

법률상 견해에 대해서는 위에서 이미 말씀드렸습니다. 그 제목만을 들어서 맺는다면, 문학과 시의 본질 · 공소의 모순성 · 북괴에 동조하여 그에게 이익을 준다는 문구의 불명확성 · 국가보안법의 위헌법과 모순성 및 언론에 관한 미국의 사상과 그 판례의 경향 · 감정인들의 증언 등에 비추어 피고인 전원이 무죄의 판결을 받아야 마땅하다고 사료하는 바입니다.

1970. 9. 8.

서울형사지방법원 제6단독 재판장 귀하

자료

김지하 담시 '오적' 필화

김삼웅 (독립기념관장)

1970년대가 열리면서 가장 먼저 수난을 당한 것은 시인과 언론이었다. 1970년은 그 전해에 어거지로 감행한 3선개헌 파동의 상처가 아직 아물기 전이며, 이듬해로 다가온 양대 선거를 앞둔 시점으로서 정치·사회적으로 갈등이 첨예하게 대립되고 있었다. 3선개헌으로 장기집권의 문턱을 넘어선 박정희 정권은 비판세력에 대해 탄압을 가중시켜가면서 특히 저항언론에 재갈을 물리고자 하였다.

《사상계》는 이런 와중에 김지하金芝河의 담시 '오적五賊'을 실은 것이 화근이 되어 자유당 정권 이래 한국의 양식을 대변해온 공로도 아랑곳없이 끝내 권력의 희생물이 되기에 이른다. 그 부산물로 김지하라는 한 사람의 빼어난 민중시인을 탄생시켰지만……

'오적'은 처음 《사상계》 1970년 5월호에 실렸다. 목포 태생의 30대 초반인 김지하는 당시에는 무명시인에 불과했다. 1941년 목포에서 태어나 서울 문리대 미학과를 졸업, 1969년 《시인》지에 '황톳길' 등으로 문단에 데뷔하여 1970년 박정권의 부정과 부패를 신랄히 풍자한 담시 '오적'을 발표하여 필화를 입고, 이후 고난의 길에 들어선 것이다. 그는 이미 6·3사태 당시 대일굴욕외교 반대투쟁에 참가하여 '민족적 민주주의 장례식 조사弔辭'를 써서 체포된 경력이 있었다.

'오적'이 처음 《사상계》에 실렸을 때에는 시판을 하지 않는다는 조건으로 마무리가 되었다. 그런데 당시 신민당 기관지 《민주전선》 6월 1일자 제40호에 전재된 것이 다시 말썽을 일으키게 되었다. 6월 2일 새벽 1시 50분쯤 제1야당 당사에 압수수색 영장이 발부되어 중앙정보부 요원들과 종로경찰서원들에 의해 《민주전선》 10만 7백 부와 옵셋 아연판 4장이 압수되었으며, 필자 김지하를 비롯 부완혁夫琓爀 사장, 김승균金承均 편집장, 김용성金龍星 《민주전선》출판국장이 반공법위반 혐의 등으로 구속되었다.

《민주전선》은 담시 '오적' 가운데 군장성을 비판하는 부분 19행을 삭제하고 전개하였다. 그런 데도 문제가 되어 당시까지에는 처음인 제1야당 당사에 압수 수색 영장이 발부되고 심야에 수사요원들에 의해 당보 편집실이 짓밟혔다.

'오적' 시는 이렇게 시작되고 있다.

詩를 쓰되 좀스럽게 쓰지 말고 똑 이렇게 쓰랏다.
내 어쩌다 붓끝이 험한 죄로 칠전에 끌려가
볼기를 맞은 지도 하도 오래라 삭신이 근질근질
방정맞은 조동아리 손목댕이 오물오물 수물수물
뭐든 자꾸 쓰고 싶어 견딜 수가 없으니, 에라 모르겠다.
볼기가 확확 불이 나게 맞을 때는 맞더라도
내 별별 이상한 도둑 이야길 하나 쓰겠다.
옛날도 먼 옛날 상달 초사흗날 백두산 아래 나라 선 뒷날
배꼽으로 보고 똥구멍으로 듣던 중엔 으뜸
아동방(我東方)이 바야흐로 단군 이래 으뜸
으뜸가는 태평 태평 태평성대라.
그 무슨 가난이 있겠느냐 도둑이 있겠느냐
포식한 농민은 배 터져 죽는 게 일쑤요
비단옷 신물나서 사시장철 벗고 사니
고재봉 제 비록 도둑이라곤 하나

공자님 당년에도 도적이 났고
부정부패 가렴주구 처처에 그득하나
요순시절에도 사흉은 있었으니
아마도 현군양상(賢君良相)인들 세 살 버릇 도벽이야
여든까지 차마 어찌 할 수 있겠느냐……

김지하는 당시의 사회상을 통렬히 비판하는 이 시를 담시 형태로 썼다. 담시는 당시에만 해도 일반에게는 생소한 문학의 한 장르였다. 프랑스의 '발라드(Ballade)'에서 시작하여 14세기 전후에 이런 시가 크게 성행했다고 한다.

관계 전문가들에 의하면 이탈리아의 '칸초네'를 '발라드'의 전신이라고도 하는데 '칸초네'는 근대의 토니 달라라라는 가수의 아베 마리아로 우리에게 익히 알려진 독특한 창법의 가곡이다. 시詩가 창창을 타고 불려지는 것은 우리나라에서도 판소리 형식으로 오래 전부터 전해와 서민들의 심금을 울려주기도 했다.

이 시가 문제가 되어 고난과 명예를 함께 얻게 된 김지하는 3백 행이 넘는 '오적' 시를 판소리 형식으로 썼다. 문제는 시의 형식에도 있었지만 그 내용에 있었다.

재벌, 국회의원, 고급 공무원, 장성, 장차관을 5적으로 형상화하여 이들을 아주 신랄하게 풍자한 것이다. 그는 재벌을 '獅猁' 국회의원을 '匍獫秘猨', 고급 공무원을 '跁勒功無源', 장성을 '長猩', 장차관을 '瞕搓曘'으로 표기하면서 놀라운 알레고리(偶意)를 동원하여 이들을 꼬집고 비판하고 있다.

나중에 알려진 일이지만 당국이 《민주전선》을 압수하고 관계자들을 구속하게 된 것은 꼭 '오적' 때문만이 아니었다는 것이다. '오적'은 이미 《사상계》에 발표됐던 것이고, 김 시인과 부완혁 《사상계》사장이 당국에 환문되어 잡지의 압수선에서 문제가 일단락되었던 것이었다.

'오적'보다 오히려 《민주전선》 2, 3면에 게재된 소속 의원들의 국회정책질의 요지와 다른 지면의 내용들이 박정권의 비위를 건드렸을 것이라는 것은 충분히 납득이 가는 일이었다.

특히 조윤형趙尹衡 의원의 발언요지 가운데 5월의 각 대학축제에서 학생들이 불렀다는 '눈물의 씨앗'이라는 노래가사,

1. 아빠가 누구냐고 물으신다면
○○○의 미스터 정이라고 말하겠어요
그대가 나를 죽이지 않았다면
영원히 우리만이 알았을 것을
죽고 보니 억울한 마음 한이 없소
2. 승일이가 누구냐고 물으신다면
고관의 씨앗이라고 말하겠어요
그대가 나를 죽이지 않았다면
그렇게 모두가 미웁지 않았을 것을
죽고 보니 억울한 마음 한이 없소

그리고 김상현金相賢 의원의 발언요지 중 정여인 사건의 ① 장관급 보증의 회수여권을 소지하게 된 과정, ② 그녀가 접촉했다는 26명의 고관 명단, ③ 외화 2천 달러 소지 경위, ④ 오빠 정종욱의 청부살인 진부를 묻는 내용과 김응주金應柱 의원의 일부 특권층 인사들이 살고 있는 현대판 아방궁 도둑촌 문제 등, 박정권의 집권 9년 동안의 비정과 부정부패를 속속들이 파헤친《민주전선》이 박대통령과 그 권솔 아래에서 치부에 여념이 없는 무리들을 분노케 했을 것은 짐작이 가는 일이다.

《민주전선》은 여기에 그치지 않고 '5·16은 도둑촌으로까지 둔갑하고 말았는가'의 사설, 빈민촌 실태조사 내용, 학생들의 시국선언문 내용들이 한결같이 권력자들을 진노케 했을 것이었다. 실제로 이 사건의 공판과정에서 검찰측은 이런 내용들을 집중적으로 추궁하여 관계자들을 용공 이적 행위자로 몰아붙였다.

이 사건은 즉각 정치문제화됐다. 임시국회에서 야당 의원들은 야당과 언론자유에 대한 중대한 탄압행위라고 정부를 비판하고 나섰다. 정해영鄭海永 신민당 원내총무의 강경한 단상발언을 공화당 의원들이 밀어붙이는 집단난동을 벌여 새로운 정치문제로 옮아가는 등 '오적' 시 사건의 파장은 갈수록 확대되었다.

첫 공판이 7월 7일 서울형사지법에서 목요상 판사 심리로 열렸다. 김지하 시인과 김용성 국장, 부완혁 사장, 김승균 편집장 등이 출정하고 방청석에는 양일동, 홍익표, 신민당 두 정무회의 부의장과 함석헌, 장준하, 안병욱 씨 등 재야인사들이 자리를 메웠다. 변론은 박한상朴漢相, 홍영기洪英基, 태윤기太潤基, 이명섭李明燮 변호사, 간여 박종인 검사의 직접신문으로 진행되었다.

김시인은 '오적' 시를 쓰게 된 동기를 "동빙고동에 일부 몰지각한 부정축재자들이 고급저택을 지어놓고 호화생활을 한다는 보도를 보고 현지를 답사, 착상하게 됐으며 계급의식을 고취시키거나 계급간의 알력을 조장하기 위하여 쓴 것은 결코 아니다"라고 진술했다.

이 사건은 3개월여 후 김지하의 폐결핵 병세가 악화되어 병보석으로 석방되고, 다른 관련자들도 석방되어 처음의 큰 파문에 비하면 유야무야 종장을 기록하게 되었다. 다만 이해 9월 26일 문공부는 끝내 《사상계》의 등록을 말소시켜 문제를 삼은 정부의 의도가 무엇이었는지를 짐작케 했다.

'오적' 사건의 전개와는 상관없이 시의 내용에 대한 찬·반 논쟁 또한 대단하였다. 이상로李相魯 시인 같은 이는 '침체된 문단에 활기를 넣은 작품'이라 평하면서 '이적행위는 '오적'이 아니라 '오적'으로 고발된 자들'이라고 공화당 정권의 부패상을 나무란 것을 필두로 많은 문인, 언론에서 시를 옹호하고 나섰다.

그런 반면 H일보는 '우리도 할 말 있다'는 사설에서 이 시를 광시狂詩라고 매도했다.

……문제의 담시는 일종의 광가狂歌, 광언狂言에 속하는 것이라 생각되

며 인인현자仁人賢者로서는 정면으로 상대할 것이 못된다고 여겨진다. 우리의 견해로는 이 맹랑한 헛소리는 사직의 재량에 따라 문제를 삼을 수도 있고 물시간과勿視看過할 수도 있는 것이라고 생각한다. 만일 그 내용을 본 정신을 가지고 담시 그대로 대한다면, 그것은 국가의 모든 권위를 부정하는 일이 되며 대한민국의 현체제를 전면적으로 부인하는 것이 된다. 그 담시가 우리 국가와 국민 전체를 도매금으로 전면 부정하는 것이라면, 그것은 '폭력혁명'을 선동하고 북괴도당에 따르려는 결과로밖에 되지 않는 것이다.

그러나 전문되는 바에 의하면 담시 작자는 북괴도당의 대남정책인 '전면 부정'의 결의가 무엇인지도 모르고 함부로 붓재주를 놀리는 피해의식과 과대망상에 젖은 노이로제 환자였다고 한다.

만일 그렇다면 그 작자는 무당이 내렸거나 귀신잡귀에 홀린 정신 소유자가 아니면, 그 작품은 소위 무당들의 '대감놀이' 넋두리나 미숙한 판소리 흉내로밖에 보이지 않는 것이다. 따라서 이런 것을 가지고 문학작품이라고 할 수 있느냐의 여부는 또한 여기에서 문제시할 필요가 없다고 본다.

그 어느 모로 보더라도 신민당 기관지인 《민주전선》이 그 담시를 전재하였다는 것은 정당 기관지의 편집양식을 일탈한 일이라고 말하지 않으면 안된다. 그런 담시의 존재는 그 자체로서 그치는 것이며 이를 법적으로 다루느냐 어떠냐는 별 문제로 하고 그것을 정당 기관지가 설사 몇 줄을 삭제한다 하더라도 옮겨 실을 만한 정치적 가치가 있다고는 믿어지지 않는다. 담시의 내용이 법에 저촉되는 것은 물론이요, 그렇지 않다 하더라도 심신이 병든 작자의 광언 같은 것을 인용, 게재한다는 일은 결코 그 수준에 적합한 일이 못된다고 할 것이다.

인용이 다소 길어졌지만 이처럼 '오적' 시에 대한 일부 언론의 비판적인 시각이 있었다. 그러나 담시 '오적'은 1970년대 한국 최대의 저항시로 남았고 김시인은 고난받는 작가로서 나중에 '로터스상'과 '위대한 시인상'을 수상하게 된다. 《사상계》는 1972년 4월 25일 대법원의 등록취소 청구소송 확정판결에서 승소판결을 받았지만 정치적 사유로 다시 햇빛을 보지 못하고 창간한 장준하 씨와 당시 대표인 부완혁 씨 두 사람이 다 사망함으로써 판권 자체가 공중에 뜨게 되었다.

7

월간 《다리》지 필화 사건

피고인 윤형두, 임중빈, 윤재식

1. 사건개요: 무죄판결 일관한 반공법 필화 ·············· 283
2. 체험기(1): 친 김대중계 출판탄압에 이례적 무죄 – 윤형두 ····· 287
3. 체험기(2): 야당 지도자 겨냥한 정치적 복선 – 임중빈 ·········· 305
4. 변론서 – 한승헌 ·· 315
5. 판결 (1심; 서울형사지법 71고단 2423) ························ 326
6. 《다리》지 필화사건 ·· 337
7. 《다리》지 언론투쟁 1년의 결산 – 좌담: 김상현 외 ············· 343
8. 임중빈 '사회참여를 통한 학생운동' 필화 – 김삼웅 ············ 359

사건개요

무죄판결로 일관한 반공법 필화

한승헌 (변호사)

내가 변호한 정치적 사건은 거개가 '좌우간 유죄'로 판결이 났다. 그래서 어떤 험구險口는 "한 변호사가 변호만 하면 모두 징역갔다"고 말한다. 그러면 나도 이렇게 응수한다. "무슨 말씀을……. 《다리》지 사건을 보더라도 죄 없는 사람은 무죄가 납디다……."

1970년 들어서도 박정희 대통령을 괴롭히는 악재는 한두 가지가 아니었다. 그해 9월 29일에 열린 신민당 전당대회에서 40대 기수 중 한 사람인 김대중 씨가 예상을 깨고 대통령후보 지명전에서 승리했다. 정책공약과 지방유세를 통한 그의 인기상승은 그야말로 폭발적이었다.

집권세력은 김대중 씨에 대한 압박작전이 불가피했다. 마침 《김대중 회고록》을 집필중이던 문학평론가 임중빈 씨가 다음해 2월에 구속된 것도 그런 맥락에서 보는 사람이 많았다.

그 전해 11월호 《다리》지에 실린 그의 논문 '사회참여를 통한 학생운동'이 용공이라는 혐의였다. 《다리》지는 김대중계 국회의원 김상현 씨가 운영하던 비판적 월간지여서 거기에 관여하던 윤재식, 윤형두 씨도 잡혀갔다.

검찰의 구속·기소조치에는 정치적 속셈의 징후가 금방 드러났다. 앞서 본 대로 임씨는 야당 대통령후보의 전기를 집필중이었고 윤형두 씨가 운영하는 범우사에서는 김대중 씨의 선거용 책자를 간행하고 있었는가 하면, 《다리》지의 발행인인 윤재식 씨는 김대중 씨의 공보비서라는 사실 등이 이 사건의 정치적 배경을 잘 말해주고 있었다.

《다리》지에 실려나간 지 넉 달이 지난 임씨의 논문을 뒤늦게 문제삼은 점도 의혹을 샀다. 《다리》지 고문이자 자금지원자인 김상현 의원이 김대중 씨의 핵심참모라는 점도 주목을 끌었다. 세 사람이 구속된 지 한 달이 넘도록 외부인(심지어 변호인도)과의 접견이 허용되지 않았는가 하면 무죄판결이 난 뒤에도 범우사와 《다리》지는 큰 후유증을 겪었다. 심지어 인쇄소에서 《다리》지의 인쇄를 기피하는 통에 제때 제작을 못하는 등 애로가 겹쳤다.

검찰측은 대략 다음과 같은 논지로 임씨의 글이 용공적이라고 주장하였다. ① '문화혁명은 정치혁명에 선행함은 물론…… 문화의식의 성성을 쌓을 것을 제안한다'라고 하여 현정권 타도의 방향제시를 하였다. ② '젊은이들이라면 기성권위와 가치에 대하여 마땅히 도전해야 한다. ……그러기에 젊은이들의 반항은 전세계적인 현상으로 나타난다'라고 하면서 프랑스 학생들의 5월혁명과 미국의 뉴 레프트 활동의 정당성을 강조하였다. ③ '5월혁명은 철저한 저항정신을 신봉하는 행동으로서 학생운동의 진폭을 넓힌 것이었으며 끝내 드골 정권을 위기로 이끌었다'고 평가함으로써 정권타도를 위한 학생운동을 부추겼다. ④ '미국의 뉴 레프트는 이념의 카오스 상태에서…… 정치적 도전에는 무의미하지만 문화형성에는 영향력을 미치고 있다'라고 하여 뉴 레프트의 저항적 행동력이 한국학생의 정권타도 운동방법의 하나가 될 수 있음을 인정하였다.

물론 나는 검사의 그런 견해를 하나하나 반박하고 정치권력의 입장에만 치우친 안목에서 현실에 대한 고발이나 비판 또는 개혁의지를 모두 반정부적인 것 내지는 이단적인 것으로 보고 반공법을 발동하는 것은 커다란 오류라고 역설하였다.

이 사건 재판에서는 구상, 김상현, 남재희, 송건호 씨와 그 잡지사 실무자들이 반공법사건 특유의 위협적 분위기를 무릅쓰고 소신껏 증언을 했다.

또 하나의 쾌재는 재판을 맡은 목요상 판사가 윤형두, 윤재식 두 사람을 직권보석으로 풀어준 일이었다. 반공법 사건치고는 매우 이례적인 결단이어서 크게 환영을 받았다.

　반면 검찰측은 몹시 당황하고 불만스러워 했다. 무죄쪽으로 기우는 목판사의 심증을 알아차렸는지 검찰측은 심리종결 뒤에도 변론재개 신청과 판결선고 연기를 집요하게 요구했다. 그 때문에 선고기일이 두 번이나 연기되었는데 세 번째로 지정된 선고기일에는 목판사가 판결문을 읽으려는 순간에 검사가 나타나 이의신청을 하면서 다시금 선고연기를 요구했다. 그러나 재판부는 이를 받아들이지 않고 기어이 판결을 선고했다. 전원 무죄였다.

　재판부는 "임피고인이 논문에서 프랑스의 5월혁명, 미국의 뉴레프트 등 서구 학생운동을 인용한 것은 사실이지만 이들의 활동·주의·사상을 찬양·고무·동조했다고 볼 수 없으며, 독자적인 청년문화 운동으로 역사적인 난관을 타개해보자는 일종의 청년문화론을 시도한 것이지, 현정권 타도를 위한 문화혁명을 일으키는 방향으로 이끌어야 한다는 주장을 했다고는 볼 수 없다"라고 무죄 이유를 밝혔다.

　당시의 한 신문은 '목판사가 문제의 논문필자 등 3명에게 무죄를 선고함으로써 반공법 대 언론자유의 싸움은 일단 언론자유의 승리로서 끝맺게 되었다' 고 논평하기도 했다.

　항소심에서도 이례적인 일이 벌어졌다. 재판부가 검사의 항소이유에 대해 아무런 변론도 거치지 않고 이른바 '무변론 기각' 을 한 것이다. 1심 무죄도 놀라운데 항소심은 아예 법정심리도 더 해볼 필요가 없다고 그냥 '들었다 놓기만' 했으니 놀라왔다.

　항소심 첫 기일에 법정에 들어갔더니 이미 항소기각 판결이 선고된 뒤여서 나는 변호인석에 앉아보지도 못하고 나왔다. 유별난 '부전승' 이었다. 그러나 소신과 용기를 갖고 1심에서 무죄판결을 한 목판사는 훗날 사법파동때 예금추적을 당하는 등 검찰 내사의 표적이 되었다가 마침내 법복을 벗고 만다.

　목판사는 판결을 선고하러 법정에 들어갈 때에도 판결문(초고)을 결재판이 아닌 양복주머니 속에 접어 넣어가지고 입정을 했다고 한다.

목판사가 현직을 떠난 뒤, 언제부터였는지 우리는 1년에 한 번씩(《다리》지 피고인들이 구속된 2월 12일) 모여서 저녁식사를 함께 하곤 한다. 이처럼 피고인, 증인, 변호인에 담당판사까지 한자리에 어울리는 모임이 사건 후 30여 년이 지난 지금까지도 이어져온 것은 《다리》지 무죄 못지 않게 기분좋은 기록이라 하겠다.

체험기(1)

친 김대중계 출판탄압에 이례적 '무죄'

윤형두 (범우사 대표)

'김대중 홍보물 내지 말라'

 아직 여명이 트기 전이다. 그날은 무척 추웠다. 1971년 2월 11일 새벽 6시. 아홉 평 대지에 3층으로 엉성하게 쌓아올린 허름한 집, 문짝이 빠개지는 소리가 났다. 나는 꼭두새벽에 찾아와 소란을 피우는 사람이 누구일 것이라는 짐작이 갔다. 옷을 주섬주섬 차려입고 가파른 층계를 내려갔다. 가죽점퍼 차림의 건장한 중년 둘이 엽서 한 장을 내어놓는다. 그리고 가지고 온 손전등으로 엽서 위를 비춰준다. 서울지방검찰청 김종건 검사가 발신인으로 되어 있는 출석요구 통지서이다. 출석요구서에는 '문의할 일이 있으니 오는 1971년 2월 11일 오전 9시에 당청 703호 검사실로 출석하여주시기 바랍니다' 라고 씌어 있고 발신날짜는 1971년 2월 10일로 되어 있다. 나는 그들을 순순히 따라나섰다. 오늘 9시까지 서울지방검찰청 703호실로 가면 되지 않겠느냐고 앙탈을 부려봤자 헛일이라는 것을 나는 잘 알고 있었다.
 그들이 타고 온 승용차로 노량진경찰서에 잠깐 들렀다가 남산쪽으로 갔다. 서울예술전문학교 앞을 조금 지나 숭의여전 정문 건너편 골목으로 차가 들어섰다. 일본식 2층집 앞에 차가 섰다. '신한무역' 이라는 간판이 걸려 있었다. 삐그덕거리는 층계를 올라 2층 복도와 맞닿은 조그마한 다다미방으로 인도되었다. 그날은 하늘도 온통 찌푸렸지만 음산한 날씨에 그곳 분위기는 소름이 끼치도록 을씨년스러웠다. 집에서 나올 때 엉겁결에 시계를 차고 나오지 않아 가늠잡아 아침 9시쯤인 것같은 데도 방안이 어두웠다. 방에 혼자 한 시간여 동안 앉아 있자니 온갖 잡념이 머리를 억눌렀다.

이틀 전이었다. 정보계통에 있는 M이라는 사람이 사무실로 찾아와서는 마지막 기회이니 자기 말대로 하라고 말했다. 월간 《다리》지에서 손을 뗄 것, 임중빈 씨가 원고를 쓰고 있는 《김대중 회고록》을 출판하지 말 것, 범우사에서 발간하고 있는 김대중 대통령 후보의 저서인 《내가 걷는 70년대》라는 책을 다시 찍지 말 것, 또 그 부록으로 발간하기 시작한 '대중 시리즈'를 중단하라는 것이었다.

그때 이미 10권으로 계획하여 첫 권 《희망에 찬 대중의 시대를 구현하자》, 둘째 권 《빛나는 민권의 승리를 쟁취하자》라는 소책자를 발간했는데, 이 소책자가 김대중 후보의 효창공원 유세장에서 예상치 않은 위력을 발휘한 바 있었다. 그리고 두 권은 이미 사식작업이 끝나고 김후보가 2월 12일 미국에서 돌아오는 대로 표제를 결정하여 곧 인쇄에 들어갈 준비가 다 되어 있었다.

나는 정보원에게 그런 배신은 할 수 없다고 거절하였다. 그랬더니 그는 그것이 무슨 배신이냐고 했다. 진행하던 것을 그대로 놓고 멀리 떠나면 되지 않느냐는 것이었다. 나는, 나를 믿고 중대한 일을 맡겼는데 그것을 하지 않는 것은 '기피' 라기보다 '배신' 이라고 했다. 그러자 "그렇다면 나로서도 할 수 없다"면서 "참으로 딱한 젊은이군" 하며 혀를 차고 돌아갔다. 그는 그전에도 나에게 몇 번 찾아와서는 회유도 하고 위협도 하곤 했는데, 그러면서도 오랜 정보원 생활과 60이 됨직한 나이탓인지 위엄이 있고 경박하지는 않았다.

임중빈 씨의 글을 용공이라고

10시가 조금 지났을 무렵, 키가 후리후리한 내 또래의 30대 사나이가 미닫이문을 열고 들어왔다. 우리는 앉은뱅이상을 사이에 두고 마주 쳐다보고 앉았다.

　그는 지난해 《다리》지 11월호에 '사회참여를 통한 학생운동'이라는 글을 쓴 임중빈 씨를 잘 아느냐고 물었다. 나는 임중빈 씨라는 사람은 비판적인 글을 쓰는 문학평론가로 알고 있었지만 개인적으로 친한 사이는 아니며 단지 필자로 알고 지내는 정도라고 말했다. 그는 자기 신분과 성명을 밝히지 않았지만 내 짐작엔 출석요구서에 고무인의 이름과 붉은 도장을 찍은 김종건 검사일 것이라는 생각이 들었다.

　그는 임중빈의 집을 수색했더니 《레닌전집》·《스탈린전집》 등 용공서적이 다수 발견되어 압수되었으며, 또 임은 북괴의 대남 간첩망인 통일혁명당의 간부였던 이진영에게 포섭되어 활동을 하다가 검거되어 1969년 9월 서울고등법원 항소심에서 징역 1년에 집행유예 2년을 선고받고 아직 집행유예기간중이라고 말했다.

　나는 순간 직감적으로 잘못 걸려들었구나 하는 생각이 들었다. 몇 명이 사형선고를 받은, 세칭 '통혁당 사건'에 연관되어 있는 임형과 고리를 걸어넣으려 하니 고생 좀 하겠구나 하는 생각과 함께 두려움이 몰려왔다. 그는 나에게 그 임형이 쓴 글을 읽었느냐고 물어보았다. 읽어봤든 그렇지 않든 집필자가 반공법상 유죄가 되면 편집인 겸 주간인 내가 빠져나갈 수는 없다는 생각이 들어 그의 물음에 편집인으로서 책임은 지겠다고 했다.

　그날 밤은 무척 길었다. 밖에는 눈이 내리고 뒤의 민가에서는 밤새 개가 짖어댔다. 이 건물 어디엔가 임형이 있을 것같다는 생각이 들었다. 임형은 아무래도 고문을 당하는 등 많은 고초를 받고 있지 않겠느냐는 생각도 들었다. 그러나 왜 임형이 집행유예기간중에 자기를 빠뜨릴 함정이 될 수 있는 글을 썼을까 하는 원망도 생겼다. 정보원인 M씨가, 외국으로라도 나가면 되지 않느냐, 이번에 걸려들면 심한 고통을 받을 것이라는 말을 몇 번 되풀이했던 기억이 되살아났다.

　당장 죽을지라도 비굴하지 말아야겠다는 생각이 들었다. 그 동안 독립운동을 하다 옥살이를 한 김구·김창숙·김광섭과 자유당때 정치범으로 투옥됐던 서민호 씨 등의 《옥중기》가 떠올랐다. 특히 김구 선생의 《백범일지)를 두서너 차례 읽은 것이 큰 위안이 되고 용기가 되었다. 내가 이롭기 위해 남을 해롭게 해서는 안된다는 생각이 들었다.

그 다음날인 2월 12일 오전 10시쯤 되었을까, 김검사가 들어왔다. 지난해 《다리》지 11월호를 발간할 당시, 발행인이자 김대중 대통령후보의 공보비서인 윤재식 씨와 《다리》지 고문이자 경영인인 김상현 의원과 함께 임중빈 씨의 원고를 보지 않았느냐며 다그쳤다. 나는, 상식적으로 생각할 때 발행인과 고문이 마감시간에 쫓기고 있는 상황에서 200자 원고지 2,000여 매 정도의 분량을 어떻게 읽고 있을 수 있냐고 가볍게 응답해주었다. 그랬더니 《다리》지의 기자들이 임중빈 씨의 원고를 놓고 고문·발행인·주간 등이 상의한 끝에 게재했다고 진술하였다면서 진술내용을 읽어주었다. 그러나 그것은 사실이 아니며, 혹 그들이 위협에 못 이겨 그렇게 진술하였을지는 몰라도 절대 그렇지 않다고 완강하게 부정하였다.

그후 몇 시쯤이었을까. 낯모르는 사람이 와선 손목에 수갑을 채우더니 나가자는 것이었다. 팔목에 섬뜩한 찬 기운이 닿으면서 동계動悸현상이 일어났다. 정문에 대기중인 지프 뒷자리에는 임중빈 씨가 앉아 있었다. 서로 목례를 하였다. 눈이 내리는 서울거리, 자유를 잃은 지 40여 시간도 되지 않았는데 그 거리를 거니는 사람들이 그렇게 부러울 수가 없었다.

검사실을 거쳐 구치소로

서소문 검찰청에 닿자 지루한 신문이 시작되었다. 주로 임중빈 씨의 원고내용에 대한 신문이었다. 나는 사실 그 내용에 대해 잘 알 수 없었다. 1968년 프랑스 파리에서 드골 정권 타도에 봉기하였던 콩방디가 주축이 된 5월혁명 학생운동과, 김일성 사상노선과 방법론 등을 주조로 삼아, 미국정부 타도에 앞장서고 있는 미국의 극좌파인 뉴 레프트 활동과 같이 우리 한국학생도 현정권 타도에 앞장서야 한다고 씌어 있는데, 그런 것을 알면서 왜 그런 원고를 게재했느냐는 것이었다. 나는 이 사건이 무엇 때문에 조작되고 있다는 사실을 알고 있었기 때문에 일절 입을 열지 않고 묵비권을 행사했다.

어둠이 짙어질 무렵 기자들이 몰려들고 카메라 플래시가 터지고 하는 야단법석 속에 "공안부 최대현 부장검사가 신청한 구속영장이 유태흥 부장판사에 의해 떨어졌다"라는 소리가 들렸다. 임형과 나는 사람들에게 밀리듯 엘리베이터를 타고 내려와 법원 후문쪽에 있는 승용차에 올랐다. TV 카메라를 비롯한 수많은 카메라의 플래시가 그치지 않고 터졌다. 기자들이 무엇인가 알고자 많은 질문을 던졌다. 나는 웃음으로 감사하다는 회답을 보냈다.

차는 시가지의 어둠을 뚫고 서대문구 현저동 101번지의 서대문 서울구치소 현관 앞에 섰다. 높은 벽돌담과 육중한 철문, 나는 이속에서 얼마간 고통을 받아야 한다…… 육중한 문이 열리고 나는 교도관에게 넘겨졌다. 그들은 구치소 입소수속을 밟는다고 나를 이리저리 데리고 다녔다. 나의 모든 사물을 보관시키고 푸른 죄수복을 입게 했다.

영하 10도가 넘는 그 추운 겨울날, 얇은 양말바람으로 긴 복도를 얼마나 걸었는지 모른다. 복도에는 희미한 전등불이 천장에 바짝 달라붙어 있고 방에는 아무 인기척이 없다. 자정도 넘은 시간인 것같다. 낡은 숙사 2층 아주 후미진 끝방에 닿자 교도관이 철거덕 하고 철문을 열더니 눈짓으로 들어가라고 한다. 나는 고개를 숙이고 들어섰다. 교도관은 문을 잠그고 터벅터벅 발자국 소리를 남기며 사라졌다.

방에는 모포 두 장이 놓여 있었다. 그리고 다행히 뒤편에 화장실이 딸려 있었다. 《옥중기》에서 읽었던 것처럼 변기통에 용변을 보지 않게 된 것만도 다행이라고 생각되었다. 벽에는 무수한 낙서들이 씌어 있었다. 출옥날을 기다리며 그려놓은 달력, 사랑을 읊은 시, 남을 원망하는 글과 검사의 이름들. '유전무죄 무전유죄'라고 현세를 풍자한 글귀는 몇 사람이 덧칠을 했는지 희미한 전등불빛에도 뚜렷했다. 담요 한 장은 포개어 깔고 또 한 장은 양 어깨를 덮고 꿇어앉았다. 금계산 너머에서 목탁소리가 들려왔다. 곧이어 서대문 순복음교회쪽에서 종소리가 들려오고 그 사이사이로 닭 우는 소리도 들려왔다. 세상은 여전히 살아 움직이고 있었다.

동이 틀 무렵 사람들의 기척소리가 나더니 문 옆 조그마한 식구통食口通

이 열리면서 틀로 찍은 꽁보리밥 한 덩이와 무이파리국 한 사발 그리고 소금에 절인 배춧잎이 들어왔다. 팔만 언뜻 보일 뿐 사람의 얼굴은 볼 수 없었다. 밥 쟁반을 앉은 무릎 앞쪽에 놓는데, 털이 듬성듬성 빠진 늙은 쥐 한 마리가 앞으로 다가왔다. 섬뜩하였다. 나는 쫓아야겠다는 생각은 하지 않고 밥 한 숟갈을 빨리 떠서 쥐 앞에 놓아주었다. 쥐는 아주 천천히, 전혀 사람에 대한 두려움이 없이 밥을 먹었다. 그리고 서서히 변소 문 쪽으로 사라졌다. 아마 이방에 있었던 사형수나 무기수 같은 장기수가 독방에서 하도 무료하여 쥐를 키웠던 것같다.

5사 상 29방의 낮과 밤

식사시간이 끝나자 법원에서 재판을 받거나 검사의 취조를 받기 위해 나가는 사람들을 호명하는 소리, 문 따는 소리 등 한동안 시끌벅적하더니 곧이어 구치소 안에는 다시 고요가 깃들었다. 심심하다는 생각이 들었다. 분명 교도관이 복도 중간쯤에 있는 것같은데 전혀 내 쪽으로는 오지 않는다. 벽에 있는 낙서들을 다시 한번 훑어보고 문틈 사이에 발라놓은 책조각에 박힌 글을 읽기 시작했다. 찢긴 종잇장이라 글귀는 이어지지 않지만 성경과 불경 그리고 교도소에서 나오는 잡지들을 찢어서 바른 것같다. 그것들을 읽으니 한동안 심심풀이도 되고 위안이 되었다. 필화사건으로 들어왔으니 활자가 원수 같을 터인 데도 그렇게 활자가 그리울 수가 없었다. 만약 책이 차입될 수만 있다면 얼마간을 견디기에는 큰 불편이 없을 것같다는 생각이 들었다.

만약 검사취조에 나가 담당검사를 만나면 꼭 책을 보게 해달라고 청하리라고 생각하며 나는 달려드는 한기를 쫓기 위해 운동을 시작했다. 3평 남짓한 방을 우주라 생각하고 뜀박질도 하고 팔을 위아래로 펴기도 하며 허리 구부리기도 했지만 금방 싫증이 났다. 나는 운동의 상대를 정했다. 발 높이차기 운동을 시작하면서 발끝이 올라가는 지점에 담당검사의 이름을 손톱으로 써놓고 그것을 차기 시작했다. 한결 분풀이 같은 것이 되는 듯했다. 조국이니 민주주의니 자유니 하는 사념보다 아주 어린아이 같은 장난스러운 마음으로 시간을 보냈더니 서대문구치소의 하루가 지났다.

취침 나팔소리가 그친 지 한 시간쯤 지났을까. 내 방 옥창살 밖으로 사람 그림자가 어른거렸다. 나는 재빨리 일어나 창문 곁으로 갔다. 교도관이었다. 아주 나지막한 목소리로, 고생을 한다면서 오늘 김대중 후보가 변호인 세 명을 대동하고 서너 시간을 기다리며 면회를 요청했으나 거절당했고, 발행인이던 윤재식 씨도 구속되었다는 것이다. 그가 김후보의 공보비서로서 열심히 활약하는 것을 막기 위해 죄도 없는 사람을 한 명 더 구속한 것이다. 나는 지금 내가 있는 방이 몇 호냐고 물었더니, 5사 상 29방(5舍 上 29房)이며 저명인사들이 여럿 있던 방이라고 하면서 복도 중앙을 향해 가버린다. 3일 만에 처음으로 사람에게 말을 걸어보았다. 사람과 대화를 하고 산다는 것이 얼마나 행복한 일인가를 처음 느꼈다.

창밖에서 아주 구슬픈 새소리가 났다. 비둘기소리처럼 기분 나쁜 소리 같기도 하고 언젠가 양수정 씨의 '옥중기'《하늘을 보고 땅을 보고》에서 읽은 기억이 나는, 조봉암의 죽은 혼이 환생하여 죽산조가 되어 서울구치소에서 밤마다 운다는 그 새소리 같기도 했다. 이방이 혹시 죽산 조봉암이 있던 방이 아닌가 하는 쓸데없는 생각마저 겹쳐 잠을 이룰 수가 없었다.

그후 3~4일이 지났을까, 밥을 날라다주는 청년이 내 방 앞에 와서는 영치금이 들어와 있으니 사식私食을 신청하라고 했다. 사식으로 무엇을 신청할 수 있냐고 물었더니 돼지불고기, 계란, 콜라 등 몇 가지를 주워섬겼다. 값비싼 돼지고기를 신청하고서 그에게 말을 걸었더니, 그는 여기는 접인금지 구역이라서 딴 말은 할 수 없다면서 잽싸게 등을 돌리고 달아났다. 참으로 답답했다. 밖의 소식을 전혀 알 수 없으니 미칠 것만 같았다.

내가 진행하던 '대중 시리즈'는 계속 진행되고 있는지, 또《대중경제 백문백답》과 컬러판 김대중 대통령 후보 홍보물은 누가 손을 댔는지. 비밀을 보장하기 위해 나 혼자 일을 진행하는 바람에 원고사식, 필름, 거래처를 아무도 모르니 출판은 중단되었을 것같고…… 참으로 속이 답답했다. 이럴 줄 알았으면 누구에겐가는 알렸어야만 했는데 하는 후회를 뒤늦게야 했다.

벽에는 몇 개의 달력이 그려져 있지만 모두 지난 것들이었다. 2월달 달력을 그릴까 하다가 하루하루를 세는 것보다 가능하면 하루하루를 잊고 살자는 마음으로 달력 그리기를 포기하고, 부러진 나무젓가락 끝으로 벽에다 '사사민원 의사동천邪事民怨 義事動天(옳지 못한 일은 백성의 원성을 듣고 옳은 일은 하늘을 움직인다)' 라는 글귀를 썼다.

담당 교도관이 가끔 내 사방 앞을 지나면서도 말을 걸지 않아 나도 말을 걸 수가 없었다. 변호사 접견이라도 있을 법한데 돈이 없어 변호사를 선임하지 못했는지 변호사 접견도 없고 여간 답답하지 않았다.

호송차에 실려 검찰청으로

그러던 어느날 아침 청소시간에 고교동창인 유연수라는 친구가 "형두야" 하면서 철창 사이로 책 한 권을 던져주고 쏜살같이 달아났다. 그는 사업을 하다 경제사범으로 들어온 것같았다. 나는 책을 들었다. 그것은 앞뒷장이 모두 뜯긴, 중국 소림사를 배경으로 한 무협소설이었다. 그책으로 서너 시간은 즐겁게 지낼 수가 있었다. 그책을 담요 밑에 은밀하게 간직해두고 시간 나는 대로 읽었다. 많은 위안이 되었다.

며칠 후, 그러니까 이곳에 온 지 보름쯤 되었을까. 한번은 교도관이 내 감방 앞에 와서 변호사 접견도 안되고 책 차입도 안되는 것같으니 자기가 보고 있는 책이나 보라면서 《신약성서》와 교도소에서 발간하는 《새 길》이라는 잡지 한 권을 주고 갔다. 보물이요 생명선을 얻은 것이다. 그렇게 고마울 수가 없었다. 이제 책이 있으니 느긋하게 날짜를 보내자고 마음을 다졌다.

그러고 나서 며칠 뒤 교도관이 새벽에 와서는 오늘 검사취조가 있는 것 같다면서 검찰에 갈 준비를 하라고 했다. 준비라야 할 것이 무엇 있겠는가. 식사시간에 식수를 조금 얻어 얼굴에 찍어바르는 것이 고작 세수요 화장인데 무슨 준비가 있겠는가만, 나는 그래도 얼마 전 차입이 된 누비옷을 단정히 입고 매무새를 잡아보았다.

아침식사 후 호명되어 복도에 나갔더니 많은 피고인들이 나와 있었다.

모두들 내 수인복 왼편에 붙어 있는 빨간 딱지를 보면서 경원하는 눈치들을 보였다. 나는 그 무렵 모두가 두려워하는 반공법위반자로 수인번호는 볼 3596이었는데, 여기서 '볼'은 공범표시이다. 그곳에서 손목에 수갑이 채워지고 또 어느 곳인지 집결지로 가니 임중빈 씨가 나와 있었다. 무척 반가웠다. 먼 발치로나마 눈인사를 했다. 윤재식 씨는 보이지 않아 혹시 그동안 출소했다면 다행이라는 생각을 했다. 나는 다른 사람들과는 다르게 등과 허리를 휘감은 두꺼운 밧줄에 양손을 뒤로 하여 꽁꽁 묶였다. 내가 무슨 대단한 범죄자라고. 그러나 그런 가혹한 형벌이 가해질수록 군사독재에 대한 증오심은 차차 커져갔다.

그런 데다가 또 다른 피고인들과 함께 한 줄에 엮였다. 검찰로 가는 호송차에서도 가장 뒤에 앉게 하고 호송관 한 명이 내 옆에 붙어서 감시를 했다. 호송차는 육중한 철문이 달린 교도소 정문을 나서서 독립문과 서대문을 지나 서소문에 있는 검찰청으로 향했다. 아직 이른 아침이라 행인은 별로 보이지 않지만, 바깥 세상은 아무런 변함이 없고 여전한데 나만 이렇게 변한 채 기약도 없는 곤욕을 치르고 있구나 하는 생각이 들었다. 길가 곳곳에는 '박정희배 축구대회'인가 하는 것을 알리는 벽보가 도배하듯이 붙어 있었다. 독재자란 자기의 상징을 어느 곳에든 표시하지 않으면 못 배기는 속성을 가지고 있다는 생각이 들었다.

호송차는 대법원 옆 공터에 섰고, 영광굴비 엮듯 엮인 피고인들이 줄이어 이른바 '비둘기장'이라는 곳에 들어갔다. 다른 사람들은 서너 평 되는 방에다 여럿이 있게 하는데, 나는 가로 세로가 50×30센티미터쯤 되는, 내 작은 몸뚱이조차 옴짝달싹할 수 없는 좁은 공간에 잡아넣고 쇠통으로 문을 잠갔다. 내 눈높이에 조그마한 패찰통이 하나 있는데, 지나는 죄수들마다 그 구멍으로 나를 보고 "간첩이다, 간첩"이라고 한마디씩 한다. 차라리 내가 마르크스-레닌주의 사상가였더라면 얼마나 떳떳할까. 학창시절에 극우였던 학도연맹이나 학도호국단 간부였던 사람도 이런 상황에 처하면 사상적으로 붉어질 수밖에 없겠구나 하는 생각이 들었다. 이승만 독재와 군사정권이 얼마나 많은 무고한 양민을 빨갱이로 몰아 죽이고 괴롭혔으며 관제 공산주의자로 만들었는가 하는 생각이 뇌리를 스쳤다.

나는 아침에 감방을 나서면서 양말 속에 '산상수훈'이 들어 있는 《신약성서》를 찢어서 넣어 왔다. 모두들 검사취조나 재판을 받으러 호명이 되어 나가는데 유독 나만을 오후 늦도록 부르지 않는다. 나는 남의 눈에 띄지 않게 양말 속에서 그 낱장 성경을 꺼내어 읽기 시작했다. 한결 마음이 가벼워졌다. 산상수훈을 되풀이하여 몇 번인가를 읽었다.

그런데 갑자기 어둠이 몰려오고 정적이 스며들더니 움직이는 물체가 내 발등으로부터 서서히 다가오기 시작했다. 멀리서 희미하게 비쳐오는 전등 불빛으로 그것이 쥐떼임을 알았다. 그러더니 여러 마리가 한꺼번에 달려든다. 나는 그 동안의 끈질긴 인내심을 떨쳐버리고 "여기 사람 있어요!" 하고 고함을 쳤다. 그러나 쥐들은 달아날 줄 모르고 가랑이 속과 옷섶 속으로 파고들었다. 나는 수갑을 찬 손으로 마구 쳤다. 어디선가 손전등 불이 비쳤다. "아직 사람이 있었군" 하면서 교도관이 다가왔다. 그 불빛에 쥐들은 어디론지 도망쳤다.

나는 대기해 있던 호송차에 실려 혼자 서대문구치소로 오면서 잠깐이나마, 5·16 이후 한치선이라는 친구가 브라질로 이민을 가자고 할 때 같이 갈 것을 하는 생각을 했다. 다시 돌아온 5사 상 26방의 그 서늘하고 차가운 감방이 그렇게 반가울 수가 없었다. 그 사이에 벌써 이 공간이 나에게는 친숙한 보금자리가 된 것이다.

감방살이의 희로애락

그런데 배가 고파오기 시작했다. 검사취조를 나간다고 아침을 설치고, 점심으로 나온 꽁보리밥은, 수갑 찬 손에다 밧줄로 온몸이 꽁꽁 묶이고 검사와 실랑이를 벌여야 한다는 긴장된 심리상태 때문에 목으로 넘어가지 않았으며, 저녁에는 때가 늦어 벌써 식사시간이 끝난 뒤였다. 배식 담당이, 검사취조차 나갔으니 검사실에서 따끈한 곰탕이라도 한 그릇 얻어먹고 오겠지 하고, 내 밥을 먹어치웠을지도 모른다. 잠을 자기 위해 모포를 폈더니 그 속에 감추어놓고 간 책 세 권이 없어졌다. 그렇게 억울하고 분통이 터질 수가 없었다. 내가 사방을 비운 동안 누군가가 검방을 하다 책이 있으니 수거해간 것이다. 모든 짓들이 너무 악랄하다는 생각이 들었다.

나는 모든 잡념을 떨쳐버리기 위해 낮에는 주로 가부좌를 하고 면벽 명상을 시도했다. 무아의 경지에 함몰하는 것이다. 그리고 초조하고 고통스러울 때는 5사 상에만도 5, 6명씩 수감되어 있는 사형수, 무기수들과 비교해보는 것이다. 존속살인 등 파렴치범으로 사형선고를 받은 사람도 있지만 해외유학중 북한에 다녀왔다는 죄목으로 사형이 언도된 박노수라는 사람도 있었다.

감옥생활 한 달이 넘으면서 담당 교도관들과 간단한 인사를 주고 받는 사이가 되었다. 그들에게 몇 번이고 책을 볼 수 있게 해달라고 했더니, 그때 상부에서 검방檢房을 나와 책 세 권이 발각된 후 자신들이 혼이 났다는 것이었다. 그래서 청을 들어줄 수 없다고 했다. 나는 목욕을 한번 했으면 좋겠다는 것과 운동을 할 수 없느냐는 부탁을 하였다.

그러던 어느날 취침시간이 조금 지난 후 담당 교도관이 감방문을 열어주면서 나오라고 했다. 따라나서니 내 사방과 반대쪽 끝에 있는 문을 열면서 3분내로 몸을 씻고 나오라고 했다. 옷을 홀랑 벗고 탕 속으로 들어갔다. 뭇 피고인들이 목욕을 하고 간 지가 오래 되었는지 목욕탕 물은 식어서 미지근했지만, 두 달 만에야 온 몸에 물을 묻혀볼 수 있다는 것이 여간 기쁘지 않았다. 나는 거기에 있는 빨랫비누로 몸을 닦고 머리도 감았다. 식수를 남겨서 간신히 고양이 세수를 하는 주제에 머리에 온통 물을 붓고 거품을 내며 비누칠을 한다는 것은 참으로 감지덕지한 일이었다. 온 몸이 오들오들 떨렸지만 기분은 그렇게 상쾌할 수가 없었다. 감옥생활 속에서 일어나는 조그마한 변화에도 인간은 기쁨을 맛볼 수 있는 아주 약하고 섬세한 동물이구나 하는 것을 느꼈다.

늦잠꾸러기라 집에서는 7시에 일어나기도 힘든데, 감옥에서는 취침시간이 빨라 그런지 새벽 4시쯤이면 눈을 뜬다. 그때 일어나 담요를 개고 담요 위에 앉아 묵상을 한다. 그러노라면 거의 동시에 금계산 너머 봉원사에서는 목탁소리가 들려오고, 서대문 네거리쪽에서는 순복음교회의 종소리가 들려온다. 새벽 찬 공기를 뚫고 기독교의 사랑과 불교의 자비가 잘 융화되어 낙원을 이루는 것같은데 이 사바세계는 왜 이렇게 고통스러운지 모르겠다.

어느날이었다. 아침식사 후 교도관이 문을 따주면서 운동을 시켜주겠다고 했다. 사동舍棟과 사동 사이의 좁은 공간에서는 3, 40명의 수인들이, 어느 사람은 수갑을 찬 채 어느 사람은 관복을 입거나 차입복을 입고 맨손체조들을 하고 있었다. 수갑을 찬 사람은 거의 간첩죄로 들어온 사람이거나 살인범으로 사형이 확정된 사람들이라 했다. 나는 그들과는 약간 떨어져서 그들을 따라 맨손체조를 했다. 아침공기가 참으로 맑았다. 또 하나의 행운을 누렸다는 만족감이 그날 하루를 기쁘게 했다.

그런데 그 운동도 그날로 끝나고 말았다. 알고 본즉 제 어미를 죽이고 존속살인죄로 사형선고를 받은 한 사형수가 내가 운동시간에 감방을 나와 운동했다고 고자질을 했다는 것이다. 나는 접인금지령이 내려 있기 때문에 교도관이 한편에 세워두고 운동을 시켰던 것인데, 사형수가 고자질을 할 정도이니 내 죄가 얼마나 무거운 것인지 헤아릴 수조차 없었다.

첫 공판이 열린 날

내가 집에서 끌려나온 지 두 달쯤 되는 4월 9일 첫 공판이 열렸다. 내 추측으로는 대통령선거가 끝나야 재판을 하든지 석방시켜주든지 할 것같았다. 또 만약 박정희가 낙선되면 이 사건을 침소봉대하여 한없는 벼랑으로 몰아갈 것이며, 그가 당선되면 유야무야될 것이라는 생각도 들었다.

법정에 나가면 멀리서나마 그리웠던 얼굴들을 볼 수 있을 것이라는 기대가 부풀었다. 가족들과 헤어진 지도 꼭 두 달이 된다. 소식이라야 영치금이 들어오고 가끔 옷이 오가는 것으로 모두 무고하겠지 하는 감만 잡고 있을 뿐이다. 그날은 그 악몽의 비둘기장에서 잠깐 머물렀다가 곧 대법정으로 인도되었다. 방청객들이 대법정을 가득 메우고 있었다. 나와 연을 맺었던 많은 분들의 얼굴이 보였다. 손이 묶여서 손 한번 들어 보일 수도 없어, 나는 뒤돌아보며 눈으로 고맙다는 인사를 하였다. 법정에는 김후보측에서 선임한 듯한 홍영기·이택돈·이명환 변호사, 윤재식 씨가 선임한 이상혁 변호사가 나와 있었다.

법복을 입은, 키는 좀 작으나 체구가 당당한 재판관이 들어서자 법원서기가 모두를 기립시켰다. 얼마 전까지 웅성대던 분위기가 차분해졌다. 목요상 판사가 임중빈, 나, 윤재식 순으로 본적·주소·나이 등 인정신문을 했다. 서울지검 공안부의 김종건·이규명 담당검사들이 파리에서 모종의 참고서류가 도착하지 않아 증거보강을 위해 공판에 입회하지 못했다며 사실심리가 연기되었다. 다음 재판은 오는 30일에 열린다고 했다. 이명환 변호사는 재판장에게 피고인들이 지난 2월 12일 구속된 이후 지금까지 접견을 금지시키고 책 등 사물을 넣어줄 수 없도록 한 부당한 조치를 해제해달라고 요구했으며, 또 검찰이 두 차례나 공판을 연기신청한 것은 부당한 처사라고 주장하였다.

판사가 퇴정하자 방청석쪽에서 만세소리가 터져나오기도 하는 등 분위기가 달아올랐다. 나는 또 한번 방청석을 돌아보며 이번에는 수갑 찬 두 손을 번쩍 들어 화답하였다. 모두들 박수를 쳤다. 고마운 사람들이다. 내가 서울구치소로 돌아가는 늦은 시간까지도 대법정 옆마당에서 기다리다가 나에게 격려의 손길을 보내준 그 사람들을 나는 지금도 잊을 수가 없다.

감방에 돌아온 후, 오늘 변호사가 요구한 면회와 최소한 책 차입이라도 관철되었으면 하는 기대를 했다. 앞으로 얼마간 이 옥살이를 하게 될지 모르지만 책만 있으면 아주 긴 시간도 견딜 수 있을 것같다는 생각이 들었다. 거기에다 일기라도 쓸 수 있는 종이와 펜 등이 차입되는 그런 자유가 주어진다면 이 시간들을 값지게 넘길 수 있겠다는 생각도 들었다.

하지만 그렇게 기다리던 희소식은 오지 않았다. 4월 27일, 이날은 서울구치소에 있는 미결수들이 모두 감방을 나서는 날이다. 대통령선거일이기 때문이다. 수갑에 양 팔이 묶인 채 몇 개의 철문을 지나고, 일어서 앉아, 가로 세로 줄서기를 몇 번이나 되풀이한 다음 투표소에 들어갔다. 투표용지를 받고 기표소에 들어가 투표용지를 펼치니 그 동안 참았던 분노가 솟구쳐올랐다. 독재자 박정희에 대한 증오와 김대중 후보에 대한 송구스러움이 마음 속에 얽히면서 김대중 후보 란에 수만 개, 아니 수십만 개의 대롱도장을 찍고 싶은 심정이 일었다. 나는 양손으로 인주 묻은 대롱을 투표용지에 힘차게 누르고서는, '내 고생이 지금의 몇천 배가 되어도 좋으니 제발 군사독재정권을 종식시켜주옵소서' 하는 눈물의 기도를 드렸다. 그날 밤 나는 잠을 이룰 수가 없었다.

이튿날 아침 동틀 무렵 교도관이 옥문 앞에 와서는 힘없는 목소리로 "어렵겠습니다" 하고 잽싸게 돌아가버렸다. 나는 탈진한 사람처럼 식음을 전폐하고 다리를 쭉 뻗고는 내가 벽에 써놓은 '사사민원 의사동천'이라는 글씨를 쳐다보며 하늘도 무심하다는 생각이 들었다.

제2회 공판

선거가 끝난 3일 후인 3월 30일 제2회 공판이 열렸다. 제2회 공판도 형사지법 대법정에서 열렸다. 대법정은 입추의 여지가 없을 정도로 방청객이 가득 찼다.

김종건 · 이규명 검사가 당당한 모습으로 법정에 들어오고 뒤이어 법복을 입은 목요상 판사가 들어왔다. 검사의 공소장 낭독이 시작되었다. 그는 아주 카랑카랑한 음성으로 공소장을 읽어내려갔다. 곧이어 심리가 시작되었다. 필자인 임중빈 씨는, 문제의 논문을 쓴 것은 외국의 불건전하고 무질서한 학생운동을 배척하여 우리나라의 정신적 근대화운동을 촉구하기 위해서였을 뿐, 국외 공산계열을 고무 찬양할 의도는 없었다고 진술했다.

또 이명환 변호사는, 공소장에 그가 탐독했다고 적힌 《스탈린전집》·《레닌전집》, 마르크스-레닌주의 서적 등은 책조차 본 적이 없다면서 미국의 '뉴 레프트'에 관한 부분은 흥사단에서 발행하는 《기러기》지에 실린 송건호 씨의 글을 인용한 것이라고 변론했다. 이어 피고인이 읽지도 않은 공산주의 서적을 피고인이 읽은 것처럼 공소장에 기재했으니, 그것은 검사들이 피고인보다 공산주의를 더 연구한 것이 아니냐는 변호인의 주장에 검사들이 흥분하여 감정적인 말이 오가는가 하면, 방청석에서 웃음소리가 터져나오자 방청객들을 향해 고함을 치는 등 어수선한 분위기 속에서 제2

회 공판은 끝났다.

일 주일 후인 5월 7일 속개된 제3회 공판에서는 당초 임중빈 씨에 대한 사실심리를 계속할 예정이었으나, 그 동안 열심히 변호를 맡아주었던 이명환 변호사가 개인사정이라는 이유로 사임계를 제출하고 이택돈 등 다른 변호사들도 재판에 관여하지 않아 임중빈 씨의 사실심리가 연기되는 일이 생겼다. 나와 윤재식 씨에 대한 사실심리에서는 나에게 임중빈 씨가 써온 원고를 봤느냐 안 봤느냐라는 질의를 하였다. 나는 임중빈 씨와는 교정과정에서 처음 알게 되었고, 이 논문은 창간 당시 기획된 것으로, 1970년도 11월 학생의 달 특집으로 엮게 된 것이라고 그 논문을 싣게 된 경위를 진술했다. 또한 원고는 취재기자와 편집장이 보고 교료校了를 하기 때문에 직접 보지는 못했다, 그러나 편집인으로서 법률적인 책임은 지겠다고 간단히 답했다.

나는 그들에게 더 많은 이야기를 할 필요를 느끼지 않았다. '강이 아니면 건너지 말고 길이 아니면 가지 말라' 는 속담이 생각났다. 이 재판은 변호사의 뒷받침과 판사의 용단으로 역사적 판단이 나오리라고 생각했기 때문이다. 임중빈 씨의 심리는 일 주일 후인 5월 14일로 연기가 되었다. 나는 필자인 임중빈 씨가 매우 논리정연하게 진술을 하고 목요상 판사도 공정한 재판을 해줄 것이라는 확신과 함께, 또 이 사건이 정치적 사건인 데다 원통하지만 김대중 후보가 대통령선거에서 낙선되었으니 조속히 매듭지어지리라는 느긋한 생각이 들었다.

4회 공판에 나타난 한승헌 변호사

5월 14일 제4회 공판때는 대법정에서 좀 작은 법정으로 자리를 옮겼는데 입추의 여지도 없이 방청객들이 가득 찼다. 제3회 공판때 윤재식 씨의 변호인인 이상혁 변호사 이외의 변호인들이 모두 사임하거나 불참해버려 이번에도 변호사도 없이 재판을 받겠지 하는 막연한 불안감이 있었는데, 뜻밖에도 한승헌 변호사가 나와주셨다. 바로 이분이 '분지 필화사건', 《사상계》의 '오적 필화사건' 의 변호인으로 명성이 높던 한승헌 변호사임을 직감적으로 알아볼 수 있었다.

이날 나와 윤재식 씨는 전혀 꿈에도 생각지 못한 목요상 판사의 직권보석 결정으로 보석금 10만 원씩을 내고 풀려나게 되었다. 방청석의 모든 분들이 만세를 부르고 환호를 했다. 나는 무척 기뻤다. 그러나 같이 고초를 받고 있던 임중빈 씨를 두고 출옥한다는 것이 마음을 아프게 했다. 어떻게 그를 위안해야 할지 막막했다.

그날 재판부는 김상현・박창근・최의선・윤길한 등 《다리》지 관계자와 〈조선일보〉 논설위원인 남재희, 시인 구상 씨 등 6명을 증인으로 채택하였다. 그밖에 변호인측이 논문의 감정증인으로 신청한 언론인 천관우・홍승면, 철학자 안병욱, 문학평론가 백철・홍사중, 역사학자 김성식 씨에 대한 증인채택은 보류되었다.

보석이 결정되는 순간은 참으로 감격적이었다. 옥살이에서 풀려난다는 그 사실보다 기고만장했던 검사들의 당황하는 모습이 우리들의 승리, 정의의 승리라는 확신을 주었다. 그날 밤이 늦어서야 옥문을 나섰다. 그때의 기다리는 심정은 일일여삼추一日如三秋라 할 수 있을 것같다. 옥문을 나설 때까지 참으로 발이 떨어지지 않았다. 똑같이 고생한 동료 한 사람을 떼어두고 나온다는 것이 마음을 자꾸만 짓눌렀으나 임중빈 씨는 내일부터 책 차입과 접인금지가 풀린다니 그것만이라도 다행이라 생각했다.

서대문구치소에 들어온 지 100일. 독방에다 접인금지, 운동・목욕・세수 한번 변변히 하지 못한 억울한 옥살이였다. 이 옥살이가 나에게, 내 민족과 국가에게 무슨 보탬이 될 수 있었을까. 한껏 젊음을 불사르며 군사정권을 타도하고 민주정부를 세워보겠다고 대통령에 출마한 김대중 후보를 도와드리지 못한 미안함이 덮쳐왔다.

옥문 앞에는 많은 친지들이 나와 있었다. 두부를 입에 넣어주는 손길의 따뜻한 인간애에 젖었다. 나는 《다리》사에서 나온 차를 타고 북악스카이웨이를 돌며 휘황찬란한 서울야경을 구경했다. 높은 곳에 올라 처음 구경하는 서울야경이다. 이 서울하늘 아래 얼마나 많은 억울한 사람들이 탄압받거나 감시받는 억눌림으로 살고 있는가 생각을 하니 오히려 답답함이 몰려왔다.

그후 5월 20일의 제5회 공판에서는 박창근 · 최의선 · 윤길한의 증인신문이 있었고 6회 공판때는 남재희 · 구상 · 김상현 · 송건호 씨 등의 증인신문으로 재판이 계속되었다. 한승헌 변호사의 논리정연한 변론과 증인들의 해박한 지식으로 인해 시간이 갈수록 검찰은 궁지에 몰리는 현상이 일어났다.

6월 15일 서울지검 공안부 김종건 · 이규명 검사는 '피고인들이 북괴와 국외 공산계열의 활동을 찬양하는 논문을 쓰거나 잡지에 실어 국내 학생운동을 나쁜 방향으로 유도했기 때문에 무거운 처벌을 해야 된다'는 논고로 임중빈에게는 징역 5년에 자격정지 5년, 윤재식과 나에게는 자격정지 2년에 징역 2년을 구형했다.

무죄, 무죄, 무죄로 일관한 판결

재판부는 그 동안의 심리 및 변론을 마치고 6월 29일에 선고를 할 예정이었으나 검찰이 전화로 변론재개 요청을 해오자 이 요청을 받아들여 선고를 미루었다. 이날 목요상 판사는 오늘 선고를 할 예정이었으나 검찰측 요청으로 변론을 재개한다면서, 임중빈 씨에 대하여 직권보석을 허가해주었다. 일단 임형의 몸이 풀려나니 내 마음도 한결 가벼워졌다.

7월 13일 다시 재판을 열고 심리할 예정이었으나, 김종건 검사가 출석하지도 않은 채 서면으로, 임중빈이 통일혁명당 사건에 관련되어 집행유예중이므로 반공법 9조 2항(재범자의 특수가중)이 적용되어 최고법정형인 사형까지 선고할 수 있으므로 법원조직법 29조에 의해 이 사건은 단독판사의 관할사항이 아니니 합의부로 이송해달라는 이송신청을 냈다.

목요상 판사는 이 신청을 검토하기 위해 7월 16일 상오 10시로 공판기일을 연기했다. 검찰은 애당초 공소장에서는 임중빈 씨에게 9조 2항을 적용하도록 했으나, 6월 15일 구형공판때 논고를 하면서 9조 2항의 적용을 철회하겠다고 해놓고서는 다시 그 문제를 들고 나온 것이다.

7월 16일, 검찰측이 나오지 않아 30분간 기다리다가 재판이 시작되었다. 검찰은 판결중에 나와서 공소사실 가운데 9개 항목의 이의신청과 2명의 감정증인(《동아일보》 외신부의 박준길, 〈한국일보〉 논설위원 최정호)을 신청, 선고공판을 연기해보려 애썼으나 이 신청은 받아들여지지 않고 선고공판이 그대로 진행되었다.

  공판 결과, 우리들 세 사람에게 무죄가 선고되었다. 목요상 판사는 판결문에서 문제의 논문 '사회참여를 통한 학생운동'에 대해, 필자가 서구나 미국의 학생운동을 예로 든 것은 그들의 이념을 무비판적으로 찬양·동조하려는 것이 아니라 일정한 여과를 통해 건전한 문화 창조에 도움이 되도록 하려는 내용이었으므로 현정부를 비방·선동한 내용은 아니었다고 판시하고, 현정부에 대해 비판적이고 도전적인 점은 있으나 이는 헌법이 보장한 언론자유의 테두리 안에서 낡은 요소를 청산하고 민주사회·복지사회의 이념을 확립하는 방향으로 학생운동의 진로를 개척해나가자고 주장한 것이므로 반공법 4조 1항에 저촉되지 않는다고 결론을 맺었다.

  그날 나는 이 판결을 보고, 군사독재에 의해 모든 것이 병들고 나약해지고 정의와 질서와 규범이 파괴되었다는 결론은 철회하기로 하였다. 목요상 판사 같은 분의 의로움이 살아 있고 한승헌 변호사 같은 분의 희생정신이 살아 있는 한 아직 이 사회는 포기할 수만은 없다는 생각이 들었다.

  검찰은 이날의 무죄판결에 대해 즉시 항소를 하였다. 그후 고법을 거쳐 1974년 5월에 대법원에서 무죄가 확정되었다. 3심을 거치는 동안 한승헌 변호사의 노고는 이루 헤아릴 수 없다. 25년이 지난 지금도 《다리》지 필화사건의 상처는 내 육신과 정신 속에 남아 있다. 또한 지금껏 지워지지 않는 반공법 연루자, 김대중 선생 측근 등이라는 이유로 내 생활을 얼마나 찌들게 하고 분통터지게 했던가. 옥바라지를 하시던 어머니는 가슴앓이를 하다 돌아가셨다. 내가 그렇게도 애지중지하던 책들은 혹시 재판에 불리한 증거물로 압수될까 싶어 찢기고 소각되었다. 이렇게 그 사건은 많은 상처와 아픔을 남겨주고 이제 25년이라는 시간이 흘렀다.

  나는 그때 나에게 보내준 그 애정어린 많은 사랑의 빚을 지금껏 갚지 못하고 있다. 세월은 모든 것을 마모한다고 하지만 내 인생에서 그 사건만은 영원토록 지울 수 없을 것같다.

체험기 (2)

야당지도자 겨냥한 정치적 복선

임중빈 (문학평론가)

표면승리, 이면패배의 음모극

《다리》지 필화사건은 필자와 윤형두·윤재식 피고인에게는 언론항쟁의 승리를 안겨주었지만, 제7대 대통령선거에 즈음하여 김대중 후보 진용에게 패배의 무덤을 파게 한 정치공작의 음모가 제대로 맞아떨어진 역사적인 사례라 이를 수 있다.

1971년 이른 봄 전국적으로 확산되어가고 있던 김대중 선풍을 잠재우고자 'HR(이후락) 정보부는 김후보 진영을 교란하기에 부심'(김충식, 《정치공작 사령부 남산의 부장들》, 동아일보사, 1992, p. 303)한 나머지 '계략적으로' 동교동 홍보팀을 '잡아넣은 것'으로, 이 필화사건 자체가 '김후보 진영의 기를 꺾고 압박하기 위한 것'(같은 책, p. 304)일 뿐만 아니라 필경 널리 읽혀 박정희 후보의 표를 적지 않이 잠식할 《김대중 회고록》의 출간을 사전에 미리 봉쇄한 정치공작의 권력의지가 난무한 본보기였다.

김후보의 핵심참모로 월간 《다리》지의 실질적인 운영주체였던 고문 김상현 의원의 구속 대타격으로, 앞서 이 잡지 1970년 11월호에 발표된 '사회참여를 통한 학생운동'의 필자인 나를 주범으로 하고, 잡지 편집인 윤형두, 발행인 윤재식을 종범으로 한 필화사건의 정치적 파문을 어느 정도 자제한 흔적이 없지 않지만, 그해 3, 4월경에 출간하기로 된 김후보의 저작활동 저지에는 물샐 틈 없는 남산의 음모극이 주효한 셈이었다.

내가 김후보 저술의 집필을 맡고 범우사 윤형두 대표가 문제의 회고록 출판을 맡게 된 데다 윤재식 피고인은 당시 동교동 홍보담당 보좌역이었다. 그리고 보면 남산이 친 법망의 음모로 말하자면 단순히 김대중 후보 진영을 교란하기에 그친 것이 아니라 1971년 4·27 대통령선거에서의 승기勝機를 꺾는 결정타가 되기에 충분했다.

한편 공동변호인 대표 산민山民 한승헌 변호사로서는 남정현의 '분지糞地' 필화사건과 김지하의 '오적五賊' 필화사건에 대한 열띤 변론에 이어 이 《다리》지 필화사건 변론으로 첫 무죄선고를 이끌어냄으로써, 값진 언론투쟁의 월계관을 《다리》 진용에 안겨준 불멸의 공로가 지대하다. 당시 서울형사지법 목요상 판사의 현명한 무죄언도부터가 또한 살신성인殺身成仁의 한 전범이었다.

지금에 와서 4반 세기 전의 일을 돌이켜볼 때 표면상으로는 언론항쟁의 승리를 기록했으나, 이면으로는 문민정부 태동의 씻을 수 없는 좌절을 실감케 한 것이 《다리》지 필화사건이었다고 본다.

김대중 후보 홍보 봉쇄작전

1971년 2월 10일 새벽이었다. 서울 정릉 산동네에 있는 내 우거寓居에 불청객 2명이 들이닥쳤다. 서울지검 이규명·김종건 공안검사로, 3년 전 나에게는 전혀 날조 조작된 통일혁명당(통혁당) 사건때 이미 낯익은 얼굴들이었다.

검사들이 압수수색영장을 제시하고 서실의 책들을 뒤지는 동안 성북경찰서 형사대들이 나타나 나를 연행해가려 했다.

'아차! 김대중 후보의 일이 수포로 돌아가고 마는구나!'

마음 속으로 섬뜩한 생각부터 들지 않을 수 없었다. 다소나마 시간을 끌고자, "아니, 세수나 하고 옷은 갈아입어야지요"하며 비교적 여유만만하게 발길을 세면장으로 옮겼다. 순간 아내는 뒷문으로 재빨리 빠져나가 〈중앙일보〉 사회부 주섭일 기자에게 나의 신변에 이상이 있음을 감쪽같이 알린 모양이었다.

성북서에 연행되어 점심때가 지나도록 대기상태에 있었는데, 피의자를 구인한 기밀이 샜다 하여 경찰서가 발칵 뒤집히다시피 했다.

오후에 압송되어간 곳은 회현동 모처에 회사간판을 달고 위장해놓은 안가安家였다. 김검사가 특유의 손찌검과 발길질부터 하며 나를 닦달하기 시작했는데, 책상 위에는 뜻밖에도 서너 달 앞서 나온 《다리》지가 놓여 있었다.

김·이 양 검사는 몽둥이 수사를 하느라 문맥이나 논리를 따져볼 겨를조차 없었다. 그날 저녁때인가 이튿날 아침인가, 아래층에서 검사들의 목소리 높은 수사가 진행되고 있었는데 피의자의 음색 가운데 《다리》지 윤형두 주간의 해명도 들려왔다. 멀지 않은 곳 명동성당의 종소리가 들려올 때마다 삼종기도를 올리며 문제의 글을 집필한 나 한 사람만으로 사건이 매듭되기를 바랄 뿐이었다.

2월 10일은 미국에 건너가 정일형 박사와 활동중이던 신민당 대통령후보 후광後廣 김대중 선생이 귀국하는 날이었다. 김후보의 회견은 1970년 늦가을부터 본격화되어 20여 차례 단독으로 진행되어왔다. 좀처럼 시간내기가 여의치 못하여 1971년 1월에는 동교동 자택 건너 창천동 김상현 의원댁에서 숙식하며 3주나 대기하고 있었지만, 늘 인터뷰가 불발로 그치고는 했다.

일 주일로 예정되어 있던 방미행사가 열흘 이상 끌고 있어서 초조해하고 있었다. 그러던 차에 귀국하여 이제 너덧 차례 회견을 더하면 속필로 원고가 마무리되어 기고만장한 감동편《김대중 회고록》이 범우사에서 쾌속으로 나올 판이었는데, 이제 피검된 이상 그일을 누가 할 것인가. 실로 군정 종식, 민주대도의 길은 암담하기 이를 데 없었다.

1967년 5·3 대선을 앞두고는 제6대 윤보선 대통령후보의 《구국의 가시밭길》이 1주일 단독 인터뷰와 열흘 집필로 선거 전에 간행될 수 있었다.

비록 그 후유증으로 통혁당 관련 혐의로 옥고를 치르기는 했으나, 민주화의 길은 본래 가시밭길임을 자각하는 계기가 되었다. 전기고문으로 사건 연루를 조작했으나 집행유예 선고를 받은 정도여서 《신약》 400독讀을 하며 신앙에 입문하는 계기가 되었다.

그러나 이번에는 대통령후보의 책자 간행준비 과정에서 허를 찔렸던 것이다. 신변보호가 안된 상태에서 회견 마무리마저 못한 후광의 작전이 너무도 허술한 데에 울분을 금할 길 없었다. 후광의 라이프 스토리가 제대로만 알려진다면 수백만 표쯤 왔다 갔다 할 것으로 나는 믿고 있었건만, 민주화는 또다시 허탕이 아닌가 해서 회현동 안가에서의 이틀째 밤은 거의 뜬 눈으로 지새다시피 했다.

2월 12일 오후 검찰청으로 끌려온 윤형두·윤재식 피의자와 나는 전격적으로 구속되었다. 서울형사지법 유태홍 판사는 보나마나 내 글의 논지를 훑어보지도 않고 구속영장에 무조건 '도장' 부터 찍었을 터이다.

그런데 그날 저녁 무렵 구속영장을 집행하는 검사실에서 알 만한 기자 한 사람이 접근해왔다. 동아방송 기자였던 것같은데, 나는 그에게 한마디 귀띔하기를, "이번 필화사건은 실제로 정치사건이나 다름없다. 김대중 후보의 책은 선거 전에 나오기 어렵게 되었다"고 밝혔다. 이것이 '동아일보'와 동아방송에 보도됨으로써 공안통치는 나에 의해 두 번째로 들통이 나고 말았다.

그뒤로 검찰청에서는 "임중빈이 뜨겁게 다뤄. 세게 다루어야지 하는 일마다 다 새어나가 안되겠어"라고 되풀이하며 치를 떨었다 한다.

무죄선고까지의 험난한 역정

나는 서울구치소 4사 2층 맨 끝방에 수감되었다. 바로 이방에서 간첩 이수근이 투옥되어 있다가 사형집행을 당했다고 교도관과 '소제' 들은 전하였다.

늦추위가 기승을 부리던 어느날 출정하여 인정심문을 하였다. 재판장은 윤영철 판사로, 가인街人 김병로 대법원장의 서랑壻郞이라는 말이 들려왔다.

이를 전후하여 재판부에 억울하다는 탄원서 제출이 있고 그 얼마 뒤 공판 통고가 왔다. 목요상 판사 주심이었다. 목판사라면 '오적' 필화사건 재판장으로, 이분이 재판을 진행하는 방식은 다 알 만하였다. 너무도 잘 경청하여 피고인의 발언을 처음부터 끝까지 보장해주는 법관이 아닌가. 나로서는 소신껏 법정진술을 해야겠다고 결의하였다.

공판에 앞서 변호인으로 홍영기·이택돈·주도윤·이명한 등 실력있는 변호사들을 김후보실에서 선임하였다. 윤재식 피고인의 이상혁 변호사와 홍변호사가 늘 법정대리인으로 애쓰는 과정에서 나는 '분지'와 '오적' 필화사건의 명변론으로 이름난 산민 한승헌 변호사를 모셔오도록 하였다. 목요상 재판장이 일일이 녹취해온 공판기록을 세심하게 검토한 한변호사는 접견때 "앞으로는 공판정에서 소신발언을 억제해도 이길 수 있다"고 요령을 터득하게 했다.

이 필화사건은 재판은 물론 우리측이 이긴다는 확신이 섰다. 다만 《다리》지 필화사건의 선고를 4·27대선 전에 하느냐, 그뒤로 미루느냐 그것이 문제였다.

그런데 법정에서는 완전무결한 심리과정을 거쳐 명판결을 하려는 기색이 완연하였다. 그래서인지 피고인측 증인인 구상 시인, 〈조선일보〉 남재희 논설위원과 김상현 의원, 그리고 《다리》지 관계자 말고도 목요상 판사는 직권으로 〈동아일보〉 송건호 논설위원의 증언도 추가하였다.

2월 중순에 구속되어 반 년 동안 1심 공판이 속개되는 도중에 두 윤尹 피고인은 보석으로 풀려났고, 나만 전과가 있다 하여 혼자 남게 되었다.

6월 29일은 내 영명 축일이었다. 천주교 교명이 베드로인 나는 29일 베드로 바오로 대축일 새벽에 꿈을 꾸었는데, 무죄선고가 내려지는 것이 아닌가. 나는 무죄를 자신하지 않을 수 없었다.

아니나 다를까. 이날 서울대 운동권 학생 10명은 무죄선고로 일제히 석방되었다.

《다리》지 선고공판이 늦춰지는 정치적 이유와 관계없이 나는 서울구치소에서 《구약》을 35번이나 읽으며 신심을 굳건히 해나가고 있었다. 그 무렵 남산 중앙정보부와 검찰은 목판사에게 골프를 치자는 유혹과 미행의 협박을 자행해나가면서 재판부의 합의부 이송 또는 유죄선고를 종용하였다.

국외 공산계열 찬양이라는 그물

《다리》지 필화의 공안검사 김종건·이규명 검찰관은 남산의 방침에 따라 필자 일동에 대한 공소장을 작성했던바, 그 요지인즉 이러하다.

사회주의 사회 건설을 위하여서는 현정권을 타도하는 것만이 그 첩경이고 현정권의 타도는 학생운동의 사회주의적 문화혁명에 의한 것만이 그 방법이라고 망상한 나머지…… 국외 학생운동의 선례를 들어, 1968년 불란서 파리에서 드골 정권 타도에 봉기하였던 극좌파 학생운동인 5월혁명과 북괴수괴 김일성의 사상노선과 방법론 등을 주조로 삼아 미국정부 타도에 앞장서고 있는 미국의 극좌파인 뉴 레프트(New Left)의 활동에 대한 타당성 등을 대상으로 하여, …… 한국 학생운동의 정권타도를 위한 방법으로는 학생과 노동자의 통일전선 실현이 필요하며 이러한 공동투쟁은 한국과 같이 자본주의사회가 확립되지 못한 개발도상국가에서는 아나키즘이나 붉은 혁명으로써 정권을 타도할 수 있는 가능성이 쉽게 이루어질 수 있다는 것을 역설적으로 암시하고…… 불란서 극좌파 학생운동의 수괴인 콩방디에 의한 5월혁명과 미국의 극좌파 행동주의자들인 뉴 레프트의 활동 등 국외 공산계열의 활동방법이 한국정권을 타도하기 위한 정치혁명의 전단계로서의 문화혁명을 일으키는 방법에 일조가 되며, 학생운동에 하나의 지침이 될 수 있다는 것으로 설시하여 한국 학생운동에 이를 받아들여야 한다는 취지로 주장 논단하여 동 원고를 동년 10월 초순경 동 '다리' 사에 제출, 동월 하순경 동 《다리》지 동년 11월호에 게재 발간케 하여 국외 공산계열인 적기 콩방디 등 극좌파를 비롯한 미국의 뉴 레프트주의자들의 활동을 찬양 고무, 동조함으로써 동 국외 공산계열 및 반국가단체인 북괴를 이롭게 하였다.……

이러한 이유를 들어 검찰은 나에게 징역 5년을 구형하였다.
자유민주주의를 탄압하면 할수록 더욱 확고한 순교적 정열만 배태한다.

역사적 문헌 변론서

이러한 군사파쇼 제도장치의 계략적인 음모각본에 대하여 필화사건 변론의 도사급인 한승헌 변호인은 다음과 같은 요지로 반격하는 변론서를 법원에 제출하였다.

……특히 우리 한국에 있어서는 반공관계 법률이 위정자의 자기방어적 편법으로 남용되어 국민의 비판적 언론을 봉쇄하는 데 동원되는 악례가 있다.

본건 재판의 대상이 된 임중빈 피고인의 논문 '사회참여를 통한 학생운동' 이 적을 이롭게 하는 글이라고 주장하면서 반공법 위반으로 구속 기소한 처사도 그러한 일례가 될 만하다.

① '한국 학생운동은 정권을 타도하는 데 절대적인 위치에 있다고 전제한 후' 운운하였으나 문제의 글 어디에도 그런 뜻으로 기술한 바가 없고,

② '문화혁명은 정치혁명에 선행함은 물론…… 문화의식의 성을 쌓을 것을 제안한다' 는 대목을 현정권 타도의 방법으로서 그런 방향지시를 한 것이라 보고 있다. 그러나 필자가 여기서 쓴 '혁명' 이라는 말은 정치학적 용어로서가 아니라 일반적으로 말하는 변혁의 뜻을 나타내는 것이다.

③ '젊은이들이라면 기성권위와 가치에 대하여 마땅히 도전해야 한다…… 그러기에 젊은이들의 반항은 전세계적인 현상으로 나타난다' 는 설명 아래 불란서 학생들의 5월혁명과 미국의 뉴 레프트 활동에 대한 타당성을 대상으로 하여 운운하였으나 기성권위와 가치에 대한 젊은이들의 도전

반항은 이미 통속화되다시피 한 사회풍조이면서 세대간의 불협화를 나타내는 것일 뿐 좌파학생들의 활동과는 엄격히 구별되어야 할 문제이다.

필자가 불란서의 5월 학생혁명이나 미국의 뉴 레프트 활동을 거론한 것은 한국의 학생운동과 외국의 그것을 비교하기 위하여 예증例證 비판을 하는 방법의 하나였음이 문맥상 뚜렷하며 한국의 경우와 결부시켜 그들의 타당성을 수긍한 일은 전혀 없다.

④……붉은 혁명으로써 정권을 타도할 수 있는 가능성을 암시하였다고 하나, 이러한 검찰의 해석은 너무도 엄청난 왜곡이다. 어디까지나 불란서라는 사회와 그 나라의 정치적 풍랑 속에서 학생운동이 어떠한 영향을 미쳤느냐 하는 점을 고찰한 것인데, 이것을 가지고 곧 한국에서 학생노동자의 정치적 통일전선의 가능성을 암시했다니 몇 번 비약해도 도달할 수 없는 허황된 강변이 아닐 수 없다.

뉴 레프트의 저항적 행동력은 한국 학생의 정권타도 운동에 하나의 방법이 될 수 있다는 것을 인정하였다고 검찰은 공격하나 필자는 '이러한 기성체제에 전적으로 도전하는 풍속적 현상이 반드시 바람직한 일일 수는 없다' 고 못박았으니 도대체 한국의 정권타도에 써먹을 방법으로 그것들을 인정했다는 주장은 추호도 나올 여지가 없다.

판사직 날린 판결문 요지

하지만 사법부의 양심을 대변하는 목요상 재판장은 갖은 회유와 협박에도 불구하고 자택에도 들어가지 않는 가운데 《다리》지 필화사건의 무죄 판결문을 작성해나갔다.

7월 16일 선고공판 날이었다. 새벽꿈 그대로 무죄가 장문의 판결문으로 언도되었다. 피고인의 탄원서, 저명인사들의 법정증언 그리고 내가 공판정에서 열변을 토해온 진술 그대로의 줄거리가 살아 움직이는 논지였다.

문제된 본건 논문내용 중, 오늘날 구미 각국에서 일어나고 있는 학생운동의 투쟁동기는 주로 학교운영에 관한 문제가 대부분이다. 간혹 인종차별 철폐나 월남참전 거부 같은 것도 있지만 태반이 개인의 해방과 자유의 요구를 들고 나옴에 비추어 한국의 학생운동은 3·1운동을 비롯하여 일제시대 광주학생운동과 4·19, 6·3사태에서 보는 바와 같이 민족의 해방으로부터 거국적이고 범국민적인 문제, 민주주의 수호를 위한 투쟁 등 보다 차원이 높은 집단적인 갈망을 늘 대변해왔다. 현단계에서 우리에게는 문화를 통한 경건한 변혁이 필수의 것으로 요청되고 있는 듯하다.

비트나 히피의 아류문화가 우리에게 무슨 도움이 되며 새로운 아나키즘의 도입이 역사적 현실의 타개에 무슨 도움이 될 것인가. 장엄한 4·19정신은 문화예술을 통하여 재생되어야 하며 그 교훈은 우리 전근대 사회와 문화에 비약적인 발전의 계기로 삼아야 한다.

과거 우리의 학생운동은 3·1운동을 비롯하여 광주학생운동, 4·19의거, 6·3사태 등에서 볼 수 있는 민족주의와 민주주의 또는 민권수호를 위한 투쟁 등 민족운명의 타개에 활력소가 된 반 세기의 확고한 전통이 서 있음에 비추어 정사적인 위치를 차지하고 있다고 볼 수 있음에 반하여, 야사의 위치를 벗어나지 못한 선진 외국의 학생운동은 그 얼마나 혼돈과 병폐상에 허덕이고 있는가를 프랑스·미국 등의 선례를 들어 대비 설명하면서 우리의 젊은 세대는 외국의 히피나 비트 등 아나키즘 현상을 배격하고 일체의 정치적 도전을 포기하자는 것은 아니나 그보다 앞서서 재래의 데모 만능 풍조로 정치적 도전만을 일삼을 게 아니라 4·19정신과 같은 민족주의와 민주주의의 전통을 확립할 수 있는 독자적인 청년문화 운동으로 역사적인 난관을 타개해보자는 일종의 청년문화론을 시도해본 것에 지나지 아니하고, 학생운동을 현정권 타도를 위한 문화혁명을 일으키는 방향으로 이끌어야 한다고 주장하였다고는 보이지 아니한다.

또한 동 피고인이 같은 논문 가운데서 밝힌 문화혁명이니 정치혁명이니 하는 '혁명'이라는 단어의 뜻도 그말을 쓴 바로 다음 글귀에서 그말을 부연설명하는 가운데 '현단계에서 우리에겐 문화를 통한 경건한 변혁이 필수의 것으로 요청되고 있는 성싶다' 고 설시하고 있음에 비추어 단순한 변혁의 뜻을 지닌 데 불과하고 그 이상 공산주의자들이 말하는 바와 같은 정치적 의미로서의 '혁명'을 의미하는 것은 아니라고 생각되고 아울러 '정치적 도전'이라는 의미도 그 논문내용에 비추어 단순한 정권타도를 위한 투쟁을 뜻함이 아니라 과거 우리의 반 세기 학생운동이 벌여온 것과 같은 민족주의와 민주주의 또는 민권수호를 위한 투쟁 등을 의미하는 것이라고 보일 뿐만 아니라 그 논문 전체내용을 아무리 훑어보아도 한국 학생운동이 정권을 타도하는 데 절대적인 위치에 있다고 표현한 글귀를 찾아볼 수도 없다.

스스로 5월혁명과 뉴 레프트 등 서구 학생운동을 비판적으로 부정하고 있음에 비추어보면 그들이 국외 공산계열이냐 아니냐를 따져볼 필요도 없이 그들의 활동이나 주의사상을 찬양 고무하거나 동조한 것이라고는 보이지 아니한다.

결론적으로 위 논문 내용을 통틀어 살펴볼 때 다소 현정부에 대하여 비판적이고 도전적인 대목이 없지 않은 바는 아니나 헌법상 보장된 '언론의 자유'의 테두리 안에서 전근대적인 낡은 요소를 완전 청산하고 민족복지사회의 이념을 확립하는 방향으로 학생운동의 진로를 개척해나가자고 주장한 데 지나지 않는 것으로서, 반공법 제4조 제1항에는 저촉되지 아니 한 다고 보아 마땅할 것이다.

김상현 의원은 최근 기자에게 이렇게 말했다.

《다리》지 사건은 김후보 진영의 기를 꺾고 압박하기 위한 것이었다. 그러나 나는 형식상 고문으로 되어 있어 회기 후에도 구속으로까지 책임을 지우기가 어려웠다고 한다. 그러나 이후락 씨는 대통령선거가 끝나고 나에게 "우리 쪽에서 김의원도 구속해야 한다는 의견이 많았으나 내가 반대했다"고 생색을 내곤 했다.

변론서

변 론 서

피고인 임중빈
윤형두

사　　건　　반공법위반

담당변호인　　변호사 한승헌

차　　례　　1. 서론
　　　　　　2. 무서운 오해 (사실점)
　　　　　　3. 증거에 의한 평가
　　　　　　4. 반공법 제4조의 의율
　　　　　　5. 결론

1. 서론

　우리 헌법은 분명히 언론의 자유를 보장하고 있다. 의사발표의 자유야 말로 기본권 중의 기본권이며 자유민주 체제의 이념적 근간을 형성하는 요소가 되고 있다. 국민의 자유는 오직 공중도덕이나 사회윤리를 침해하여서는 아니되고(헌법 제18조 5항 후단) 질서유지 또는 공공복리를 위하여 필요한 경우에 한하여 법률로써 제한할 수 있을 뿐이다. (헌법 제32조 전단)

이와 같은 자유권에 있어서의 법률의 유보는 그 역사적 의미로 보나 본질적 이념에 비추어 국가권력에 의한 침해로부터 개인의 자유를 보장하려는 데 그 목적이 있는 것이다.

다시 말하면, 국민의 자유를 제약할 수 있는 사유와 근거를 엄격히 제한함으로써 권력의 방자한 압제를 방지하자는 데 본말의 뜻이 있다.

그러나 '질서유지와 공공복리를 위한 필요'란 매우 애매할 경우가 많을 뿐더러 논자의 입장에 따라서 다양한 이견이 대두될 수 있는 문제점을 안고 있음도 사실이다. 하나의 기준을 해석하기 위하여 또 다른 기준이 필요하다보면 '기준의 기준', '해석의 해석', '기준의 해석', '해석의 기준'이 무한히 되풀이되며 때로는 논리의 모순이나 순환론에 빠지고 말게 된다.

이런 현상은 입법상의 혼미를 자아내는 데 그치지 않고 실정법규의 해석과 적용에까지 커다란 위험을 파생한다.

정치권력의 입장에만 치우친 안목에서 현실에 대한 고발이나 비판 또는 개혁에의 의지를 모두 반정부적인 내지는 이단적인 것으로 보고 이들에 대한 규제사유로써 질서유지나 공공의 복리(또는 그것을 이유로 한 법률조항)를 내세우기 쉽다.

특히 우리 한국에 있어서는 반공관계법률이 위정자의 자기방어적 편법으로 남용되어 국민의 비판적 언론을 봉쇄하는 데 동원되는 악례가 있다.

그러한 법의 오용은 '현실비판→ 반정부→ 반국가→ 용공'이라는 색맹적독단의 소치가 아니면 전단교조주의적 專斷敎條主義的 사고의 해독이라고 지탄되어 마땅한 것이다.

본건비판의 대상이 된 임중빈 피고인의 논문 '사회참여를 통한 학생운동'이 적을 이롭게 하는 글이라고 주장하면서 반공법위반으로 구속제소한 처사도 그러한 일례가 될 만하다.

우리나라의 특이한 긴박상황을 이유삼아 그만한 내용의 글마저도 용공시한다는 것은 언론자유 그 자체의 부정인 동시에 '자유와 권리의 본질적인 내용을 침해할 수 없다'(헌법 제32조 2항 후단)는 헌법상의 기본적 데드 라인을 파괴하는 '위험스러운 애국'이라고 보지 않을 수 없다.

2. 무서운 오해(사실점)

무릇 한편의 글을 평가함에 있어서는 글 자체에 나타난 그대로를 선입견 없이 그리고 전체적 대의로 파악하여야 함이 우리의 건전한 상식이다.
형사책임을 가리는 마당에서는 더욱 그러하며 특히 '평균적 독자'의 입장을 벗어나서는 안된다.
만일 위에 적은 세 개의 초보적 룰조차 무시한 나머지 편견에 사로잡혀 부분만을 꼬집어 정보사찰적 검열자의 의식으로 표현물을 탓잡는다면 참으로 위험천만한 오해를 빚어내게 된다.
임피고인의 본건 논문에 대해서도 앞서 내세운 초보적 룰을 경외시한 데서 오는 오해가 용공혐의로까지 번진 것으로 생각된다.
우선 공소장 첫머리에 장황한 모두사실 기재에서 본건 논문으로 겨냥한 편견과 예단의 흔적이 역연하다. 다음으로 본건 논문의 주제적 흐름이라고 볼 수 없는 지엽적인 부분만을 단편화하여 공소사실의 문맥으로 삼고, 정작 필자의 판단과 주장이라고 볼 수 있는 대목은 전혀 묵살한 데서 제2, 제3의 룰이 유린되었음을 느낀다.
어쨌든 본건 논문 중 공소사실에서 문제삼은 몇 개의 판단적 기술이 과연 어떠한 본의를 지니고 있는 것인가 하는 점은(기왕 부분을 들추어 소추가 되었으니) 밝혀볼 필요가 있다.
(1) '한국학생운동은 정권을 타도하는 데 절대적인 위치에 있다고 전제한 후' 운운 하였으나 문제의 글 어디에도 그런 뜻으로 기술한 바가 없고
(2) '문화혁명은 정치혁명에 선행함은 물론…… 문화의식의 성을 쌓을 것을 제안한다'는 대목을 현정권 타도의 방법으로서 그런 방향제시를 한 것이라 보고 있다.(공소사실제3면 위에서 6행째 이하) 그러나 필자가 여기서 쓴 혁명이란 말은 정치학적 용어로서가 아니라 일반적으로 말하는 변혁의 뜻

을 나타내는 것이다.

지적된 대목 바로 다음에 (《다리》지 제66면 좌단 아래로부터 9행째 이하) '문화란 인간의 존재양식이며 생활양식'이라 전제하고 '현단계에서 우리에겐 문화를 통한 경건한 변혁이 필수의 것으로 요청되고 있는 성싶다'고 한 것만 보아도 필자가 앞서 쓴 '혁명'이란 용어는 오직 '변혁'의 뜻임이 명백하며 문화혁명이란 결국 '역사의 방향을 바로잡아 이를 선도하고 계발하는 진정한 문화의 형성'……(전시 동면 좌단 아래쪽부터 우단 첫 줄까지)이라고 스스로 부연하고 있다.

그렇다면 여기서 말하는 '문화혁명'을 마치 중공의 난동적인 그것과 유사시하는 듯한 견해는 성립될 여지가 없을 뿐 아니라 실은 '미래가 있는 거시적인 청년문화', 외국 같은 '비트나 히피의 아류문화가 아닌 건전한 문화형성'(동면 우단 위에서 2행째 이하)을 주창한 점에서 차라리 '건전한 청년문화론'이라 보아야 옳다.

그리고 위에서 정치적 도전이란 현재의 집권정부에 대한 타도행위가 아니라 반 세기 학생운동이 준 민족·민주투쟁(동지 제67면 우단 위에서 첫째행 이하)임은 기술의 문맥상 의심의 여지가 없다.

비합헌적 방법에 의한 쿠데타라는 의미로서 '혁명'을 공공연히 주장할 사람이 어디에 있으며 '혁명'이란 두 자를 피해망상일변도로 곡해할 때 그 해독은 어떠하겠는가.

(3) '젊은이들이라면 기성권위와 가치에 대하여 마땅히 도전해야 한다.…… 그러기에 젊은이들의 반항은 전세계적인 현상으로 나타난다'는 설명 아래 불란서 학생들의 5월혁명과 미국의 뉴 레프트 활동에 대한 타당성을 대상으로 하여 운운하였으나 (공소사실 제3면 아래에서 3행째 이하)

기성권위와 가치에 대한 젊은이들의 도전, 반항은 이미 통속화되다시피 한 사회풍조이면서 세대간의 불협화를 나타내는 것일 뿐 좌파학생들의 활동과는 엄격히 구분되어야 할 문제이다.

필자가 불란서의 5월학생혁명이나 미국의 뉴 레프트 활동을 거론한 것은 한국의 학생운동과 외국의 그것을 비교하기 위하여 예증비판을 하는 방법의 하나였음이 문면상 뚜렷하며 한국의 경우와 결부시켜 그들의 타당성을 수긍한 일은 전혀 없다. 파리의 학생데모가 실은 기숙사 운영에 관한 불만에서 발단된 소승적인 것임에 반하여 한국의 학생운동은 거국적이고도 범국민적인 문제, 민주주의의 수호를 위한 투쟁 등의 차원 높은 성격을 지녔음을 강조했는가 하면(동지 제 63면 끝부터 제 64면 우상단) '미국의 뉴 레프트라는 것도 이렇다 할 체계도 없고 뚜렷한 방향도 서 있지 않다'(동지 제65면 좌중단)고 비판하고 있다.

(4) '5월혁명은 철저한 저항정신 바로 그 행동아다운 품격을 신봉하는 현상으로 해석된다…… 학생운동의 진폭을 넓힌 것이었고 끝내 드골 정권을 위기로 이끌었다' 고 적시하여 한국 학생운동의 정권타도를 위한 방법으로 학생과 노동자의 통일전선 실현이 필요하며 한국과 같은 나라에서는 아나키즘이나 붉은 혁명으로서 정권을 타도할 수 있는 가능성을 암시하였다고 하나(공소사실 제4면 위에서 5행째부터 제5면 위에서 2행째까지).

이런 검찰의 해석은 너무도 엄청난 왜곡이다. 어디까지나 불란서라는 사회와 그 나라의 정치적 풍랑 속에서 학생운동이 어떠한 영향을 빚어냈느냐 하는 점을 고찰한 것인데 이것을 가지고 곧 한국에서 학생노동자의 정치적 통일전선의 가능성을 암시했다니 몇 번 비약해도 도달할 수 없는 허황된 강변이 아닐 수 없다.

필자의 의도인즉 바로 그 다음부분에서 자세한 예시로 밝혔듯이 불란서 학생의 거센 운동이 그 동기와 발단에 있어서 주로 기숙사 운영문제나 개인의 해방을 요구하는 데 있었으니 신변적 성격이 농후하여 한국의 광주학생사건, 3·1운동 등과 같은 집단적 갈망을 대변하는 학생운동의 성격과 다름을 뚜렷이 하는 데 있었다.

(5) 미국의 뉴 레프트는 이념의 카오스 상태에서…… 정치적 도전에는 무의미하지만 문화형성에는 영향력을 미치고 있기 때문이다라고 한 대목을 끄집어 뉴 레프트의 저항적 행동력은 한국학생의 정권타도 운동의 하나의 방법이 될 수 있다는 것을 인정하였다고 공격한다.(공소사실 제5면 위에서 2행째부터 밑에서 6행째까지)

그러나 여기에 인용된 부분의 중간에는 검찰이 일부러 삭제시킨 대목이 있다. 즉 '뉴 레프트라는 것도 마찬가지다' 라 했는데 여기서 마찬가지라 함은 그 앞대목에서 '그들(다니엘 콩방디와 루디 듀츠케)은 유물론자라기보다 무정부주의자이며 격렬한 행동파에 지나지 않는다' 와 연관된다. 요컨대 뉴 레프트는 무모한 행동파일 뿐 체계도 방향도 없는 무리라는 혹평을 한 것이다. 뿐만 아니라, 필자는 '이러한 기성체제에 전적으로 도전하는 풍속적 현상이 반드시 바람직한 일일 수는 없다' (동지 65면 좌중단부)고 못박았으니 도시 한국의 정권타도에 써먹을 방법으로 그것들을 인정했다는 주장은 추호도 나올 여지가 없다. 오히려 필자는 '은연중 새로이 대두되는 아나키즘을 경계하지 않으면 안된다' (동지 제67면 좌중단부)고 명쾌하게 경각심까지 제고하고 있는 것이다.

언뜻 보기에는 뉴 레프트파가 현체제를 비판하고 젊음의 행동력을 과시하는 그 자체는 우리에게 일말의 가능성을 안겨준다 했으니 '일말의 가능성' 이란 무슨 수상쩍은 여지를 두고 하는 말로 들릴지 모른다.

하지만 여기서는 종잡을 수 없는 그들의 이념이나 방향 그리고 거부의 대상비판의 각도…… 이런 것을 두고 말함이 아니라 '젊음의 행동력' 만이 '그 자체' 와 동격으로 나타나 있으며 우리 젊은이들의 허약심을 일깨우는 의미로 해석되는 것이다

더욱이 필자는 '사실 고도성장에 대한 혐오 내지는 발작에 가까운 인간 괴물들의 전시장인 아메리카의 문화혁명이 단순한 광기의 발산에 지나지 못한다는 사실을 우리는 내다본다' (동지 제65면 우하단부)고 하였는데 이것은 오히려 뉴 레프트를 모멸하고 규탄하는 견해라 하겠다.

3. 증거에 의한 평가

원래 작품이나 논문이 재판의 대상으로 되었을 때에는 통상의 형사사건과 사실인정의 과정이 같을 수가 없다.

게재 발표된 글이 현존하는 이상 재판의 중핵적 작업은 '인정된 사실(피

고인이 쓴 글의 내용)에 대한 규범적 평가' 에 귀착된다(범의의 유무는 만일 처벌 법규에 저촉되는 내용이라고 판단된 다음에야 따질 문제이다.)

글이란 같은 표현, 같은 내용이라도 읽는 사람의 입장, 세계관, 이해도에 따라서 상이한 견해를 자아낼 수가 있다.

앞서 평균적 독자의 입장을 강조한 것은 사찰적 직무에 있는 사람의 편향성을 배제하고 객관적이면서도 중립적인 견해를 집약하는 것이 가장 타당하기 때문이었다.

특히 본건 심리과정에서처럼 검사와 피고인측의 견해가 시종 상반하였을 경우는 중립적 제3자의 진술이 판단의 자료로서 큰 의미를 갖는다고 할 것이다.

(1) 먼저 당심의 증인 남재희는 학생운동의 성격과 방향에 관하여 우선 문화적 작업이 저변의 기초를 이루고 다음에 사회적 참여와 정치적 참여가 따르는 피라미드 현상이 바람직하다고 말하고 그러나 한국의 학생운동은 정치적 참여가 과잉되는 반면 문화적 측면이 소홀히 되는 이른바 역피라미드 현상을 빚어내고 있다고 지적하면서, 우리의 학생운동은 정치적인 면보다는 문화의 형성에 주력하는 방향으로 나아가야 한다는 의미에서 피고인의 청년문화론은 오히려 당연한 주장이라고 증언했다. 그리고 피고인의 글 끝머리에 보면 자유화와 근대화를 강조하고 있을 뿐 국체와는 아무런 관계도 없는 것으로서 정권의 타도와는 무관할 뿐 아니라 외국의 예를 든 것은 비교비판을 위한 예증으로 본다고 진술하였다. 또한 소위 '좌파'라는 것은 공산주의자와 동일하지 않으며 반드시 비합법적인 것도 아니라고 하고 그예로서 우리나라의 통일사회당은 분명히 좌파적이지만 합법정당으로 존립하고 있다고 증언하였다.

(2) 증인 구상은, 피고인이 독실한 천주교신자로서 장면, 노기남 등의 회고록과 그밖에 반공물을 집필하면서 그 가운데 주인공들의 반공투쟁 및 공산도당에 의한 박해를 충실히 묘사하고 있는 점만 보아도, 그의 신념이 결코 용공적인 것이 아니라고 증언하였다. 또한 문제의 글에서 뉴 레프트나 불란서 5월혁명 콩방디 등을 예증한 것은 한국의 학생운동의 방향을 선

명히 밝히기 위한 문장기법상의 이른바 '반유법'이며 오히려 외국의 경우를 비판한 것으로는 볼망정 찬양할 의도는 조금도 없었다고 본다고 말하였다.

(3) 증인 송건호는 불란서 5월혁명이나 뉴 레프트는 공산주의 운동과는 성격이 판이하며 동서 양대국가가 모두 고도로 발달된 메카니즘 속에 휘말려 있기 때문에 그런 상황 속에서의 인간의 회복을 시도하는 움직임이며 반드시 정치적인 면에서의 친공세력이라고 볼 수는 없다고 하면서 임피고인의 본논문은 우리나라에서 허용되는 비판과 언론의 범위를 조금도 벗어나지 않은 것이라고 증언했다.

그는 루디 듀츠케가 반서방적이면서 반공산적인 사람인데 굳이 규정을 한다면 반소적인 면이 훨씬 강하다고 하면서 우리가 매사를 용공이냐 반공이냐 하는 두 판으로만 생각하다보면 어떤 인물이나 사조를 곡해하기 쉬운 결과를 가져온다고 진술하였다.

(4) 증인 김상현은, 월간 《다리》지가 중류 이상의 지식인을 독자층으로 예정하고 간행되었으며 본건 임피고인의 글을 문제시하는 태도는 동 피고인이 야당인사인 김대중의 전기를 집필중이었기 때문에 당하는 탄압으로 본다고 진술하였다.

(5) 그밖에 증인 박창근, 윤길한, 최의선 또한 증언을 통하여, 자기들이 검사 조사때에 본건 논문이 정치혁명을 이룩하자는 불온한 내용의 글이라고 진술한 사실이 없음을 밝히고 '자술서'의 작성이 자의에 의한 것이 아니라고 진술하였다.

이상에서 살펴본 여러 증언을 종합하건대

본건 임피고인의 글이 국외 공산계열의 활동을 찬양함으로써 반국가단체를 이롭게 했다는 검사의 공소사실은 인정될 여지가 없는 반면 자유민주국가에서 당연히 허용되는 문필활동의 일환으로서 차라리 대한민국을 위하여 이익되는 내용임을 확신할 수 있는 것이다.

4. 반공법 제4조의 의율擬律

본건 공소의 적용법조는 반공법 제4조 1항인데 공소사실 말미부분에 보면 '국외 공산계열인 전시 콩방디 등 극좌파를 비롯한 미국의 뉴 레프트주의자들의 활동을 찬양, 고무, 동조함으로써 동 국외공산계열 및 반국가단체인 북괴를 이롭게'한 것이라고 하였다.

따라서 본건 공소는 (1) 반국가단체나 그 구성원의 활동에 대한 찬양 등이 아니라 (2) 국외 공산계열의 활동에 대한 찬양 등으로 지적되었으며 (3) 그러한 (2)의 소행이 반국가단체인 북괴를 이롭게 했다는 취의趣意로 보인다.

그렇다면 여기서 문제될 점은

(1) '콩방디 등 극좌파나 미국의 뉴 레프트주의자' 들이 반공법상의 국외 공산계열인가

(2) 본건 논문은 그들의 활동을 찬양, 고무, 동조한 것으로 볼 수 있는가

(3) 만일 (2)항에 해당된다면 그것이 과연 국외의 공산계열 및 반국가단체인 북괴를 이롭게 한 것으로 볼 수 있는가……의 세 가지 요건이 모두 충족되는가에 집약된다.

첫째, 콩방디나 뉴 레프트는 좌파적인 일면은 있지만 그렇다고 곧 공산주의라고 볼 수 없음은 전술한 바와 같으며 가사 그들의 사상이나 행태에 공산주의적인 일면이 있다고 해도 그것만 가지고 바로 공산 '계열' 이라고 속단할 수는 없다.

공산계열이라 함은 적어도 공산 '국가' 이거나 우리나라와의 관계에 있어서 적성적인 공산세력 중 사실상의 정치집단, 교전단체, 반란단체의 형태를 갖춘 정도에 이른 것을 지칭하는 것으로 해석함이 타당하며, 그들과 이념의 일부가 공통되는 어느 개인이나 군상까지 '계열' 시할 수 없다고 본다.

둘째, (설령 콩방디나 뉴 레프트를 공산계열이라고 본다 치더라도) 본건 논문에서 필자는 그들을 찬양, 고무 또는 동조한 바가 없다. 앞서 진술한 대로 한국의 학생운동과 비교하기 위하여 예증, 비판을 하였을 뿐이다. 더욱이 본

건 논문의 결론인즉 '우리의 학생운동은 새로운 문화운동으로 차원을 달리해야 하는바 부패하는 세대를 이해는 할망정 용납해서는 안되며 전근대적인 낡은 요소의 완전한 청산과 민족복지 사회의 이념을 확립하는 방향으로 학생운동의 진로를 스스로 개척하는 십자군이 될 수 있어야 한다(동지 제69면 우중단부)고 제시하였고 마지막 대목에서는 정치만능 풍조로 학생운동을 해나가기를 고집하지 말고 문화활동을 통한 정신무장을 강조하였으니 공산계열의 찬양 등과는 전혀 관계없는 순수한 방향제시임이 명백하다.

셋째, (설령 앞의 (2)항에 해당된다 하더라도) 국외 공산계열이나 북괴에 이롭다고 단정할 수 없다. 우리나라와 같은 자유민주체제하에서는 이질적인 것을 연구하고 발표할 자유가 있으며 반드시 비난의 자유만 있는 것이 아니다. 이런 점은 전체주의나 독재체제와 구별되는 민주국가의 참다운 강점이요, 자랑이다. 또 국가적인 견지에서 위험스러운 풍조라 하더라도 이를 거론하고 검토하고, 경우에 따라서는 취사지피取捨知彼하여 방어하는 실익은 우리에게 보탬이 되는 것이요, 맹목적인 공격보다 훨씬 차원높은 자세가 되는 것이다. 다시 말해서 이 정도의 글마저 발표할 수 없다면 바로 그것은 자유민주의 근간을 뒤엎는 것으로서 마치 우리나라에서 자유가 말살되는 듯한 인상을 줌으로써 반국가단체를 반사적으로 이롭게 할 위험이 크다는 것이다. 그리고 우리나라의 한 문필인이 국외의 좌파를 설령 긍정적으로 보았다 치더라도 그것이 어떻게 해서 콩방이나 뉴 레프트에게 이로운 것이며 반국가단체를 어떻게 이롭게 하는 것인지 분명하지 않을 뿐 아니라 만약 저들의 역선전에 이용될 우려만을 상정하여 거기에 이용되어 선전 구실화하는 것이 곧 이적이라고 논리를 비약시킨다면 이것이야말로 일체의 고발과 비판을 억누르는 독선적 사고라 아니할 수 없다.

이른바 '명백하고 현존하는 위험'이 없는 한, 지나친 가상하의 위험에 집착한 분명分明 없는 이적시利敵視는 마땅히 배제되어야 하며 민주적이고 건전한 사고에 입각하는 한, 본건 논문은 조금도 적에게 이로운 것이 아님을 깨닫게 될 것이다.

5. 결론

따라서 (1) 피고인 임중빈의 소위는 국외공산계열을 찬양, 고무, 동조한 것이 아니며, 따라서 반국가단체를 이롭게 한 것이라 볼 수 없으니 무죄라 할 것이고, (2) 동 윤형두에 대하여는 앞의 임중빈의 유죄를 전제로 하여 논란할 수 있는 바 동인에 대한 형사책임이 없다고 보는 이상 아울러 무죄가 되어야 한다고 생각한다.

판결문

서 울 형 사 지 방 법 원

판　결

사　　건　　71고단 2423 반공법위반

피 고 인　　(1) 임중빈(任重彬) 문필가 △△△△ 생
　　　　　　주거　서울 성북구 전농동 산 12
　　　　　　본적　△△△△△△
　　　　　　(2) 윤형두(尹炯斗), 편집인겸 주간 △△△△ 생
　　　　　　주거　서울 영등포구 봉천동 98의 1
　　　　　　본적　△△△△△△
　　　　　　(3) 윤재식(尹在植), 발행인 △△△△ 생
　　　　　　주거　서울 성동구 금호동 3가 94
　　　　　　본적　△△△△△△

검　　사　　김종건, 이규명
변 호 인　　홍영기, 주도윤, 이택돈, 이상혁, 한승헌

주　　문　　피고인들은 각 무죄

이　　유　　본안에 들어가기에 앞서 먼저 검사의 '합의부 이송' 신청에 관하여 판단한다.
　　현행 형사소송법 체제 아래서는 검사로서 단독판사 앞에 계류중인 사건에 대한 사물관할이 합의부에 있다 하여 단독판사에게 그 사건을 합의부

로 이송해달라고 청구할 법적 근거가 없으니 위 신청은 부적법하여 각하를 면치 못할 것이나 혹시 사물관할이 합의부에 속하는 사건을 단독판사가 심판함은 관할 위반이니 그 사건을 실무상 용인되는 '사건 재배당'의 절차를 밟아 합의부로 이송해달라고 촉구하는 뜻이 아니면 관할위반을 들고 나오는 것이 아닌가 해석되므로 과연 이 사건에 대한 사물관할이 단독판사가 아닌 합의부에 있는가 여부에 관하여 따져본다.

형사소송법 제1조의 규정에 의하면 법원은 직권으로 관할을 조사하도록 되어 있고, 원래 사물관할은 검사가 공소 제기한 범죄사실과 죄명 및 적용법조 등을 총괄적으로 따져서 정하여야 하고 형식적으로 기재된 적용법조만을 표준으로 그 관할의 유무를 따질 수는 없다 할 것인바, 검사는 이 사건 사물관할은 피고인 임중빈이가 전에 국가보안법위반죄 등으로 유죄의 선고를 받아 현재 그형의 집행유예기간중에 있는 전과가 있어 반공법 제9조의 2에 해당되어 법정형의 최고를 사형까지 할 수 있으니 법원조직법 제29조의 규정에 따라 합의부에 있다고 내세우고 있으나 피고인 임중빈이가 1969. 9. 1. 서울고등법원에서 국가보안법위반죄 등으로 징역 1년에 2년간 집행유예의 선고를 받아 현재 그 유예기간중에 있는 전과가 있음은 검사 공소장에서 스스로 밝히고 있고, 원래 형의 집행유예는 반공법 제9조의 2에서 말하는 형이 집행중이거나 형의 집행을 종료한 때에 해당되지 아니함은 물론 집행유예의 선고를 받은 후 형법 제62조 단행의 사유가 발각된 때는 그 집행유예의 선고를 취소할 수 있을 뿐만 아니라(형법 제64조 참조) 그 유예기간중 금고 이상의 형의 선고를 받아 그 판결이 확정된 때에는 집행유예의 선고는 효력을 잃어버려 그형의 집행을 받아야 되는(형법 제63조 참조) 불확정한 상태에 놓여 있으니 반공법 제9조의 2에서 말하는 유죄의 판결을 받은 자가 그 집행을 받지 아니하기로 확정된 때에도 해당 안됨이 뚜렷하다.

그렇다면 검사가 공소장 적용 법조란에 형식적으로 기재한 반공법 제9조의 2 조문은 그 공소장 자체에서 이 사건에 관하여 적용할 수 없음이 뚜렷한 데도 쓸데없이 덧붙여 기재해놓은 것에 지나지 아니하고, 따라서 이

사건 사물관할은 단독판사에게 있음이 명백하므로 이점에서도 검사의 '합의부 이송' 신청은 이유 없이 받아들일 수 없다.

그러므로 나아가 본안에 관하여 판단한다.

검사의 이 사건 공소사실의 요지는,

국외 공산계열 또는 반국가단체의 활동을 찬양하거나, 고무·동조하면 그 계열이나 단체의 이익이 된다는 점을 잘 알면서도,

(1) 피고인 임중빈은,

대학 재학시절부터 사회주의 교양서적을 탐독하여 사회주의의 이념을 보지하고 북괴의 노선에 입각한 사회주의 사회건설을 위하여는 현정권을 타도하는 것만이 그 첩경이고 현정권의 타도는 학생운동의 사회주의적 문화혁명만이 그 방법이라고 망상한 나머지 1970. 10. 초순경 《다리》사 취재부 기자인 공소 외 최의선으로부터 동 다리지 11월호의 특집으로 '사회참여를 통한 학생운동'이란 제목의 원고를 투고해달라는 청탁을 받게 됨을 기화로 서울 성북구 정릉동 산 12에 있는 자기 집에서 그 원고를 작성함에 있어서 한국사회에서는 야사적인 것보다는 오히려 정사적인 전통이 있는 학생운동이 역사적으로 가능하였으며, 특히 4·19 학생활동에 이르러서는 정권을 타도하는 정도의 획기적인 위치를 차지하였으므로 한국학생운동은 정권을 타도하는 데 절대적인 위치에 있다고 전제한 후, '문화혁명은 정치혁명에 선행함은 물론 사회구조의 질적인 향상에 기여한다. ……나는 정치적 도전을 포기하자고 권유하지 않는다. 정치적인 정면도전이 어려울 때 문화적 뱅가드로서 젊은 우리 세대는 미더운 문화의식의 성을 쌓을 것을 감히 제안한다'라고 적시하여 정권타도를 근본목적으로 하지만 현정권의 안정성에 비추어 정권에의 정면도전은 그 목적달성의 가능성이 희박하므로 한국학생운동은 정치혁명의 전단계로서의 문화혁명을 일으키는 길만이 학생운동의 방향이 될 수 있는 것이라 주장하면서, 현 학생운동은 주체성과 비전 등이 결여되고 무기력하고 좌절감에 차 있다고 지적하여 이러한 상태의 학생운동의 새로운 진로를 제시하기를

'젊은이들이라면 기성권위와 가치에 대하여 마땅히 도전해야 한다. 맹

종이란 자기 소외의 지름길이다. 그러기에 젊은이들의 반항은 전세계적인 현상 특히 아나키즘의 현상으로 나타난다' 는 설명 아래 국외 학생운동의 선례를 들어, 1968년 불란서 파리에서 드골 정권 타도에 봉기하였던 극좌파 학생운동인 5월혁명과 북괴 수괴 김일성의 사상노선과 방법론 등을 교조로 삼아 미국정부 타도에 앞장서고 있는 미국의 극좌파인 뉴 레프티스트의 활동에 대한 타당성 등을 대상으로 하여, 즉 '5월혁명은 철저한 저항정신, 바로 그 행동아다운 품격을 신봉하고 체제 전체에 대한 이의를 제기하고 나온 학생운동이었으며, 당장에 드골 체제가 타도된 것은 아니었으나 그것이 계기가 되어 드골 정권의 10년 권위가 흔들린 것은 사실이며 사회구조의 근저적인 변화가 온 것은 없으나 정권교체의 효모의 구실을 한 점은 인정되며 무정부주의의 탈을 쓴 폭력의 계절 풍속에서 사실 그들은 붉은 혁명을 요구하였던 것이며 자본주의 사회의 해체에 따른 제3세계의 혁명이 프랑스에서는 실현될 역사적인 필연성이 희박했으므로 변혁의 가능성을 지나치게 확대한 격정의 소치라는 혹평을 면치 못한 점도 있으나 한때나마 학생과 노동자의 실질적인 연대감이 작용하여 공동투쟁을 벌이게 된 것은 학생운동의 진폭을 넓힌 것이라 할 수 있고, 이것이 끝내는 드골정권을 위기로 이끌어넣은 것이었다' 라고 단정, 적시하여 한국 학생운동의 정권타도를 위한 방법으로는 학생과 노동자의 통일전선 실현이 필요하며 이러한 공동투쟁은 한국과 같이 자본주의사회가 확립되지 못한 개발도상 국가에서는 아나키즘이나 붉은 혁명으로 정권을 타도할 수 있는 가능성이 쉽게 이루어질 수 있다는 것을 역설적으로 암시하고 또한 '미국의 뉴 레프트는 이념의 카오스 상태에서 온갖 모순을 무릅쓰고 기성의 모든 권위와 가치에 도전하고 있다. 마르크스 등을 사상적 지주로 삼고 있는 그들의 움직임은 전통적인 사유를 거부하면서 현체제를 날카롭게 비판하고 맹렬히 부정함으로써 젊음의 행동력을 과시한다. 그런데 그 자체가 우리에겐 일말의 가능성을 안겨줄 수 있는지도 모른다. 왜냐하면 그들 신좌파는 정치적 도전에는 무의미하지만 문화형성에는 영향력을 미치고 있기 때문이다' 라고 적시하여 동 뉴 레프트의 이념 등에는 일부 모순점이 있다 할지라도 그들의 현체제를 비판하고 부인하는 저항적 행동력은 정치혁명에 선행되는 문화혁명에 기여할 수 있는 것으로서는 한국학생의 정권타도 운동에도 하나의 방법이 될 수 있다는 것을 인정함으로써 전시 불란서 극좌파 학생운동의 수괴인 콩방디에 의한 5월혁명과 미국의 극좌파 행동주의 파들인 뉴 레프트의 활동 등 국외 공산계열의 활동방법이 한국정권을 타도하기 위한 정치혁명의 전단계로서의 문화혁명을 일으키는 방법에 일조가 되며 학생운동에 하나의 지침이 될 수 있다는 것으로 설시하여 한국 학생운동에 이를 받아들여야 한다는 취지로 주장, 논단하여 동 원고를 동년 10월 초순경 동 《다리》사에 제출, 동월 하순경 동 《다리》지 동년 11월호에 게재, 발간케 하여 국외 공산계열인 전시 콩방디 등 극좌파를 비롯한 미국의 뉴 레프트주의자들의 활동을 찬양 고무, 동조함으로써 동 국외 공산계열 및 반국가단체인 북괴를 이롭게 하고,

(2) 피고인 윤형두, 동 윤재식은,

동 《다리》사의 편집인, 발행인 등으로서 동 《다리》사에 제출되는 원고를 편집장, 교정부 기자 등이 편집교정을 완료하면 동원고에 대하여 편집인 윤형두는 검토 교료하고 발행인 윤재식은 검토 확인하여 인쇄 발간케 하는 직무를 가진 자 등인바,

1970. 10. 중순경 동 《다리》사 사무실에서 동월간지 《다리》 11월호에 게재할 학생운동 특집기사 원고를 검토함에 있어 앞서 본 임중빈의 원고는 국외 공산계열의 활동을 찬양, 고무, 동조하여 동 계열과 반국가단체인 북괴를 이롭게 한다는 점을 충분히 알았음에도 불구하고 서로 이를 게재하는 데 공모하여 동원고를 채택, 동년 10월 하순경 동 《다리》지 11월호에 게재, 약 3,000부를 발간함으로써, 각 국외 공산계열 및 반국가단체인 북괴의 활동을 찬양, 고무, 동조한 것이다라고 함에 있다.

살피건대, 신민당 현직 국회의원인 공소 외 김상현이가 발행인으로 피고인 윤재식을, 편집인 겸 주간으로 피고인 윤형두를, 인쇄인으로 공소 외 탁병희를, 각 들여앉혀놓고서, 민족문화를 발굴 계몽하고, 외국문화를 올바르게 섭취하여 보급하겠다는 취지 아래 1970. 7. 29.자로 문화공보부 라

1336으로 등록을 마치고 발족시킨 월간잡지 《다리》사 편집위원회에서 동지 11월호에 '학생운동'에 관한 특집을 마련해보자고 합의 결정함에 따라 동 잡지사 기자인 공소 외 최의선이가 자기 나름대로 이 부분에 관한 글을 잘 쓴다고 판단한 피고인 임중빈에게 원고작성을 의뢰한 것이 계기가 되어 피고인 임중빈이가 '사회참여를 통한 학생운동'이란 제목 아래 검사가 공소장에서 군데군데 부분적으로 발췌하여 적시한 바와 같은 내용을 담은 논문을 작성, 투고하여 이 논문이 동 《다리》지 11월호에 게재, 발간된 사실은 피고인들이 모두 자인하고 있을 뿐만 아니라 일건 기록상 그 증명이 뚜렷한 바 검사는 피고인 임중빈이가 위 논문 가운데에서 한국사회에서는 야사적인 것보다는 오히려 정사적인 전통이 있는 학생운동이 역사적으로 가능하였으며 특히 4 · 19 학생활동에 이르러서는 정권을 타도하는 정도의 획기적인 위치를 차지하였으므로 한국학생운동은 정권을 타도하는 데 절대적인 위치에 있다고 전제한 후, '문화혁명은 정치혁명에 선행함은 물론 사회구조의 질적인 향상에 기여한다. …… 나는 정치적 도전을 포기하자고 권유하지 않는다. 정치적인 정면도전이 어려울 때 문화적 뱅가드로서 젊은 우리 세대는 미더운 문화의식의 성을 쌓을 것을 감히 제안한다'고 적시하여 정권타도를 근본적으로 하지만, 다만 현정권의 안정성에 비추어 정권에의 정면도전은 그 목적달성의 가능성이 희박하므로 한국학생운동은 정치혁명의 전단계로서의 문화혁명을 일으키는 길만이 학생운동의 방향이 될 수 있는 것이라고 주장하였다 하나, 압수된 《다리》지 11월호(이하 단순히 동잡지라 한다)(증제1호) 기재 가운데 문제된 본건 논문내용 중 오늘날 구미 각국에서 일어나고 있는 학생운동의 투쟁동기는 주로 학교운영에 관한 문제가 대부분이다. 간혹 인종차별 철폐나 월남참전 거부 같은 것도 있지만 태반이 개인의 해방과 자유의 요구를 들고 나옴에 비추어 한국의 학생운동은 3 · 1운동을 비롯하여 11 · 3과 4 · 19, 6 · 3사태에서 보는 바와 같이 민족의 해방으로부터 거국적이고 범국민적인 문제, 민주주의 수호를 위한 투쟁 등 보다 차원이 높은 집단적인 갈망을 늘 대변해왔다.(동잡지 63페이지 이하 참조) 이와 같이 학생들이 들고 나온 역사적 변혁의 요구로 말미암아 집권층을 무색하게 한 극적 전기가 마련된 반 세기의 확고한 전통이 서 있고 보면 우리의 학생운동은 사회참여의 주체적 기념비임이 뚜렷하고 따라서 많은 외국의 경우와는 달리 한국의 학생운동은 야사가 아닌 정사의 자리를 지킨다.(동잡지 61페이지 참조) 현단계에서 우리에겐 문화를 통한 경건한 변혁이 필수의 것으로 요청되고 있는 성싶다. 역사의 방향을 바로 잡아 이를 선도하고 개발하는 진정한 문화의 형성이 이처럼 목마를 수 있을까. 그것은 청년 문화라야 된다. 미래가 있는 거시적인 청년문화가 아니면 안된다. 비트나 히피의 아류문화가 우리에게 무슨 도움이 되며 새로운 아나키즘의 도입이 역사적 현실의 타개에 무슨 도움이 될 것인가. 장엄한 4·19정신은 문화예술을 통하여 재생되어야 하며 그 교훈은 우리 전근대 사회와 문화에 비약적인 발전의 계기로 삼아야 한다. 이 자리에서 나는 정치적 도전을 일체 포기하자고 권유하지 않는다(동잡지 66페이지 참조)라고 설시하고 있는 점에 비추어보면, 피고인이 당 공정에서 변소하고 있는 바와 같이 과거 우리의 학생운동은 3·1운동을 비롯하여 광주학생사건 4·19의거, 6·3사태 등에서 볼 수 있는 민족주의와 민주주의 또는 민권수호를 위한 투쟁 등 민족운명의 타개에 활력소가 된 반 세기의 확고한 전통이 서 있음에 비추어 정사적인 위치를 차지하고 있다고 볼 수 있음에 반하여, 야사의 위치를 벗어나지 못한 선진외국의 학생운동은 그 얼마나 혼돈과 병폐상에 허덕이고 있는가를 프랑스, 미국 등의 선례를 들어 대비 설명하면서, 우리의 젊은 세대는 외국의 히피나 비트 등 아나키 현상을 배격하고 일체의 정치적 도전을 포기하자는 것은 아니나 그보다 앞서서 재래의 데모 만능 풍조로 정치적 도전만을 일삼을 게 아니라 4·19정신과 같은 민족주의와 민주주의의 전통을 확립할 수 있는 독자적인 청년문화운동으로 역사적인 난관을 타개해보자는 일종의 '청년문화론'을 시도해본 것에 지나지 아니하고 학생운동을 현정권타도를 위한 문화혁명을 일으키는 방향으로 이끌어야 한다고 주장하였다고는 보이지 아니한다.

또한 동 피고인이 같은 논문 가운데서 밝힌 문화혁명이니 정치혁명이니 하는 '혁명'이란 단어의 뜻도 그말을 쓴 바로 다음 글귀에서 그말을 부연

설명하는 가운데 '현단계에서 우리에겐 문화를 통한 경건한 변혁이 필수의 것으로 요청되고 있는 성싶다'(동잡지 66페이지 참조)고 설시하고 있음에 비추어 단순한 변혁의 뜻을 지닌 데 불과하고 그 이상 공산주의자들이 말하는 바와 같은 정치적 의미로서의 '혁명'을 의미하는 것은 아니라고 생각되고 아울러 '정치적 도전'이란 의미도 그 논문내용에 비추어 단순한 정권타도를 위한 투쟁을 뜻함이 아니라 과거 우리의 반 세기 학생운동이 벌여온 것과 같은 민족주의와 민주주의 또는 민권수호를 위한 투쟁 등을 의미하는 것이라고 보여질 뿐만 아니라 그 논문 전체 내용을 아무리 훑어 보아도 한국학생운동이 정권을 타도하는 데 절대적인 위치에 있다고 표현한 글귀를 찾아볼 수도 없다. 또한 검사는 피고인 임중빈이가 위 논문에서 현학생운동은 주체성과 비전 등이 결여되고 무기력하고 좌절감에 차 있다고 지적하고, 이러한 상태의 학생운동에 새로운 진로로서 제시하기를, '젊은이들이라면, 기성권위와 가치에 대하여 마땅히 도전해야 한다. 맹종이란 자기 소외의 지름길이다. 그러기에 젊은이들의 반항은 전세계적인 현상, 특히 아나키즘의 현상으로 나타난다'고 하고 나서 1989. 프랑스 파리에서의 드골 정권 타도에 봉기하였던 극좌파 학생운동인 5월혁명과 북괴수괴 김일성의 사상적 노선과 방법론 등을 교조로 삼아 미국정부 타도에 앞장서고 있는 미국의 극좌파인 뉴 레프트의 활동에 대한 타당성 등을 들어 한국 학생운동의 정권타도를 위한 방법으로서는 학생과 노동자의 통일전선 실현이 필요하며 이러한 공동투쟁은 한국과 같이 자본주의 사회가 확립되지 못한 개발도상국가에서는 아나키즘이나 붉은 혁명으로 정권을 타도할 수 있는 가능성이 쉽게 이루어질 수 있다는 것을 역설적으로 암시하고, 나아가 뉴 레프트의 이념 등에는 일부 모순점이 있다할지라도 그들의 현체제를 비판하고 부인하는 저항적 행동력은 정치혁명에 선행되는 문화혁명에 기여할 수 있는 것으로서 한국학생의 정권타도 운동에도 하나의 방법이 될 수 있다고 적시하였다고 주장하나, 동 피고인은 당공정에서 선진외국의 학생운동이 과거 우리의 학생운동과는 달리 체계나 방향도 없이 이념의 혼돈상태에서 무질서하고 분별없이 덮어놓고 철두철미한 자유만을 추구하는 히피나 비트 등 아나키즘 현상으로 흐르고 있어서 건전한 문화 창조에 보탬이 되지 않으니 이를 받아들여서는 안된다고 부정하면서 그 평가자료로서, 송건호 씨가 쓴 《기러기》 4월호에 실린 '선진국의 학생운동'이란 제목의 논문 가운데 적시된 프랑스의 5월혁명과 미국의 뉴 레프트 활동상황을 인용, 제시한 데 지나지 아니하고 추호도 그들의 활동상황이나 이념을 찬양하거나 동조할 의도는 아니었으며, 다만 문화란 원래 부정적인 생성을 통해서 보편적인 토대를 마련할 수 있다는 생각 아래 뉴 레프트에 대하여 정치적, 사상적 요소를 배제한 문화양식으로서 극히 회의적이나마 어떤 가능성을 비쳤는 데 불과하다고 변소하고 있는 진술내용과 증인 송건호가 당공정에서 그 내용에 있어서 대동소이하다고 스스로 시인한 그가 쓴 《기러기》 4월호 '선진국의 학생운동'이란 제목의, 논문 가운데 '뉴 레프트' 학생운동은 사상적 원천으로서 마르크스, 프로이드, 허버트 마르쿠제 등 각각 사상이 틀린 각 계보로부터 이것저것 따다가 혼합하였기 때문에 뚜렷한 체계도 없고 이념이 혼돈되고 논리에 모순도 있으나 기성의 온갖 가치와 권위에 도전하고 나선 점에서는 역사적으로 볼 때 무엇인가 커다란 가능성을 내포하고 있다고 보는 것이 서구 여러 사상가들의 공통된 견해인 듯하다고 설시하고 있는 점 등을 종합하여 보면, 동 피고인이 뉴 레프트나 5월혁명의 타당성 등을 들어 찬양한 것이 아니라 그들의 부정적인 반항생리는 증인 남재희가 당공정에서 한 진술대로 문화적 영역에서 발전을 위한 전단계로 일정한 여과과정을 통하여 비판적으로 받아들여질 소지는 있는 것이 아닌가 하고 소박한 의미로 표현한 데 불과하다고 이해되고 프랑스 5월혁명에 관한 설시부분 역시 그 문장 자체에서 이해되는 바와 같이 단순히 당시의 프랑스 사회와 정치적 풍랑 속에서 학생운동이 미친 영향력을 설명한 데 지나지 아니하고 검사공소장 기재 내용과 같이 한국학생의 정권타도를 위한 방법으로는 학생과 노동자의 통일전선 실현이 필요하며 이러한 공동투쟁은 우리의 현실에 비추어 아나키즘이나 붉은 혁명으로서 정권을 타도할 수 있는 가능성이 쉽게 이루어질 수 있다고 역설적으로 암시한 것이라고는 내다보이지 아니할 뿐만 아니라 젊은

이들이라면 기존의 가치와 권위에 대하여 무조건 맹종할 것이 아니라 이를 비판적으로 받아들임으로써 보다 내일의 건전한 발전을 위한 계기를 마련해야 함이 당위이고 보면 이러한 현상은 세계적으로 나타난 일반적 관례라 보아 마땅할 것이다. 피고인 임중빈은 분명히 그가 쓴 논문 가운데에서 5월혁명 중 무정부주의의 탈을 쓴 폭력의 계절풍 속에서 붉은 혁명을 요구한 것은 무모한 투쟁의 일면이었고(동잡지 63페이지 참조) 철저하게 방황하고 끝없이 자유를 갈구하는 점에서 콩방디(5월 혁명의 학생주도자)와 루디, 듀츠케(유럽학생운동계의 총아)는 큰 상이점이 없는바 그들을 유물론자라기보다 무정부주의자이며 격렬한 행동파에 지나지 않는다. 도대체 인간이 다른 인간을 지배하지 않는 사회의 도래는 가능한가, 실제로는 불가능한 그들의 행동은 인간의 참된 자유와 해방을 약속할 리는 없다. 미국의 뉴 레프트라는 것도 마찬가지이다. 이렇다 할 체계도 없고 뚜렷한 방향도 서 있지 않다.

이념이 카오스 상태에서 온갖 모순을 무릅쓰고 기성의 권위와 가치에 도전하고 있다.(동잡지 65페이지 참조) 이러한 기성체제에 전적으로 도전하는 풍속적 현상이 반드시 바람직한 일일 수는 없다. 청년문화를 통한 그들의 문화적 행동이 사회변혁이나 정치변혁에 미칠 수 없음이 명백하다.

사실 고도성장에 대한 혐오 내지는 발작에 가까운 인간괴물들의 전시장인 아메리카의 문화혁명이 단순한 광기의 발산에 지나지 못한다는 사실을 우리는 내다본다(동잡지 65페이지 참조), 반역사적인 사고의 잔재를 깨끗이 쓸어내기 위하여 은연중 대두되는 아나키즘을 경계하지 않으면 안된다(동잡지 67페이지 참조)고 설시함으로써, 스스로 5월혁명과 뉴 레프트 등 서구학생운동을 비판적으로 부정하고 있음에 비추어 보면, 그들이 국외공산계열이냐 아니냐를 따져볼 필요도 없이 그들의 활동이나 주의사상을 찬양 고무하거나 동조한 것이라고는 보이지 아니한다.

비록 동 피고인이 과거 사회주의 교양서적을 많이 탐독하여 사회주의 이념을 포지한 끝에 사회주의 사회건설을 망상한 나머지 통일혁명당사건에 빠져들어 국가보안법위반죄 등으로 처벌받았던 전과가 있고 이 사건에 관련하여 검사 앞에서 수사를 받을 때에 그 스스로 "독자에 따라서 5월혁명이나 뉴 레프트의 활동을 높이 평가할 수 있는 소지가 담긴 글을 쓴 데 대하여 책임감을 느끼고 잘못됐다고 생각한다"고 진술하였다 하여 앞서 본 바와 같은 내용의 논문이 곧 국외공산계열이나 반국가단체의 활동을 찬양, 고무하였거나 동조한 것으로 풀이될 수는 없다 할 것이다.

결론적으로 위 논문내용을 통틀어 살펴볼 때 다소 현정부에 대하여 비판적이고 도전적인 대목이 없지 않는 바는 아니나 헌법상 보장된 '언론의 자유'의 테두리 안에서 전근대적인 낡은 요소를 완전청산하고 민족복지사회의 이념을 확립하는 방향으로 학생운동의 진로를 개척해 나가자(동잡지 69페이지 참조)고 주장한 데 지나지 않는 것으로서 반공법 제4조 제1항에는 저촉되지 아니한다고 보아 마땅할 것이다.

그렇다면 피고인 임중빈이 쓴 문제의 논문이 유죄임을 전제로 하는 피고인 윤형두, 같은 윤재식 등 역시 그 논문을 게재하는 데 사전에 검토, 교료하였느냐의 점에 관하여 따져볼 필요도 없이 또한 죄 되지 아니한다 할 것이다. 그러므로 피고인들 전부에 대하여 형사소송법 제325조 전단의 정한 바에 따라, 같이 무죄를 선고한다.

      1971. 7. 16

            판 사 목요상

자료

《다리》지 필화사건

　대법원 제2부 (재판장 이영섭 대법원판사, 양병호, 한환진, 김윤행 대법원판사)는 1974년 5월 28일 세칭 《다리》지 필화사건 선고공판에서 검사의 상고를 기각함으로써 원심대로 관련피고인 임중빈, 윤형두, 윤재식 3인에 대한 무죄를 그대로 확정하였다(73도 3423). 원래 《다리》지는 민족문화를 발굴, 계몽하고 외국문화를 올바르게 섭취, 보급하겠다는 취지를 가지고 1970년 7월 문화공보부에 등록을 마치고 창간한 월간잡지인데, 《다리》지 11월호에 실린 임중빈의 논문 '사회참여를 통한 학생운동' 이라는 글이 문제가 되었다.
　검찰은 위 논문, 내용이 불란서 극좌파 학생들이 일으킨 5월혁명과 미국의 극우파 행동주의의 '뉴 레프트' 의 활동방향을 찬양하고 이를 우리나라에 도입할 것을 종용한 것으로 결국 국외 공산계열의 활동을 찬양하고, 나아가 북한공산집단의 활동에 동조하였다는 이유로 논문 작성자인 임중빈은 물론 《다리》지의 편집인 겸 주간 윤형두, 발행인 윤재식까지 모두 반공법위반으로 기소하였다.
　이 사건 제1심을 담당한 서울형사지방법원 목요상 판사는 1971년 7월 15일 피고인들에 대하여 모두 무죄를 선고하였다. "위 논문내용을 통틀어 살펴볼 때 다소 현정부에 대하여 비판적인 내용이 없지 않은 것은 아니나, 헌법상 보장된 언론의 자유의 테두리 안에서 전근대적인 낡은 요소를 완전 청산하고 민족복지사회의 이념을 확립하는 방향으로 학생운동의 진로를 개척해나가자고 주장한 것에 지나지 않는다"는 것이 무죄이유의 요지였다. 그후 1973년 7월 6일 서울형사지방법원 합의부에 의하여 항소심 판결이 선고되었는데, 역시 마찬가지 결론을 유지하면서 검사의 항소를 기각하자, 검사가 또 다시 대법원에 상고하여 위와 같이 검사의 상고를 기각하는 상고심 판결이 선고되기에 이른 것이다.

-《법원사》 법원행정처 (1995)

자료

《다리》지 언론투쟁 1년의 결산

— 특별좌담

참석자
　김상현 (본지 고문, 국회의원)
　임중빈 (본지 기획위원, 문학평론가)
　윤형두 (본지 편집 겸 발행인)
　윤재식 (전 본지 발행인)
　박창근 (본지 편집장)

일시 : 1971년 8월 6일 (오후 2시)
장소 : 본사 회의실

조건부로 판권얻어 유랑식 제작

　김상 : 공사 다망하심에도 불구하고 우리 《다리》지의 발전을 위해서 이렇게 자리를 함께하여주신 여러분들에게 충심으로 감사드립니다. 작년 9월에 창간을 본 본지가 1년을 두고 성장해오는 동안 이루 형언 못할 영욕이 엇갈려왔다는 사실은 세상이 다 아는 바입니다. 우리나라 잡지 매스컴의 최선두를 우리가 달려오면서 그래도 최선을 다하느라고 했다는 걸 자

부하면서도 미흡한 점 또한 한두 가지가 아니기 때문에, 지난 1년간 신고를 같이 겪어온 여러분들과 함께 앞으로 우리 《다리》지가 지향할 길을 허심탄회하게 토론하자는 데 오늘 이 특별좌담의 뜻이 있다고 봅니다. 종회담 형식으로 이 좌담회를 진행했으면 하는데요, 편의상 임중빈 씨가 적절하게 화제를 리드해나갔으면 합니다.

임중 : 이번 9월호로 일 주년을 맞이하게 된 《다리》지가 겪은 수난이라면 힘에 겨우면서도 보람 또한 없지 않았다고 봅니다. 그래서 우선 그 동안 우리가 체험한 《다리》지 수난의 역정을 적나라하게 털어놓고 나서, 앞으로 본지가 나아갈 방향을 모색하기로 할까요.

우선 창간을 구상한 동기를 윤형두 씨 설명해주셨으면 합니다.

윤형 : 우리가 《다리》지 창간을 처음 구상하기는 69년 말이었고, 판권 신청을 '4·19민주상'의 법인체 등록을 하면서 70년 2월 문공부에 동시에 서류를 냈던 것이죠. 그런데 이 판권이 즉시 나오지 않고, 갖은 수난과 우여곡절을 겪은 다음 '4·19민주상'의 재단법인 신청서류는 일단 반류가 되고 지난 70년 2월 29일에야 《다리》지의 판권이 나와서 가까스로 9월 창간호를 낸 것이죠. 당초의 계획은 3월에 판권을 획득하여 4·19혁명 십 주년을 맞는 4월호부터 재단법인 '4·19민주상'을 발행처로 하여 거창하게 출범할 작정이었습니다. 그래서 3월에 남재희·탁희준·김경래·장을병·정을병·정광모·황문수 제씨를 모시고 시내 다동 소재 '호성'에서 첫 편집계획을 입안했습니다. 그러나 판권이 나오지 않은 이유 중의 하나는 무엇보다 인쇄인 선정이 여의찮아 말썽을 빚었던 것이죠. 인쇄소를 정하여 문공부에 서류를 올리면 웬일인지 계약된 인쇄업자가 거듭 해약을 간청해오곤 했습니다. 간신히 유성인쇄소에 사정해서 창간호를 발행한 이래 작년 12월호와 금년 5월호를 결한 열권째인 8월호를 내기까지 수십 군데의 인쇄소를 옮겨가며 유랑식 잡지제작을 해온 것입니다.

윤형 : 이 《다리》지로 말하면 청년정치가 김의원이 뭔가 우리 사회에 가치 있는 일을 하겠다는 순수한 의욕에서 비롯된 것이죠. 문공부에서 판권을 내줄 적에 당적을 가진 사람의 글을 실어서는 안되며, 특정인물의 사진

도 실어선 안된다는 조건부 허가였습니다. 이게 민주국가에서 있을 수 있는 일입니까?

산 지성의 참여 위한 가교

임중 : 처음에 김의원께서 《다리》지를 창간하실 때의 구상은 어떤 것이었죠? 이 잡지의 이념 내지 지향점이 되겠네요.

김상 : 지금 우리나라에서 언론활동이라든가 보도기관의 본래기능이 마비된 실정에 있고 해서 진실을 보도하고 공정하게 평론할 잡지 매스컴이 요청된 것입니다. 부정을 고발하고 권력기관의 횡포를 비판하는 잡지의 필요를 느낀 때문입니다.

임중 : 대화의 가교로써 민족의 활로를 개척하자는 뜻이 아니겠습니까?

김상 : 그러니까 지성인이 실제로 가사상태에 있는 게 아니냐 생각해볼 때, 그러한 침체현상은 국가장래를 위해서 대단히 불행한 일이기 때문에, 지식인으로 하여금 사회참여를 할 수 있는 가교적 역할을 함으로써 우리 《다리》지가 새로운 바람을 일으켜야 하겠다는 의도에서 제호를 《다리》라 했던 것입니다.

임중 : 지난 1년 동안 본지를 경영해오면서 겪은 고난과 시련은 이루 다 형언하기 어렵겠습니다만, 가장 뼈아프게 느낀 것의 하나라면 필화사건을 들 수 있겠는데요. 세칭 《다리》지 사건이라는 것이 사전에 계획된 정치음모 조작극이란 것은 누구나 다 아는 바입니다. 그점에 대해선 어떻게 생각하십니까?

김상 : 여기 수난의 주인공 세 분이 자리를 같이 하셨습니다만, 정말 미안하고 내 개인의 입장에서 볼 때 나를 대신해서 옥고들을 치렀다는 점에 대하여 뭐라 송구스런 말씀 드려야 할지 모르겠습니다. 이 잡지를 문제 삼은 것은 대통령선거를 앞두고 내게 정치활동이라든가 다른 일체의 활약을 금지시킬 목적으로 《다리》지의 기능을 마비시키고자 필화사건이란 걸 만들어냈던 것이라고 봐요.

끈질긴 음성적 탄압 받으며

임중 : 아까도 대략 말씀하셨지만 지금까지 인쇄과정에서의 애로사항을 좀더 구체적으로 말씀해보실까요?

윤형 : 창간호를 유성인쇄소에서 찍어냈는데 그 다음호부터는 갑자기 못하겠다고 해서 삼명인쇄소로 옮겼습니다. 12월호 원고를 조판하는 중이었는데 갑자기 인쇄계약을 해약한다는 내용증명이 날아왔습니다.

이유인즉 《다리》지를 인쇄하고 있기 때문에 문공부에서 자기들이 판권 신청한 《주간교육》의 판권을 내주지 않는다는 것입니다. 그래서 조판중이던 원고뭉치를 들고 서대문에 있는 모 〈기독교신문〉 공무국에 가서 조판을 하게 됐습니다.

여기서도 조판이 끝나고 정판까지 다해가는데 돌연 못하겠다는 겁니다. 손해배상을 청구하면 배상할 테니 할 수 없다는 것이에요. 이러다보니 한 달이 지나가 12월호를 결간하고 말았습니다. 이후에도 인쇄소를 몇 군데나 옮겨다녔는지 헤아릴 수 없습니다. 이런 눈에 보이지 않는 압력 때문에 우리가 의도하는 대로 책이 되질 않았고 오식 등 독자의 기대에 대해서 많은 차질을 초래하지 않을 수 없었죠.

임중 : 박창근 씨는 편집장으로서 가장 어려운 실무를 도맡았는데 그 쓰라린 체험담 한 토막을 부탁합니다.

박창 : 그 동안 창간호로부터 오늘까지 열 권의 《다리》지를 내면서, 공장을 무려 스물일곱 군데나 옮겨다녔어야 했습니다.

어느 공장에서건 우리 책이 만들어져 나가면 2, 3일 후엔 꼭 말쑥한 신사복 차림의 사나이의 방문을 받는다는 겁니다. 찾아온 용건은 없습니다. 공연히 공장만 이곳저곳을 기웃거리며 시간을 보냅니다. 며칠을 그러고 나면 얼마 후엔 으레 세무사찰이다 소방시설 점검이다 하고 들락거리고, 공장 앞은 교통단속이 심해져 차도 정차시킬 수 없게 할 뿐 아니라 우연이 겠지만 정전소동까지 빈번해진다는 것입니다. 광고에 있어서도 탄압은 가혹합니다. 심지어 무료로 내주는 광고주를 불러 돈을 얼마나 주었냐?고 따지는 모양이니…… 이래서야 언론창달이니 문화육성이니 하는 그 멋진

슬로건이 낯 뜨겁지 않겠습니까?

양식의 대변지에 몰아친 찬 바람

임중 : 그러니까 필화사건이 있기 전이나 지금이나 마찬가지이지만 매 호마다 괄목할 만한 특집을 꾸미지 않았습니까? 이 특집을 엮으면서 보람을 느낀 것이 있다면 무엇이었죠?

윤형 : 우리가 《다리》지를 창간하면서 문인들이나 교수들에게서 이런 얘기를 많이 들었습니다. 글을 써가지고 신문이나 잡지에 기고를 하면 그 글이 그대로 실리는 것이 아니라 많이 삭제가 돼버리기 때문에 삭제당하지 않고 마음대로 글을 쓸 수 있는 신문이 퍽 아쉽다는 거예요. 그래서 이런 분들에게 마음대로 글을 쓸 수 있는 지면을 제공하자는 데 중점을 두고 편집계획을 했고 특집 역시 그런 문제에 치중하면서 보람을 느꼈다고 할까요.

임중 : 우리가 상식적으로 생각해볼 때 필화사건이란 것은 글이 게재된 즉시로 발단되게 마련 아닙니까. 지난날 함석헌 옹의 필화사건이나 '오적'시 사건 같은 것도 불과 얼마 후에 일어났는데 이 《다리》지는 4, 5월 후에야 일어났으니 그 이면에 무슨 흑막이 있는 게 아닙니까? 또 본지의 음성적인 탄압이 양성화되어가는 과정에서 실질적으로 무슨 단서라도 잡을 수 있었나요?

윤재 : 필화사건 당시 나는 발행인을 그만두고 신민당 대통령후보 김대중 씨의 공보비서로서 주로 매스컴 관계를 담당했습니다. 이건 모두가 잘 아는 사실이지만 신민당에서 민주적인 표대결에 의해서 40대의 기수 김대중 후보가 탄생하자 집권당이 당황한 것은 사실이었습니다. 일종의 노이로제에 걸려가지고 야당에 관련된 것은 모두 탄압을 하기 시작했습니다. 《다리》지 역시 점차로 탄압이 양성화하기 시작했던 것이죠. 심지어는 현역 국회의원인 김상현 의원 정책사무실을 겸용하고 있는 《다리》지 사무실에 급사 하나만 있는데 10여 명의 기관원들이 와 가지고 세무사찰을 구실로 서류 일체를 압수해가는가 하면, 우리 《다리》지의 정기구독자에게 매

달 책을 우송하는데 분명히 우체국에서 발송을 했는 데도 본인에게 배달되지 않은 사례가 허다합니다.

전무후무한 필화사건 조작

윤형 : 책이 나오면 요식행위라고 볼 수 있는 문화공보부에 시중배포 사십팔 시간 이전에 납본을 하였으며 또한 관할경찰서 정보계 형사가 와서 이삼 권의 책을 가져가는가 하면 또 대공사찰 기관에서도 위법성 여부의 내용검토를 하는 걸로 알고 있는데 발행일로부터 거의 오개월 가까이 되어 말썽된 것부터가 조작이 아닌가 하는 것입니다.

임중 : 《다리》지 70년 11월호 학생문제 특징 중 본인 집필의 '사회참여를 통한 학생운동'을 문제 삼아 우리 삼인이 전격적으로 구속 기소된 뒤에도 그 책이 압수되거나 시중에서 판매금지를 당한 일도 없지 않습니까?

윤형 : 그래요.

임중 : 이런 필화사건이란 전무후무하겠군요?

윤형 : 일반사람들로서도 의아스럽게 생각할 정도죠. 당시 우리 《다리》지를 6천 부 찍어 가지고 전국에 어떻게 배포되었냐 하면 지방 도산매 130여 서점과 서울시중 170개 서점 도합 약 300개처에서 판매했던 것입니다. 뿐만 아니라 당시 정기 구독자 중에는 현직 국회의원이 100명이나 되었습니다. 11월호에 게재된 글이 정말 반공법에 걸릴 수 있는 불온한 내용이라면 왜 단 한 사람도 당국에 고발하지 않았느냐 하는 것입니다. 만약 불온한 내용을 알고 있으면서도 수사정보 기관에 고지하지 않으면 반공법 4조 2항에 걸리는 것이니까 말입니다.

윤재 : 그중 야당이 30명 나머지 70명의 독자가 여당의원인 셈인데 반공법에 저촉될 글임이 사실이라면 그들 국회의원들은 말할 것도 없고, 1,000여 명의 정기구독자도 불고지죄로 고발됐을 것입니다.

윤형 : 생각해보면 학생문제를 언급한 글을 물고 늘어진 것은 두 가지 뜻을 지니는 것같아요. 임중빈 씨가 김대중 후보의 전기집필에 관여하고 있었다는 점과 당시 학생들의 움직임이 부정선거를 용납하지 않겠다는 일

련의 동요가 엿보이자 학생들의 행동반경을 좁히기 위해서 바로 학생문제를 테마로 한 글을 필화사건으로 다룸으로써 이중의 효과를 노린 것이 아닌가 생각해볼 수도 있겠죠.

임중 : 화제를 잠깐 돌려서 우리가 일제히 피검되고 난 후 《다리》지 기자들은 어떠한 수사를 받았으며, 투옥중일 때 어떻게 속간을 할 수 있었죠?

경영진 마비시키려 전전긍긍

박창 : 그러니까, 2월 11일 아침 출근하니, 온통 난리예요. 윤주간님이 연행되었다는 거예요. 12시쯤 시경 정보과원에 의해 윤길한 기자와 남산으로 연행당했습니다. 조사의 골자는 김상현 의원이 그 문제의 원고가 인쇄되기 전 사전에 검토를 했다는 데에 집약시키더군요. 내용의 반공법 유무는 따지지 않고 말입니다. 우선 자술서의 경우, 이건 자술서가 아니라 타술서의 강요였습니다. 부르는 대로 한 자 한 구도 틀리면 윽박지르고 다시 쓰길 몇 번이나 강요하는 타술서였는데, 그에 의하면 각본은 빈 틈이 없었던 것같습니다. 예를 들면 윤길한 기자에겐 원고는 인쇄 전 김상현 의원이 사전에 검토하는 게 원칙이다고까지 해놓고는 제겐 김의원이 검토했다고까지 쓰도록 강요합니다. 그리고 최의선 기자에겐 자신은 편집실무가 아닌 취재부분이니 그런 원칙이나 관례는 모르지만 어느날 취재차 출타하고 들어오니 김의원이 마침 그 문제의 원고를 중요한 것이라고 하면서 검토하고 있는 것을 보았다고 쓰도록 한 점이나, 애써 김의원 한 사람에게만 투망을 씌우려는 것같은 인상은 다분히 사전에 짜여진 선거를 앞둔 정치적인 쇼라는 비난을 면치 못하게 했습니다. 그 혼란 속에서도 책을 계속 발행했습니다. 고문이 검토하지 않고 어떻게 책이 발행되느냐고 핏대를 세우던 김검사도 그후 계속 고문의 검토 없이 발행된 《다리》지를 받았을 것입니다. 완전히 짜여진 시스템에서 발벗고 나서도 애로가 많은 발행을 윤길한 기자와 단 둘이서 만들어냈으니 말이 아니었죠. 내용이니 편집이니 하는 데 신경을 쓰기보담, 오직 발행하는 데만 그 의의를 두다시피 했

습니다. 사건이 터지니까, 공장에선 더 기피하는 형편이에요. 《다리》란 소리만 들어도 벌벌 떠는 판이니, 어디 원고를 송고할 수가 있어야죠. 계약된 인쇄소마저 폐업계를 내고 문을 닫아버렸습니다.

임중 : 필화사건이 표면화되자 김상현 의원 구속문제가 한때 클로즈업됐던 모양이던데요. 그 무렵 일은 어떻게 된 것입니까?

김상 : 내가 도일해 있는 동안 관련자들이 구속됐다는 소식에 접했는데 신민당 모간부가 미국 가는 길에 동경에 들러 "귀국하면 구속되니 입국을 보류하시오"라는 얘길 해요. 그래 나는 일본서 망명생활을 해야 할 이유도 없고 하여 당내 인사들의 강경한 만류를 무릅쓰고 환국을 결심했습니다. 내 다정한 친구들이 투옥된 것도 중요하지만, 정치하는 사람으로서 감옥 아니라 죽음이 나를 기다린다 하더라도 행동인으로서 비굴할 수 없다는 내 평소의 신조에 입각하여 비행기에 올랐습니다. 김포공항에 내리자 4, 50명의 보도진이 운집해 있었습니다. 플래시 세례를 받으며 기자회견을 할 때 "필화사건의 책임은 내게 있소. 내 자신이 발행인이나 다름없소. 국회법에 의해 겸직을 금지하기 때문에 고문직에 있긴 하지만 실질적인 발행인이나 편집인은 나인만큼 장본인으로서 책임을 지겠소"라고 언급했습니다. 그런데 그날은 무사하게 넘겼고 그후 세 차례인가 신문사 기자들이 우리 사무실에 몰려와 "오늘 저녁 7시에 구속될 방침이라 하니 포즈를 취해주십시오"해서 기다리곤 했습니다. 중정이나 검찰서 나를 검거한다기에 몇 차례에 걸쳐 신문기자들과 함께 기다렸습니다. 그러나 끝내 구속이 집행되지는 않았죠.

임중 : 구속방침만 세웠다가 결국 흐지부지되고 말았군요. 수사당국의 고심한 흔적이 역력합니다. 김의원마저 피검됐더라면 《다리》지도 어쩌면 《사상계》의 운명을 뒤따랐을지 모릅니다. 불행 중 다행입니다.

맥 못춘 김대중 후보 공보활동

윤재 : 《다리》지 사건이라는 것은 단적으로 말해서 김대중 전 대통령후보의 공보팀을 거세하려는 데 있다고 나는 보아요. 우리가 피검될 그 무렵

김후보는 도미일정을 마치고 동경서 귀국하는 날이었습니다. 2월 12일 김 포공항에 도착하는 그날, 우리에게 구속영장이 발부됐는데 도착 즉시로 이미지 메이킹을 위해 이분의 총천연색 화보를 만들기로 윤형두 씨와 나 사이에 계획이 서 있었고, 또 김후보의 전기를 쓰며 스피치 라이터 역할을 하던 임중빈 씨와도 자연 긴밀한 접촉이 있을 테니깐, 순전히 야당 대통령 후보의 공보진을 제거하자는 각본이었던 것같아요. 더욱이나 당시 김후보 댁 폭발물 사건으로 김홍준 군을 구속하자 여론이 좋지 않았고 정일형 의원댁 화재사건까지 겹쳐 민심이 자못 흉흉했죠. 그래 국민의 여론을 다른 방향으로 돌려 캄플라쥐하기 위해 세칭《다리》지 필화사건을 만들지 않았나 하는 생각이 듭니다. 그리고 우리들이 구치소에 구속되어 있는 동안 이북에서 넘어온 고등간첩 이상으로 특별요시찰特別要視察로 철통같은 감시를 하고 일체 접견금지까지 하지 않았어요. 너무도 어처구니 없는 일이었죠.

윤형 : 그렇습니다. 윤재식 씨도 대개 이야기했지만 9월달에 내가 경영하고 있는 범우사에서 김후보의《내가 걷는 70년대》를 출판했고 공보활동으로 '대중 시리즈'를 선고때까지 한 10권 내기로 해서 첫 번째로 '희망에 찬 대중의 시대를 구현하자'는 팸플릿을 만들었습니다. 두 번째가 '빛나는 민권의 승리를 쟁취하자' 라는 팸플릿이었죠. 첫 호와 다음호의 반응이 말 그대로 인기 충천했습니다. 3집 4집은 김후보가 미국에 가 있을 때 거의 만들다시피 했는데 책을 내지 않은 것은 김후보가 미국에서 돌아오면 상의를 해가지고 책 표제를 결정해서 내려는 생각에서였죠.

특별요시찰로 갖은 박해

윤재 : 우리가 처음 구속됐을 때 날씨가 무척 추웠지요. 서울구치소는 우리를 특별요시찰로 취급해 가족면회는 말할 것도 없고 책 한권 마음대로 읽질 못하게 했습니다. 김대중 후보가 변호인 3명을 대동하고 와서 서너 시간을 기다리며 면회신청을 해도 못 만났다니 말도 안됩니다.

윤형 : 그 쓰라린 체험을 돌이켜볼 때, 101번지 오사상 이구방에 수감되

는 날 밤 키가 잠기는 소리는 지금까지도 아찔합니다. 나는 왼쪽벽 동쪽에 써놓았죠 '邪事 民怨 義事動天' 즉, 나쁜 일은 항상 백성의 원성을 사고 옳은 일은 하늘을 움직인다라는 뜻입니다. 지금도 낙서가 남아 있겠죠.

임중 : 나는 '민권필승民權必勝' '문화자유文化自由'란 말을 벽 도처에 써놓고 밤낮을 가리지 않고 기도하는 크리스천 생활에 일관했죠.

사법파동으로 번진 그 여파

임중 : 《다리》지 사건의 연쇄반응으로 사법파동이 한창 고조돼가고 있습니다만, 사법권 수호 투쟁으로까지 번지고 있는데 기본적인 민주체제가 실제로 어떠한 위기에 놓여 있었는가를 단적으로 제시한 것에 불과합니다. 우리가 그 동안 10여 차의 공판을 통해서 무죄를 선고받기까지 사법부가 권력의 갖은 시달림 속에서 양식의 최후보루를 지킨 점은 특기할 만한 일이라고 봅니다.

윤재 : 우리가 재판을 받을 때 체험한 바 목요상 판사에 대한 검찰측의 갖은 위협이랄까 책동이 눈앞에 선합니다. 우리의 시련과 고통의 체험은 결코 헛되지 않았습니다. 《다리》지가 세계적인 잡지로서 도약할 때가 오지 않았나 생각됩니다.

민족활로 타개에 앞장서야

임중 : 우리가 생각하기에 그 동안 우리 《다리》지는 고난의 가시밭길을 앞장서 헤치고 언론의 자유를 전취해온 자랑스런 기념탑 같은 걸 세웠습니다. 그 동안 우리가 치른 체험을 되새겨 《다리》지의 장래를 위한 새로운 결의 같은 걸 되새겨볼까요.

김상 : 우리에겐 이상이 있는데, 개중엔 노예적인 사고방식을 가진 사람이 지도층에 적지 않습니다. 《다리》지의 큰 목적은 당초부터 '비굴에서 탈피하자'는 캠페인을 전개한 것이며, 그럼으로써 국민 각자가 자주성에 입각하여 소신있는 생활관을 갖도록 말 그대로 《다리》의 구실을 하자는 것이었죠. 이번 일을 치르면서 우리가 자랑스럽게 여기는 것은 지난 날 투지

만만하게 싸워온 언론계의 선열들을 본받아 우리 젊은 사람들이 허구많은 고통과 수난을 당하면서도 거기 굴복하지 않고, 또 권력기관에 야합하지 않았으며, 최악의 경우 투옥되기도 하면서 언론활동을 계속하고 있음은 일종의 영광이요, 떳떳한 명예가 아닌가 봅니다. 수난은 우리에게 용기를 주었습니다. 우리 사회가 좀 더 새롭고 활력에 차도록 앞으로 더욱 최선을 다하자는 결의를 되새깁니다. 증오할 것은 증오하고 시정할 것을 시정해야 합니다. 선이 존경받고 악이 퇴치되자면 우선 언론기관이나 우리 정치인이 시시비비를 분명히 가릴 줄 아는 사명의식에 투철해야 할 것입니다. 국민을 기만하고 우롱하는 일이 있어서는 안될 일입니다. 더 큰 고난이 있더라도 감연히 싸워나가야 할 일이 아니겠습니까. 좀 더 사회와 민족에 기여하자는 다짐을 나는 강조해둡니다.

임중 : 그렇습니다. 《다리》지의 발전을 위해서 나로서도 이런 제언을 하고 싶습니다. 《다리》지가 민주언론으로서 최선두에 서서 다시금 선전분투해야 하겠는데, 구체적으로 첫째 비판활동의 발판이 되는 공기가 되어야 할 것이고, 둘째로 오늘날 침체된 지성의 개발에 최선을 다하는, 다시 말해서 위기상황의 타개에 보다 과학적이고 분석적인 지성의 교두보 구실을 해야 하겠다는 것입니다. 셋째로 민족활로를 개척하는 잡지로서 민족운동에 새로운 기수가 될 역군들에게 늘 끊임없는 활력소를 주는 알찬 잡지가 돼야 하지 않겠는가 생각해봅니다.

거울 삼아 끝까지 최선을

윤형 : 《다리》지 수난사라고들 하는데 사실상 지난 1년 많은 고초를 겪어왔지만, 우리의 고생쯤은 우리를 염려해준 여러분 충정에 비하면 아무 것도 아니지요. 우리가 피검된 후부터 무죄선고를 받기까지 매스컴에서 크게 문제를 다뤄준 언론계에 충심으로 감사드리면서, 나는 우리가 겪은 서너 달의 옥고나 여타의 수난이 아무 것도 아니었다고 말하고 싶습니다. 전태일이나 김진수 같은 사람은 근로자의 생활개선을 위해서 마침내 목숨까지 버렸고, 그보다도 더욱 중요한 일들은 신문에 한 줄도 나지 않고 의

를 위해 싸운 사람들, 조국의 수호를 위하여 이름 없이 산화한 무명용사들이나 조국의 광복을 위해 이름 없이 금계산 기슭에 묻힌 순국열사를 생각해볼 때 그리고 그 악착스런 관권의 탄압 속에서도 우리에게 소신대로 무죄를 선고한 법관의 값비싼 노고에 비긴다면 우리의 일은 아무 것도 아니기 때문입니다. 은혜로운 애국선열과 양식의 수호대열에게 우리가 보답하는 길은 참다운 민주언론을 위해서 오직 최선을 다하는 길입니다.

윤재 : 내용면에서 보다 더 참신하고 때로는 샤프하고 과감하게 정도를 개척해나가야 할 것으로 생각하며, 종합지로서 민족의 비전 제시에 인색치 말아야 하겠습니다. 앞으로 《다리》지의 방향은 되도록이면 한권 한권 나올 때마다 적합한 문제제시에 좀 더 구상해줬으면 좋겠고, 정치·외교 현상에만 치우치지 말고 각 방면에 걸쳐 다른 잡지나 신문에서 못하는 과감한 논문들을 많이 게재했으면 합니다. 물론 국제적인 시야도 차원높게 넓혀야 하겠구요.

박창 : 최근 어쩔 수 없이 느껴진 것인데요. 어떤 비중을 주는 문제의 진실된 비평문을 써줄 수 있으리라 믿는 필자에게 원고를 청탁했을 경우 선뜻 써주길 피한다는 것입니다. 서글퍼지는 현실이죠. 이유야 어쨌건 수십년을 이 나라의 사상지로서 그 면모를 지켜오던 《사상계》가 폐간당할 정도의 이 나라의 문화권에서 기실 《다리》지의 전도는 솔직히 말해 암담합니다. 편집실무자로서의 제 각오는 진실을 보도하고 사실을 공정하게 논평해 이 나라의 지성을 위한 길잡이가 되기 위해 조금도 주저하지 않겠습니다. 앞으로 《다리》지의 최대과제 중의 하나는 그 동안 침체되어 있는 민족정신 개발을 위해 지면을 대폭적으로 할애해야 할 것으로 압니다. 우리 민족의 비전을 제시해주어야 할 것입니다. 그러기 위해선 지금 졸고 있는 지성을 소리쳐 깨워야 할 것입니다. 지금 세계가 시로 다투어 도약하고 있는 이 시기에 잠을 강요당하고 있다고 해서 졸고 있을 수는 없는 게 아니겠습니까? 따라서 용기를 잃고 있는 필자에게 새로운 힘의 활력소를 주어 진실을 비평할 터전을 제시해주어야만 될 것입니다.

사법파동 수습에 성의를 보여야

윤재 : 폐일언하고 《다리》지 사건이란 필화사건 아닌 정치사건이었던 거 아닙니까. 검찰에서 조작해놓은 공소장이라는 걸 보면 희대의 걸작이거든요. 《다리》지 정치사건이었던 만큼 검찰로서는 자꾸 확대하려는 저의를 보인 것이고, 우리가 수사받을 때나 재판받을 때마다 느낀 인상은 일선 검사들이 이 사건을 다룬다기보다 모기관의 배후조종을 받아서 움직이는 일면이 드러나곤 했습니다. 재판을 진행할수록 무죄가 확실시되자, 서울지검 공안부에선 단독심에서 합의부로 옮겨 재판해줄 것을 촉구하는 추태까지 보였습니다. 판사를 못 믿겠다는 검찰측의 오만불손한 태도였습니다. 그러므로 사법파동은 거기에서 비롯되었던 것입니다. 사법부를 못 믿겠다는 식의 불신풍조요, 판사에 대한 협박이었습니다. 상식적으로 있을 수 없는 처사였습니다. 그러나 공정한 심리를 해온 재판부로서는 전무후무한 관권의 압력을 일축했고, 소신대로 우리에게 무죄를 선고하지 않았습니까. 법조계의 양심이 승리한 극적인 순간이었습니다.

임중 : 아울러 사법파동의 발단이 되기도 한 극적인 순간이었습니다.(웃음)

윤재 : 이런 결과로 인해서 국회는 물론 온 국민이 사법파동의 처리 결과를 예의주시하고 있는데, 문제 자체가 매우 심각한 것이라고 나는 보고 있어요. 법관들이 급기야 사법권 수호투쟁을 선언하고 나온 작금의 사태는 사법파동이 단순한 싸움이 아니라는 사실을 말해주는 것입니다. 법관 대 검찰관의 싸움이 아니라, 민권 대 관권의 싸움이요, 정의와 불의의 당연한 마찰이라고 나는 판단하기 때문입니다. 그러므로 우리는 사법파동의 장본인들은 말할 것도 없고 우리 《다리》지 사건을 담당한 검사나 그 상한선인 신직수 법무장관의 문책과 아울러, 국민의 여망을 배신한 관계인사들의 사퇴는 필연적인 것으로 보고 있어요. 닭 잡아먹고 오리발 내미는 격으로 일을 처리한다면, 사회의 여론과 국민의 여망을 짓밟는 것이요, 양심의 최후보루인 사법부를 우롱하는 처사일 것입니다.

비판적 지성의 광장 돼야

김상 : 결론적으로 한 가지 더 얘기하자면 여기 자리를 같이한 여러 동지들의 논조를 연장해서 앞으로 우리 잡지는 신문이나 다른 월간지에서 다루지 못하는 걸 과감하게 취급하면서 비판해나가야 하겠고, 특히 국민에게는 우리 한국이 지금 국제적으로 어떤 상황에 처해 있느냐 하는 문제를 널리 알려주는 기능에 충실해야 하겠다는 것입니다.

오늘의 국제정세는 급속도로 변화하고 있는데, 거기에 따라 이를 민첩하게 반영하는 잡지가 돼야 하겠다는 것입니다.

우리 《다리》지가 그 동안 필화사건을 치르면서 역경을 헤쳐왔는데 그것쯤은 별로 대단할 게 없습니다. 철부지들의 악의적인 장난에 우리가 잠깐 말려든 정도로 웃어넘깁시다.

필화사건을 넘긴 탓인지 지난 6, 7월호 《다리》지가 전국 서점에서 완전 매진되어 구하기 어렵다 하는 즐거운 비명 속에서, 우리는 지난날을 돌이켜보며 앞으로는 뭣보다도 내적 충실을 기하여 독자의 기대에 어긋나지 않도록 보답해야 하겠습니다. 창간 1주년을 계기로 해서 온 국민의 활력소가 되도록, 그 어떠한 고난이 닥친다 해도 굴복하지 않고 여러분의 최선의 협조와 창의력에 힘입어 맡은 바 소임을 다하겠다는 것을 국민과 독자 앞에 공약합니다.

임중 : 한국의 지식인이 그렇게 나약하거나 무력한 것만도 아니었고 보면, 우리는 전통적인 지성의 강점을 현대화하는 과정에서 보다 더 슬기로운 자세로 임해야 한다고 봅니다. 무슨 말씀이냐 하면, 저항적 민족주의의 찬연한 전통이 우리에겐 분명 있었습니다. 위세의 압제나 소수 집권층의 횡포가 역사를 황폐하게 하는 것을 방관해온 역사는 아니었으니까요. 과거 우리는 더 이상 참고 견딜 수 없는 급박한 상황에 대응하여 때로는 목숨까지 내던진 엘리트의 선도에 힘입어 민중의 원천적 에너지를 축적할 수 있었던 것이 아니겠습니까. 소리 없는 다수인 민중의 위대함을 기탄없이 대변하는 데 잡지의 기능이 있는 이상, 《다리》지는 이 나라 민주언론의 전열에서 계속 분투해야 하겠습니다.

윤형 : 그렇습니다. 앞으로는 한 호도 결간하는 일 없이 발행일을 앞당겨 내도록 최선을 다하고자 합니다. 자유언론 전선에 휴식이 있을 수 없다는 전제 아래 그렇다고 보는 것이죠.

슬기롭게 자유의 길 모색

임중 : 무엇이나 언론인의 기백이라는 것도 그래요. 막상 결정적인 발언을 해야 할 자리에선 상황을 묵살하기가 일쑤요, 딴전을 피우면서, 남보다 많이 안다는 학식만의 나열에 그치는 고도의 '교양귀족'이 난관의 타개에 무슨 큰 도움이 될는지 의아스러운 것입니다. 행동할 줄 모르는 햄릿형의 지식인보다는 아는 바 그대로를 사회적으로 반영하려고 고투하는 실천적인 지식인을 우리는 갈망하고 있어요. 문제는 그것을 어떻게 실천해나가느냐 하는 데 있겠죠. 모든 지혜를 집결하여 효율적인 싸움을 하는 데 있다는 말입니다. 그러한 중지를 모으는 민주언론의 반석으로서 《다리》지의 진로가 새로이 모색되어야 한다고 봅니다.

윤형 : 결론지어 요약하자면, 결심공판때의 최후진술에서 임중빈 씨가 말한 "자유주의자는 어떠한 억압을 당할지라도 결코 자유주의자일 수밖에 없다"고 한 그 정신이 오늘의 우리의 현실을 대변해주는 것이 아니겠습니까. 암만 용공주의자로 만들어 신체적인 제약을 가하고 한없는 정신적 고통을 안겨준다고 하더라도, 반공주의자는 항시 반공주의자일 수밖에 없지 않겠습니까. 약한 민족은 약한 역사를 남길 뿐입니다. 우리 당대만으로 끝나버릴 조국이라면 우리도 안일한 방법을 취택할 수 있지만, 우리 자손만대의 후손을 위하여 우리는 수치스러운 유산을 남겨서야 안되지 않겠습니까? 관권의 탄압 속에서도 꿋꿋이 버티어나가는 국민이어야만 이 자유를 성취할 수 있으리라 봅니다.

이상한 사람이 다녀갔다 하여 한없이 위축되어버리는 약한 국민을 위하여 우리는 무엇을 남겨주어야 하며 실리추구에만 급급해가지고 또한 약삭빠른 사이비 지성인들에게 또한 무엇이라 호소하여야 할지, 이 무엇을 위하여 우리 《다리》지는 고난의 십자가를 지고 골고다의 고역을 감수하여야 되지 않겠습니까?

　오늘의 창간 1주년을 맞는 《다리》지가 있기에는 음양으로 많은 희생이 뒤따랐으며 《다리》지 사건이 '무죄'로 선고되기까지에는 목요상 판사를 비롯한 홍영기, 한승헌, 이상혁, 이명환 변호사님들의 끈질긴 투쟁과 법원 출입기자단의 분에 넘치는 성원 그리고 분망한 시간을 무릅쓰고 증인으로 나와 주신 송건호, 구상, 남재희 선생님. 남몰래 구치소의 우리에게 영치금도 넣어주고 그 어려운 여건에서도 서슴없이 방청석에 나와주신 친지와 격려의 서신을 보내주신 애독자, 그 동안의 집필진에게 우리 모두 감사를 드리며 험난하였던 형극의 길을 돌이켜보기보다는 그 이상의 준령에도 굴하지 않겠다는 결의를 굳건히 하면서 창간 1주년 기념 좌담회를 끝맺읍시다.

자료

임중빈 '사회참여를 통한 학생운동' 필화

김삼웅 (독립기념관장)

1970년 11월호 월간 《다리》지는 학생운동을 특집으로 다루었다. 이 특집은 '학생, 학원, 오늘의 모습'(남재희), '사회참여를 통한 학생운동'(임중빈), '한국 학생운동의 반 세기'(정세현), '서구 학생운동의 흐름'(이영일)으로 꾸며져 있다.

월간 《다리》는 당시 국회의원 김상현(金相賢)을 실질적인 경영인으로 하여 발행인 윤재식(尹在植), 주간 윤형두(尹炯斗)의 진용으로 그해 9월에 창간되었으나, 창간 3개월 만인 11월의 통권 3호째에 필화를 당하였다.

이 잡지가 출간되어 시판이 된 지 한참 만인 1971년 2월 12일 당국은 김상현, 윤재식, 윤형두 등을 반공법 제4조 1항 위반 혐의로 입건하는 한편, 필자인 임중빈(任重彬)도 같은 혐의로 구속하고, 압수수색 영장을 발부받아 논문과 관련된 관계서류 일체를 압수해갔다. 당국이 문제로 삼은 임중빈의 논문 '사회참여를 통한 학생운동'을 살펴보자.

……젊은이들이라면 기성권위와 가치에 대하여 마땅히 도전해야 한다. 맹종이란 자기소외의 지름길이다. 그러기에 젊은이들의 반항은 전세계인 현상으로 나타난다. 이러한 흐름 속에서 외국 선진지역의 학생운동은 대체로 '아나키즘', 곧 철두철미한 자유의 추구에 몰두하는 느낌이 든다. 어

떠한 기성도덕이나 권위의 간섭도 인정하지 않는 완전무결한 자유에의 갈망이 곧잘 아나키즘이라는 대화로 선택되는 모양이다. 이미 마련된 덫이 싫은 것이다.

1968년 파리에서의 '5월 혁명'만 해도 그러하다. 그때의 학생들은 무정부주의자와 행동주의자를 숭배한다고 밝혔는바, 이것은 철저한 저항정신, 바로 그 행동아다운 품격을 신봉하는 현상으로 해석된다. '5월 혁명'의 주동자 다니엘 콩방디도 사르트르와의 대담에서 밝힌 바 있지만, 혁명적 행동의 다이나미즘이 고조된 나머지 체제 전체에 대한 이의를 제기하고 나온 데 의의가 있는 학생운동이었을 뿐이다.

당장에 드골 체제가 타도된 것은 아니었다. 그것이 계기가 되어 드골 정권의 10년 권위가 흔들린 것이다. 사회구조의 근저적인 변화가 온 것은 없고 정권교체에 효모의 구실을 한 점이다. 하지만 무모한 투쟁의 일면도 없지 않았다. 무정부주의의 탈을 쓴 폭력의 계절풍 속에서 그들은 붉은 혁명을 요구하였다. ……4·19는 자유민주주의를 위한 항쟁이었고, 6·3 한일국교 정상화 반대운동은 민족 주체성을 위한 성스러운 싸움이었으며, 지난해의 3선개헌 반대투쟁은 민권수호의 몸부림이었다. 그리고 한국의 젊은이들은 기회 있을 때마다 민족지상의 과업인 통한문제統韓問題에 대해서도 관심을 보이고 있는데, 국헌이 보장한 그러한 일련의 숭공적 움직임이 국사범으로까지 몰리고 있어 그 한 가지 실례만으로도 '덫에 걸린 세대'라는 실감이 앞선다.……

이 논문의 어디에서도 '적을 이롭게' 한 부분을 찾기 어렵다. 그런 데도 당국은 필자를 이적행위로 구속 기소하였다. 서울형사지법 유태홍 부장판사가 발부한 임중빈에 대한 구속영장을 살펴보자.

프랑스의 극좌파 학생운동인 1968년의 파리 '5월 혁명'에 의한 드골 정권의 타도와 미국의 극좌파인 '뉴 레프트' 활동의 타당성을 전제하면서 우리나라의 학생운동은 그들과 같은 방법으로 하되 문화혁명을 통한 정치혁명으로의 길만이 학생운동의 정도이며 무엇보다도 능동적 참여를 통한 변혁이 필수의 것으로 요청된다고 논단하여 은연중 우리 정부 타도를 암시, 반국가단체인 북괴를 이롭게 했고 두 윤씨는 이를 알면서도 게재했다.

이 사건은 잡지의 경영인이 야당의원이기도 한 까닭에 당연히 정치문제화되기에 이르렀다. 야당에서는 '선거를 앞두고 언론에 대한 탄압인 동시에 야당에 대한 위협'이라고 비난하고 나섰다.

필자 임중빈도 수감되기에 앞서 "정치적 사건"이라고 주장하면서 집필의 동기를 "좌절과 무기력에 빠진 학생층과 지식인 계층을 비판, 새로운 각성을 촉구하면서 기성 권위와 가치에 대하여 마땅히 도전해야 한다고 주장한 데 불과하다"고 분명히 하였다.

1심 재판은 서울형사지법 판사 목요상에 의해 심리되었다. 목판사는 시인 구상과 〈동아일보〉논설위원 송건호를 증인으로 채택, 두 사람의 증언을 청취했다. 구상은 이 자리에서 "임중빈 피고인과는 같은 가톨릭 문우회(文友會) 회원으로서 견고한 신앙심을 가졌으며, 유물론의 공산주의와는 상반된 입장이며, 장면 박사, 노기남 대주교의 회고록 등을 대필한 임피고인은 공산주의 사상을 갖고 있지 않음이 분명하다"고 증언했다. 구시인은 또 "임피고인이 문제된 논문에서 프랑스의 극좌파나 미국의 극좌 행동주의자를 설명한 것은 이들을 찬양한 것이 아니고, 그 반대된 입장을 설명하기 위해서 이들을 드러내 보인 것이며, 이들을 강력히 부정하기 위해 문장기법상 반론법을 구상한 것"이라고 임피고인을 강력히 옹호하였다.

한편 '가톨릭문우회'에서는 장덕조, 유치진, 구상, 윤형중, 김남조, 홍윤숙, 구중서, 박홍근, 이서구, 김영근, 김태관, 김옥희 등 40여 명의 회원들이 법원의 관용을 호소하는 진정서를 당국에 제출하였다. 이들은 임중빈 회원은 독실한 가톨릭 신앙인으로 유물론적 공산주의를 철저히 배격하는 평론가이기 때문에 용공혐의는 부당하다고 주장하고 나섰고, 변호사 한승헌은 변론에 나서 "······정치권력의 입장에만 치우친 안목에서 현실에 대한 고발이나 비판 또는 개혁에의 의지를 모두 반정부적인 것 내지는 이

단적인 것으로 보고 이들에 대한 규제사유로서 질서유지와 공공의 복리를 내세우기 쉽다. 특히 우리 한국에 있어서는 반공 관계 법률이 위정자의 자기방어적인 편법으로 남용되어 국민의 비판적 언론을 봉쇄하는 데 동원되는 악례가 있다"면서 이 사건이 언론자유의 침해요, 정치적 사건임을 분명히 밝혔다.

1971년 7월 16일 우여곡절 끝에 서울형사지법에서 1심 선고공판이 개정되었다. 지검 공안부 김종건, 이계명 검사는 반공법, 국가보안법 등을 적용하여 임씨에게 징역 5년, 자격정지 5년을 구형했으나, 목요상 판사는 사건 관계자 전원에게 무죄판결을 내렸다. 목판사는 문제의 논문은 "헌법상 보장된 언론자유의 테두리 안에서 민주복지사회의 이념을 확립하는 방향으로 학생운동의 진로를 개척해나가자고 주장한 것에 불과, 반공법 제4조 1항에 저촉되지 않는다"고 무죄선고의 이유를 밝혔다.

검찰의 항소에 의해 열린 항소심은 1973년 7월 7일 유상호 부장판사에 의해 검찰의 항소를 기각, 1974년 5월 28일에 열린 대법원에서도 검찰의 상고를 기각하여 무죄를 선고한 원심을 확정하여 이 사건은 3년이 지나서야 '무죄'로 마무리되었다.

8

재일동포 모국 유학생 '간첩' 사건

피고인 서 승, 서준식

1. 사건개요: 분단의 덫에 걸린 재일동포 모국 유학생 …………… 361
2. 체험기: 겨레를 찾아, 나라를 찾아 – 서승 ………………………… 364
3. 변론서 – 한승헌 ………………………………………………………… 373
4. 판결 (2심; 서울고법 71노 999호) ………………………………… 382
5. 믿었던 조국서 '간첩' 날벼락 ……………………………………… 386
6. 선거를 위한 서승, 서준식 형제 '간첩' 조작 …………………… 391

사건개요

분단의 덫에 걸린 재일동포 모국 유학생

한승헌 (변호사)

1971년 3월 6일 재일동포 모국 유학생 서승徐勝은 일본 교토의 본가에서 겨울방학을 지내고 서울로 오는 비행기를 탔다. 뜻밖에도 그는 김포공항에 내리자 마자 보안사령부 요원들에 의해 옥인동 대공분실로 연행되었다. 나중에 그는 서빙고 대공분실로 옮겨졌고 거기서 간첩혐의로 조사받으면서 온갖 고통을 당했다. 그리고 2주일 후에 풀려났다.

그러나 1971년 4·27 대통령선거를 열흘 앞둔 4월 18일, 그러니까 여당의 박정희 후보에 맞선 김대중 야당후보가 장충단공원에서 1백만 군중을 모아놓고 연설을 한 바로 그날, 서승 씨는 다시 서빙고 대공분실로 끌려갔다.

조사는 무자비했다. 북한의 지령으로 서울대에 지하조직을 만들고 학생 교련 반대투쟁과 박정희 3선 반대투쟁을 조종하였으며 김상현 의원을 통해 김대중 후보에게 불순한 자금을 전달했다는 것을 자백하라는 것이었다.

이점에 대해서 서승 씨는 "대통령선거를 앞두고 반독재투쟁의 선봉인 학생운동에 타격을 가하고 야당후보에 '용공'의 낙인을 찍어 박정희의 대통령 3선의 야망을 이룩하려는 각본이었다"고 훗날 회고했다.

1971년 4월 대통령 박정희는 3선개헌에 의한 영구집권을 노리고 야당의 김대중 후보와 치열한 대통령선거전을 벌이고 있었다.

선거일이 1주일 앞으로 임박했을 때 육군 보안사령부는 이른바 '재일교포 학원침투 간첩단사건'이란 것을 터뜨려 세상을 놀라게 했다. 재일교포로서 서울대에 유학중인 앞서의 서승, 서준식徐俊植 형제를 간첩죄와 국가보안법 위반혐의로 구속했다는 것이었다.

서씨 형제는 일본 교토에서 출생한 재일교포 청년이었다. 형인 승씨는 1968년 일본 도쿄에서 대학을 마치고 모국에 와서 서울대 대학원 사회학과 석사과정을 마쳤고 교양학부 조교로 발령이 날 예정이었다. 아우인 준식씨는 1967년 일본에서 고등학교를 마치고 역시 서울대 법대에 유학중이었다.

그들에 대한 혐의는, 앞서 서승 씨에 대한 자백강요에도 비쳤듯이, 북한의 지령에 의해 서울대에 지하조직을 만들고 학내 군사교련 반대 및 박정희 대통령 3선 반대투쟁을 배후조종하고 인민봉기를 선동하여 정부를 타도하려고 획책했다는 요지였다.

또한 당시 야당의 대통령후보였던 김대중 씨의 참모인 김상현 의원을 통해 일본으로부터 불순한 정치자금을 전달하였다는 혐의도 들어 있었다. 학생들의 반독재·반박정희 투쟁에 일격을 가하고 김대중 후보에게 용공음해를 씌움으로써 대통령선거를 유리하게 만들려는 저의가 분명했다.

나는 서승 씨를 접견하려 하였으나 당국은 한사코 이를 거부하였다. 서승 씨가 심한 고문으로 얼굴에 화상까지 입었다는 흉흉한 소문이 나도는데다 외부사람과의 접견을 일절 금지시켰기 때문에 의혹은 한층 더 증폭되었다.

몇 차례의 접견거부와 항의가 반복된 끝에 변호인인 나의 접견이 힘겹게 이루어졌다.

서승 씨가 구속된 지 석 달 만에 처음 실현된 외부인과의 만남이었다. 그것도 서울구치소의 변호인 접견실이 아닌 의무실에서였다. 그는 붕대로 얼굴과 몸을 감은 채 들것에 실려나왔다.

나는 맨 먼저 어떻게 해서 상처를 입었느냐고 물었다. 고문에 의한 화상이라는 예감을 갖고 있었기에 "사실대로 말해달라"고 했다. 그는 고문은 심하게 당했지만 얼굴과 손, 팔의 화상은 자해라고 했다. 여러 학우들에게 불리한 허위자백을 하기 싫어서 수사관이 자리를 뜬 사이를 틈타 난로 연료 탱크의 기름을 머리에 붓고 불을 붙였다고 했다.

그는 조사받는 과정에서 어찌나 혹독한 고문을 당했던지 "차라리 죽여달라"고 몇번이나 애원을 했다고 한다. 훗날 그는 '고문의 아픔은 죽음보다 더했다' 고 썼다.

날조된 혐의사실을 완강히 부인하였음에도 불구하고 그해 10월 22일에 열린 1심 선고공판에서 서승 씨는 사형판결을 받았고 서준식 씨는 징역 15년을 선고받았다. 항소심에서 서승 씨는 무기징역으로, 준식씨는 7년형으로 줄었다. 두 사람 모두 상고했으나 1973년 3월 13일 대법원에 의하여 기각된다.

그들 형제는 몇 군데의 감옥을 옮겨다니며 수감생활을 하는 가운데 소위 '사상 전향轉向' 의 강요에 불응하였기 때문에 온갖 고초를 겪었다. 그러나 그들 형제는 끝내 전향을 거부하였다. 형은 무기로 감형되어 19년간의 감방생활끝에 미전향수 석방 제1호를 기록하며 1990년 2월에 석방되었고, 아우는 형기 7년을 다 마치고도 미전향자라는 이유로 사회안전법에 의하여 10년을 감호소에서 더 보내야 했다.

국가보안법이 일제때 치안유지법을 모방한 것이라면 사상전향제도 역시 일제가 한국의 독립운동가와 애국지사들을 굴복시키기 위한 수법이었는데, 바로 그런 일본의 악독한 통치수단을 동포에게 강제한 것이었다. 서씨 형제는 이점을 더욱 개탄했다.

"종이 한 장 쓰면 될 것을 거부하고 아까운 청춘을······."

한 교도관이 서승 씨에게 그렇게 말했다고 한다.

서승 씨의 옥중기록은 1994년 일본의 이와나미岩波서점에서 나온 《19년간의 옥중기》에 자세히 기술되어 있다.

체험기

겨레를 찾아, 나라를 찾아

서 승 (일본 立命館大學 교수)

온 몸에서 진물을 흘리며 붕대에 칭칭 감긴 몸을 들것에 실린 나는 의무실로 갔다. 들것에 실린 채 진찰대 위에 뉘어진 나를 안경테를 번쩍이는 젊은 변호사가 들여다보았다. 한승헌 선생님과의 처음 만남이었다. 일본 교토京都에 있는 거류민단의 의뢰로 나의 변호를 맡게 되었노라고 하셨다. 사건이 터진 후 3개월 만에 처음 접해보는 외부의 손길이었다.

대공분실에서의 고문

1971년 3월 6일, 겨울방학을 일본의 집에서 보내고 김포공항에 내려선 나는 괴한에 의해 보안사 옥인동 대공분실로 납치되었다. 거기에는 머리를 짧게 깎은 호리호리한 물뱀처럼 생긴 대공처장 김교련 대령이 버티고서 있었다. 옷을 벗기우고 허리띠 없는 군복으로 갈아입혀진 나는 좁은 취조실로 끌려갔다. 벽은 방음쿠션이 든 더러운 녹색비닐로 도배되어 있었고 책상 하나와 의자 세 개가 놓여 있었다. 두 명의 취조관은 나를 간첩으로 몰아 취조했다. 대답이 막히거나 조는 기미가 있으면 사정없이 몽둥이와 발길질이 날아왔다. 눈부신 백열등이 켜진 방에는 창문이 없어서 낮인지 밤인지 시간의 흐름을 가늠할 수가 없었다. 며칠 몇 밤이나 지났을까?

나는 의지력을 잃고 점점 자포자기 상태로 빠져들어갔다.

약 20일간의 조사끝에 일단은 석방되었으나 4월 18일, 100만 군중이 모인 김대중 후보의 장충단 유세가 있던 날 밤, 나는 검은 지프에 실려 보안사 서빙고분실로 다시 연행되었다. 취조관은 입을 열자 마자 "나는 무자비하다"고 말했다.

취조는 처음부터 거칠게 시작되었다. 심문의 각본은 이미 짜여 있었다. 그 내용의 하나는 내가 북한의 지령을 받아 서울대학에 지하조직을 만들어 학생들의 군사교련 반대투쟁과 박정희의 대통령 3선반대 투쟁을 배후 조종하여 인민봉기를 선동하고 정부타도와 공산혁명을 기도했다는 것이다. 다른 하나는 당시 김대중 후보의 심복이자 선거참모였던 김상현 의원을 통해 그에게 일본에서 불순한 정치자금을 전달했다는 것이었다. 대통령선거를 앞두고 반독재투쟁의 선봉인 학생운동에 일대타격을 가하고, 김대중 후보에게 '용공'의 오명을 덮어씌움으로써 공포분위기 속에서 박정희의 대통령 3선 야망을 이루려는 각본이었다.

심문은 말 그대로 무자비했다. 몽둥이로 맞고 바닥에 구르면서 고문을 이겨낼 수 없다는 절박한 공포감에 사로잡혔다. 만약 이 각본을 받아들인다면? 무서운 자문이었다. 4·19 이후 강물처럼 피 흘리며 이루어온 민주화와 통일을 향하는 학생운동은 커다란 타격을 받는다, 민중의 군사독재 타도 열망과 미래를 향한 희망도 물거품이 되고 만다, 입이 찢어져도 각본을 받아들일 수 없다, 죽어도 그럴 수는 없다…….

창밖으로는 연이어 연행되어오는 학우들의 모습이 스쳐 지나갔다. 이웃 건물들에서는 밤새 학우들의 처참한 비명소리와 신음소리가 터져나왔다. 각본은 움직일 수 없다. 조서작성을 위한 고문만이 남아 있었다. '마음대로 하라' 고 목구멍에서 튀어나오려는 말을 안간힘으로 눌렀으나 고문의 아픔은 죽음보다 더했다. 취조관에 매달려 "차라리 죽여라! 제발 죽여달라"고 몇 번이나 애원했는지 모른다. 악몽과 같은 밤은 지나갔다. 창밖은 밝아왔고 나는 비참한 몰골로 늘어져 있었다. 취조관들도 지쳤고, 걸레처럼 늘어진 나를 쳐다보고는 아침을 먹으러 자리를 떴다. 그들이 사라지고 조금 뒤에 경비병은 책상에 엎어져 있는 나를 힐끔 쳐다보고 문을 열고 밖으로 나갔다.

반쯤 열린 문에서 들어오는 아침햇살에 보랏빛 담배연기가 가늘게 무늬를 그리며 피어올랐다.

절망 속의 자해自害

혼자 되다니……! 항상 감시가 원칙인데 기적과 같은 일이 일어난 것이다. 지금밖에 기회는 없다. 취조관이 다시 들어오면 각본대로 하고 말 것이다. 가물가물 타고 있는 난로가 눈에 들어왔다. 조금 떨어져 연료탱크가 비닐파이프로 난로에 이어져 있었다. '펑' 소리를 내고 타오르는 불기둥에 싸여 태연히 좌선을 하고 있는 베트남의 스님이 내 머리 속에 떠올랐다.

연료탱크를 들어올려 마개를 열고 머리에 기름을 부었다. 성냥이나 라이터를 찾았으나 보이지 않아 책상 위의 조서를 한 장 집어들고 둘둘 말아서 난로불을 붙였다. 불을 배에 갖다대었지만 예상과 달리 불은 붙지 않았다. 휘발유와 달리 경유는 잘 타지 않는다는 것을 몰랐기 때문이었다. 불을 왼손으로 바꿔 잡아 타오기를 기다렸다. 불길은 길게 타오르고 손가락에서 팔꿈치까지 태웠지만 잘 붙지를 않고 답답하리 만치 느릿느릿 손끝에서 팔로 타올라왔다.

팔을 싸는 스웨터에 불이 붙자 살을 에는 아픔이 전해왔다. 경비병이 눈치채지 못하게 이를 악 물고 비명을 참았지만 불길이 어깨에서 얼굴로 옮겨붙자 더이상 견디지 못하고 "어— 어— 어—" 하는 비명이 터져나오고 말았다. 그리고 시멘트 바닥을 데굴데굴 굴렀다. 죽어야 한다는 의지와 살고 싶다는 삶의 본능 사이에서 무서운 갈등으로 몸부림쳤다.

비명을 듣고 경비병이 방으로 뛰어들어와 방화수 양동이의 물을 끼얹었다. 순간 불은 소리를 내어 확 타올랐다. 놀란 그는 구원을 요청하러 뛰어나갔다. 나는 불덩어리가 되어 바닥을 구르다 문밖으로 굴러나갔다. 몰려온 군인들은 나에게 모래를 끼얹고 담요를 뒤집어씌워 불길을 잡은 뒤 들것과 차를 구하러 흩어졌다.
4월의 아침햇살은 눈부시고 구름 한점 없이 하늘은 푸르고 높았다.
아무런 고통도 없고 '모든 것은 끝났다'는 안도감과 고요함만이 있었다. 들판에 버려진 아이처럼 서글픈 정적 속에서 땅에 누워 빨려들어갈 것 같은 하늘을 올려다보고 있었다. 눈물이 흘러내렸다. 입안에서 되뇌었다.
"어머니, 미안해요. 어머니, 용서하세요."
대통령선거를 일 주일 앞둔 1971년 4월 20일, 육군보안사령부는 4개망 51명으로 이루어진 이른바 '재일교포학원침투간첩단사건'을 발표했다. 거기에는 나와 동생 준식 그리고 서울대 사회학과 학우들이 들어 있었다. 준식이는 1967년에 일본 교토에서 고등학교를 마치고 서울법대에서 공부하는 중이었고, 나는 1968년 도쿄에서 대학을 졸업한 뒤 서울대 대학원 사회학과에서 석사과정을 수료했을 때였다.

나는 빈사상태로 경복궁 영춘문 앞에 있던 육군수도통합병원으로 실려갔다. 거기서 응급치료와 수술을 받는 동안 한 달 넘게 혼수상태에 빠졌다. 의식을 회복하자 조금 있다가 재판을 감행하기 위해 나는 서울구치소로 수감되었다. 신문에 사건이 대대적으로 발표된 뒤에 어머니는 우리 형제를 찾아 온 서울시내를 헤매셨는데, 준식은 5월 28일에 수감되고 내가 6월 말에 서울구치소로 넘어가면서 생존이 확인되어 한승헌 선생님이 면회 오셨다.

나의 성장배경과 모국유학

우리 형제는 일본 교토에서 태어났다. 조부모님은 충청남도 청양군 목면이라는 궁벽한 시골에서 살다가 일제의 농촌수탈이 심해져간 1920년대 말 고향을 등지고 일본으로 유랑길을 떠나셨다. 부모님은 대여섯 살 어린 나이로 할아버지 할머니 손에 매달려 일본으로 건너온 다음, 피식민지 민족의 자녀로서 온갖 고통과 서러움 속에서 넝마주이, 자전거포 점원, 아기보기, 식모, 베틀짜기 등의 일을 하며 살아왔다.

할아버지와 외할아버지가 한 고향이라서 그분들의 약속으로 태평양전쟁이 시작되기 전해에 아버지와 어머니는 열아홉 젊은 나이에 서로 얼굴도 모르는 채 결혼했다. 신혼 재미는커녕 아버지는 징용을 피하느라 집을 나와 일본 각지를 전전했고, 어머니는 새 아기를 간수하면서 맏며느리로서 시부모와 시동생 셋을 모시고 고된 시집살이를 해야 했다. 게다가 시집간 뒤 얼마 안 있어 시어머니가 세상을 떠나면서 어머니는 '졸지에 처녀가 네 아이를 갖는 엄마'가 되어버린 것이었다. 설상가상으로 농사를 지어보지도 못한 어머니는 공출미를 내기 위해 열댓 마지기의 벼농사를 난생 처음 거의 혼자 감당해야만 했다.

이러한 곤경에서 부모님들이 8월의 땡볕 아래 김을 매고 있을 때 해방의 소식을 들었다. 너무나 괴로웠던 세월의 회한이 봇물로 터져 두 분은 벼를 움켜쥐고 엉엉 울었다고 한다.

해방 후 뒷마무리를 위해 부모님만 일본에 남기고 우리 일가는 모두 고향으로 돌아왔다. 부모님은 곧 따라가려던 중에 나라는 분단되고 6·25가 터져 고향과의 왕래마저 뜻대로 되지 않게 되었다. 할아버지마저 세상을 떠나시니 우리 가족은 점점 일본에 뿌리를 내리기 시작하였다.

일본에서 우리 동포는 해방민족으로서의 대우는커녕 제대로 국적도 없는 이른바 '제3국인'으로 취급받아 여러가지 차별에 시달려야만 했다. 우리 부모님은 항상 "일본놈에게 지지 말아야 한다" "왜놈에게 조선사람이라는 소리 들어도 기죽지 말아야 한다"고 말씀하셨지만, 뒤집어 말하자면 일본사람들이 우리가 조선사람임을 항상 일깨워준 셈이다.

그러나 부모님들인들 '왜 조선사람이 당당하고 자랑스러운 인간인가'를 충분히 알고 계셨던 것같지는 않았다. 나는 어릴 때 '나는 조선사람이다. 그러나 조선사람이란 무엇인가?' 하는 물음을 가지고 살았다. 사춘기에 접어들면서는 조선이니 한국이니 하는 제목이 붙은 책들을 닥치는 대로 읽었다. 중학교 3학년때 4·19가 터져 TV를 통해 연일 보도되는 이승만 독재에 반대하는 어린 학생들의 모습을 보면서 나는 그들에게 아무 도움도 줄 수 없다는 깊은 자책에 빠지기도 했다.

　고등학교에 들어가 민족을 찾고 조선사람이 된 자신을 찾기 위해 조그마한 운동을 시작했다. 한일회담 반대의 열풍이 몰아치던 1964년 7월 모국방문단의 일원으로 처음으로 고국땅을 밟았다. 고국은 우리 동포들이 동포라는 이름에 걸맞게 서로 돕고 사는 사회가 아니라, 비리와 부정, 억압과 착취가 소용돌이치는 또 하나의 정글이었다.

　나는 우리 문화와 역사를 아는 조선사람다운 조선사람이 되고 싶었다. 우리말을 우리나라 사람처럼 말하고 싶었다. 그리고 될 수만 있다면 이 겨레의 행복과 통일을 위해 무언가 하고 싶었다. 그래서 1968년 서울로 왔다.

　그러나 격심한 남북대립 속에서 한국의 현실은 나의 희망을 용납하지 않았다. 검사나 사상전향 공작관은 내게 자주 "너는 6·25를 모르니까 국가관이 서 있지 않다"고 말하곤 했다. 그래도 우리 겨레에게 국가보다 소중한 것이 민족이라는 나의 신념은 그때나 지금이나 변하지 않는다.

우리 형제의 수난

　일본에는 여러가지 정치적 견해를 가진 동포들이 살고 있으나 38선은 없다. 따라서 그들의 일상생활 자체가 국가보안법의 통신·회합, 찬양·고무, 불고지不告知, 국가기밀 누설 등의 조항에 위반되는 것이다. 재일동포에 대해서만이 아니라 국가보안법은 우리 겨레의 자연스럽고 인간적인 삶을 분단하고 있다. 그러기에 우리 사건을 효시로 7, 80년대에 200명 가량의 재일동포가 구속되었고 수천 명이 연행, 조사받으면서 모진 고초를 겪었던 것이다.

　1972년 5월 준석이의 7년형은 확정되었다. 나는 1972년 12월 사형에서 무기로 감형되었고 1973년 3월 무기형이 확정됨으로써 기결수가 되었다. 그후 준식이는 7년의 만기가 끝난 다음에도 사회안전법에 의해 10년 동안의 감호소생활을 하고 1988년도에야 석방될 수 있었다. 나는 1990년까지

19년간 감옥생활을 했다. 우리의 감옥생활은 한마디로 사상전향제도와의 투쟁이었다.

준식이는 1973년 초 대전에서 잔인한 집단폭행을 당해 광주교도소로 그리고 전주교도소로 이감되었다가 거기에서도 사상전향을 강요하는 무서운 고문을 받았다. 준식이는 1978년 만기가 된 다음에도 사상전향하지 않는다는 이유로 감호처분을 받았다.

1972년 유신이 발포되고 1973년 6월에는 비전향 정치범이 있던 대전·대구·광주·전주의 각 교도소에 사상전향공작반이 설치되어 사상전향공작이 조직화·체계화되면서 '비전향 정치범의 절멸'을 내걸고 본격적으로 시작되었다. 1975년 대구에서 강철형 교무과장은 비전향 정치범을 전원 집합시키고 "너희들은 사상전향을 하지 않으면 죽는 수밖에 없다"고 단언했다. 이 시기에는 6·25 직후 체포된 빨치산 등 다수의 비전향 정치범들이 만기가 되어 출소하게 된 사정도 있었으나, 단 한 명의 비판자도 용서치 않는 유신의 극단적인 독재체제 아래 이러한 정책이 취해진 면도 있다.

1973년 말부터 시작된 고문, 폭행에 의한 강제전향의 폭풍은 무시무시했다. 대전에서 두 명이 살해되고 수많은 사람들이 자살하거나 전향하지 않을 수 없었다. 대구의 경우 내가 이송되었을 당시인 1973년 4월, 70명이던 비전향수가 1975년 초에는 12명으로 줄었다. 이 무서운 폭력에 대해 우리는 오로지 참고 견디거나 목숨을 건 단식투쟁으로 대항할 수밖에 없었다.

우리의 외로운 싸움은 1974년 5월 준식이가 일본 참의원 의원 니시무라 목사와 면회하면서 참혹한 강제전향 공작의 실상을 폭로함으로써 외부에 알려졌다. 그리고 그 비인간적인 만행은 국제적인 격분을 불러일으켰다. 그러나 한국에서 '빨갱이'니 '간첩'이니 일컬어지는 비전향 정치범이 인간으로 인식되고 분단민족사에서 고통을 함께 나누는 동포로서 인식되어 간 것은 민주화투쟁이 발전되어 인권에 대한 인식이 깊어간 뒤부터였다. 모든 정치범은 외세에 의한 민족분단과 독재정치의 희생자라는 사실에 사람들이 눈을 뜬 것이다.

사상전향이란 '국가권력에 대항한 사람이 국가사상에 동조하거나 국가권력에 복종하는 것'을 말한다. 한국에서는 이것이 반공이냐 용공이냐를 기준으로 거칠게 재단된다. 반공은 공산주의에 대한 부정이지 그 자체 결코 적극적인 내용이 있는 이념은 아니다. 자유민주주의를 내세워도 군사쿠데타에 의해 정권을 잡고 계엄령, 부정선거, 유신, 비상령이 이어지는 당시의 현실에서 아무런 설득력을 가지지 못했다. 결국 사상전향제도는 권력의 폭력 앞에서 맹목적으로 복종하는 인간을 만들어내는 데 그 목적이 있다고 할 수 있다.

끝내 '전향'을 거부하고

사상전향제도가 인권의 근본인 '내면정신세계의 자유'를 가장 난폭하게 유린하는 것임은 말할 나위도 없다. 폭력과 온갖 비열한 수단에 의한 전향강제는 무슨 이유에서도 정당화될 수가 없다. 게다가 나에게 더욱더 충격적이었던 것은 국가보안법이 일제의 치안유지법을 계승하고 있듯이 사상전향제도는 일제가 식민지지배를 위해 우리나라에서 시행했던 제도라는 점이었다. 일제가 우리 겨레를 억압하던 흉기로 자해한다고나 할까…… 겨레를 찾아, 나라를 찾아 고국땅에 온 내가 거기서 일본의 가장 악독한 통치수단에 의해 고초를 겪었던 것이다.

우리는 "종이 한 장 쓰면 될 것을 왜 그렇게 고집을 부려 아까운 청춘을 옥중에서 보내냐?"라는 소리를 많이 들어보았다. 또한 우리가 겪었던 무서운 옥중생활을 두고 "일본에 가만히 살고 있으면 될 걸 괜히 고국을 찾는다고 고생만 했다"는 소리도 많이 들었다.

그러나 우리는 감옥에 묻어버린 황금 같은 청춘의 세월을 결코 헛된 것이라고 생각하지는 않는다. 본의는 아닐지라도 우리의 사건이 정권의 이용물이 되어 무고한 학우들로 하여금 고통을 겪게 하고 '재일교포 때문에 민주화투쟁에 탄압의 구실을 주었다'는 비난을 듣고 죽고 싶은 심정이 되기도 했다. 그러나 우리 겨레가 분단이 되어 있고 분단을 정당화하는 억압과 법이 존재하는 이상 그 문제에 맞서는 사람들이 나오게 마련이며, 독재는 희생자를 만들고야 만다. 수많은 선열들과 그를 따르는 사람들이 희생양이 되어왔다. 우리는 그 흐름 속에 뛰어든 것이고, 그것이 우리 겨레의 분단의 부조리와 비인간성을 드러내는 데 조금이라도 이바지했다면 그것은 '영광'이라고 해야 한다.

나는 출소 후 '19년간 동요와 우여곡절을 겪으면서도 양심을 지키고 비전향으로 출소한 것은 나의 조그마한 성과'라고 말한 적이 있다. 준식이는 '권력이라는 커다란 괴물에 외로운 저항'을 하고 '한 점 부끄러움이 없이' 이 세상에 다시 나타났다. '잃은 만큼 얻는다'는 진리, '사람의 조그마한 양심은 외롭더라도 커다란 폭력과 맞설 수 있다'는 진리의 일부만이라도 체득한 것으로도 우리의 고통은 보상받았다고 생각한다. 그리고 이 외로운 외침들이 내를 이루고 강을 이루고 바다를 이루어, 우리 겨레의 삶을 더욱더 인간적인 삶이 되게 해온 우리 민중들의 싸움의 발자취가 너무나 자랑스럽다. 그러기에 우리는 이 겨레를 사랑하고 우리의 고통의 세월마저도 사랑하는 것이다.

돌이켜 생각하면, 20여 년 전 아무도 상종하려 하지 않았던 '빨갱이'를 변호해주신 한승헌 선생님도 그 당시 외로운 존재였다. 우리가 기나긴 시련의 세월을 지나 다시 만난 것에서 역사의 커다란 흐름을 느끼지 않을 수 없다.

변 론 서

피고인 서 승, 서준식

위 사람들에 대한 국가보안법위반 등 피고사건에 관하여 별첨과 같이 변론하나이다.

1971. 10. 11.
위 피고인 등의 변호인
변호사 한승헌

서울 형사지방법원 (합의 8부) 귀중.

변론요지

제1. 피고인 서 승에 대하여

一. 공소사실 1항에 대하여

1. 피고인이 고교시절에 가입한 조선문화연구회나 한국유학생동맹은 결코 좌경이나 용공서클이 아니며 전자는 어떠한 사상이나 정치색을 떠나서 한국적인 현실과 문화를 탐구하기 위한 교내의 순수한 학문적 단체이고 후자는 한국거류민단 산하의 단체이었으므로 그런 모임에 가입한 것을 가지고 마치 피고인이 좌경학생인 것처럼 논단함은 잘못이라 하겠다.

2. 67. 4. 초 재일대남공작지도원인 형 서선웅의 보증하에 조선노동당 후보당원으로 입당하였다 하나, 피고인은 당시로서는 형 서선웅이 간첩지도원인 줄을 전혀 알지 못하였을 뿐만 아니라 노동당후보당원으로 입당한 사실은 없다.

3. 67. 8. 6. 북괴치하의 청진항에 도착함으로써 반국가단체의 지배하에 있는 지역으로 탈출한 것은 사실이나 '지령을 받기 위하여' 간 것은 아니었다.

피고인의 입북은 분단된 모국의 현실을 걱정하는 한 젊은이로서 북한에 대한 지식과 견문을 넓히고자 하는 의욕과 호기심에서 이루어진 것이었으며 특단의 불온한 생각 아래 북괴의 지령을 받기 위하여 간 것은 아니었다.

二. 동 2항에 대하여

1. 북괴치하의 평양 등지에서 학습, 교양을 받은 것은 피고인의 의사와는 관계없이 일방적으로 강요된 행위였으며 북괴지역내에서 이루어진 피고인의 언동은 그의 자유의사로서 거역할 수 없는 불가항력의 소치였으므로 형사책임을 물을 수는 없다고 본다.

2. 조선노동당에 입당선서를 함으로써 반국가단체에 가입하였다고 하나, 그러한 사실이 없다. 수사기관에서 입당을 시인한 듯한 진술은 강요와 유도에 의한 것으로 사실과 다르며 달리 반국가단체에 가입했다고 볼 증거가 없다.

三. 동 3항에 대하여

1. 돈 1만 원(일화)은 공작금으로 받은 것이 아니다

만일 공작금으로 받을 셈이었다면 일화 10만 원을 주는 그대로 수령하였을 것인데 이를 거절하고 일화 1 만 원정도를 받았다면 이것은 통념상 공작금으로 보기에 무리가 있다.

2. 모국유학생선발시험을 거친 것은 결코 남한에의 침투방법으로서가 아니었다. 한국인이면서 한국을 모르는 재외교포의 자녀들을 한국내의 학교에 유학토록 함은 우리 정부나 재일거류민단이 장려하는 방책의 하나이며 피고인은 그 좋은 취지에 순응하여 모국유학의 길을 택했던 것이다.

3. 68. 4. 24. 김포공항을 거쳐 입국한 것은 전항에서 말한 대로 모국유학을 위하여 서울에 온 것이며 반국가단체의 지령에 의한 잠입은 아니었다.

四. 동 4 항에 대하여

1. 서울대학교 어학연구소에 들어간 뒤 기식처를 정하고 친교를 넓히려 한 것은 낯선 모국에 유학온 학생으로서 언어나 생활의 생소함을 타개코자 한 당연한 현상이었으며 불온한 뜻의 합법쟁취나 포섭기도와는 무연한 행위였다.

2. 68. 7. 15. 도일하여 서선웅을 만난 것이 간첩임무의 수행내용을 보고하기 위한 것이라고 하나 (하등의 기밀탐지사실조차 적시되어 있지 않으면서) 실은 하계방학을 맞아 부모가 있는 집으로 돌아갔던 것뿐이다.

五. 동 5항에 대하여

1. 68. 10. 김소영을 포섭코자 공작하였다 하나 동인과는 월 1회 정도로 상면교섭하는 사이였을 뿐 추호도 불온한 대화는 한 일이 없으며 포섭기도는 더구나 있을 여지가 없었다.

六. 동 6항에 대하여

1. 대학의 농촌조사활동에 참가함을 계기로 포섭대상자를 물색, 선정하였다고 하나 이시재나 차홍봉 등과 불온한 의도로 접근한 일이 없다.

2. 69. 7. 21. 하계방학으로 도일, 귀가하여 서선웅에게 국가기밀을 탐지, 누설하여 간첩하였다고 하나 그때 피고는 모국내의 이런 이야기, 저런 이야기를 들려주었던 정도이며 그나마 기위 국내외 출판물을 통하여 알려진 사실뿐이었고 그 내용 자체가 조금도 국가의 기밀이라고 볼 만한 것이 못되었다. 즉, 공소장 적시의 3선개헌반대 운동, 농촌과 도시의 제문제, 한국내의 반공의식은 천하가 널리 아는 공지의 사실이었으며 아무리 국가기밀의 개념을 확대하여본다 한들 상기사실 등은 기밀사항이라 볼 수 없으며 만일 그렇지 않고 반대의 입장을 취한다면 자유언론에 입각한 모든 보도행위와 시정의 담론조차 전반적으로 금지되어야 하는 암흑세계를 긍정하는 격이 되고 만다.

七. 동 8항에 대하여

1. 이병화 등 여러 학생은 서울대 유학중에 차츰 친숙하게 된 처지이며 그들과는 학생으로서 너무나 당연한 연구와 토론 그리고 현실비판을 나눈 일은 있을 망정 그들을 '포섭대상자'로 선정한 것은 아니었다. 서울대 3과 폐합반대 운동 또한 당시 많은 학생들이 가담했던 일로서 피고인 한 사람이 벌인 선동공작은 아니었다.

2. 69. 12. 중순경, 도일시에 서선웅에게 국내학원 정계에 관하여 탐지한 기밀을 보고 누설하였다고 하나 피고인이 서선웅에게 말하였다는 내용인즉 3선개헌과 공화당의 세력, 당시 야당의 약체화 학생운동의 좌절 등에 관한 것인데 이것은 새삼스럽게 피고인의 제보가 아니라도 그때그때 벌써 세상에 알려져 있었고 또 그것이 적에게 알려짐으로써 이적이 될 만한 사항도 아닐 뿐 아니라 만일 알려져서 한국에 대한 대남선전에 구실을 주는 등 이적이 된다면 그런 사실 자체를 조성한 사람들이 먼저 그 책임을 져야 할지언정, 그것을 말하고 개탄한 피고인에게 책임을 물을 이유는 되지 않는 것이다.

八. 동 10항에 대하여

1. 대학원생 실습강의에 있어서 채택한 교재나 강의내용은 어디까지나 학구적인 입장에서 이루어진 것이고 학문의 자유가 보장되어 있는 민주주의 체제하에서는 설령 유물론에 대한 언급이 나왔더라도 그것을 불온시하여 범죄와 관련시켜서는 안될 것이고.
2. 70. 7. 30. 도일시, 서선웅에 말하였다는 미군감축의 반응, 정인숙사건, 오적 시 논란, 학원문제 등은 전시 六. 七.의 각 2항 실시와 같은 이유나 마찬가지로 국가기밀이 될수 없는 사실이므로 기밀 누설이나 간첩으로 볼 수 없다.

九. 동 132항에 대하여
1. 전태일 사건을 계기로 한 근로자의 권익문제나 분배의 공정을 실현할 수 있는 경제체제에 관한 이야기는 그 무렵 한국내의 모든 언론인과 국민들이 다같이 거론한 바로서 피고인이 주영길과 담론한 것도 그러한 분위기 속에서 이루어진 교담의 일부분이지 달리 사회주의나 좌경적 사상 아래 현재의 체제를 부정하려는 소위는 아니었다.
2. 70년 동계방학으로 도일하여 서선웅에게 말하였다는 내용도 국가기밀이 될 수 없으니, 즉 신민당 대통령 후보로 김대중 씨가 선임된 데 대한 파문, 71년 선거의 전망, 학생 군사훈련의 반대 운동 따위는 전기 八의 2항과 같은 이유에 비추어 이적성이나 기밀성이 없다.

十. 동 15항에 대하여
1. 상피고인 이성무, 주영길 등에게 북괴 및 조총련의 활동을 찬양, 고무 동조하였다고 하나, 북괴치하의 실상이나 남북한의 비교에 대해서 말하는 자체만으로 반국가단체나 그 활동의 찬양 동조가 될 수 없음은 명백하고 일본내에서 한국계민단과 조총련의 실태 및 활동을 대비하여 우열의 일면을 말했다고해서 범죄가 될 수는 없고 오히려 정확한 사실을 파악함은 우리 쪽의 대비와 각성을 촉구하는 데 도움이 되는 바로서 아무런 형사책임이 뒤따를 수 없는 것이다.

제2. 피고인 서준식에 대하여

一. 공소사실 1항에 대하여
1. 피고인이 가입한 조선문화연구회가 용공, 좌경의 단체가 아님은 서승 부분에서 지적한 바와 같다.
2. 공산주의에 관한 서적을 탐독하여 북괴를 동경하였다고 하나 그렇지 않았다.
일본에서는 우리 국내와는 달리 공산주의적 경향을 띤 서적을 쉽게 구독할 수 있고 심지어 대학의 강의에서도 자유로이 다루고 있는 터이므로 그런 학문 풍토 안에서 다소의 좌경서적에 접했다 하더라도 이것을 가지고 좌경분자시할 이유는 되지 못하며 하물며 북괴를 동경하였다고 볼 수는 없는 것이다.
3. 70. 3. 10. 입국하기 전에 형 서선웅으로부터 북괴지하조직으로 활동하라는 지시를 받고 응락함으로서 간첩활동할 것을 결의하였다고 하나, 그런 일은 없다. 오직 모국유학을 계기로 한국의 문화를 알고 당면한 현실을 알아야 겠다는 일념이었으며 지하조직 운운은 이야기된 바도 없다.
4. 따라서 김포공항에 내린 것을 반국가단체의 지령을 받은 잠입으로 볼 수 없다. 모국에 유학하러 왔을 뿐이다.

二. 동 2항에 대하여
1. 개헌반대 학생데모의 주동학생에 대한 퇴학처분에 항의하는 농성데모는 당시 뜻있는 대학생들이 대부분 참가한 것인데 유독 피고인만이 '공작지령사항을 실천할 의도하에' 행한 불온행위는 아니었다.
또 경북대학의 '정진회'나 고려대학의 '한맥' 등은 당시 대학가에 널리 알려진 학생서클이기 때문에 피고인이나 안평수가 이야기를 나누었을지 모르나 계획적으로 시도된 정보기밀 모집행위는 아니었다.
2. 그리고 개헌반대 학생의 처벌이나 대학생의 학내서클 등에 관하여 서선웅에게 이야기를 해주었다고 해도 그것은 국가기밀의 누설이 될 수

없다. (전시 서승 부분 중 국가기밀누설 혐의에 대한 변론요지 참조).

三. 동 3항에 대하여
70년 여름방학에 일본에 돌아갔다가 서선웅의 권유로 북괴치하인 북한으로 입북한 것은 북한의 실정을 알고 싶은 호기심에 인한 것이지 반국가단체의 지령을 받기 위하여서가 아니었다. 서순웅으로부터 지하조직에 필요한 전문기술을 배우거나 입당식을 하고도라는 말을 들은 일은 없다.

四. 동 4항에 대하여
북괴의 노동당에 입당하여 반국가단체에 가입하였다고 하나 그러한 입당을 승낙하거나 입당선서를 한 사실이 없다.

五. 동 5항에 대하여
1. 한국내 대학생의 포섭 및 그밖에 공작임무에 관한 지령을 받은 바가 없다.
2. 70. 9. 20. 부산 경유 입국한 것은 간첩할 목적이나 반국가단체의 지령에 의한 행위가 아니라 모국에 돌아와 학업을 계속하기 위함이었다.

六. 동 6항에 대하여
1. 전태일 자살사건이나 차기선거를 앞둔 학생동태는 사회적으로 광범하게 알려진 바로서 이것을 파악한다는 것은 당시의 신문기사만 읽어도 충분한 터였으므로 기밀성도 없고 모집행위도 있을 여지가 없었다.
2. 그러므로 70년 겨울방학때 서선웅에게 그런 이야기한 것이 국가기밀의 탐지, 누설행위에 해당된다 볼 수는 없다.

七. 동 7항에 대하여
1. 서선웅으로부터 극세미 사진술에 대한 기술을 배운 바 없으며 김포착 입국은 한국에 와서 공부를 계속하려 했던 것이지 반국가단체의 지령

에 의한 것이 아니다.

제 3. 요약하건대

1. 서 승, 서준식에 대한 각 공소사실 가운데 무죄주장 부분
① 국가보안법 제3조 1호(일반목적수행) 및 형법 제 98조(간첩)를 어겼다는 혐의부분은 그 내용 자체가 '국가기밀의 누설'이 될 수 없음은 물론 '반국가단체의 지령을 받은 자가 그 목적 수행을 위하여' 한 것도 아니므로
② 반공법 제3조 1항(반국가단체의 가입) 부분도 증거가 없으므로 모두 무죄라 할 것이며.

2. 동 유죄시인 부분
반공법 제6조 42항(반국가단체의 지령에 의한 탈출, 잠입) 부분에 대하여는 '반국가단체의 지령을 받기 위하여' 탈출하였다거나 '그 지령에 의한' 국내잠입이라 볼 수 없고 구태여 따지자면 동조 제1항의 단순탈출에 해당된다고 볼 것이다.

3. 정상에 대하여
피고인 양인은 ① 설령 어떤 허물을 저질렀다 하더라도 그것은 친형인 서선웅의 유도에 기인한 것으로 자발적 의사의 발현은 아니었고
② 이른바 포섭 등 공작활동이 구체적인 모습으로 실천되거나 위험단계로 번진 사실도 없고
③ 모국에 돌아와 학업을 연마한다는 기본적 입장을 충실히 지켰을 뿐 아니라
④ 일본에서 자란 탓으로 한국 위기의식에 대한 절실한 체험이 모자라서 다소의 동요가 있었다면 이것은 피고인들 개개인의 '불온'으로만 돌릴 수 없고
⑤ 피고인들의 환경으로 볼 때: 그의 부 서승춘은 한국 거류민단원으로서 많은 활약을 해왔고 서승에 대하여도 동경교육대학의 교수 동창들이

서준식에 대하여는 출신중학교의 교직원과 동문들이 각기 그에게 조련계에 가까운 용공성이 없고 오직 학구열에 불타는 모범학생이었음을 들어 관대한 처분을 바라는 점 등 여러가지 정상이 참작될 바 있다 하겠음.

| 판결문 |

서 울 고 등 법 원
제   부

판   결

사　　　건	71노 999 가. 국가보안법위반. 나. 반공법위반. 다. 간첩.
피 고 인	서승徐勝 대학원생. (일본명 福田勝) 1945. 4. 3.생 주거　서울 서대문구 천연동 90의 11. 본적　△△△△△△
항 소 인	피고인.
검　　　사	나호진.
변 호 인	변호사 태륜기, 한승헌, 안준기.
원 판 결	서울형사지방법원 1971. 10. 22.선고 71고합 429 판결
주　　　문	피고인에 대한 원심판결을 파기한다. 피고인을 무기징역에 처한다.

이   유   1. 피고인의 변호인들의 항소이유의 요지는, 첫째 피고인은 대한민국 영토가 아닌 일본국에서 북한지역으로 탈출한 것이고, 또한 북한은 대한민국의 영토의 일부이므로 피고인의 행위는 반공법 6조 4항에 해당하지 아니하고, 또한 피고인은 공산당이 합법화된 일본국에서 출생하여 성장한 사람이므로 호기심에 의한 단순한 여행기분으로 북한에 다녀온

것이지 반국가단체로부터 지령을 받기 위한 것은 아니었으며, 둘째로 피고인이 일본국에 있는 피고인의 형 서선웅에게 보고하였다는 것은 이미 우리나라에서는 신문에 보도된 공지의 사실로서 그 내용도 군사기밀이나 무기의 성능에 관한 것이 아니라 단지 모국에 유학가 있다가 방학기간에 귀가하여 그 가족에게 모국에서 지나는 동안에 이러한 여러가지 일을 얘기한즉, 가족모임에서의 대화에 불과하며, 더욱 피고인은 이사건 당시까지 그의 형이 반국가단체의 구성원인 사실을 알지 못하였으며, 셋째 북한은 공인된 국가가 아니므로 간첩죄에 규정된 적국이 될 수 없다는 것이고, 넷째 수사기관에서의 피고인의 진술은 수사기관에 협조하면 공소보류조치를 취하여준다는 사술에 기망된 상태 아래에서 이루어진 것이므로 증거능력(진술의 임의성)이 없고,

다섯째로 원심이 피고인에 대하여 선고한 형이 양정이 너무 무거워서 부당하다는 것이다.

그러므로 항소이유 첫째점에 대하여 살펴보면, 반공법 6조 소정의 반국가단체의 지배하에 있는 지역으로 탈출한 자란 특별한 사정이 없는 한대한민국의 통치권이 실지로 행사되는 지역으로부터 직접 반국가단체의 지배하에 있는 지역으로 자의로 들어간 자뿐만 아니라 우리나라 국민인 이상 제삼국을 통하거나 또는 제삼국에 거주하다가 반국가단체의 지배하에 있는 지역으로 자의로 들어간 경우도 포함된다 하겠고, 또한 북한은 비록 헌법상 대한민국의 영토의 일부이지만 현재는 사실상 대한민국의 통치권이 미치지 않는 반국가단체의 지배하에 있는 지역이므로 피고인의 이 사건 행위는 반공법 6조 소정의 탈출 및 잠입에 해당된다 하겠고, 원심이 적법하게 증거조사를 마쳐 채택한 여러 증거들을 기록에 비추어 종합검토하여보면, 원심이 판시한 바와 같이 피고인은 그의 형 되는 서선웅의 지령에 따라 반국가단체 또는 그 구성원으로부터 지령을 받기 위하여 반국가단체의 지배하에 있는 지역으로 탈출한 사실을 능히 엿볼 수 있고,

항소이유 둘째점에 대하여 살펴보면, 간첩이란 군사상 기밀탐지에만 국한되는 것이 아니라 군사상 기밀은 물론 그외의 정치, 경제, 문화, 사회적

각 방면에 긍하여 적국에 알려서는 우리나라에 불이익을 초래할 국가기밀의 수집까지도 포함하는 것이며, 위와 같은 사실이 국내에서는 비록 이미 공지의 사실에 속한 사항이라고 하더라도 적국에 있어서 공지의 사실에 속하지 않은 사항은 그것이 군사상 또는 정치, 경제, 사회, 기타 국가기밀에 속하는 사항인 한 이를 탐지 누설하면 국가보안법 3조 소정의 구성요건에 해당한다 할 것인데, 원심이 적법하게 증거조사를 마쳐 채택한 여러 증거들을 기록에 비추어 종합검토하여보면, 원심판시 사실과 같이 피고인이 국가기밀을 탐지 누설하는 동시에 간첩한 사실을 인정할 수 있고,

항소이유 셋째점에 대하여 살펴보면,

북한은 공인된 국가는 아니라고 하더라도 중공산하 계열의 집단으로 간첩죄 소정의 적국에 준하는 집단으로 보아야 할 것이고,

항소이유 넷째점에 대하여 살펴보면, 일건기록을 잘 살펴보아도 피고인이 수사기관 이래 고문이나 사술에 의하여 범행사실을 진술한 것이라고는 도저히 보아지지 않는다 하겠으니 결국 피고인의 법령적용의 오류 및 채증법칙위반으로 인한 사실오인에 대한 항소부분은 이유 없음이 명백하고,

다음 항소이유 다섯째점에 대하여 살펴보건대, 피고인의 연령, 성행, 성장, 환경, 본건 범행의 동기, 수단, 결과, 범행 후의 정황 등 양형의 조건이 되는 여러가지 사정을 참작하여보면, 원심의 피고인에 대한 형의 양정은 너무 무거워서 부당하다고 생각되므로 이점에서 피고인의 항소는 이유가 있고, 따라서 원심판결은 파기를 면치 못할 것이다.

그러므로 형사소송법 364조 6항에 따라서 원심판결을 파기하고, 당원이 다시 판결하기로 한다.

(범죄사실 및 증거의 요지)

당원이 인정하는 피고인의 범죄사실과 이에 대한 증거의 요지는, 원심판결의 각 해당란에 기재되어 있는 바와 같으므로 형사소송법 369조에 따라서 이를 모두 그대로 인용한다.

(법령의 적용)

피고인의 판시소위 중 각 탈출의 점과 잠입의 점은 반공법 6조, 4항, 같은 조 3항에, 반국가단체 가입의 점은 반공법 3조 1항에, 각 일반목적 수행을 위한 국가기밀 탐지누설의 점은 국가보안법 3조 1호에 각 간첩의 점은 형법 98조 1항에 해당되는 바, 위 각 일반목적 수행을 위한 국가기밀 탐지누설의 죄와 각 간첩죄는 한 개의 행위가 수개의 죄에 해당하는 상상적 경합범이므로 형법 40조, 50조에 의하여 각 형이 무거운 일반목적 수행을 위한 국가기밀탐지누설죄에 정한 형으로 처단하기로 하고, 위 각 탈출죄 및 잠입죄와 일반목적 수행을 위한 국가기밀 탐지누설죄에 대하여 그 소정형 중 무기징역형을 선택하고, 이상은 형법 37조 전단의 경합범이므로 같은 법 38조 1항 1호, 50조에 의하여 범정이 가장 무거운 판시 (13)의 일반목적 수행을 위한 국가기밀탐지누설죄에 정한 형으로 처단하기로 하여 피고인을 무기징역에 처하기로 한다.

이에 주문과 같이 판결한다.

1972. 12. 7.

재 판 장   판 사   문영극
　　　　　 판 사   이석범
　　　　　 판 사   김재철

자료

믿었던 조국서 '간첩' 날벼락

김효순 (한겨레신문 도쿄특파원)

최근 민단의 한 중진간부와 함께 저녁을 먹은 적이 있다. 술이 한 순배 돌아가자 그는 갑자기 재일동포 정치범 문제를 꺼내며 왜 국내언론이 관심을 보이지 않느냐고 따졌다. 진심으로 하는 말이냐고 되묻자 그는 민단이 현재 수감중인 '재일동포 국사범' 7명의 석방을 요구하는 특사청원을 올해만도 두 차례 본국정부에 보냈다고 밝혔다. 그는 또 "일본이라는 특수한 환경에서 자란 사람이 본국 법에 어긋나는 일을 할 수도 있지만, 그것을 본국인과 똑같이 처리하는 것은 말도 안된다"며 "일본의 실정을 당국이 몰라도 너무 모른다"고 강조했다.

민단 간부의 이 발언은 김영삼 정권 출범 이후 취해진 일련의 사면조처에서 재일동포 정치범들이 거의 무시된 데 대한 동포사회의 전반적인 불만을 반영하는 것으로 보인다. 정부가 사상 최대규모라고 발표한 지난 3·6 사면조처에서 실제로 석방된 사람은 시국·공안사건 관련자 1백44명을 포함해 전부 2천1백32명인데, 이중에 재일동포 정치범은 한 사람도 포함되지 않았다. 재일동포 정치범 가운데 3·6 조처의 혜택을 본 사람은 무기형에서 징역 20년으로 감형된 서순택 씨 등 3명뿐이다.

정부수립 이후 이제까지 이른바 간첩활동 또는 국가보안법 위반혐의로 구속돼 재판을 받은 재일동포의 정확한 수는 알려지지 않았다. 공식통계는 아니나 재일동포의 본국유학이 본격화하던 시점인 71년 초에 발표된 '서승·서준식 형제 사건' 이후만 따져도, 검거돼 재판에 회부된 사람은 1백10여 명에 이른다. 한국의 정보기관이 이들에게 씌운 간첩혐의가 어느 정도 사실인지 일일이 밝히기는 대단히 어려운 일이다. 실제로 총련 공작원의 접근을 받은 사람들도 있다. 일본에 귀화한 한 동포 2세는 70년대 중반 고베대학에 들어갔을 때 총련 공작원이 접근했으나 거절했다고 말했다.

그러나 민단 간부의 말처럼 본국과는 정치적, 문화적 분위기가 다른 특수한 환경에서 자란 동포가 한국에 와 일본에서는 아무 문제도 안되는 발언이나 행위를 한 혐의로 곤욕을 치른 사례는 많이 있다. 주오대에 다니다 70년대 중반 모국유학을 했던 장아무개 씨는 주오대 다닐 때 북한공작원에게 포섭됐다는 혐의로 구속됐다가 대법원에서 무죄판결을 받은 바 있다. 그의 죄는 주오대의 코리안문화연구회에 가입했다는 것이다. 당시 주오대에는 총련계인 조선문화연구회가 있어 활동을 벌이자, 민단쪽에서는 한국문화연구회 설립을 추진했다. 대학은 같은 것을 연구대상으로 하는 단체에 방을 하나 더 내줄 수 없다며 두 단체의 통합을 요구해 코리안문화연구회가 결성됐는데, 수사당국은 장씨가 코리안문화연구회에 들어가 공작원에게 포섭됐다고 몰아붙인 것이다. 사건 당시 주오대에 찾아가 장씨의 담당교수를 만나 내용을 알아봤던 한 동포는 교수가 웃기만 하더라고 회고했다.

장씨의 경우는 그나마 불행 중 다행이라고도 할 수 있다. 동포사회의 무고나 수사기관원의 '공명심'에 의해 간첩혐의를 뒤집어쓴 채 실형을 선고받고 장기간 옥살이를 한 사람도 상당수에 이른다는 인식이 동포사회에 널리 퍼져 있다. 한 민단간부는 이에 대해 "정부도 사회도 민단도 오랜 역사에서 착란의 시간이 있었다는 것을 부정할 수 없다"고 말하고 "민단뿐만 아니라 우리 민족 전체가 안아야 할 치부로 정당화할 생각은 없다"고 잘라 말했다.

특히 70년대 초반부터 80년대 초반에 걸쳐 수사기관들이 재일동포를 상대로 '간첩잡기' 다툼을 벌이던 시기에 터무니없는 곤욕을 치르고 두 번 다시 조국을 쳐다보지 않는 사람이 적지 않다. 이들 중에는 직접 재판에 회부되지는 않았더라도 수사기관에서 가혹행위를 당하고, 철저한 '입막음' 위협과 함께 풀려난 사람이 상당수 있다.

72년 서울대에 입학했던 한 동포의 일은 매우 비극적인 사례이다. 75년 11월 재일동포 간첩단 사건이 잇달아 발표되던 무렵에 수사기관에 끌려간 그는 고문 때문에 정신착란을 일으켜 일본에 버려지듯이 송환됐다. 일본에서 병원생활을 1년쯤 하다가 부모가 사망하고 형도 경제적으로 감당을 못하게 되자, 정신이 온전치 않은 상태에서 선술집, 라면집 등에서 일을 하며 전전하다가 80년께 한 아파트에서 쇠약사했다. 그의 연인이었던 한 동포여성은 기자의 취재요청에 이제는 아무 것도 떠올리고 싶지 않다며 거절했다.

일본에서 차별에 시달리며 온갖 정신적 방황을 하다가 조국이라고 찾아간 곳에서 날벼락을 당한 동포들의 마음은 당사자가 아니면 이해할 수도 없을 것이다.

간첩혐의로 10여 년 복역하다가 풀려나 현재 일본에 사는 한 동포는 "전혀 그런 일이 없는 데도 고문으로 사건이 조작돼 실형을 살면 회복하지 못할 정도의 정신적 타격을 입는다"고 말했다. 그는 또 "누구를 대라고 고문을 받을 때 아무 증거도 없이 평소 정부에 비판적 발언을 하던 사람의 이름을 말하게 되는 경우도 있다"며 "그것이 빌미가 돼 지목된 사람이 실제로 간첩으로 조작되면 이름을 얘기한 사람은 평생 양심의 가책을 안고 살아가게 된다"고 밝혔다.

현재 본국에 수감돼 있는 재일동포 정치범 가운데 가장 어려운 처지인 사람으로는 손유황 씨(64)가 있다. 81년 4월에 체포돼 대법원에서 사형이 확정됐다가 무기, 징역 20년으로 두 차례 감형돼 전주교도소에서 13년째 복역중인 그는 항암제를 맞으며 투병하는 것으로 전해지고 있다. 그의 부인 부신화 씨는 남편이 구속된 이후 이제까지 재판과정은 물론 면회조차가보지 못했다. 81년 6월 사건이 안기부에 의해 발표됐을 당시, 부인 부씨와 장남 명원씨도 '간첩방조자' 로 규정됐기 때문이다.

일본에서 태어나 오사카에서 자란 동포 2세인 부씨는 해방되던 해 처음으로 자신의 조국이 있다는 것을 알고 가슴이 뿌듯했던 때를 잊을 수 없다고 했다. 당시 교포사회에는 남도 북도 없었다고 한다. 그가 일상 삶에서 분단을 느낀 것은 65년 한일기본조약이 성립돼 모국을 방문하려는 사람들이 한국으로 국적을 바꾸기 시작했을 때였다. 제주도 조천면 출신으로 14살때 일본에 온 남편 손씨는 자식들이 우리말을 배우지 못할까봐 남달리 고민했다고 한다. 큰딸이 태어나 59년 소학교에 들어갈 때 1년은 일본인 소학교에 보냈으나, 그후 조선학교에 보냈다. 당시는 교포사회의 분단이 첨예화하기 전이고 남편은 사친회 활동에 열심히 참가했다. 70년 오사카 만국박람회가 열렸을 때 제주도에 살던 부모를 초청한 손씨는 이후 국적을 한국으로 바꾸고 본국을 자주 방문했다.

손씨가 수사기관에 연행된 것은 교포계 은행인 오사카흥은 주최의 국내 골프여행에 참가했던 81년 4월말이다. 원래는 누나의 납골식에 참석하기 위해 부부가 함께 제주도에 가기로 했으나, 골프여행 때문에 손씨가 먼저 입국했다가 골프행사의 마지막날 체포된 것이다. 남편과 합류하기 위해 제주도에 왔던 부씨도 납골식, 친척의 결혼식에 참석했다가 기관원들에게 잡혀 백화점같이 보이는 서울의 한 호텔로 끌려갔다. 부씨는 남편이 북에 갔었다는 혐의를 받고 있으니, 일본에 돌아가 집에 있는 옛 여권을 황이라는 사람한테 주면 사실이 증명될 것이라는 기관원의 말을 듣고 바로 일본에 돌아왔다. 오사카의 집에 도착하자 마자 황이라는 사람한테 전화가 와, 한 다방에서 만나 여권을 주었다. 재판에서 이 여권은 손씨가 동남아에서 북한의 공작원을 만났다는 증거로 사용됐다고 한다.

손씨 사건에서 변론을 맡았던 태륜기 변호사는 손씨의 가족에게 판결문과 1심공판 조서를 보내줬다가 83년 6월부터 3년간 변호사업무 정지처분을 받기도 했다. 수사기록에는 부씨가 기관원으로 추정되는 황씨에게 여권을 준 것이 '손씨 가족이 자발적으로 주일 한국대사관에 제출한 것'으로 기재돼 있었다. 이에 대해 83년 2, 3월의 일본 참의원 예산위에서 야다베 오사무 사회당 의원이 한국의 안기부가 일본국내에서 증거수집을 한 것이 아니냐며 따져 물어 일본사회에서 문제가 되었다. 당시 한국당국은 태변호사를 판결문 전달로는 시비를 걸 수 없으니까, 변호사들이 판결문이나 공판조서 등을 만드는 법원서기에게 '점심값'을 주는 관례를 문제삼아 뇌물공여 혐의로 징계했다.

이른바 간첩사건에 흔히 있는 일이지만, 손씨 가족도 사건 이후 친척을 포함해 주변의 사람들로부터 말 못할 설움을 많이 겪었다. 제주도에서 혼자 살던 손씨의 어머니는 함께 연행됐던 친척들의 가족이 몰려와 "당신 아들 때문에 망쳤다"고 울부짖는 바람에 집에서 나와 절이나 딸집을 전전하다가 3년 뒤 세상을 떠났다. 부씨는 남편의 구속 이후 조국에 대한 느낌을 묻자 "자신의 근본인 부모가 태어난 곳"이라며 "아무리 이국에서 살더라도 조상의 땅은 잘라도 잘라지지 않는 것"이라고 말했다.

자료

선거를 위한 서승, 서준식 형제 '간첩' 조작

보안사가 연출한 반공 드라마

　박정희 정권의 정보기관들은 4·27 대선을 앞두고 '건수 올리기' 경쟁을 벌이기 시작했다. 이후락의 중앙정보부가 밀어붙인 《다리》 탄압 사건에서 별 재미를 보지 못하자, 김재규의 육군 보안사가 나서 새로운 사건을 조작해냈다. 4·27 선거가 열흘도 남지 않은 시점인 4월 18일 '선거를 틈타 민중봉기를 일으켜 정부를 전복시키려고 암약 해왔다는 혐의로 재일교포 대학생 서승(27세, 서울대 사회학과 대학원 2학년), 서준식(24세, 서울대 법대 3학년) 형제 등 '간첩' 10명에 대한 구속영장이 청구된 것이다. 이 사건으로 서준식은 7년 형을, 서승은 무기형을 선고받았다.
　당시 박정권은 서로 무관한 여러 사건들을 한데 묶어 서승·서준식을 주범으로 하는 50명 가량의 대조직으로 구성된 학원침투 간첩단 사건을 만들어내 이를 수개월에 걸쳐 라디오와 텔레비전에서 반공드라마로 선전하였다. 박정권은 서승이 10개월 가량 김대중의 측근 김상현의 집에 기거한 적이 있었다는 점에 주목해 공산혁명 기도, 김대중과의 관계를 자백하라고 서승을 포함한 다른 관련자들에게 혹독한 고문을 가했다.

서승이 당한 고문

서승은 '더이상 고문을 당하면 내 뜻과는 달리 무슨 이야기가 나올지 모른다는 공포감'이 생긴 데다 계속되는 고문이 너무 고통스러워 온 몸에 경유난로 기름을 끼얹고 분신을 기도했다. 서승은 다음과 같이 증언한다.

취조는 처음부터 거칠게 시작되었다. 심문의 각본은 이미 짜여져 있었다. 그 내용의 하나는 내가 북한의 지령을 받아 서울대학에 지하조직을 만들어 학생들의 군사교련 반대투쟁과 박정희의 대통령 3선 반대투쟁을 배후조종하여 인민봉기를 선동하고 정부타도와 공산혁명을 기도했다는 것이다. 다른 하나는 당시 김대중후보의 심복이자 선거참모였던 김상현 의원을 통해 그에게 일본에서 불순한 정치자금을 전달했다는 것이었다. 대통령 선거를 앞두고 반독재투쟁의 선봉인 학생운동에 일대타격을 가하고, 김대중 후보에게 '용공'의 오명을 덮어씌움으로써 공포 분위기 속에서 박정희의 대통령 3선야망을 이루려는 각본이었다.

심문은 말 그대로 무자비했다. 몽둥이로 맞고 바닥에 구르면서 고문을 이겨낼 수 없다는 절박한 공포감에 사로잡혔다. 만약 이 각본을 받아들인다면? 무서운 자문이었다. 4·19 이후 강물처럼 피 흘리며 이루어온 민주화와 통일을 향하는 학생운동은 커다란 타격을 받는다. 민중의 군사독재 타도 열망과 미래를 향한 희망도 물거품이 되고 만다. 입이 찢겨져도 각본을 받아들일 수 없다. 죽어도 그럴 수는 없다…….

창밖으로는 연이어 연행되어오는 학우들의 모습이 스쳐 지나갔다. 이웃 건물들에서는 밤새 학우들의 처참한 비명소리와 신음소리가 터져나왔다. 각본은 움직일 수 없다. 조서작성을 위한 고문만이 남아 있었다. '마음대로 하라'고 목구멍에서 튀어나오려는 말을 안간힘으로 눌렀으나 고문의 아픔은 죽음보다 더했다. 취조관에 매달려 "차라리 죽여라! 제발 죽여달라"고 몇 번이나 애원했는지 모른다.

혼자 되다니……! 항상 감시가 원칙인데 기적과 같은 일이 일어난 것이다. 지금밖에 기회는 없다. 취조관이 다시 들어오면 각본대로 하고 말 것이다. 가물가물 타고 있는 난로가 눈에 들어왔다……. 연료탱크를 들어 올려 마개를 열고 머리에 기름을 부었다. 성냥이나 라이터를 찾았으나 보이지 않아 책상 위의 조서를 한 장 집어들고 둘둘 말아서 난롯불을 붙였다.……경비병이 눈치채지 못하게 이를 악물고 비명을 참았지만 불길이 어깨에서 얼굴로 옮겨붙자 더 이상 견디지 못하고 "어-어-어-" 하는 비명이 터져나오고 말았다…….

비명을 듣고 경비병이 방으로 뛰어들어와 방화수 양동이의 물을 끼얹었다. 순간 불은 소리를 내어 확 타올랐다. 놀란 그는 구원을 요청하러 뛰어나갔다. 나는 불덩어리가 되어 바닥을 구르다 문밖으로 굴러나갔다.…… 아무런 고통도 없고 '모든 것은 끝났다'는 안도감과 고요함만이 있었다. 들판에 버려진 아이처럼 서글픈 정적 속에서 땅에 누워 빨려들어갈 것같은 하늘을 올려다보고 있었다. 눈물이 흘러내렸다. 입 안에서 되뇌었다. "어머니, 미안해요. 어머니, 용서하세요."

선거를 엎기 위한 음모극

물론 그 사건은 철저하게 조작된 것이었다. 서승, 서준식 형제가 1970년 서울법대 재학중 불법적으로 7박 8일 동안 북한여행을 다녀온 건 사실이었지만, 그건 어디까지나 재일교포로서 모국에 대한 그리움에서 방문을 했던 것이다. 그러나 박정권은 이것을 간첩행위로 연관시키며 한 편의 무서운 음모극을 연출했던 것이다. 김대중의 측근 김상현은 이렇게 말했다.

"만일 박정희 후보가 질 경우, 서승 사건과 연계시켜 선거 자체를 뒤엎어버리려는 전략이었다고 한다. 조봉암이 그런 식으로 죽어갔던 것 아닌가."

그것뿐만이 아니었다. 중앙정보부의 조작으로 어차피 선거는 박정희가 이기게 되어 있었지만, 만일의 경우에 대비하기 위해서인지 유권자들을 위협하는 소문은 여기저기 떠돌아다녔다. 최규장은 다음과 같이 말한다.

"박정희·김대중 후보가 마지막 선거유세 대결을 벌일 때 윤필용 당시 수도경비사령관이 김대중이 당선되면 '서울거리에서 탱크를 보게 될 것'이라고 미 CIA 책임자에게 했다는 말은 언론에는 뻥긋도 안했지만 입에서 입으로 활달하게 옮겨다녔다."

중앙정보부가 그런 중요한 일을 수도경비사령관에게만 맡겨둘 리는 없었다. 중앙정보부 특명수사국에는 특명사항이 하달되었다. 당시 중앙정보부원이었던 최종선은 다음과 같이 말한다.

"하루는 지나가는 개도 웃을 특명이라는 게 내려왔는데, 내용인즉, '총칼로 잡은 정권 쉽게 내줄 것같으냐? 피바다가 될 거다!' 라는 식의 깡패 양아치들이나 할 상스러운 협박공갈 유언비어를 시중에 나가 퍼뜨리면서 국민을 겁주라는 게 국가안보최고기관이라는 중앙정보부 특명수사국에 내려온 특명사항이었습니다. 이게 비싼 밥 먹고 할 일이란 말입니까? 이게 조국을 위해 생명을 바치기로 결심한 우리에게 하라는 짓거리입니까?"

그러나 그게 바로 중앙정보부, 아니 박정권의 본질이요, 정체성이었다. 박정희도 나중에(1972년 2월 22일) 청와대 출입을 그만두게 된 기자들을 위해 베푼 저녁식사 자리에서 이렇게 말했다. "김(대중)씨가 당선되었다고 할지라도 모측에서 가만히 있지 않았을 것이요. 내가 극력 막는다 해도 그들은 움직였을 것이야."

점쟁이들을 유언비어 유포에 이용하는 수법도 동원되었다. 최종선은 "점쟁이들까지 잡아다가 유언비어를 조작하여 유포하도록 공작하고 협박할 정도로 정권연장을 위하여는 이미 체면도 없고 자존심도 없이 모든 추악한 방법을 다 동원"했다고 증언하고 있다.

9

여간첩 사망보도 사건

피고인 **박영수**

1. 사건개요 : 반공법에 걸린 여간첩 사망 기사 ········· 397
2. 진상보고서 – 한국기자협회 ··········· 400
3. 피의사실 ············· 404
4. 변론서 – 변호인 ············· 406

사건개요

반공법에 걸린 여간첩 사망기사

한승헌 (변호사)

　1971년 7월 20일, 중앙일보 대전주재 박영수(일명 영구) 기자가 반공법 위반혐의로 구속되었다. 중앙일보 전날치에 실린 '권총 지닌 여인 음독'이란 제목의 기사가 화근이었다. 그 기사에는 '거리서 기절, 주민신고로 입원' '난수표와 가명 쓴 증명도'라는 부제가 붙어 있었다.
　구속사유인즉, '여간첩이 검거된 사실을 신문지상에 보도하면, 다른 간첩 검거에 곧 지장이 오고, 나아가서는 간접침략을 획책하고 있는 북괴에 이익이 된다는 것을 인식하고서도…… 본사에 송고,……여자 간첩용의자 검거 기사를 4단으로 보도함으로써 북괴를 이롭게 한 것이다'라는 것.(구속장) 중앙일보 본사의 김천수 사회부장, 지방부 남상찬 기자도 2번이나 중앙정보부(지금 국정원의 전신)에 불려가서 조사를 받았다.
　이 사태를 조사한 한국기자협회 조사단은 사전에 적절한 보도관제를 요청하지 않은 관계당국에 그 일차적 책임이 있다고 발표했다. 그 보고서는 '대간첩 관계기사에 관한 한, 신문·방송·통신이 100퍼센트 이상 당국에 협조하고 있는 현실을 외면하지 말고, 사건이 발생하면 사전에 기자들에게 사건의 진상을 알리고 보도보류를 요청하는 자세를 갖추어줄 것'을 요구했다.
　사건의 진상은 이러했다. 1971년 7월 18일 이른 아침, 대전시내의 중심가 도로상에서 35세 가량의 여자가 극약을 먹고 비틀거리는 것을 주민들이 발견하여 경찰에 신고했다. 그런데 충남도립병원에 입원시킨 그 여자의 몸에서 권총 1정, 난수표(길이 3미터), 사진만 같고 각각 이름이 다른 주민등록증 3장, 현금 50만 원이 나와서 경찰을 긴장시켰다.

박영수 기자는 사건발생 당일에는 대전에 있지도 않았다. 그날 충남경찰국 출입기자들은 그 사건을 거의 다 알았으나 "간첩관계 사건인 것같으니 기사는 보내지 말자"고 의견을 모았다. 박기자는 그 자리에 없었으나 나중에 다른 기자로부터 "기사화하지는 않고 다만 본사에 알리기만 하기로 했다"는 말을 듣고도 이건 기사를 본사에 송고했다. 박기자는 서울신문 K기자가 본사에 정보사항으로 알려주는 통화내용을 들었는데, 정작 문제된 여인의 이름은 듣지 못했다. 그러자 민완기자의 본성과 수완(?)을 발휘하였으니, 충남경찰국으로 가서 경비전화로 중동파출소를 불러, 자신이 관계 간부인 양 가장하여 보고를 받는 형식으로 취재를 하는 데 성공했다.

중앙일보는 7월 19일자 1판 7면에 이 기사를 내보냈으나 경찰의 요청에 따라 2판부터는 그 기사를 삭제했다.

검사의 공소사실 역시 '여간첩의 검거사실을 취재, 본사에 송고함으로써 다른 간첩의 검거에 지장을 주는 등 반국가단체를 이롭게 하였다'는 요지였다.

하지만, 검사의 그런 주장은 사리에 맞지 않는 점이 많았다. 그 보도로 말미암아 다른 간첩의 검거에 지장을 주어서 이적행위가 되었다고 하려면, 그 여간첩이 다른 간첩과 언제 어디서 접선하려 했다는 점이 어느 정도 밝혀져야 하는데 그런 부분에 대한 입증이 없다.

나는 변론에서, 1969년 11월 7일 대구고등법원이 내린 세칭 대구매일신문 '영덕간첩보도사건'에 대한 판결을 내세우며 무죄를 주장했다.

그 사안인즉, 북의 간첩이 묻어둔 것으로 보이는 각종 장비 및 소지품을 경찰이 발견하고 간첩 잡기에 나섰다는 보도를 한 행위에 대해서(설령 당국의 보도관제 요청이 있었다 하더라도) 반공법 제4조 1항에 위반되지 않는다고 무죄를 선고했던 것이다.

그 사건에서는 무기가 묻혀 있는 지점에 간첩이 다시 나타날 가능성이 있었는 데다가 수사당국의 보도관제 요청까지 있었다. 그런 데도 법원은 "고의적으로 대남 간첩공작을 와해시켜 간첩체포를 모면케 하여 북괴의 간첩활동을 이롭게 하기 위한 것이라고 인정하기 어렵다"며 무죄를 선고했던 것이다.

당국이 공작상 필요할 때 활용하는 보도관제 요청이 이 사건의 경우에는 있지도 않았으니 박기자로서는 자기의 취재보도가 대간첩 작전에 해를 미칠 위험이 있다는 생각을 전혀 하지 못했다고 볼 것이다. 뿐만 아니라, 박피고인은 이 사건과 같은 간첩체포 기사는 주민의 신속한 신고를 장려하고 간첩침투에 대한 경각심을 높여주는 등의 이점도 있다고 진술했다.

나는 한국기자협회 창립때부터 고문변호사로서, 보도의 자유와 기자들의 권익옹호에 얼마간의 힘을 보태주고 있었다. 그런 인연과 직분으로 해서 기자협회의 변호의뢰를 받아 대전에 왕래하면서 변론활동을 하게 되었던 것이다.

박기자는 10월 22일 보석으로 석방된 후, 11월 4일의 선고공판에서 징역 1년에 집행유예 3년의 형을 받았다.

> 진상보고서

진 상 조 사 보 고 서

한국기자협회

◇ 조사대상

▲ 김영국 (동화통신 대전주재기자 · 경찰국 출입기자단 간사)

▲ 김채진 (중앙일보 충남 취재반장)

▲ 이규섭 (충남도경국장)

▲ 대전 대공분실 수사과장

▲ 이천수 (중앙일보 사회부장)

▲ 윤여덕 (중앙일보지방부차장) (구속된 박영수 기자는 면회가 허가되지 않아 만날 수 없었으므로 수사대상에서 제외됐음)

◇ 조사내용

▲ 사건개요

중앙일보 대전주재 박영수 기자(27)가 지난 19일자 중앙일보 7면(1판)에 보도된 '권총 지닌 여인 음독' 제하의 기사에 관련, 대전지법에서 발부된 구속영장에 따라 지난 20일 반공법위반혐의로 관계 수사기관에 구속됐다. 대전지법의 영장내용은, 박기자는 '35세 가량의 여자간첩 용의자를 검거한 사실을 보도함으로써 북괴를 이롭게 했다' 고 밝히고 있다.

보도된 기사내용은 '지난 18일 상오 6시 25분경 35세 가량의 여자가 극약을 먹고 비틀거리는 것을 주민들이 발견, 경찰에 신고하고 도립병원에 입원시켰는데, 이 여자로부터 권총 1정과 난수표(길이 3m), 사진만 같고 이름이 각각 다른 주민등록증 3장, 현금 50만 원이 나왔다'는 것이었으며, 동지 10일자 2면에는 당국의 요청에 따라 보도하지 않았다.

관계 수사기관은 이 사실이 신문에 보도됨으로써 대공공작에 지장을 줌으로써 북괴를 이롭게 했다는 이유로 박기자를 구속하기에 이른 것이다.

▲ 기자구락부 증언

조사위원은 대전의 경찰 출입기자단간사인 동화통신 김기자, 중앙일보 김기자로부터 증언을 들었다. 동화통신 김기자의 증언에 따르면 사건이 발생했던 지난 18일 오후에 중앙일보 박영수 기자는 대전에 없었으며 이날 충남경찰국 출입기자들은 이 사건을 거의 다 알았고 19일 오전 10시경 출입기자실에서 출입기자 10여 명이 모여 "간첩관계사건인 것같으니 기사는 보낼 것 없고 각자 이번 사실을 본사로 알리자"고 의견통일을 보았다는 것이다. 이때에도 중앙일보 박기자는 다른 기사의 송고관계로 자리에 없었기 때문에 사건내용을 전혀 모르고 있었다는 것이다. 또 중앙일보 충남 취재반장 김기자도 19일 오전 10시반 경 박기자가 대전경찰서 앞에서 서울신문 김앙섭 기자를 만나 이 사건을 전해들었고 김기자로부터 기사화해서 보도할 수는 없고 우선 사실만 서울본사로 알리자는 말을 했는데 김기자가 본사에 사실을 알리는 전화내용을 들은 다음 박기자는 그대로 나갔다고 증언했다. 김기자는 구속된 박기자가 "11시 10분경 사건을 취급한 관할 중동파출소에 들렀더니 경찰관은 없고 파출소장 책상 위에 있는 메모를 보고 취재했다"고 관계수사기관에서 진술했다고 말하고 있다.

▲ 수사당국의 증언

대전 대공분실 수사과장은 박기자가 서울신문 김기자의 본사로 정보를 알리는 전화내용을 듣고 여인의 이름 등이 나오지 않자 경찰국으로 가서 중동파출소를 경비전화로 불러 관계간부를 가장, 보고를 받는 형식으로 취재를 한 다음 취재반장도 경유치 않고 본사에 송고한 것이라고 증언했다.

▲ 사전보도관제 여부

이국섭 충남경찰국장은 이 사건을 신문에 보도하느냐 안하느냐 하는 문제는 너무 상식에 속하는 문제이며 기자들이 이 사건을 몰랐을 경우 보도관제 자체가 한사람에게도 사건내용을 더 알리는 결과가 되기 때문에 사전에 보도관제를 요청하지 않았으며 치안기자실로부터 전화문의가 있을 때에야 보도를 해서는 안된다고 비로소 대답했다고 밝히고 있다.

대전 대공분실 수사과장도 이국섭 도경국장이 말한 바와 같은 이유로 사전에 보도관제를 하지 않았고 간첩관계기사는 항상 서울에서(대간첩대책본부를 말함) 공식발표가 있어야 보도되기 때문에 사전에 보도관제를 요청하지 않았다고 말했다. 조사위원은 현지에서 박기자의 증언을 들으려 했으나 관계수사기관 본부의 지시가 없어 서대전서에 구속돼 있는 박기자와 면회를 할 수 없었다.

▲ 본사 데스크 증언

중앙일보 김천수 사회부장과 윤여덕 지방부차장의 증언에 따르면 19일 오전 11시경부터 약 10분 동안에 걸쳐 대전의 박기자로부터 본건 기사가 전화로 지방부에 송고돼왔으며 윤차장이 이 기사의 손질을 마친 다음 11시반경 김부장에게 넘겼는데 김부장은 즉각 치안국출입 김환경 기자를 전화로 불러 본건 기사를 보도해도 괜찮은지의 여부를 치안국 대공관계자에게 확인할 것을 지시했는데 김기자가 관계자를 찾았으나 자리에 없어 직접 충남도경국장에게 전화를 걸어 이를 확인, "보도해서는 안된다"는 대답을 얻어 즉각 데스크에 연락한 것이 1판 마감시간(11시반)이 훨씬 지난 오후 1시경이어서 이미 신문인쇄가 진행중이었다는 것이다.

◇ 조사결론

이번 사건은 사건발생 직후 신고를 받은 충남도경 당국이 평소 기자들에게 사건 발생을 감추려는 타성에서의 부작용으로 빚어진 것이라고 볼 수밖에 없다. 이규섭 충남도경국장이나 대전대동분실 수사과장은 이러한 사건이 보도되어서는 안된다는 것은 상식에 속하는 문제이므로 기자들에게 사전에 보도하지 말아달라는 요청을 하지 않았다고 증언, 전적으로 기자측에 책임을 지우려 하고 있으나 간첩 내지 무장공비 침투 등 대간첩작전 등에 관한 사항은 미리 당국이 기자들에게 알려 보도보류를 사전에 요청해오고 있는 상식적인 관례를 무시하고 기자가 한 사람이라도 알지 못하게 하기 위해 입을 다물고 있었다는 점에 일차적인 책임이 있는 것으로 믿어진다.

무장공비 침투, 고정간첩의 체포 등은 이제까지 대간첩대책본부를 비롯한 관계기관에서 미리 상황을 기자 또는 신문사에 알리고 '작전진행중' 또는 '공작상의 필요'에 의해 보도보류를 요청하고 있으며 이러한 관례는 1백% 지켜지고 있는 실정이다.

중앙일보 본사 데스크진은 기사가 송고된 후 즉각 치안국 관계당국자의 보도보류 여부를 확인했으나 관계자가 없어 확인이 늦어졌다.

이번 사건을 계기로 관계당국은 대간첩 관계기사에 관한 한 신문, 통신, 방송 등이 1백% 이상으로 당국에 협조하고 있는 현실을 외면하지 말고 미리 기자들에게 알려 보도보류를 요청하는 자세를 갖춰야 하며 무조건 사건을 감추려는 타성을 지양해야 할 것으로 판단된다. 한편 (특히, 지방에 있는 관계기관) 이번 사건이 주는 또 하나의 교훈으로 취재기자들도 이러한 종류의 사건에 대한 취재는 완전무결하게 해놓은 다음, 보도해도 좋은지 여부를 판가름하기 어려운 경우, 사전에 경찰 등 관계기관과 협조하는 여유를 갖도록 해야 한다는 점이다.

(1971. 7.)

피의사실

구속영장 범죄사실

피의자 박영구 [일명 박영수(27)]
1944년 1월 20일 생
반공법위반

피의자는 본적지에서 부 박성목의 2남으로 출생, 1963년 2월 10 대천중학을 졸업, 1965년 2월 7일 서울 공고를 졸업한 뒤 한양대학교 야간부 화공과 1년을 중퇴하고, 1965년 7월 15일 중앙일보 지방기자로 입사, 각 지방 주재기자로 전전하고 70년 11월 16일 대전 주재기자로 종사중인 바,

1971년 7월 18일 업무사원 및 외부인 등 인적미상자들로부터 신도극장 뒷골목에서 성명미상의 여자가 쓰러져 신음하는 것을 병원으로 이송했다는 이야기를 듣고 현장에 임하여 사실을 주민들로부터 확인하고 대전경찰서 중동파출소에 이르러 동소내 책상 위에 16절 갱지에

① 발견일시 6시 20분 ② 신원미상 35세 가량 여인 ③ 소지품 권총 1점, 난수표 1매 ④ 김복순 박 모 등 가명 등이 메모된 것을 엿보고, 여간첩이 검거된 사실을 신문지상에 보도하면 다른 여자간첩 검거 및 역공작에 큰 지장이 오고, 나아가서는 간접침략을 획책하고 있는 북한괴뢰에 이익이 된다는 것을 인식하고서도

동일 11시 20분 쯤 본사 지방부 황모 기자에게 시외전화로 서울국 2589번을 호출 송고, 71년 7월 19일자 7면 4단기사로 '권총 지닌 여간첩 음독' 제하의 난수표와 김복순 가명으로 주민등록증을 소지한 35세 가량의 여자 간첩 용의자 검거기사를 보도함으로써 북괴를 이롭게 한 것이다.

변론요지서

변 론 요 지 서

피고인 박영수

본건 공소사실의 요지는, 피고인은 중앙일보사 대전주재기자로 있으면서 여간첩의 검거사실을 취재, 본사에 송고함으로써 다른 간첩의 검거에 지장을 주는 등 반국가단체를 이롭게 하였다는 것이다. 그러나 이와 같은 검사의 공소사실은 다음에 제기하는 몇 가지 문제점에 비추어 유죄가 될 수 없다고 본다.

첫째, 본건 간첩 검거사실의 보도는 반국가단체를 이롭게 한 것이 아니며 그렇게 볼 증거도 없다. 검찰은 "여간첩이 검거된 사실을 보도하면 다른 간첩 검거에 지장이 오고 나아가서는 간첩침략을 획책하고 있는 북괴에 이익이 된다"고 주장하는 듯하나 간첩의 검거사실을 보도했다는 그것만으로 당연히 반국가단체를 이롭게 하였다고 볼 수는 없고 오히려 본건 여간첩 검거의 계기를 마련한 것과 같은 주민의 신속한 신고를 장려하고 간첩침투에 대한 경계심을 높이며 이미 침투한 다른 간첩들로 하여금 더 이상 활동하지 못하고 자수를 결심하게 하는 요인을 주는 등 우리 측에 이로운 결과가 있다 하겠다.

1969년 11월 7일자 대구고등법원이 내린 판결에 의하면, 북괴간첩이 묻어둔 것으로 보이는 각종 장비 및 소지품을 경찰이 발견하고 간첩잡기에 나섰다는 보도를 한 행위에 대해서 (설령 당국의 보도관제 요청이 있었다 하더라도) 반공법 제4조 제1항에 위반되는 행위가 아니라고 무죄를 선고한 바 있다. (세칭 대구매일신문의 영덕 간첩기사 사건)

둘째로 피고인에게는 반국가단체를 이롭게 한다는 인식 내지 범의가 없었다. 피고인은 어디까지나 신문기자로서의 사명감에서 문제의 기사자료를 신속히 취재하여 본사에 송고하였을 뿐이고 평소에도 간첩 출몰기사는 당국의 발표를 기다리지 않고 언론기관의 자체취재로서 앞질러 보도된 사례가 허다했을 뿐더러, 만일 널리 알려져서 공작상 지장이 있을 경우는 그때 그때 당국이 보도관제 요청을 하여왔음에 비하여 본건 기사에 있어서는 그러한 당국의 요청마저 없었으니 신속한 송고를 생명으로 하는 피고인으로서는 일응 보도하여도 무방하다고(적어도 대간첩공작에 해를 줄 만한 위험은 없을 것이라고) 믿기에 족했으며 달리 반국가단체를 이롭게 한다는 미필적 고의마저도 개입할 여지가 없었던 것이다. (보도관제 요청이 있었다 하더라도 그것만으로 이적의 범의를 인정할 수 없음은 전시 대구매일 사건 판결예에서 명백하다.)

셋째로 본건에 있어서는 언론자유의 중핵인 보도의 자유를 제한할 만한 '명백하고도 현존하는 위험'이 실재했다고 볼 증좌가 없다.

무릇 언론의 자유는 헌법이 보장하는 국민의 기본권 중의 일종이라고 하기보다는 모든 기본권을 확보하는 상위의 보다 근원적인 기본권으로 이해하여야 한다. 그러므로 설령 반공법과 같은 헌법의 하위규범에서 불가피한 특별규정을 두고 제약을 가한다 하더라도 그 제약은 객관적으로 의심할 바 없는 명백하고도 현존하는 위험이 초래되었을 경우에 최소한으로 그쳐야 할 것이지 정부기관의 독단적 주견에 의하여 확대 적용되어서는 안되며 만일 어느 일부 사람의 가상이나 추리에 의하여 언론제한이 발동된다면 이것은 '국민의 기본권을 제한하는 경우에도 자유와 권리의 본질적 내용을 침해하여서는 아니된다'는 헌법 제32조의 규정에 위배되는 것이며 나아가 자유로운 언론과 국민의 알 권리를 봉쇄하는 결과를 빚어내게 될 것이다.

넷째로 (설사, 백 보를 물러서서) 본건 보도가 일응 간첩공작에 지장을 주었다 하더라도 그에 따른 형사책임이 취재기자인 피고인에게 있는 것은 아니다. 신문보도의 내부적인 과정을 볼 때 일선 기자가 취재 송고한 기사의 자료는 당연히 또 그대로 보도기사화되는 것은 아니고 본사의 해당부서와 편집국의 책임자들에 의하여 취사·여과되는 것이며 (때로는 수정 삭제) 본사 데스크가 선택, 게재하기 전에는 보도기사로서 활자화될 여지마저 없는 것이다. 더욱이 취재라는 원인행위는 본사 데스크의 독자적인 심사과정이 개입되는 시점에서 이미 보도라는 결과와의 사이에 인과관계가 중단되는 것으로 보아야 한다. 그리고 본건 기사처럼 내용의 허위성은 전혀 없고 오직 현실적 규범(법규나 보도윤리 등)에의 저해 여부가 문제되었다면 그러한 규범적 평가는 오직 신문사 본사의 판단과 전권에 좌우되는 것이고 오직 보도자료 제공자의 입장에 있는 피고인에게는 아무런 책임이 없다고 보아야 옳다.

다섯째로 만일 송고한 기자에게 본사 데스크 담당자들의 보도행위에 대한 방조나 간첩정범의 책임이 있다 하더라도 본건에 있어서는 정범의 적시가 없이 소추되어 있으므로 유죄의 인정을 할 수가 없다고 하겠다.

여섯째로 피고인의 본건 소위는 형법 제20조 소정의 '정당행위'로서 위법성이 저각阻却된다. 무릇 신문기자가 보도자료를 신속정확하게 취재하여 송고함은 법령이 허용하는 권리이면서 동시에 의무의 성격을 띠는 것이고, 사실을 왜곡하지 않고 송고하는 이상 그것은 기자로서의 정당한 업무행위에 속하는 것으로서 위법성이 저각될 만한 충분한 사유가 되는 것이다.

이상의 이유로서 피고인에게는 무죄의 판결이 선고되어야 마땅하다고 생각한다.

변호인　변호사　한승헌

10

반유신 야당의원 구속 사건

피고인 김상현, 조연하, 조윤형

1. 사건개요 : 유신반대 '야당3총사'에 대한 보복 수감 ·············· 411
2. 체험기: 반독재 투쟁의 선봉에 섰다가 ································ 414
3. 판결 (1심; 서울형사지법 71고합 670 외) ··························· 424
4. 판결 (대법 73도 2909) ··· 443

사건개요

유신반대 '야당 3총사'에 대한 보복 수감

한승헌 (변호사)

　박정희 씨는 3선개헌에 이은 제7대 대통령선거에서 '당선자'가 된다. 그리고 이내 사법파동을 맞는다(1971년 7월 28일). 박정권은 광주廣州 단지 주민의 항쟁(같은해 8월 10일)을 무력으로 진압하고 대선에서 경쟁후보였던 김대중 씨를 선거사범으로 기소하는가 하면 서울시 일원에 위수령을 발동하고 학원에 무장군인을 진입시킨다(10월 15일).
　같은 해 12월 6일 박정희 대통령은 국가비상사태를 선언하고 안보태세 확립을 이유로 탄압을 극대화한다.
　그 다음해에는 심지어 제8대 국회도 해산시킨다. 이른바 10월유신의 선포였다(72년 10월 17일). 이어 이런 위헌적 폭압에 저항하는 야당과 민주세력을 탄압하기 시작한다.
　그 전해 봄에 있었던 대통령선거때 야당후보 김대중 씨의 핵심참모였던 신민당 김상현 의원이 첫 번째 표적이 되었다.
　그는 8대국회 당시 국회 내무위원회 야당측 간사였다. 추석을 앞두고 여·야간사 합의 아래 서울시의 공사업자로부터 이른바 '떡값'을 받아 내무위 소속 의원들에게 20만 원씩 나눠준 일이 있는데, 이것을 뇌물알선죄로 몰아 구속한 것이었다.
　함께 일을 꾸민(?) 내무위원장이나 여당측 간사는 그냥 두고 김의원만 구속했으니 속셈이 뻔했다.

　같은 야당의 조연하趙淵夏, 조윤형趙尹衡 두 의원도 함께 구속되어 재판을 받았는데, 그들은 야당의 3총사로 불릴 만큼 박정희 유신통치에 강력히 반대해온 정치인들이었다.

　나는 김의원의 변호를 맡았는데 그는 나의 변론에 대해서 걱정이 많았다. '감옥에 있는 사람의 처지는 아랑곳하지 않고 저렇게 심하게 나가면 변호사 덕분에 징역을 덤으로 살겠구나' 하고 걱정했다고 한다.

　김의원은 수사과정에서의 큰 곤욕을 잘 이겨냈고 법정에서도 그의 특유의 야성野性과 질박함을 발휘하여 야당투사의 면모를 유감없이 보여주었다. 그는 징역 3년을 선고받았으나 2년도 채 되기 전에 형집행정지로 석방되었다(1974년 12월 9일).

　그는 안양교도소에서 복역중 소내의 TV에서 내가 미스코리아 심사위원으로 나오는 중계방송을 보고 "사람 징역 보내놓고 자기는 황홀한 미인대회 심사나 하고 있으니 참로로 한심스럽다"라는 말을 했다고 한다.

　그는 풀려난 뒤에 나더러 "형님 덕분에 2년 동안 국비장학생 과정을 무사히 마쳤다"고 악담인지 인사인지 모를 말을 했다.

　그는 가끔 "한변호사가 변호를 맡으면 틀림없이 징역 가니까 감정 있는 사람 있거든 한변호사에게 사건을 맡기시오"라고 말해 좌중을 웃기기도 한다. 그러면 나는 이렇게 응수한다. "내가 변호한 피고인치고 석방 안되는 사람이 없지. 최소한 만기석방은 틀림없으니까……."

　김의원은 석방 뒤에도 가만히 있지를 못하고 신민당 감옥동지 13인을 극비리에 규합하여 '고문정치 종식을 위한 선언'(1975년 2월 28일)을 하는데 주동역할을 하였다.

　그러나 김의원 자신은 당일 아침 고문폭로 기자회견 장소로 가다가 서대문서에 붙들려 갔다. 풀려난 지 두 달도 채 안되어 그런 모사謀事를 했으니 형집행정지라도 취소당하면 큰일이다 싶어서 나는 서대문경찰서로 달려갔다.

　김의원은 서장실에서 나를 보자 마자 또 '험구'를 던졌다.

"저렇게 시국을 망각하고 몰지각한 변호사가 여기까지 쫓아왔으니 내가 풀려나가기는 틀렸구먼!"

나는 이 사건에서는 그의 변호인이었지만 1980년의 5·17사태때는 소위 '김대중 내란음모 사건'으로 구속되어 함께 군사법정에 묶여나간 '공동피고인'이 되었다.

서대문의 서울구치소와 남한산성 밑 육군교도소에서 함께 감옥살이를 하는 동안 그가 놀라우리만큼 옥중공부에 전념하는 모습을 보고 감탄했던 기억이 난다.

체험기

반독재 투쟁의 선봉에 섰다가

김상현 (전 국회의원)

유신반대가 화근

나는 1969년 9월 박정희 정권의 무모한 3선개헌을 시작으로 독재정권의 본질이 본격적으로 드러나기 시작할 무렵인 1970년도 초에 월간 《다리》지를 창간했다. 박정희 정권은 1970년 11월호 《다리》지에 문학평론가 임중빈 씨가 기고한 '사회참여를 통한 학생운동' 이라는 글을 문제삼아 임중빈 씨와 윤재식 발행인, 윤형두 주간 등 세 명을 전격 구속하였다. 이 사건의 변론은 한승헌 변호사께서 앞장서서 맡아주셨다. 이처럼 우리의 인연은 시대적 산물이 만들어준 것이다.

나는 반독재 유신투쟁의 선봉에 서다가 1971년 12월에 조연하·조윤형 의원과 함께 감옥으로 들어갔다. 감옥은 1971년 12월부터 1974년 12월까지 그리고 1980년 5월 17일부터 1982년 8월 15일까지 두 번 갔다 왔다. 첫 번째는 유신반대 때문이었으나, 실제죄목은 '뇌물알선과 선거법 위반' 이었고 두 번째는 '김대중 내란음모 사건' 이라는 것이었다. 그중 1971년에 투옥된 사건에 대해서는 전에 《신동아》와 가진 인터뷰에서 작가 최일남 선생에게 말한 바를 여기에 옮겨보고자 한다.

"8대 국회때 나는 국회 내무분과위원회의 야당측 간사였는데, 1971년 추석때 떡값이 안 나오니까 위원들이 위원장인 오치성 씨와 나를 공격하는 거예요. 그래서 아이디어를 낸 것이 당시 김현옥 서울시장에게 공사를 부탁하고 건설업자에게서 떡값을 받아내자는 것이었습니다. 그리하여 오 위원장과 김시장, 그리고 내가 '라칸티나'에서 점심을 먹으면서 내가 제의를 했습니다. 우리 위원장은 덕망이 높아서 말을 못하니, 그리 알고 공사를 알선해달라고 말입니다. 그 무렵 나의 좋은 친구 가운데 건설업을 하는 사람이 있었고, 나는 그에게 용돈도 얻어 쓰고 맨날 술을 얻어 먹었거든요. 그래서 이왕이면 그에게 신세도 갚게 되었다고 퍽 행복해 했습니다. 500만 원을 받아 22명의 위원들은 20만 원, 여야 간사는 30만 원씩을 얻어 썼지요. 위원장은 안 자시고.(그후 8대 국회가 해산되고 10월유신으로 들어갔다.)

그러자 당시 조일제 정보부 3국장, 강창성 보안사령관, 이후락 비서실장 등이 당신을 구하려는 의도이니 국회의원에 입후보하라고 권유합디다. 이것은 아주 중요한 얘긴데, 그러나 나는 유신에 협조하는 것은 내 생활과 내 인생에 종지부를 찍는 일이니 국회의원에 나가지 않겠다고 말했습니다. 그후 법정 최후진술에서도 말했지만, 내 신조는 협상은 자유스럽게 하되 원칙은 협상의 대상으로 삼을 수 없다는 것입니다. 그러다가 메디컬센터에 입원하게 되었습니다. 수사기관원이 24시간 지키고 있는 연금상태로 말입니다.

그런데 그렇게 큰소리 땅땅 치던 놈이, 조국장이 다시 병원으로 찾아와 이틀간 여유를 주면서, 그래도 국회의원에 안 나가겠다면 당신을 구속하는 도리밖에 없다고 선언하고 문을 닫고 나갔을 때부터 '아이고, 내가 이러다간 안되지' 하는 생각이 들더군요. 이러다간 나도, 내 가정도 끝장이 나겠구나 하면서 마음이 변하기 시작했습니다. 그때 빚이 또 800만 원이나 되었으므로, 그가 나간 지 1분도 안되어 내일 전화해서 정치도 하고 내 가정도 살리고 해야겠다고 생각했습니다. 국회에 들어와서 민주주의를 하라는 조국장의 말도 옳다고 느껴졌어요.

그런데 마누라가 들어오더니, 지금 무슨 얘기들을 했느냐고 그럽디다.

자초지종을 얘기하고, 내 마음은 이미 변했으면서도 마누라한테는 부끄러워, 당신이 둘 중에 하나를 선택하라고 했더니, 이 마누라 좀 보십쇼. 당신이 그 동안 국민들에게 얼마나 민주주의를 하겠다고 했는데 이제 와서 그러느냐는 겁니다. 누구라고 이름을 댈 필요는 없지만, 그 사람의 이름을 대면서 제발 아무개 같은 정치인은 되지 마쇼, 이러지 않겠어요. 그래서 나는 당신 참 '훌륭한 부인'이오 그랬습니다. 결국은 마누라 말 듣고 감옥에 갔습니다. 사실은 비굴한데 용기있는 척한 거지요."

감옥에서의 비장한 기쁨

그때 한변호사께서는 나를 위해 헌신적인 변호를 해주셨다. 독재정권과 당당히 맞선 그분의 변론을 들으면서 지금 누가 감옥에 있고 누가 변론을 하고 있는지를 착각할 정도였다. 추상같은 변론을 하면서도 무릎을 치고 탄복할 정도로 해학과 재치를 발휘하였다. 그러나 속으로는 '감옥에 있는 처지는 아랑곳하지 않고 저렇게 심하게 나가면 변호사 덕분에 징역을 덤으로 더 살겠구나' 하는 걱정도 들었다.

하지만 유신정권의 폭거를 준엄하게 비판하고 민주화와 인권문제에 대한 한변호사의 신념에 찬 변론을 들을수록 나는 고통보다는 오히려 비장한 기쁨을 맛보면서 감옥생활을 할 수 있었고, 민주화에 대한 확고한 신념을 감옥에서 키워나갔다.

나는 징역 3년의 선고를 받았다. 그러나 1974년 12월 9일 오전 10시, 나는 조연하·조윤형 두 신민당 의원과 함께 23개월 동안의 징역살이끝에 형집행정지로 안양교도소 문을 나왔다.

가족들은 물론이고 김영삼 총재를 비롯한 10여 명의 신민당원들이 마중 나와 있었다. 우리 석방자들은 교도소 철문을 나서자 마자 두 손을 높이 들어 환영객에게 답례했다. 김영삼 총재는 우리들을 보고 얼마나 고생이 많았느냐면서 아직도 저안에 남아 있는 김한수 의원과 병원에 있는 이종남 의원도 하루빨리 나오기를 바란다고 했다. 두 조의원은 가족이 넣어준 사복차림이었는데 나는 '148'이라는 수번이 붙은 죄수복을 그대로 입고 나왔다. 조연하 의원이 "학생·지식인들을 남겨두고 우리만 나오는 것이 무언가 잘못된 것같다"고 세 사람의 심경을 대신 말해주었다.

감옥에서 풀려나온 뒤, 나는 한변호사에게 "형님(사석에서는 그렇게 부른다)이 변론을 너무 잘하신 덕택에 2년간 감옥에서 국비 장학생으로 전문대학 2년 과정을 무사히 마쳤다"면서 고맙다는 말을 하자, 한변호사께서는 "그게 다 내 덕택이니 앞으로 은혜를 잊지나 마시라"고 하여 박장대소한 적이 있다.

1973년 11월 평화시장 노동자 전태일 씨가 "나는 기계가 아니다. 노동자도 인간이다"라고 절규하며 분신과 죽음으로 항거하는 사건이 일어났다. 1974년 8월 15일에는 대통령 부인인 육영수 씨가 세종문화회관에서 문세광의 저격을 받고 운명하는 사건이 터졌다. 1975년부터는 이땅의 민주세력이 백만인 개헌서명운동을 개시하면서 본격적인 반유신 투쟁에 불을 붙이기 시작했다. 반유신 투쟁이 전국의 대학으로 확산되었다. 모든 상황은 박정희 정권에 불리해졌다.

위기의식을 느낀 유신정권은 온 국민을 공포정치의 도가니로 몰아넣기 시작했다. 보지도 듣지도 못하게 하면서 모든 국민의 입에 재갈을 물렸다. 언론마저 침묵을 지켰다. 1974년 12월 감옥에서 나온 나는 고문정치의 비극을 종식시키기 위해 신민당의 감옥 동지들 13인과 함께 1975년 2월 28일 극비리에 헌정사상 최초로 '고문정치 종식을 위한 선언'을 결행하였다. 동지들은 선언문에서 당시상황을 다음과 같이 적시하면서 박정권하에서 자행된 고문의 실상을 적나라하게 폭로하였다. 광고탄압을 받고 있는 〈동아일보〉만이 이 사실을 대대적으로 보도했을 뿐 일체의 다른 언론은 굳게 입을 다물고 있었다.

1972년 10월사태 이후 한국사회는 마치 나치가 남긴 유명한 '다하우' 강제수용소의 확대판처럼 공포의 유령이 전국을 배회하고 있다. 전국민을 조지 오웰의 풍자소설에 나오는 동물농장식 울타리로 몰아넣어 획일적인 복종만을 강요하는 사회에서 비인간적·반민주적인 처사가 공공연히 횡행하고 있다. 이런 비인간화·반민주화의 현상 중 가장 중요한 것은 형벌의 원칙이 없다는 것으로, 이는 각종 고문이 모든 법률과 통치의 절대자로 군림하고 있다는 사실이다.

위기의식을 느끼기 시작한 유신정권은 이땅의 모든 지성과 양심세력을 '적'으로 간주하고 저항하는 족족 감옥에 처넣기 시작했다. 유신을 반대한 정치인은 말할 것도 없고 학생·노동자·농민·종교인·문인 등 가리지 않고 닥치는 대로 감옥으로 보냈다.
이렇게 '감옥으로 간 사람을 변호하려다가 감옥으로 간 사람'이 바로 한승헌 변호사이다.

슬프고 아름답던 계절

이 기회에 나는 옥고를 치르기 전후의 내 신상과 역정에 관해서 작가 최일남 선생이 《신동아》 인터뷰때 기록해놓은 글을 여기에 다시 인용하고자 한다.

전남 장성군 장성읍 상오리 호산부락 출신. 논 일곱 마지기와 밭 다섯 마지기를 짓는, 소농도 아니고 중농도 아닌 집안의 6남매 중 둘째로 태어났다. 그러나 형과 남동생은 죽고, 여동생 셋만 남아 호적상으로는 5대독자이다. 4대까지도 독자로 내려오는 집안이었던 것이다. 아버지는 낚시질을 좋아했고 누구와 싸우는 법이 없었으나, 어머니는 대가 세고 누구에게 뭘 퍼주기를 좋아했다. 아버지는 그가 14세때 병으로 돌아가시고, 어머니도 6·25때 돌아가셨다. 그래서 '고아'가 된 셈인데, 1·4후퇴 때는 부산으로 피난가 있던 이모님을 따라 식구들이 부산으로 옮겼다. 6·25 전 그는 서울에서 균명중학에 다녔는데, 부산서는 한영중학 야간부에 편입했다.

"여기서 구두닦이 얘기가 나와야지. 27일간 했습니다. 구두닦이 전에는 김용하라는 좋은 분을 만나 그의 구호물자 장사를 도와주고, 밤이면 그 가게의 창고에서 잤습니다. 구두통을 메고 대청동 근방을 어슬렁거리는데, '구두 닦으이소' 하는 소리가 나와야지요. 하루 두 켤레 정도를 닦았습니다. 그래도 손님이 경험이 얼마나 되느냐고 물으면 석 달이라고 대답했습니다. 어떤 사람은 200원 주어야 할 것을 500원도 주고 그랬습니다."

서울로 올라온 뒤에 고시위원회 전달부(급사) 노릇을 했다. 그 일자리를 얻기 전에는 먹지를 못해 백병원에서 일곱 차례나 피를 팔기도 했으나 더러는 건달들에게 뜯기기도 했다.

"피를 뽑는 데도 나는 부모님의 덕을 보았습니다. O형이라 쉽게 팔 수가 있었거든요. 그뒤 동가식서가숙했습니다만, 오늘날의 나는 거창하게 얘기하면 수천 사람의 은혜와 지탱으로 이루어진 것입니다."

―그러면 이른바 학력이라는 것은 어떻게 됩니까.

"이런 얘기는 처음 하는 건데, 한영고등학교 3학년 2학기때 등록금을 못 내어 중퇴했습니다. 그후 국회의원이 되니까 학교에서 졸업장을 주겠다고 했으나 거절했습니다. 거짓말하기 싫어서죠. 거짓말하려면 상대방이 사기당한 줄 모르게, 적어도 그 사람이 땅 속에 가서, 아이고 상현이란 놈한테 당했구나 할 정도로 해야지요."

그러나 한영고등학교 동창회 부회장을 지냈다.

"그럴 무렵 강인섭이라는 단국대 학생회장이 웅변부로 넣어주겠다고 그러더군요. 요즘말로 특기생이지요. 그래서 단국대에 가서 딱 두 시간 강의를 받았습니다. 이것이 대학생활의 전부입니다."

당시 고려대 주최 모의국회인 '아남국회亞南國會'가 정치과 계열 학생들의 인기를 끌었다. 그는 그 모의국회에 단국대 대표로 나가 야당의원역을 맡았다.

"유진오 총장도 나오고 한태연 교수 등이 심사를 맡고 있었습니다. 나는 지금까지 원고를 보고 연설하는 일이 없는데, 내가 맨입으로 얘기를 하는 동안 시종 폭소가 터지곤 했습니다. 최고상인 '장면 부통령상'을 받았지요. 그걸 받으면 여학생의 인기를 얻고 그럴 때였습니다. 물어보지는 않았지만 아마 그때 받은 상패가 지금도 단국대에 있을 것입니다. 상을 타고 인사를 갔더니 학생회에서 환영회를 열어주더군요. 그러고는 그 학교에 가본 적이 없습니다. 엄격히 말하면 단국대 학생이 아니지요. 그후 1963년 성균관대 행정대학원 연구과정을 1학기 수료했습니다."

박대통령과의 독대

그때 그는 5대독자이므로 군에 갈 필요가 없었으나, 장차 정치할 사람이 군대를 갔다오지 않았다면 설득력이 없을 것같아 자원입대, 부산 8기 지창에서 근무했다(4·19 나던 해). 그러나 그는 휴가기간중 서울에 왔다가 4·19 데모대에 가담, 당시 중앙대 학생이던 채영석 씨와 함께 데모대 앞에서 연설을 하고, 마침내는 국회해산 등을 요구하는 국민결의안을 결의하는 데 앞장선다.

"그러자 대령 한 분이 나를 의사당 안으로 데리고 가더니, 내 연설을 들었다면서 정국수습을 도와달라고 하더군요. 그래서 국회부의장이자 당시의 시국수습대책위원장이기도 한 이재형 씨와 함께 중앙방송국에 학생대표 자격으로 가서, 학생과 시민은 질서를 지키자는 선무방송을 연 3일간 했습니다."

그런데 그는 술얘기가 나오자 느닷없이 그가 32살 적인 1969년, 국회의원 자격으로 박정희 대통령을 단독면담한 얘기를 꺼냈다. 1·21사건과 6·8부정선거로 여야가 경색되어 있을 때라고 한다.

"처음에는 유진오 당수를 만나 박대통령과의 영수회담을 가지라고 제의했더니 그렇게 되겠느냐고 회의적이더군요. 그러면 내가 해보겠다고 그랬지요. 그 자리에서 이후락 씨의 비서에게 전화를 걸어 이실장이 들어오면 각하와 면담하고자 하는 내 뜻이 이루어지도록 주선해달라는 전갈을 해두었습니다. 그리고 유당수에게 한 달은 기다리겠지만, 그러고도 소식이 없으면 국회에서 문제삼겠다고 말했습니다. 당시 〈동아일보〉 정치부장이던 최영철 씨에게 그말을 전했더니, 만나면 사쿠라 소리 듣겠지만, 김형 같으면 배짱으로 한번 해볼 만한 것이라고 말하지 않겠어요?"

의외로 반응은 금방 왔다. 다음으로 이후락 실장의 다섯 차례에 걸친 전화끝에 연락이 닿아 청와대에 들어갔더니, 박대통령은 북한의 비행장지도를 분석하고 있다가 조금만 기다리라고 하더라는 것이다.

"내가 '각하의 국정에 참고가 될 말씀을 드리고자 면담을 요청했습니다. 저는 적을 상대하더라도 진실로 대하자는 신조를 갖고 있습니다' 하고 말했더니, 박대통령이 '그럼, 정치얘기 한번 합시다' 이렇게 나와요. 한 시간 반을 얘기했는데, 거기서 나는 그분이 일방적인 보고만 받고 있어서 야당이 알고 있는 정세와는 정반대로 알고 있다는 것을 느꼈습니다. 그리고는 차차 기분이 좋은지 자신이 장기집권해서 국민의 기본권을 유린한다면 당신이 극한 투쟁을 하라고 하더군요. 임기를 1년 6개월 남기고 있을 때였습니다. 그래서 나는 '각하, 그런 불행한 일이 있겠습니까만, 만에 하나라도 그런 일이 있다면 그 약속을 지키겠습니다' 그랬지요. 이말은 법정 최후진술에서도 했습니다."

나는 불행하지 않았다

그 다음해 김형욱이 요리집 '대하'에서 김상현에게 술을 한잔 샀을 때, 김상현은 제2의 이승만의 불행을 막기 위해서라도 박대통령이 명예스럽게 퇴진할 수 있도록 장기집권은 막아야 한다고 말하자, 김형욱은 대통령이 당신을 좋아하는데 그러면 되느냐고 받았다.

"나는 그것은 약속이라고 되받았습니다. 그랬더니 그런 약속은 안 지켜도 된다고 말합디다. 그러나 약속의 개념은 불리할 때 지키는 것이라고 생각합니다. 감옥을 가고 생명을 잃는 한이 있더라도 약속은 지켜야지요. 얘기는 다시 거슬러올라갑니다만, 내가 박대통령에게 영수회담을 제의했더니 '좋습니다' 이래요. 유당수가 요청해오면 수락하겠다는 것이었습니다. 그리고 자신이 청해도 좋다면 청와대가 아니라 우이동에서 만나자는 얘기까지 나왔습니다. 옆에 있던 이실장이, 사쿠라 소리 들을 텐데 김상현 의원의 용기가 보통이 아니라고 추켜세우자, 박대통령이 다시 '그러면 오늘 만난 일은 우리 셋만 알면 되지 않겠느냐'고 말하더군요. 그러나 나는 공개를 원했습니다. 그랬더니 그 자리에서 신범식 대변인을 불러 대통령과 내가 국내외 정세에 대해 환담했다고 발표하라는 지시를 내립다. 그길로 유당수 집에 갔는데, 유당수는 이발하다가 벌써 방송을 듣고 쫓아오셨더군요. 김영삼 총무와 김대중 의원도 깜짝 놀라는 눈치였습니다."

유당수도 영수회담에 찬성하고 김상현에게 회담때 할 얘기를 메모해달라는 데까지 이르렀다.

"그걸 메모하여 다음날 갔더니 유당수는 그 특유의 작은 목소리로 '다 틀렸습니다' 이러지 않겠어요. 유진산 씨 등이 내가 대통령 만나면 사쿠라가 되고 신민당 망친다고 야단이라는 것이었습니다. 나는 이런 기회는 영원히 오지 않는다고 보름 동안 매일 유당수 집을 찾아다녔으나 잘 안되었습니다. 내 생각입니다만, 그때 정치적으로 잘 처리했으면 3선개헌도 막을 수 있지 않았을까 싶습니다."

그말 끝에 그는, 청와대를 나올 때 박대통령이 이후락 실장에게 눈짓을 하자 이실장이 그를 자기 방으로 데리고 가서 흰 봉투를 내밀더라는 말도 했다.

"그는 이런 일은 전에 없었다면서 정치자금으로 쓰라고 하더군요. 그러나 나는 '고맙습니다만 정치자금 걱정은 안해도 된다' 면서 세 번 거절했습니다. 박대통령은 이실장더러 내가 연락만 하면 아무 때나 면담을 주선하라는 말도 했습니다. 그후 한 번도 못 만나는 사이 3선개헌 끝에 그는 불우하게 가고, 나는 감옥으로 갔습니다."

나는 그 인터뷰에서 다음과 같은 말도 했다.

"감옥 가고 정정법政淨法에 묶였던 나를 불행한 사람이라고 보는 것은 나를 잘못 본 것입니다. 거짓말처럼 들리겠지만 나는 감옥 속에서도 하루

하루 희열을 느꼈습니다. 1980년 감옥에 갔을 때는 냉수목욕을 하루 두 번씩 하고, 아침 6시 반에 일어나면 저녁 7시까지 눕거나 벽에 기대본 적이 없이 책을 읽었습니다. 처음에는 이것이 언제까지 갈까 걱정했는데, 결국 견뎠습니다. 4년 3개월 동안 정식 국비장학생으로 지낸 셈인데, 밥 주고 청소해주고 감방이자 연구실도 주었으니까 감사해야지요. 하루 13~15시간씩 책과 씨름했고, 마침 그안에서 지난 세월도 4년 3개월이니까 정식으로 대학을 나온 사람과 같습니다. 그래서 후배들 보고 서울대학 나왔다고 내 앞에서 뻐기지 말라고 하면, '아이구 형님'이럽니다. 허허."

| 판결문 |

서 울 형 사 지 방 법 원
제 7부

판 결

사　　건　　67고 10034 명예훼손, 국회의원선거법위반
　　　　　　69고 42260(병합) 국민투표법위반, 폭력행위 등 처벌에 관한 법률위반
　　　　　　70고 783(병합) 공무집행방해, 대통령선거법위반
　　　　　　70고 36798(병합) 특정범죄가중처벌 등에 관한 법률 위반
　　　　　　71고합 670(병합) 뇌물수수, 공갈
　　　　　　73고합 7(병합)
　　　　　　73고합 61(병합)

피 고 인　　(1) 김상현 무직
　　　　　　1935. 12. 6.생
　　　　　　주거　서울 서대문구 창천동 100의 30
　　　　　　본적　△△△△△△
　　　　　　(2) 조연하 무직
　　　　　　1924. 5. 17.생
　　　　　　주거　서울 서대문구 녹번동 89
　　　　　　본적　△△△△△△
피 고 인　　(3) 조윤형 무직
　　　　　　1932. 11. 26.생
　　　　　　주거　서울 성북구 안암동 5가 103의 1

본 적 △△△△△△

(4) 이기택 국회의원

1937. 7. 25.생

주거 서울 마포구 서교동 382의 13

본 적 △△△△△△

검 사	이창우, 정경식
변호인	변호사 한승헌 (피고인 김상현에 대하여)
	변호사 용남진 (피고인 조연하에 대하여)
	변호사 길기수, 같은 박한상 (피고인 조윤형에 대하여)
	변호사 이병우 (피고인 이기택에 대하여)

주 문 피고인 김상현, 같은 조윤형을 각 징역 3년에, 같은 조연하를 징역 2년 6월에 처한다.

이 판결 선고 전의 구금일수 중 피고인 김상현, 같은 조연하에 대하여는 각 150일씩을, 같은 조윤형에 대하여는 165일을 동 피고인들에 대한 위 각 형에 산입한다.

피고인 김상현으로부터 금 4,000,000원을, 같은 조연하로부터 금 1,200,000원을, 같은 조윤형으로부터 금 2,000,000원을 각 추징한다.

피고인 이기택에 대한 형의 선고를 유예한다.

이건 공소사실 중 피고인 김상현에 대하여 위 피고인이 1969. 2. 하순 일자불상경 및 1972. 4. 초순 일자불상경 박해원으로부터 그 직무에 관하여 도합 금 2,000,000원을 수수한 점, 1970. 2. 초순 일자불상경부터 1971. 5. 초순 일자불상경까지의 사이에 8회에 걸쳐 박영택으로부터 그 직무에 관하여 도합 금 2,600,000원을 수수한 점, 1968. 4. 일자불상경부터 1971. 5. 일자불상경까지 사이 11회에 걸쳐 김광수로부터 그 직무에 관하여 도합 금 2,000,000원을 수수한 점, 1968. 4. 초순 일자불상경부터 1971. 11. 일자불상경까지 사이 12회에 걸쳐 장충식으로부터 도합 금 1,060,000원을 갈취한 점, 피고인 조연하에 대하여 위 피고인이 1970. 7.경 임철수로부터 금 500,000원을 갈취한 점, 1971. 11. 중순경 이신호로부터 금 1,500,000원을 갈취한 점, 1972. 8.경 천명기를 통하여 그 직무에 관하여 김남형으로부터 금 200,000원을 수수한 점, 1971. 11. 하순경 최치환을 통하여 그 직무에 관하여 김창원으로부터의 금 200,000원을 수수한 점, 피고인 조윤형에 대하여 위 피고인이 1971. 7. 중순경 허기로부터 그 직무에 관하여 금 1,000,000원을 수수한 점, 1972. 10. 초순경 허기로부터 그 직무에 관하여 금 500,000원을 수수한 점, 1972. 3. 하순경 강성진으로부터 그 직무에 관하여 금 500,000원을 수수한 점은 각 무죄

이　유

범죄사실　피고인 김상현은 15세때 본적지 성산국민학교를, 19세때 서울 한영고등학교를 각 졸업하고, 1959. 6. 육군에 입대하여 근무하는 한편 같은 해 3월 성균관대학교 행정대학원을 이수하고, 1963. 8. 31. 일등병으로 제대한 후, 같은 해 10월 민주당에 입당하여 제 6, 7, 8대 국회의원을 역임하고, 현재 월간잡지 다리 고문, 해외교포문제연구소 소장 및 4·19민주상 설립위원회 준비위원장으로 활동하는 자, 피고인 조연하는 1950년 서울대학교 농과대학 4년을 중퇴하고 제5 및 8대 국회의원을 각 역임한 자, 피고인 조윤형은 서울 교동국민학교와 서울중학교를 각 졸업하고 연세대학교 정치외교과 2년에 재학중 도미하여 펜실베니아주 와이오밍 신학교에서 1년간 청강한 후 조지타운 외교관 학교를 수료하고, 1951. 2. 육군 통역장교 중위로 임관, 제1해병사단에서 근무하다가 1953. 10. 제대하고, 1960. 7. 민주당에 입당하여 제 5, 6, 7, 8대 국회의원을 각 역임한

자들로서 국정감사 법률 및 예산심의와 정책질의를 통하여 국정의 시정을 요구하는 등의 직무를 수행하던 자들이며, 피고인 이기택은 1960년 고려대학교 상과대학을 졸업하고 민주당에 입당한 후 제7대 국회의원을 역임하고, 현재 국회의원으로 있는 자인바,

제1. 피고인 김상현은

(1) 1969. 10. 초순 일자불상경 서울 중구 을지로 1가에 있는 뉴 코리아 호텔 다방에서 서일산업주식회사 서울출장소장인 송일헌으로부터 서울특별시가 발주한 금 49,000,000원 상당의 성북동 택지조성공사를 도급받게 하여주면 그 대가로 금 3,000,000원을 제공하겠다는 청탁을 받고 국회 내무분과위원 양당간사인 지위를 이용하여 담당부처인 서울특별시에 압력을 가하여 위 송일헌에게 위 공사를 도급케 하고, 같은 해 11월 말경 위 다방에서 위 송일헌으로부터 위 공사를 도급받게 하여준 대가로 교부하는 금 3,000,000원(한일은행 본점 영업부 발행의 자기앞수표 액면 금 10만원권 30매)을 제공받음으로써 다른 공무원의 직무에 속한 사항의 알선명목으로 뇌물을 수수하고

(2) 1970. 4. 초순 일자불상경 위 다방에서 송일헌으로부터 서울특별시가 발주한 금 9,000,000원 상당의 남가좌동 도로 신설공사를 도급받게 하여달라는 청탁을 받고 전항과 같은 방법으로 압력을 가하여 위 송일헌에게 그 공사를 도급받게 하여주고, 같은 달 말일경 위 다방에서 위 송일헌으로부터 위 공사를 도급받게 하여준 대가로 교부하는 금 1,000,000원(위 같은 은행 발행의 자기앞수표 액면 금 10만원권 10매)을 제공받음으로써 다른 공무원의 직무에 속한 사항의 알선명목으로 뇌물을 수수하고,

(3) 같은 해 10월 초순 일자불상경 위 다방에서 위 송일헌으로부터 서울특별시가 발주한 금 90,000,000원 상당의 광주 대단지 조성공사를 도급받게 하여달라는 요청을 받고 이를 도급받게 하여주는 조건으로 사례금조로 금 3,000,000원을 제공받기로 응락함으로써 그 지위를 이용하여 다른 공무원의 직무에 속한 사항의 알선에 관하여 뇌물을 수수할 것을 약속하고,

제2. 피고인 조연하는 1971. 9. 하순경 서울 종로구 중학동 14. 한국일

보 빌딩 10층에 있는 풍농비료공업주식회사 전무 김학수에게 "이번에 국정감사를 가는데 여비를 협조하라, 신민당 정책위원회에서 민간 비료생산업체에 대하여 추궁하기로 방침을 정했으니 협조하는 것이 좋겠다. 지난번 국정감사때도 신민당 농림분과위원이 말썽을 부려 민간비료를 정부가 인수할 수 없도록 하지 않았느냐, 그러니 국정감사 착수 이전까지 돈 1,500,000원을 가져오면 잘 보아주겠다"고 금원을 요구하여 같은 해 10월 초순경 14:00경 석굴암다방에서 위 김학수로부터 국정감사시 민간 비료업체에 대한 문제점을 제기하지 말아달라는 청탁을 받고 그 대가로 제공하는 금 1,200,000원을 교부받음으로써 그 직무에 관하여 뇌물을 수수하고,

제3. 피고인 조윤형은

(1) 1967. 6. 8. 제7대 국회의원으로 당선되어 건설분과위원회 소속으로 있으면서 그 직무에 종사하던 중, 1969. 10. 초순 일자불상 11:00경 서울 중구 세운상가 10층에 있는 국회의원회관내 위 피고인 사무실에서 합자회사 흥화공작소 상무 최명환으로 부터 "건설부에 대한 국정감사시에 위 회사가 오스트리아로부터 경부고속도로 8대 장대교용 철강구조물 8,240톤을 차관으로 도입하여 건설부에 납품함에 있어서 가격이 톤당 미화 510달러로서(그 무렵 서울시에서 일본으로부터 같은 철강재를 톤당 미화 약 400달러에 도입한 경우에 비하여) 그 단가가 너무 비싸다는 문제를 추궁하지 말아달라"는 뜻의 청탁을 받고 그 의뢰의 취지 밑에 금 2,000,000원(발행은행 미상의 자기앞수표 액면 금 50만원권 4매)을 교부받음으로써 그 직무에 관하여 뇌물을 수수하고

(2) 신민당 제7대 대통령선거 연설원으로서 김대중 후보를 당선케 할 목적으로 선거유세를 통하여 연설함에 있어서 공연히 사실을 적시하여 타당 후보자를 비방하여서는 안된다는 정을 알고 있음에도 불구하고

(가) 1971. 4. 8. 18:15부터 18:55까지 사이에 충북 보은군 보은면 삼산리 3구 번지불상 소재 보은 미곡시장에서 개최된 신민당 충북 제4지구당 주최 동당 대통령선거 연설회에서 약 900명의 청중을 상대로 연설원으로 연설함에 있어서 "내가 하루 아침에 조선일보 신문을 보니 박정희 대통령

이 청와대 직원을 데리고 효자동 일대 서울거리를 빗자루를 들고 쓸었다는 기사를 보고 과연 대통령선거때가 왔구나, 우리 박정희 씨도 환장을 했구나, 박정희 씨가 대통령이 된 후 지금까지 빗자루를 들고 서울거리를 쓸었다는 말을 듣지 못했다. 그런 박정희 씨가 하루아침에 빗자루를 들고 길을 쓰느냐, 대통령 당선시킬 때는 국사를 맡아 우리를 잘 살게 해달라고 당선시킨 것이지 빗자루를 들고 길을 쓸라고 당선시킨 것이 아니다. 확실히 박정희 씨는 환장을 했다"라는 요지로 연설을 하여 박정희 대통령이 선거때가 되니까 인기를 얻기 위하여 청와대 앞길을 쓴다는 취지로 이야기를 하고, 박정희 씨가 이번에 당선되면은 3선으로 그칠 것이 아니라 영원히 죽을 때까지 종신총통제로 대통령을 하려는 음모가 있다는 취조로 연설을 하고 5·16 당시 얼굴은 새까맣고 키는 5척밖에 안되고 눈은 부릅뜨고서 서울시청 앞에서 사열하는 꼴을 보니 연대장감밖에 안되는 사람이더라는 등 요지로 연설을 함으로써 공연히 사실을 적시하여 후보자를 비방하는 동시 개인을 비방하는 한편 총통제 운운하여 선거권자를 오신시키기 위하여 사술을 사용하고,

(나) 같은 해 4. 4. 11:06부터 11:27까지 사이 충북 진천군 진천면 읍내리 3구 소재 삼수국민학교 뒷교정에서 실시한 신민당 대통령후보 연설회장에서 청중 약 1,800명을 향하여 전기 (가)항 기재내용 중 박정희 씨가 효자동 앞길을 빗자루로 쓸어서 환장했다는 요지의 연설을 함으로써 후보자를 비방하는 한편 개인을 비방하고,

(다) 같은 해 4. 3. 16:37부터 17:21까지 사이에 충북 옥천군 옥천읍 금구리 소재 옥천극장 앞 광장에서 청중 약 1,000명을 상대로 "박정희 씨가 당선되면 앞으로 이 나라에는 다시 대통령 선거가 없고, 다가오는 8대 국회에서는 박정희 씨는 자기를 종신대통령으로 해달라는 총통제 개헌을 국회에 제출한다는 것을 알아야 한다. 박정희 소장이 서울시청 앞에서 사관학교 학생을 사열하고 있는 꼴을 보고 내가 걱정을 했다. 얼굴은 새까맣고 마른 얼굴에 색안경을 쓰고 있는 모습이 내가 보기에는 연대장 자격도 못되는 사람이 이 나라의 대권을 잡았다"는 요지의 연설을 함으로써 박정희

대통령이 사열을 한 사실을 적시하여 후보자를 비방하는 동시 개인을 비방하는 한편 총통제 개헌을 한다는 등 선거권자를 오신시키기 위하여 사술을 사용하고

(라) 같은 해 4. 3. 14:37부터 15:02까지 사이에 천안시 성황동 소재 천안국민학교에서 열린 신민당 대통령후보 연설회에서 약 2,000명의 청중을 향하여 연설을 함에 있어서 전기 (가)항 기재와 같이 박정희 대통령이 청소하러 다닌다는 요지의 연설을 하여 후보자를 비방하는 한편 개인을 비방하고

(마) 같은 해 4. 6. 19:34부터 19:54까지 사이에 온양온천역 광장에서 약 2,000명의 청중을 향하여 연설을 하는 가운데 전기 (가)항 기재와 같이 박정희 대통령이 청소하러 다닌다는 요지의 연설을 하여 후보자를 비방하는 한편 개인을 비방하고

(3) 1969. 10. 13. 14:03부터 16:35경 까지 사이에 서울 동대문구 창신동 소재 동덕여자고등학교 교정에서 신민당 주최 개헌반대 연설회 석상에서 연사로서 연설함에 있어서, 정부가 부정선거를 획책하고 있는 것같이 인식시키기 위하여 동대문구 관내에는 중앙정보부의 조정관이라는 사람이 배치되어 경찰서장, 구청장을 위협하면서 부정선거를 조종하고 있다고 비난하면서, 현대통령의 인격을 비방하여 동인의 집권이 계속되어서는 안되겠다는 취지로 호소를 하여 국민투표의 결과에 영향을 미치게 할 목적으로 위 장소에 모인 청중 김현기 등 약 1,000명이 있는 가운데서 "5 · 16 혁명 직후 서울시청 앞에서 육사학생 사열이 있다 하기에 보니 허름한 전투복에 자기 키보다 더 큰 권총을 차고 색안경을 쓴 조그마한 박정희 소장이 있더라, 내가 보건대 연대장감밖에 안되는 저 사람한테 어떻게 대권을 맡기느냐고 걱정을 했다"고 발설하여 공연히 박정희 대통령이 당시 소장이었던 사실을 적시하면서 동인의 인격에 관하여 과소평가를 하는 등 특정인을 비방하고,

(4) 1966. 11. 12. 14:00경 부산 서대신동 3가 소재 부산공설운동장에서 실시한 민중당 부산시당 주최로 개최된 시국강연회 연사로서 참석, 같은

날 13:11부터 13:28까지 사이 '공화당의 정체' 란 연제하에 청중 김갑상 외 2,500명이 운집한 면전에서 "민중당 당원으로 계시는 장준하 선생께서 박정희 씨가 사카린 밀수의 왕초라는 이야기를 하여 지금 서대문형무소에 갇혀 있는 것입니다. 부산시민 여러분도 잘 아실 줄 믿습니다. 제가 관직에서 물러나온 한 친구네 집을 찾아갔더니 어떤 점쟁이 하는 이야기가 무엇인고 하니, 아마 이번에는 박정희 대통령이 이병철 씨를 꼭 구속할 것이요, 이렇게 이야기를 합디다. 그리하여 저는 여러분들에게 말씀드리고자 하는 저의가, 점을 치는 사람과의 그 대화를 통해서, 나는 대한민국에서 국회의원을 하는 이 사람은 정치를 하는 사람의 할 일이 무엇인고 하니 박정희 씨가 이번에는 이병철 씨를 구속 못할 것이라고 말한 바 있는데, 현재 다 아시다시피 제가 본 이 사건의 전망에 있어 점쟁이 말보다는 제가 행한 의견이 맞지 않습니까"라고 하고 "장준하 씨가 박정희를 이 밀수사건의 왕초라고 한 이야기는 이 점쟁이 말과 같이 우리 대한민국 국민들이 전부 알고 있고 느끼고 있는 것이올시다"라는 연설을 함으로써 공연히 허위의 사실을 적시하여 박정희 대통령의 명예를 훼손하고,

제4. 피고인 김상현, 같은 이기택은 1969. 8. 14. 전남 벌교지구 재선거 당시 신민당 공천 이중재 입후보자의 당선을 지원할 목적으로 정당한 이유 없이 투표사무에 간섭하여 투표에 영향을 주는 행위를 할 수 없음에도 불구하고,

(1) 피고인 김상현은 1969. 8. 14. 벌교지구 제8투표소 참관인으로 같은 날 06:30경부터 위 투표소에 입회하고 있으면서, 동 투표소 종사원이 유권자의 본인여부를 확인코자 투표용지표, 주민등록증 및 선거인 명부를 대조 확인하고 투표용지표에 확인날인한 후 투표케 하였음에도 불구하고, 재확인한다는 구실하에 불특정 다수의 투표인에 대하여 성명 및 연령을 묻는 등 1인당 약 4분 내지 5분의 시간을 끌게 하고, 같은 날 16:50경 위 피고인이 투표 마감시간이 되었다는 이유로 동 투표소 출입구 교실 복도 문을 닫자 공화당 참관인 송지현이 마감시간이 남아 있고 사이렌이 나지 않았는데 왜 문을 닫느냐고 항의하고 문을 열자 오른손으로 동인의 뒷덜

미를 잡고 약 3미터 가량 밀쳐내는 등 폭행을 가하고 같은 날 17:00경 동 투표소에 투표하기 위하여 온 전남 보성군 벌교읍 장양리 500의 2 거주 선병옥(당시 59세)에 반말로 "통지표 있어? 있으면 내놔"라고 말하는 등 정당한 이유 없이 투표사무에 간섭하여 투표에 영향을 주는 행위를 하는 일방 선거사무 관계자에게 폭행을 가하여 투표소를 교란하고,

(2) 피고인 김상현, 같은 이기택은 같은 날 19:00경 벌교 제1투표소 선거관리위원장의 승인 없이 동 투표소에 난입하여 동 위원장 신홍식에게 "시간이 넘었는데 왜 투표를 시키느냐, 투표사무를 무조건 중지하라" "투표소 출입구인 복도 통행문을 닫으라"고 외치는 등 소란을 피워 약 10분간 투표사무를 중단케 하는 등 투표사무에 간섭하여 투표에 영향을 주는 행위를 하여서 투표소를 교란하고

제5. 피고인 이기택은 1969. 10. 18. 21:30경 부산 중구 광복동 2가에 있는 나쇼날다방 앞길에서 윤종금이 그 자리에 세워둔 위 피고인 소유의 서울 자2-149호 코로나 차의 유리 1매를 파괴함으로써 동인과 위 피고인의 일행이었던 박희주 등이 서로 시비언쟁을 하게 되자 그 장소를 지나가던 부산중부경찰서 보안과 근무 고무석 경장이 이를 만류한다는 이유로 위 박희주 등과 공동하여 주먹으로 위 고무석의 안면을 1회 구타하고 위 고무석이 위 피고인을 그 부근에 있는 동 경찰서 광복동 파출소에 끌고 가자 동소에서 야당 국회의원을 괄시한다고 고함을 치며 주먹으로 위 고무석의 안면을 다시 구타하는 한편 동 파출소 근무 윤윤호 경장의 안면을 2회 구타함으로써 동인 등의 소내 공무집행을 방해하는 동시 위 고무석에게 10일간의 치료를 요하는 좌하경부, 좌하안부 등의 타박상 및 열상을 위 윤윤호에게 12일간의 치료를 요하는 좌노쇠부, 비기부 등의 종창 및 타박상을 각 입힌 것이다.

증거의 요지

제1. 피고인 김상현에 대한 판시 (1) (2)의 각 뇌물수수의 점과 판시 (3)의 뇌물수수 약속의 점은

1. 제13차 공판조서 중 판시사실 일부에 부합하는 위 피고인의 진술기재 부분
1. 증인 송일헌의 법정에서의 판시사실에 부합하는 진술부분
1. 검사 작성의 위 피고인에 대한 피의자 신문조서(서울지방검찰청 72형 70946 기록, 104정) 중 판시사실에 부합하는 진술기재 부분
1. 검사 작성의 송일헌에 대한 피의자 신문조서의 진술조서 중 각 판시사실에 부합하는 진술기재 부분
1. 송일헌 작성의 자술서 중 판시사실에 부합하는 기재부분
등을 종합하여 이를 인정할 수 있고

제2. 피고인 조연하에 대한 판시사실은

1. 제13차 공판조서 중 판시사실 일부에 부합하는 위 피고인의 진술기재 부분
1. 증인 김학수의 법정에서의 판시사실에 부합하는 진술 부분
1. 검사 작성의 위 피고인에 대한 피의자 신문조서 중 판시사실에 부합하는 진술 기재 부분
1. 검사작성의 김학수에 대한 진술조서 중 판시사실에 부합하는 진술기재 부분
1. 김학수 작성의 진술서 중 판시사실에 부합하는 기재 부분
등을 종합하여 이를 인정할 수 있고

제3. 피고인 조윤형에 대한 판시사실 중

판시 (1)의 뇌물수수의 점은

1. 제13차 공판조서 중 판시사실 일부에 부합하는 위 피고인의 진술 기재 부분
1. 증인 최명환의 법정에서의 판시사실에 부합하는 진술 부분
1. 검사 작성의 위 피고인에 대한 피의자 신문조서(같은 73형 3151 기록 26정) 중 판시사실에 부합하는 진술 기재 부분
1. 검사 작성의 최명환에 대한 피의자 신문조서 및 진술조서 중 각 판시사실에 부합하는 진술 기재 부분

1. 위 피고인 및 최명환 작성의 각 진술서 중 각 판시사실에 부합하는 기재 부분

등을 종합하여 이를 인정할 수 있고

판시 (2)의 각 대통령선거법위반의 점은

1. 제13차 공판조서 중 판시사실에 부합하는 위 피고인의 진술 기재 부분

1. 증인 권영관, 같은 김상근, 같은 박영선, 같은 김광수, 같은 강신국의 법정에서의 각 판시사실에 부합하는 진술

1. 검사 작성의 위 피고인에 대한 피의자 신문조서(같은 71형 43510 기록 120정) 중 판시사실에 부합하는 진술 기재

1. 검사 및 사법경찰관 사무취급 작성의 권영관, 김상근, 박영선에 대한 각 진술조서 중 각 판시사실에 부합하는 진술 기재

1. 검사 작성의 김광수에 대한 진술조서 중 판시사실에 부합하는 진술 기재

1. 사법경찰관 사무 취급 작성의 강신국에 대한 진술조서 중 판시사실에 부합하는 진술 기재

1. 사법경찰관 사무취급 작성의 각 녹음 녹취서 기재

1. 압수된 녹음 테이프 4권(같은 71년 압제 5065호)의 현존

등을 종합하여 이를 인정할 수 있고,

판시 (5)의 국민투표법 위반의 점은

1. 제13차 공판조서 중 판시사실에 부합하는 위 피고인의 진술 기재 부분

1. 검사 작성의 위 피고인에 대한 피의자 신문조서 (같은 69형 6860 기록 14정) 중 판시사실에 부합하는 진술 기재

1. 압수된 녹음 테이프 1권(같은 69년 압제 11545호)의 현존

등을 종합하여 이를 인정할 수 있고

판시 (4)의 명예훼손의 점은

1. 제13차 공판조서 중 판시사실에 부합하는 위 피고인의 진술 기재 부분

1. 증인 김영삼의 법정에서의 판시사실에 부합하는 진술

1. 검사 작성의 위 피고인에 대한 피의자 신문조서(같은 66형 81051 기록

100정) 중 판시사실에 부합하는 진술 기재

  1. 사법경찰관 사무취급 작성의 이시무, 김갑상에 대한 각 진술조서 중 각 판시사실에 부합하는 진술 기재

  등을 종합하여 이를 인정할 수 있고,

  제 4. 피고인 김상현, 같은 이기택에 대한 각 국회의원선거법 위반의 점은

  1. 제13 및 14차 공판조서 중 판시사실에 부합하는 위 피고인들의 각 진술 기재 부분

  1. 검사 작성의 피고인 김상현에 대한 피의자 신문조서(같은 69형 60177 기록 70정) 중 판시사실에 부합하는 진술 기재

  1. 검사 작성의 피고인 이기택에 대한 진술조서(같은 기록 81정) 중 판시사실에 부합하는 진술 기재

  1. 검사 작성의 박영석, 강관평, 신양원, 신홍식, 염병철, 김용구, 선병옥, 김상수에 대한 각 진술조서 중 각 판시사실에 부합하는 진술 기재

  1. 신양원, 김상수, 김연준, 최명양, 신씨, 이계순, 최조현, 신재규, 김은숙 작성의 각 진술서 중 각 판시사실에 부합하는 기재 부분

  1. 박영석 작성의 각 고발장 기재

  등을 종합하여 이를 인정할 수 있고

  제 5. 피고인 이기택에 대한 폭력행위 등 처벌에 관한 법률위반 공무집행방해의 점은

  1. 제14차 공판조서 중 판시사실에 부합하는 위 피고인의 진술 기재 부분

  1. 검사 및 사법경찰관 사무취급 작성의 위 피고인에 대한 각 피의자 신문 조서 중 각 판시사실에 부합하는 진술 기재

  1. 검사 및 사법경찰관 사무취급 작성의 고무석에 대한 각 진술조서 중 각 판시사실에 부합하는 진술 기재

  1. 사법경찰관 사무취급 작성의 윤종금, 윤윤호, 손정무, 윤정포, 김용학, 천영수, 주명수, 김달생, 이노술, 안종배, 김영택에 대한 각 진술조서

중 각 판시사실에 부합하는 진술 기재

1. 윤종금, 고무석, 윤윤호 작성의 각 고소장 기재
1. 의사 김하만 작성의 고무석, 윤윤호에 대한 각 진단서 중 판시와 같은 상해의 부위와 정도에 부합하는 기재 부분

등을 종합하여 이를 인정할 수 있으므로 판시사실은 모두 그 증명이 충분하다.

법률의 적용

피고인 김상현에 대한 판시소위 중 각 뇌물수수의 점은 각 특정범죄가중처벌 등에 관한 법률 제2조 제1항 제2호, 형법 제129조 제1항에, 뇌물수수 약속의 점은 특정범죄가중처벌 등에 관한 법률 제2조 제1항 제2호, 형법 제132조에, 투표간섭의 점은 국회의원선거법 제154조 제1항에, 각 투표소 교란의 점은 행위시법인 1963. 1. 16. 공포법률 제1256호 국회의원선거법 제156조(형법 제1조 동부칙 제1조 형법 제50조에 의하여 위 행위시법의 소정형이 재판시법인 1972. 12. 30. 공포 법률 제2404호 국회의원선거법 제 170조의 소정형 보다 가벼우므로 행위시법에 따른다. 판시 제4의 (2)항에 대하여는 형법 제30조도 아울러 적용한다)에, 피고인 조연하에 대한 뇌물수수의 점은 특정범죄가중처벌 등에 관한 법률 제2조 제1항 제2호, 형법 제129조 제1항에, 피고인 조윤형에 대한 판시소위 중 뇌물수수의 점은 특정범죄가중처벌 등에 관한 법률 제2조 제1항 제2호, 형법 제129조 제1항에, 각 후보자 비방의 점은 대통령선거법 제149조 제1항에, 각 개인 비방의 점은 같은 법 제155조 제1항 제61조 제1항에, 각 사술 사용의 점은 같은 법 제148조 제2항에, 특정인 비방의 점은 국민투표법 제114조 제1항에, 명예훼손의 점은 형법 제307조 제2항에, 피고인 이기택에 대한 판시소위 중 투표소 교란의 점은 행위시법인 1963. 1. 16. 공포 법률 제1256호 국회의원선거법 제156조 형법제30조 (형법 제1조 동 부칙 제1조 형법 제50조에 의하여 위 행위시법의 소정형이 재판시법인 1972. 12. 30. 공포 법률 제2404호 국회의원선거법 제170조의 소정형보다 가벼우므로 행위시법에 따른다)에, 상해의 점은 폭력행위 등 처벌에 관한 법률 제2

조 제2항, 형법 제257조 제1항에, 공무집행 방해의 점은 형법제136조 제1항에 각 해당하는 바, 피고인 조윤형에 대한 판시 (2)의 (나)(라)(마)항의 각 후보자비방죄와 각 개인비방죄, (가)(다)항의 각 후보자비방죄, 각 개인비방죄 및 각 사술사용죄, 피고인 이기택에 대한 폭력행위 등 처벌에 관한 법률위반죄와 공무집행방해죄는 각 한 개의 행위가 수 개의 죄에 해당하는 상상적 경합범이므로 형법 제40조, 제50조에 의하여 형이 무거운 각 후보자비방죄, 각 사술사용죄, 폭력행위 등 처벌에 관한 법률위반죄에 정한 형으로 처단하기로 하고, 피고인 김상현에 대한 투표간섭죄와 투표소 교란죄, 피고인 조윤형에 대한 각 후보자비방죄, 사술사용죄, 특정인 비방죄 및 명예훼손죄, 피고인 이기택에 대한 폭력행위 등 처벌에 관한 법률위반죄 및 투표소 교란죄의 각 소정형 중 징역형을 각 선택하고, 피고인 김상현, 같은 조윤형, 같은 이기택에 대한 위 수죄는 형법 제37조 전단의 경합범이므로 같은 법 제38조 제1항 제2호 제50조에 의하여 피고인 김상현에 대하여 범정과 죄질이 무거운 판시 (1)의 특정범죄가중처벌 등에 관한 법률위반죄에, 피고인 조윤형에 대하여 형이 무거운 특정범죄가중처벌 등에 관한 법률 위반죄에, 피고인 이기택에 대하여 형이 무거운 폭력행위 등 처벌에 관한 법률 위반죄에 정한 형에 각 경합범 가중을 하고, 피고인 김상현, 같은 조연하, 같은 조윤형은 그 범행의 동기, 수단과 결과, 범행 후의 정황 등 그 정상에 참작할 만한 사유가 있으므로 형법 제53조, 제59조, 제1항 제3호에 의하여 작량 감경을 한 후, 각 그 형기범위내에서 피고인 김상현, 같은 조윤형을 각 징역 3년에, 같은 조연하를 징역 2년 6월에 처하고, 같은 법 제57조에 의하여 이 판결 선고 전의 구금일수 중 피고인 김상현, 같은 조연하에 대하여는 각 150일씩을, 같은 조윤형에 대하여는 165일을 위 피고인들에 대한 위 각 형에 산입하고, 피고인 김상현이 본건 범행으로 수수한 도합 금 4,000,000원과 같은 조연하가 본건 범행으로 수수한 금 1,200,000원 및 같은 조윤형이 본건 범행으로 수수한 금 2,000,000원은 위 피고인들이 이를 각 소비하여서 몰수할 수 없으므로 같은 법 제134조에 의하여 위 피고인들로부터 각 가액을 각 추징하고 다만 피고인 이기택에 대하여는 징역 6월에 처할 것이로되 동 피고인은 초범이며 그 범행의 동기, 수단과 결과, 범행 후의 정황등 그 정상에 참작할 만한 사유가 있으므로 같은 법 제59조에 의하여 동 피고인에 대한 위 형의 선고를 유예한다.

피고인 조윤형의 주장에 대한 판단

위 피고인은 판시 사실 중 ⑵⑶항 기재의 각 연설내용은 진실한 사실로서 공공의 이익에 관한 것이며 국가의 장래를 위한 것이라 주장하므로 살피건대 위에서 본 각 증거를 종합하여보면 위 피고인의 판시사실과 같은 연설내용이 오로지 공공의 이익에 관한 것이라 인정할 수 없으므로 위 피고인의 주장은 이를 받아들이지 않는다.

무죄부분

⑴ 피고인 김상현에 대한 부분

검사의 위 피고인에 대한 공소사실의 요지는

㈎ 1969. 2. 하순 일자불상경 서울 종로구 서린동 소재 서린호텔 다방에서 초석건설주식회사 대표이사 박해원으로부터 위 회사가 서울특별시에서 도급받아 공사중인 광주 대단지 조성공사의 도급관계를 잘 보아달라는 명목으로 제공하는 금 1,000,000원을, 1972. 4.초순 일자불상경 위 다방에서 위 박해원으로부터 같은 명목으로 제공하는 금 1,000,000원을 각 교부받고,

㈏ 1970. 2. 초순 일자불상경부터 1971. 5. 초순 일자불상경까지 사이 8회에 걸쳐 동남전기공업주식회사 대표이사 박영택으로부터 동인의 동향 친구인 서울특별시장의 시정전반에 관하여 잘 보아달라는 명목으로 제공하는 도합 금 2,600,000원을 교부받고,

㈐ 1968. 4. 일자불상경부터 1971. 5. 일자불상경까지 사이 11회에 걸쳐 서울 종로구 효제동 130 소재 대한교과서주식회사 대표이사 김광수 사무실에서 동인으로부터 국회 문공분과위원회 위원으로서 위 회사의 운영관계를 잘 보아달라는 명목으로 제공하는 도합 금 2,000,000원을 교부받

음으로써 그 직무에 관하여 뇌물을 수수하고,

(라) 1968. 4. 초순 일자불상경부터 1971. 11.일자불상경까지 사이 12회에 걸쳐 서울 중구 을지로 1가 소재 반도호텔 커피숍 등지에서 단국대학교 총장 장충식을 협박하여 외포케 한 후 동인으로부터 그시경마다 금 20,000원 내지 금 30,000원씩 도합 금 1,060,000원을 교부받아서 이를 갈취하였다는 점에 있고, 위 피고인이 법정에서, 위 박해원으로부터 금 2,000,000원을, 박영택, 김광수로부터 각 금 1,500,000원을, 장충식으로부터 금 700,000원을 교부받은 바는 있으나 이는 어디까지나 동인들로부터 정치활동 보조비 내지 생활비, 기타 용돈으로 교부받았을 뿐이며 직무에 관련하여 뇌물로서 수수하거나 공갈의 결과로서 강취한 것이 아니라고 변소하여, 위 공소사실을 극구 부인하고 있음으로 보건대, 위 (가)(라) 공소사실에 부합하는 검사작성의 박해원, 장충식, 이용우에 대한 각 진술조서, 박해원에 대한 피의자 신문조서와 박해원, 장충식, 이용우 작성의 각 진술서는 그 어느 것이나 위 피고인이 법정에서 이를 증거로 함에 동의하지 아니함으로써 증거능력이 없어 위 공소사실 인정의 증거로 채용할 수 없고, 증인 신방현, 같은 이중범의 법정에서의 각 진술과 동인들에 대한 검사 작성의 각 진술조서 및 동인들 작성의 각 진술서의 기재만으로는 위 (라) 공소사실을 공인하기에 미흡하고 위 (나) 공소사실에 부합하는 검사 작성의 박영택에 대한 진술조서와 박영택 작성의 진술서의 각 기재는 피고인의 법정에서의 진술에 비추어 이를 쉽사리 믿을 수 없고 달리 위 각 공소사실을 공인할만 한 증거가 없으며 도리어 검사 작성의 김광수에 대한 진술조서와 김광수 작성의 진술서의 각 기재에 의하면 위 (다) 공소사실에 있어서 김광수가 위 피고인에게 금원을 교부한 것은 오로지 평소의 정의상 용돈조로 교부한 것이고 뇌물조로 교부한 것이 아님을 엿볼 수 있다.

그렇다면 피고인 김상현에 대한 위 공소사실 부분은 결국 범죄의 증명이 없음에 귀착한다 할 것이다.

(2) 피고인 조연하에 대한 부분

검사의 위 피고인에 대한 공소사실의 요지는

(가) 1970. 7.경 서울 중구 삼각동 소재 경기빌딩 901호실에 있는 미원판매주식회사 사무실에서 위 회사 사장 임철수에게 위 피고인이 미원을 삼양라면 회사에 납품토록 알선하였음에도 그 알선비를 지불하지 않는다는 이유로 협박을 하여 외포케 한 후 동인으로부터 금 500,000원을 교부받아서 이를 갈취하고

(나) 1971. 11.중순 15:00경 서울 중구 을지로 4가 310 삼풍상가 701호 소재 한국농기주식회사 사장 이신호 사무실에서 동인에게 국정감사의 여비조로 금 1,500,000원을 주지 아니하면 위 회사에 대한 국보조예산을 삭감하여 회사를 망하게 하겠다고 협박하여 외포케 한 후 동인으로부터 금 1,500,000원을 교부받아서 이를 갈취하고

(다) 1972. 8. 경 국회 본회의 사무실에서 전 신민당 국회의원 천명기로부터 중앙도매시장법의 조속처리에 대한 부탁을 받고 동인을 통하여 성풍산업주식회사 사장 김남형으로부터 금 200,000원을 교부받고,

(라) 1971. 11. 하순경 경향신문사 사장실에서 국회 운영위원회에서 앞으로 지엠코리아 자동차회사에 대하여 문제가 생기면 잘 보아준다는 명목으로 위 신문사 사장 최치환을 통하여 지엠코리아회사 사장 김창원으로부터 금 200,000원을 교부받음으로써 각 그 직무에 관하여 뇌물을 수수하였다는 점에 있고, 위 피고인은 법정에서 미원제조주식회사 사장 이휴로부터 금 500,000원을, 이신호로부터 금 1,500,000원을, 천명기, 최치환으로부터 각 금 200,000원을 각 교부받은 바 있으나 이는 어디까지나 동인들로부터 생활비 내지 용돈조로 교부받은 것이며 직무에 관련하여 뇌물조로 수수하거나 공갈의 결과로 교부받은 것이 아니라고 변소하여 위 공소사실을 극구 부인하고 있으므로, 보건대 위 (나) 공소사실에 부합하는 검사 작성의 이신호에 대한 진술조서와 이신호 작성의 진술서의 각 기재는 위 피고인의 법정에서의 진술에 비추어 이를 믿을 수 없고, 위 (가)(다) 공소사실에 부합하는 듯한 검사 작성의 임철수에 대한 진술조서, 임철수, 김남형 작성의 각 진술서의 기재 부분은 뒤에 인용하는 동인들의 법정에서의 각

진술에 비추어 쉽사리 이를 믿을 수 없고 달리 위 각 공소사실을 공인할 만한 뚜렷한 증거가 없으며 도리어 증인 임철수, 같은 김남형, 같은 천명기의 법정에서의 각 진술에 의하면 위 (가)(다) 공소사실에 있어서 임철수, 김남형이 위 피고인에게 금원을 교부한 것은 직무에 관련하거나 공갈의 탓으로 교부된 것이 아님을 엿볼 수 있다.

그렇다면 피고인 조연하에 대한 위 공소사실 부분 역시 범죄의 증명이 없음에 귀착한다 할 것이다.

(3) 피고인 조윤형에 대한 부분

검사의 위 피고인에 대한 공소사실의 요지는

(가) 1971. 7.초순경 서울 종로구 관훈동 소재 옥유장 요정에서 한진상사 월남주재 상무 허기로부터 한진상사 파월기술자의 인건비에 관한 문제를 정치문제로 삼지 말아달라는 청탁을 받고 같은 해 7월 중순경 서울 용산구 이태원동 뉴용산호텔 근처의 비밀요정에서 위 청탁에 대한 사례명목으로 제공함을 알면서 금 1,000,000원을 교부받아서 그 직무에 관하여 뇌물을 수수하고

(나) 1971. 9. 중순경 서울 종로구 광화문 부근에 있는 진당요정에서 허기로부터 오세웅 의원이 위 인건비 문제에 대한 진상규명을 주장하고 있는 것을 무마시켜달라는 청탁을 받고 그 직위를 이용하여 오세웅 의원을 허기에게 소개시켜주면서 위 인건비 문제를 정치문제로 삼지 말아달라고 부탁한 뒤 1972. 10.초순경 서울 중구 필동에 있는 향원 요정에서 허기로부터 위 알선에 대한 사례명목으로 제공함을 알면서 금 500,000원을 교부받음으로써 다른 공무원의 직무사항의 알선에 관하여 뇌물을 수수하고

(다) 1971. 11. 초순경 서울 성북구 안암동 5가 103의 22 소재 위 피고인의 집에서 삼보증권주식회사 대표이사 강성진으로부터 재무부장관을 통한 은행융자 알선의 부탁을 받고 그 직위를 이용하여 재무부장관으로 하여금 동인에게 융자하게 한 후 1972. 3. 하순경 위 융자알선에 대한 사례명목으로 제공함을 알면서 금 500,000원을 교부받음으로써 다른 공무원의

직무사항의 알선에 관하여 뇌물을 수수하였다는 점에 있고, 위 피고인은 법정에서, 허기로부터 2회에 걸쳐서 도합 금 1,500,000원을, 강성진으로부터 금 500,000원을 각 교부받은 바 있으나 동 금원은 어느 것이나 직무에 관련하여 뇌물명목으로 교부받은 것이 아니라고 변소하여 위 공소사실을 극구 부인하고 있으므로, 보건대 위 (가)(나) 공소사실에 부합하는 검사 작성의 허기에 대한 피의자 신문조서 내지 진술조서와 허기 작성의 진술서는 위 피고인이 법정에서 증거로 함에 동의하지 아니함으로써 모두 증거능력이 없어 위 피고인의 허기에 대한 뇌물수수 사실 인정의 증거로 채용할 수 없고, 위 (다) 공소사실에 부합하는 검사 작성의 강성진에 대한 피의자 신문조서와 진술조서 및 강성진 작성의 진술서의 각 기재는 뒤에 인용하는 증인 강성진의 법정에서의 진술에 비추어 쉽사리 이를 믿을 수 없고, 달리 위 각 공소사실을 공언할 만한 아무런 증거도 없으며, 도리어 증인 강성진의 법정에서의 진술에 의하면, 위 (다) 공소사실에 있어서 강성진이 위 피고인에게 금원을 교부한 것은 직무와 관련 없이 평소 친교가 있는 위 피고인의 생활비 내지 당시 병석에 있던 위 피고인의 백씨 치료비조로 교부한 것임을 엿볼 수 있다. 그렇다면 피고인 조윤형에 대한 위 공소사실 부분 또한 범죄의 증명이 없음에 귀착한다 할 것이다.

(4) 따라서 피고인 김상현, 같은 조연하, 같은 조윤형에 대한 위 각 공소사실 부분에 관하여는 형사소송법 제325조 후단에 의하여 모두 무죄의 선고를 면치 못한다 할 것이다.

이상의 이유로 주문과 같이 판결한다.

1973. 5. 30.

재 판 장　판 사　김형기
　　　　　　판 사　강홍주
　　　　　　판 사　임창원

> 판결문

대 법 원
제 2 부

판 결

사 건 73도 2909 명예훼손, 국회의원선거법위반,
　　　　특정범죄가중처벌 등에 관한 법률 위반,
　　　　국민투표법위반,
　　　　폭력행위 등 처벌에 관한 법률 위반,
　　　　공무집행방해, 대통령선거법 위반,
　　　　뇌물수수, 공갈.

피고인, 상고인 (1) 김상현金相賢 무직
　　　　　　　1935. 12. 6.생
　　　　　　　주거 서울 서대문구 창천동 100의 30
　　　　　　　본 적 △△△△△△
　　　　　　　(2) 조연하趙淵夏 무직
　　　　　　　1924. 5. 17.생
　　　　　　　주거 서울 서대문구 녹번동 89
　　　　　　　본 적 △△△△△△
　　　　　　　(3) 조윤형趙尹衡 무직
　　　　　　　1932. 11. 26. 생
　　　　　　　주거 서울 성북구 안암동 5가 103의 1
　　　　　　　본 적 △△△△△△
변 호 인 변호사 한승헌 (피고인 (1)에 대한)

변호사 용남진 (피고인 (2)에 대한)
변호사 길기수 (피고인 (3)에 대한)

원 판 결   서울고등법원 1973. 10. 30. 선고, 73노 1105 판결

주   문   상고를 각 기각한다.
상고 후의 구금일수 중 피고인 김상현, 동 조연하에 대하여는 90일씩을, 동 조윤형에 대하여는 15일을 각 본형에 산입한다.

이   유   피고인 김상현의 변호인의 상고이유를 판단한다.
원판결이 유지한 1심판결이 채택하고 있는 증거들을 기록에 대조하여 검토하여보면 그 판시 피고인의 범죄사실을 넉넉히 인정할 수 있다 할 것이므로(피고인과 송일헌간에 300만 원 수수의 약속이 있었다는 사실은 1심 채택증거인 증인 송일헌의 1심 법정에서의 진술 및 검사 작성의 송일헌에 대한 진술조서 중의 기재부분에 의하여 인정할 수 있다) 증거 없이 범죄사실을 인정한 위법 있다 할 수 없고 또 그와 같은 사실인정을 함에 있어 소론이 지적하는 바와 같은 채증법칙 위배의 잘못 있음을 찾아볼 수 없다.

사실관계가 이러하다면 피고인을 그 지위를 이용하여 다른 공무원의 직무에 속한 사항의 알선에 관하여 뇌물을 수수 또는 약속한 죄로 처벌하였음은 정당하고 형법 제132조 규정 알선수뢰죄의 법리를 오해한 위법 있다고 볼 수 없다. 논지는 원심이 채택한 바 없는 증거를 곁들여 원심의 적법한 증거취사 및 사실인정을 비의하거나 반대의 견해를 전제로 원판결에 법리오해 있다고 비난하는 것으로서 이유 없다.

피고인 조연하의 변호인의 상고이유를 판단한다.
원판결이 유지한 1심판결이 채택하고 있는 증거들을 기록에 대조하여 검토하여보면 그 판시 피고인의 범죄사실을 충분 인정할 수 있다 할 것이고(피고인이 김학수로부터 청탁을 받은 대가로 제공하는 금 1,200,000원을 교부받은 것이요, 소론 국회의원 11명에게 피고인을 통하여 제공하는 금 1,200,000원을 교부받

은 것은 아니라고 볼 것이다) 채증법칙 위배 있다고 볼 수 없으므로 피고인을 수뢰죄로 처벌하였음은 정당하고 피고인이 그 직무에 관하여 청탁을 받은 대가로 금원을 받은 것이 아니라는 반대사실을 내세워 죄 되지 아니한 사실을 인정한 위법 있다거나 법률의 적용을 잘못한 위법 있다는 주장은 부당하다. 다음에, 피고인으로서는 금 1,200,000원을 받은 것이 아니고 200,000원을 받았을 뿐이라는 앞에서 본 바와 반대되는 사실을 전제로 원판결에 심리미진, 채증법칙 위배 있다거나 추징에 관한 법리를 오해한 위법 있다는 논지는 이유 없는 것이고 그밖에 원심의 형의 양정이 부당하다는 주장은 징역 2년 6월 추징금 1,200,000원이 선고된 이 사건에 있어서는 적법한 상고이유가 되지 못한다. 논지는 이유 없다.

피고인 조윤형의 변호인의 상고이유를 판단한다.

원판결이 유지한 1심판결이 피고인에 대하여 수뢰사실을 인정함에 있어서 채택하고 있는 증거관계를 기록에 대조하여 검토할지라도 거기에 논지에서 비난하는 바와 같은 채증법칙에 위배하여 증거 없이 사실을 그릇 인정한 위법 있다고 단정할 수 없고 또 심리미진 판단 유탈이나 이유불비의 위법 있음을 찾아볼 수 없다. 피고인을 수뢰죄로 처단하였음은 정당하고 원판결이 채택하지 아니한 증거를 들거나 증거에 대한 가치판단을 반대로 하고 또는 원심인정과는 상치되거나 범죄성립에 필요치 아니한 사실을 내세워 원심의 전권인 증거취사 및 사실인정을 공격하고 기타 위법 있다고 비의하는 것에 귀착되는 논지는 이유 없다. 다음에 원판결이 피고인에 대한 대통령선거법 및 국민투표법 위반, 명예훼손 사실을 인정함에 있어 채증법칙을 그르치고 증거판단을 유탈한 잘못 있음을 기록상 찾아볼 수 없고 또 그에 관한 원심의 인정판단도 적법하다 할 것이므로 피고인의 연설이 정치적 활동에 속하고 공공의 이익을 위한 것이 되는 데도 그렇지 않다고 한 것은 논리칙과 경험칙에 위배되고 법률의 해석을 잘못한 것이 되며 기타 위법 있다는 주장은 이유 없음에 돌아간다 할 것이고, 그밖에 피고인에 대한 범죄사실에 관계 없는 다른 사람과의 관계를 들고 형평의 원칙상 있을 수 없다는 주장도 당치 않다고 본다.

그러므로 피고인들의 각 상고를 모두 기각하기로 하고 형법 제57조를 적용하여 상고 후의 구금일수 중 피고인 김상현, 동 조연하에 대하여는 90일씩을, 동 조윤형에 대하여는 15일을 각 본형에 산입하기로 하여 관여법관의 일치된 의견으로 주문과 같이 판결한다.

1974. 2. 12.

재 판 장 　대법원판사 김윤행
　　　　　　대법원판사 이영섭
　　　　　　대법원판사 양병호
　　　　　　대법원판사 한환진

11

남북한 유엔동시가입론 탄압 사건

피고인 김준희

1. 사건개요: 단계적 통일방안을 '반국가 행위'로 ·················· 449
2. 판결 (2심; 서울형사지법 73노 1705) ································ 452
3. '유엔 동시가입 주장'으로 옥고 치른 정치학자 – 장명수 ······· 460
4. 통일이론 전문 교수의 반공법 옥고 – 우종창 ······················· 465

사건개요

단계적 통일방안을 '반국가행위'로

한승헌 (변호사)

김준희 교수는 1959년 프랑스에 유학, 소르본느 대학에서 11년 동안 정치학을 전공하고 돌아온 뒤 건국대학교에서 교수로 재임중이었다.
그는 '한반도에 있어서의 재통일의 문제와 그 기원'이란 주제의 논문으로 박사학위를 받았다. 학자로서 김교수만큼 집요하게 남북통일 문제를 연구하고 선구적인 주장을 편 사람도 별로 없을 것이다. 그는 논문과 강연 등을 통해 당시로서는 위험시될 만큼 앞서가는 지론을 폈고 그것이 마침내 수난을 불러들인 원인이 되었다.
박정권 치하에서 통일논의를 펴는 것은 위험한 일이었다. 1960년 5·16 쿠데타 직후 〈국제신보〉 편집국장 이병주 씨는 '통일에 민족역량을 총집결하라'는 자신의 글이 문제되어 '이적죄'로 구속되었고 뒤이어 〈민족일보〉 필화사건(1961년 7월), 〈조선일보〉 이영희 기자의 '남북 동시 유엔가입' 필화사건(1964년 11월), MBC 황용주 사장의 '강력한 통일정부에의 의지' 필화사건(1964년 11월) 등이 잇따랐다. 이에 지식인들은 아예 통일문제에 관해 언급하지 않는 편이 '개인 안보'에 이롭다고 판단한 나머지 침묵을 지켰다.
바로 그런 시기에 낯선 해외파 학자 한 사람이 서울에 나타나 한국적 금기에 도전했던 것이다. 파리에서 분단국 문제를 10년 넘게 연구하고 귀국한 김준희 교수가 바로 그 주인공이었다.

《다리》지 창간 1주년 기념 강연회가 명동 대성빌딩 강당에서 열렸을 때, 그는 당시로서는 파격적이라 할 발언을 서슴지 않았다. 우선 그는 북한에서 나온 각종 간행물과 전단 등을 들고 나와 "여러분은 이런 것을 가지고 있기만 해도 처벌받지만 나는 정부의 허가를 얻었기 때문에 문제가 없다"면서 그것을 들어 보이며 강연을 했다.

그 무렵만 해도 북한(당국)을 '북괴'라고만 부르던(불러야 했던) 시절인데, 김교수는 꼬박꼬박 '조선민주주의인민공화국'이라고 불러서 남다른 학자이구나 하는 인상을 주었다. 북한을 일방적으로 매도만 하던 원색 반공시대에 그는 남북한의 통일정책을 등거리에서 고찰한 다음 평화적 통일방안을 구체적으로 제시하기도 했다.

김교수는 남북한의 정치적 현실을 대등하게 있는 그대로 인정해야 한다는 것과 휴전협정안에서 분단국가의 근원과 해결책을 찾아야 한다는 것 그리고 한반도 문제의 해결방식은 독자적인 것이어야 한다는 것 등을 주장했다.

얼마 후, 그가 반공법 위반혐의로 구속되었다는 보도가 나왔다. 어쩐지 위험스럽다는 걱정을 했는데 유감스럽게도 그같은 우려가 현실화된 것이었다. 그는 통일대중당 당수인 서민호 씨가 운영하던 한 간행물에 통일방안에 관한 논문을 기고하였는데, 대성빌딩 강연과 아울러 그글의 내용이 용공이라는 것이었다.

김교수에 대한 반공법 위반혐의의 요지는 이러했다. ① 통일문제연구협회가 발행하는 《통일연구》창간호에 '삼중 쇄국성과 우리 조국의 재통일 문제' 라는 논문을 발표하여 북한공산집단을 대한민국과 동등한 합법정부로 보고 남북한이 유엔에 동시 가입해야 한다는 주장을 폈다. ② 월간 《다리》사 주최 강연회에서 '연방제 재통일의 문제점'이라는 제목으로 강연을 하는 가운데, 한반도 안에 두 개의 정부가 있다는 현실을 인정하고 긴장완화와 재통일을 위해서는 남북이 유엔에 동시가입해야 한다는 발언을 했다. 이상과 같은 남북 유엔동시가입론은 북한공산집단의 선전활동에 동조함으로써 반국가단체를 이롭게 한 범죄라는 것이었다.

당시로서는 그 정도의 단계적 통일방안도 '폭탄선언'에 가까웠다.

1심에서는 실형이 선고되었는데 나는 항소심에서 변호를 맡고 나섰다.

2심 판결 역시 '유죄'였고, 다만 집행유예로 몸은 풀렸다. 그의 논문을 보면 이승만 전대통령 이름 밑에는 아무 호칭도 없이 그냥 '이승만'인데, '김일성' 밑에는 '주석'이라는 직명을 꼬박꼬박 붙여놓아 이것이 마치 친북처럼 비쳤는지 모른다.

1973년 6월 23일 아침, 나는 전주의 한 다방에서 박대통령의 '6·23 외교선언' 특별방송을 듣고 있었다. 그는 "남북한 유엔동시가입을 반대하지 않는다"고 힘주어 말했다. 마침 나는 김교수 사건의 상고이유서를 쓰고 있던 참이라 '김교수는 박대통령이 천명한 유엔동시가입론의 선구자인데 상은 못 줄망정 형벌이 웬말인가'라는 식으로 무죄주장의 논리를 폈다.

그러나 몇 달 뒤에 나온 대법원 판결은 나의 장문의 상고이유서에 대하여 "논지는 독단적 견해에 불과하다"는 단 한 마디를 던지고 상고를 기각했다. 똑같이 '남북 유엔 동시가입'을 주장했는데, 한 사람은 죄인이 되고 다른 한 사람은 '영단'을 내린 것으로 상반되는 평가가 나왔다.

그로부터 20년이 지난 1991년 남북 유엔 동시가입을 오히려 남한측이 북한측에 재촉하고 북한이 이에 끌려들어가는 형국을 보이다가, 결국 유엔 동시가입은 이루어지고 만다.

김교수를 심문하던 서울지검 이창우 검사는 그때 이런 말을 했다. "당신의 주장은 20년 후에나 실현될 것이오." 과연 그의 말대로였다. 그럼 김교수 아닌 공안검사가 예언자였다는 말인가.

> 판결문

서 울 형 사 지 방 법 원
제 2부

판 결

사 건	73노1705 반공법위반
피 고 인	김준희金俊熙 교수 47세(1925. 10. 10.생) 주거 서울 성북구 정릉동 717의 11
항 소 인	피고인
검 사	이창우
변 호 인	변호사 한승헌
원 판 결	서울형사지방법원 1973. 2. 3. 선고 72고단 17920 판결

주 문 원심판결을 파기한다.
피고인을 징역 1년 6월과 자격정지 1년 6월에 처한다.
원심판결 선고 전의 구금일수 중 110일을 위 징역형에 산입한다. 다만 이 판결 확정일로부터 3년간 위 형의 집행을 유예한다. 압수된 증제2호, 증제3호, 증제20호(각 책자) 증제4호(신문)는 이를 피고인으로부터 몰수한다.

이 유 본건 공소사실 중 반국가단체를 이롭게 하는 행위를 할 목적으로 삐라 4매를 습득하여 보관하였다는 점은 무죄 피고인의 이 사건 항소이유의 요지는, 첫째로 원심은 피고인이 그 판시의 범죄들을 저질렀다고 사실을 그릇 인정함으로써 판결에 영향을 미친 위법을 범하였다.

즉, 첫째로 원심판결의 판시 제1의 반국가단체를 이롭게 하는 행위를 할 목적으로 피고인이 삐라 4매를 습득하여 보관하였다는 점에 관하여는 동 삐라를 습득보관한 것은 북한의 선전방식과 방편에 대하여 연구하기 위한 학문적 연구의 자료로서 보관한 것이지, 반국가단체를 이롭게 하는 행위를 할 목적으로 한 것이 아니고, 둘째로 판시제2의 '삼중 쇄국성과 우리 민족의 재통일 문제' 라는 제목하에 북한공산집단이 한반도에 있어서 대한민국과 동등한 합법정부이므로 대한민국과 같이 유엔에 동시 가입되어야 하며 마치 해방 후의 38선이 남지역에서 신탁통치를 반대하고 즉각적인 독립을 주장한 민족세력으로 인하여 조국이 분단되고 6·25사변이 유발되었다는 취지의 논문을 작성하여 그 원고를 '통일연구협회'에 제출하여 《통일연구》지 창간호에 게재케 함으로써 북한공산집단의 선전활동에 동조하여 반국가단체를 이롭게 하였다는 점에 대하여는, 동 논문의 결어부분의 취지는 학문적 연구의 결과 객관적으로 나타난 사실을 피력한 것으로서 남북통일을 위해서는 남북분단과 '조선민주주의인민공화국'의 존재를 현실로 인정하고 누가 국토분단과 6·25 발발을 초래했는가를 따지기 전에 다만 긴장완화를 위하여 노력하는 것이 통일의 지름길이고, 그 노력 중의 하나가 남북한 유엔 동시가입이며, 이는 북한을 합법정부로 인정하는 것과는 다른 것이고 긴 안목으로 볼 때에는 대한민국을 위하는 것이지 반국가단체를 이롭게 하는 것이 아니고, 셋째로 판시 제3의 '연방제 통일론의 문제점' 이라는 강연에서 통일은 남북으로 분단되어 있는 대한민국과 조선민주주의인민공화국이라는 현실은 긍정하고 남북이 유엔에 동시가입함으로써 긴장완화를 추구하여야 한다는 취지의 연설을 함으로써 북한 공산집단의 선전활동에 동조하여 반국가단체를 이롭게 하였다는 점에 대하여는 위 주장이 긴장완화를 위한 구체적인 방도를 말한 데 불과한 것이고, 북한을 합법정부로서 공언한 내용은 아니므로 피고인의 행위는 반국가단체를 이롭게 한 것이 아니다.

그럼에도 불구하고 원심은 위 판시 1, 2, 3의 각 소위를 유죄로 인정하여 판결에 영향을 미친 위법을 범하였으니 이점에서 원심판결은 파기하여야 한다는 데 있고, 둘째로 원심이 피고인에 대하여 한 양형은 너무 무거워서 부당하다는 데 있다. 그러므로 먼저 이 사건 공소사실 중 피고인이 반국가단체를 이롭게 하는 행위를 할 목적으로 삐라 4매를 습득하여 보관하였다는 점에 관한 주장에 대하여 보건대 피고인이 공소장 적시의 삐라 4매를 습득하여 책커버 안에 넣어 보관한 것은 피고인도 이를 자백한다.

그러나 경찰에서 당심 법정에 이르기까지 피고인은 이를 오로지 학문적 연구자료로서 습득하여 보관한 것이요, 반국가단체를 찬양, 고무, 동조 또는 기타의 방법으로 이롭게 할 목적은 없었다고 부인하고 있는바, 피고인이 반국가단체를 찬양, 고무 또는 동조하거나 이를 이롭게 할 목적으로 동 삐라 4매를 취득 보관한 것이라는 점은 그 입증이 없고 도리어 피고인이 분단국가의 연구를 전문으로 하는 학자인 점에 비추면 피고인의 변소는 이유가 있다 하겠다.

따라서 동 공소사실은 결국 형사소송법 제325조 후단의 범죄사실의 증명이 없는 때에 해당하여 이점에 대하여는 무죄를 선고할 것이다.

그럼에 원심이 이에 대하여도 유죄로 인정한 것은 사실을 그릇 인정하여 판결에 영향을 미친 경우에 해당한다.

필경 피고인의 항소는 나머지 절에 대한 판단을 생략하고도 그 이유 있다고 인정되므로 이를 받아들여 형사소송법 제364조 제6항에 의하여 원심판결을 파기하고 변론을 거쳐 다시 다음과 같이 판결한다.

범죄사실   피고인은, 충청남도 보령군 대천에서 상업에 종사하던 망부 김동암의 장남으로 출생하여 전라북도 남원군의 용성초등학교, 전주사범학교 실상과 및 경성사범학교 본과를 각 졸업하고, 1948. 8.경 서울대학교 사범대학 교육과 3년을 수료한 후 동년 10월경 대통령비서실에 근무하던 공소 외 김종희와 서울대학 동창이던 동 장이욱 및 문교부장관이던 동 오천석 등의 추천으로 도일하여 주일대표부 임시직원으로 근무하는 일방 1950. 3. 일본국 동북대학 법학부에 입학하였다가 1953. 3. 동대학에서 법학사 과정을 수료하고 귀국하여 한국은행 조사부원으로 종사하면서 이화

대학교 법정대학 시간강사로 종사타가 1959. 9.경 일본국 동북대학 재학 당시의 은사인 이시자기 세이지로 등의 추천으로 불란서 정부의 장학생으로 파리대학 법경학부 대학원에 유학하여 1970. 6. 20. 동 대학원에서 '한반도에 있어서의 재통일 문제와 그 기원'이라는 학위논문을 연구 제출하여 정치학박사 학위를 취득하고, 1970. 10. 19. 귀국한 후 동년 11월경부터 서울 종로구 견지동에서 섬유특수가공협회 회장인 공소 외 정병찬과 합자하여 자수센터를 자영하는 일방 1971. 8.경부터 전 사회대중당 당수인 서민호가 주도하는 통일연구협회의 연구위원 및 이사로서 활동하다가 1972. 3.경 건국대학교 법경대학 조교수로 취임하여 국제관계특강, 외교정책론 및 국제기구론 등을 강의하던 자인바,

북한공산집단은 정부를 참칭하고 국가를 변란할 목적으로 불법조직된 반국가단체로서 공산주의 세계적화를 위한 동방 조소로 자처하며 1948. 8. 25. 소위 최고인민회의 제1기 대의원을 선출하고 동년 9. 7. 헌법을 채택한 후 동월 9. 소위 조선민주주의인민공화국을 수립하여 한반도에 있어서의 정통성을 주장하는 일방 대남혁명 역량의 축적과 결정적 시기조성을 획책하고 군사 4대노선을 강력히 수행하여 전쟁준비를 완료하는 한편 한반도의 유일한 합법정부인 대한민국을 비방하며 유엔에서의 결의를 부인하는 선전선동을 감행하고 있다는 점을 알면서,

1. 1972. 9. 10. 15:00경 서울 종로구 서린동 113 광화문빌딩 801호실에 있는 통일연구협회 사무실에서 동회장인 공소 외 서민호로부터 《통일연구》지 창간호에 게재할 남북통일 문제에 대한 논문을 제출해달라는 요청을 받자 동월 말일경부터 동년 10. 3.경까지의 사이에 주거지에서 '삼중 쇄국성과 우리 조국 재통일 문제'라는 제목으로 우리 민족 정치생활의 구조적 특징과 우리의 재통일 문제에 대하여 논급하는 한편 우리 한국의 장래에 있어 두 가지 문제를 밝혀둘 필요가 있다고 전제하고, 하나는 1948. 12. 12. '한국 독립문제'에 관한 국연총회 결의 제195호의 3인데, 종래 정부는 이 결의를 근거로 하여 대한민국이 한반도에 있어서의 유일한 합법정부라고 주장

하여왔으나, 결의문 그 자체에 따르면 국연 한국임시위원단이 감시 및 협의할 수 있었던 지역, 즉 38선 이남에 있어서의 유일한 합법정부로 되어 있다.

또한 미국을 선두로 한국을 승인한 국가들이 이 결의문 제2항을 근거로 하고 있는 사실을 지적할 필요가 있다. …중략… 현재의 정세로 보아 이 결의문건의 종전과 같은 일방적인 무리한 해석은 우리 한국의 외교를 궁지에 몰아넣을 가능성이 있음을 지적해둔다.

둘째점은 분단국가 일괄 유엔 동시가입 주장인데 물론 정부는 전면으로 반대하고 있다.

그러나 이 주장은 현재로서는 분단국가 일반론에서 나온 가장 합리적인 설이며 …중략…

해방 후의 국제 공동관리를 '찬탁' '반탁' 정치싸움으로 바꿔놓고 '적당한 시기의 독립'에 대하여 아직 정치의식이 낮은 당시의 대중운동으로 하여 '즉각적인 독립'을 강요한 나머지 조국이 드디어는 분단되어 독재정권의 수립을 보게 되어 형제 살륙전이 벌어지고 현재는 겨우 휴전덕택으로 다소의 안정을 찾게 된 것이 에누리 없는 한국적 현실이다 …중략…

마치 '즉각적인 독립'을 구실로 분단과 독재와 형제살륙이 일어난 것처럼 즉각적인 또는 정부판 재통일을 구실로 독재체제가 일층 강화되고 우리 민족을 또 하나의 6·25로 몰고 간다면 우리는 단호히 배격해야 한다.

…하략… 는 내용으로 마치 북한공산집단이 한반도에 있어서 대한민국과 동등한 합법정부이므로 대한민국과 같이 유엔에 동시가입되어야 하며, 마치 해방 후의 38선 이남지역에서 신탁통치를 반대하고 즉각적인 독립을 주장한 민족세력으로 인하여 조국이 분단되고 6·25 사변이 유발되었다는 취지의 원고를 작성하여 그시경 이를 위 협회에 제출함으로써 동회로 하여금 2,000부의 통일연구 제1집을 인쇄하고 그중 1,000부를 배포케 함으로써 북한공산 집단의 선전활동에 동조하여 반국가단체를 이롭게 하고,

2. 동년 10. 2. 주거지에서 월간잡지 《다리》사 고문인 전국회의원 김상현의 비서 성명불상자로부터 동사 부속 민족통일문제연구소 주최 강연회

에서 연방제 통일론에 대한 강연을 해달라는 요청을 받게 되자 동월 4. 14:00경 같은 시 중구 을지로 2가 199 대성빌딩 3층 대강당에서 개최된 '통일론의 향방' 세미나에 참석하여 같은 날 15:30경부터 같은 16:30경까지의 사이에 동소에 모인 공소 외의 이병률 외 180여 명의 청중에게 '연방제통일론의 문제점' 이란 제목으로 1960. 8. 14. 해방 15주년 기념식과 1962. 10. 23. 소위 최고인민회의 제3기 제1차회의에서의 김일성의 각 연설, 1966. 7. 발간 유력기저 통일의 전망, 1972. 9. 17. 일본국 매일신문 기자와 김일성과의 회견을 인용하고 북한공산집단이 제의한 연방제의 제의 내용을 설명한 후, "대한민국과 조선민주주의인민공화국의 유엔 동시가입은 한반도의 완전한 긴장완화 상태를 초래케 할 것이며 우리 민족 정치생활의 출발점은 바로 38선이다. 분단에서 출발했다는 것이다. 분단을 어떠한 나라가 했든간에 우리의 출발은 분단이다."

또 "19세기 중반 이후 현재까지 이 지점에서 한반도에 있는 것은 대한민국과 조선민주주의인민공화국 자체에 있다는 이야기이다. 그러면 우리가 싫든 좋든간에 과거가 어쨌든간에 6 · 25에 죽고 죽이고 했든간에 우리가 강대국의 꼭두각시 노릇을 했든 안했든간에 한반도에 있는 것은 대한민국과 조선민주주의인민공화국이라는 것을 우리가 밑천으로 삼아서 민족국가 정치생활을 형성해나가야 되겠다는 것이 저의 기탄없는 말이다"는 내용으로 통일문제는 남북으로 분단되어 있는 대한민국과 조선민주주의인민공화국이라는 현실을 긍정하고 남북이 유엔에 동시가입함으로써 긴장완화를 추구하여야 한다는 취지의 연설을 함으로써 북한공산집단의 선전활동에 동조하여 반국가단체를 이롭게 한 것이다.

증거요지 위 판시 각 사실은,
1. 피고인의 당심 및 원심 법정에서의 반국가단체를 이롭게 할 의사를 제외한 나머지 판시사실과 같은 취지의 진술
1. 증인 한규종, 동 이영임의 당심 법정에서의 판시사실에 부합하는 각 진술

1. 검사 및 사법경찰관이 작심한 피고인에 대한 피의자 신문조사 중 판시사실에 부합하는 진술 기재
   1. 사법경찰관이 작성한 강원섭, 김복희에 대한 각 진술조서 중 판시사실에 부합하는 각 진술 기재
   1. 이병준, 유재호가 작성한 진술조서 중 판시사실에 부합하는 각 기재
   1. 압수된 증제2호 내지 4호, 증제20호의 각 현존 등을 종합하면 그 증명이 충분하다.

   법률에 비추건대, 무릇 피고인의 판시 소위는 일견 학문의 자유에 속하는 듯이 보이는 무릇 학문의 자유라 하여도 그것이 내면적인 것이 아니고 대외적으로 상대방이 쓴 행위인 연구결과의 발표의 자유는 연구의 자유와는 달라서 절대적인 것이 아니며 특히 그 발표내용이 실제의 정책문제에 대한 그의 개인적 의견을 가미한 발표는 이미 학문의 자유가 아니라 언론의 자유로 논할 것이요, 더욱이 그것이 우리와 대립된 반국가단체와의 사이에 이해가 대립된 사항에 관하여 동 반국가단체에게 이로운 의견의 발표라면 이는 반공법 제4조 제1항에 해당한다.
   그리고 동법 동조 제1항의 소위는 목적법이 아니라 일질적 인식만 있으면 성립된다.
   그러므로 피고인의 판시 각 소위는 반공법 제4호 제1항에 각 해당하는 바, 판시 무죄는 형법 제37조 전단의 경합법이므로 같은 법 제36조 제1항 제2호, 제50조 제5항에 의하여 죄질이 무거운 판시 제2의 죄에 정한 형에 경합가중하고 반공법 제16조, 국가보안법 제11조에 의하여 자격정지 형을 병과하기로 하여 그 형기와 소정의 자격정지 기간내에서 피고인을 징역 1년 6월과 자격정지 1년 6월에 각 처하고, 같은 법 제57조에 의하여 원심판결 선고 전의 구금일수 중 110일을 위 징역형에 산입하며, 피고인은 초범으로 당심중인 이유, 동 정범성의 각 증언과 기록에 편철된 중앙정보부 제6국장 작성의 사실조사 결과, 홍보 등을 모두어볼 때 피고인은 원래 열렬한 반공투사였고 현재도 공산주의자나 좌익에 속하지 않는 사실이 인정되고 피고인의 범의는 미필적 범의에 불과한 점, 개선의 점이 있는 점 등

참작할 만한 정상이 있으므로 형법 제62조에 의하여 이 판결 확정일로부터 3년간 위 징역형의 집행을 유예하고, 압수된 물건 중 증제2호 내지 4호, 증제20호는 판시 범죄행위에 제공한 물건으로서 범인 이외의 자의 소유에 속하지 아니하므로 형법 제48조 제1항 제1호를 적용하여 이를 몰수하는 것이다.

무죄부분

피고인은 반국가단체를 이롭게 하는 행위를 할 목적으로 1971. 8. 초순 일자불상 09:00경 주거지에서 북한공산집단이 살포한 소위 노동해방동맹 명의의 '노동자는 친미 친일 매국노 박정희를 쓰러뜨리기 위한 투쟁에 앞장서자' 반미구국동맹 명의의 '미제침략군대 흑인사병들이 침략전쟁과 인종차별을 반대한 시위' 라는 불온 선전삐라 각 1매를, 동년 12. 초순 일자불상 08:00경 주거지 앞 공터에서 '반공소동 짓부수고 평화통일 이룩하자' 는 같은 삐라 1매를, 그리고 1972. 4. 중순 일자불상 13:00경 경기도 고양군 신도면에 있는 숙종왕비릉 부근에서 '만경대는 우리의 심장, 희망의 등대 위대한 수령' 이라는 같은 삐라 1매를 각 습득하여 표현물을 취득하고, 각 그시경부터 1972. 10. 12.까지의 사이에 주거지에서 이를 책커버 안에 넣어 서재에 은닉하여 동 표현물을 취득하고, 동 표현물을 보관하였다는 점은 항소이유에 관한 판단에서 이미 본 바와 같이 이에 대한 범죄의 증명이 없으므로 형사소송법 제325조에 의하여 무죄의 선고를 하는 것이다.

이상의 이유로 주문과 같이 판결한다.

1973. 6. 8.

재 판 장 판 사 김진우
         판 사 유경희
         판 사 정호영

자료

'유엔 동시가입' 주장으로 옥고 치른 정치학자

대담 장명수 (한국일보)

눈앞에 다가온 남북한 유엔 동시가입을 지켜보며 남다른 감회에 젖는 사람이 있다. '남북한 유엔 동시가입'을 주장하다가 반공법 위반으로 옥고를 치르고, 대학에서 두 번씩 해직되어 7년을 실직자로 지내야 했던 정치학자 김준희 씨가 그 사람이다. 지난 2월 건국대에서 정년퇴직한 그는 현실보다 20년 앞섰던 주장으로 인해 치렀던 고난을 털어버린 채 "남북의 유엔가입은 한반도의 평화유지뿐 아니라 통일을 앞당기는 데도 기여하게 될 것"이라고 반기면서 "살아 있는 동안에 유엔 동시가입을 보게 돼 기쁘다"고 말한다. 김 박사를 만나 유엔가입 이후의 남북관계와 통일에 대한 전망을 들어본다.

— 선생님이 일찍부터 남북한 유엔 동시가입을 주장했던 이론적 배경은 무엇입니까.

"1970년 파리대학에서 박사학위를 받을 때 나의 논문은 '분단국가 비교연구'였는데, 그 논문에서 나는 독일·베트남·한반도를 비교하면서 분단의 해결책으로 유엔 동시가입을 제시했습니다. 남북한은 서로 상대방을 인정하지 않고 자신의 정통성만을 고집하는 '법적 일국성法的 一國性'을 주장해왔는데, 한반도에는 현실적으로 대한민국과 조선민주주의인민공화국이라는 두 개의 부분국가가 존재한다는 '사실적 2국성'을 인정하는 것이야말로 분단극복의 첫 걸음이라는 것이 나의 생각이었습니다.

나의 통일이론은 상대방의 존재를 인정하는 바탕 위에서 1단계로 교류를 추진하고, 2단계로 협력을 강화하고, 3단계로 범한반도적 성격을 가진 정치·경제체제를 발전시켜감으로써 휴전선을 공동화空洞化하자는 것입니다. 40여 년 동안 불침투성이었던 분단선을 침투성으로 만들어 허물어가자는 것입니다. 지금까지 대립과 대결의 주체였던 부분국가를 교류·협력·상호의존의 주체로 발전시켜가기 위해서는 우선 상대방을 인정해야 하며, 그 상징적인 실현이 유엔 공동가입입니다."

— 남북한의 유엔가입은 국내정치, 또 재야운동권에 어떤 영향을 주겠습니까.
"북한의 유엔가입 발표문을 읽어보면 자신의 선택은 남한의 단독가입으로 인한 폐단을 막기 위한 만부득이한 것이며, 동시가입이란 통일지향적이 아니다라는 구절이 있습니다. 그러므로 북한측 주장에 따라 움직이는 일부 운동권 세력이 북한의 유엔가입으로 인해 풀이 죽고 과격성을 줄이리라고 예측하기는 어렵습니다. 문제는 동시가입 자체가 아니라 동시가입 이후입니다. 남북한 대표들이 유엔 안에서 협력하느냐 대결하느냐, 유엔 밖의 대립을 유엔 안으로 가져가느냐 아니냐에 달려 있습니다. 그 문제가 그렇게 단순하지는 않을 것입니다. 북한은 물론 우리도 이번 동시가입을 남북관계 개선의 큰 전환점으로 삼아야 합니다."

— 우리는 독일의 통일방식을 모델로 삼을 수 있겠습니까.
"독일과 한반도를 비교하는 것 자체가 잘못이라고 생각합니다. 우리나라와 독일은 2차대전의 종식과 함께 동서 양 진영에 의해 분단되었다는 점은 같으나 독일은 너무 강대했기 때문에 분단된 것이고, 우리나라는 너무 약했기 때문에 분단됐던 것입니다.
그것은 오늘도 마찬가지입니다. 독일이 통일할 수 있었던 것은 서독이 그만큼 강했기 때문입니다. 무엇보다도 서독의 막대한 경제력 없이 통일이 가능했겠습니까. 그에 비하면 우리는 아직 약한 나라입니다. 능력에서도 부에서도 강대하지 못합니다. 우리는 북한이 국제적으로 고립되고 경제적으로 파산지경에 이르렀다고 믿고 있으나, 그렇다고 해서 현재 남한이 북한을 흡수통합할 만한 능력이 있느냐 하면 어림없는 소리입니다.

우리는 자신의 발전을 과신하지 말고, 북한의 현실을 아전인수격으로 해석하지 말고, 통일로 북한주민을 해방시켜 행복하게 해줄 수 있다는 환상을 갖지 말아야 합니다.

그처럼 막대한 경제력을 쏟아붓고 있음에도 불구하고 독일은 동독지역의 실업자와 낙후된 기업의 재건 등으로 갈등과 혼란을 겪고 있습니다. 또 무력으로 통일했던 베트남이 오늘 겪고 있는 어려움은 길게 설명할 필요조차 없겠습니다.

베트남과 독일이 우리에게 주는 교훈은 통일만 되면 만사가 해결될 것이라는 통일지상주의와 감상적인 통일논의를 경계해야 한다는 것입니다. 우리는 독일방식도 아니고, 물론 베트남 방식도 아닌 우리 식의 통일을 추진해가야 합니다.”

— 선생님의 책 중에는 《통일의 그날은 꼭 온다》는 것이 있습니다. '그날'은 언제쯤이겠습니까.

"통일은 반드시 될 것이라는 확신을 가질 뿐 '그날'이 언제일지 막막합니다. 한반도의 현실을 볼 때, 남북한의 정치·경제·사회적 발전단계는 아직 통일을 감당할 수 있는 수준이 아닙니다. 물론 북한에 더 많은 문제가 있는 것은 사실이나 우리부터라도 우리 자신의 민주화에 전력을 다해야 합니다. 자기 국민의 요구를 고루 충족시키지 못하고 자기 국민의 절대적 지지를 받지 못하는 정권이 상대방 국민의 요구를 충족시키는 통일을 하겠다는 것은 어불성설입니다.

오늘의 국제정세는 그 어느 때보다 통일에 유리해진 것이 사실이며, 남북이 단결만 된다면 국제적 여건 때문에 통일이 안된다고 말할 수는 없습니다. 그러나 현실적으로는 남북한 단합의 기반이 결여돼 있습니다.

우리가 지금 가진 통일의 밑천이란 열망뿐인데, 열망의 내용도 전혀 다릅니다. 북한은 사회주의적 통일을, 남한은 현체제 연장으로서의 통일을 열망하는 것이지요."

— 통일의 전단계인 범한반도적 정치·경제체제란 구체적으로 어떤 체제를 말하는 것입니까.

"자유민주주의를 기초로 한 민주화와 사회주의를 기초로 한 민주화의 혼합형태가 좋을 것입니다. 정치적으로 남북한을 통일하는 주도세력은 남한의 민자당도 북한의 로동당도 아닌 중도파가 바람직할 것입니다. 분단 상태에서는 극우·극좌가 큰 몫을 하고 있으나, 만일 극우나 극좌의 주도로 통일이 된다면 민족적 희생이 너무 클 것입니다.

재야, 학생운동권, 노조, 진보적 지식인 등 민주사회적인 세력들이 한데 모여 정당으로 커나가야 합니다. 그렇게 되기 위해서는 정부의 관용이 절대적으로 필요합니다. 현재의 법테두리 안에서는 사회주의 정당이 자리잡기 어렵고, 그렇기 때문에 사회주의적인 세력이 지하운동 폭력운동으로 사회를 혼란시키는 것입니다. 정부는 중도세력의 육성이야말로 통일의 여건을 갖춰가는 것이란 것을 직시해야 합니다."

— 일부 대학생들의 좌경화를 보면서 어떤 통일교육이 필요하다고 생각하십니까.

"일부 대학생들의 좌경화는 아이러니컬하게도 우리의 멸공교육, 반공교육의 산물입니다. 정보야말로 생명이고 자산인 오늘의 국제사회에서 우리는 공산주의에 대해 더 많이 알아야 하고, 통일교육은 과감한 개방을 기본으로 해야 합니다. 우리의 초중고대학생들이 어느날 평양에 가서 북한사람들을 만났을 때 전혀 놀라지 않고, 당황하지 않고, 기죽지 않고, 대립하려 하지 않으면서 대화를 나눌 수 있는 단계까지 가르쳐야 합니다.

공산주의와 담을 쌓고 커온 젊은 학생들이 공산주의에 호기심을 갖는 것은 너무도 당연한 현상입니다. 젊은 날 한때 마르크스주의자가 되더라도 간여하지 말아야 합니다. 그들이 사회에 나오면 대부분 그게 아니구나 깨닫게 됩니다. 그런 과정을 무시한 채 젊은 날 한때 마르크스를 좋아했던 사람은 무조건 일생을 끝장내려고 하니 좌경한 젊은이들의 운동이 과격해지는 것 아닙니까."

— 북한의 변화, 북한의 정치 · 경제 · 사회발전을 낙관하십니까.
"우리가 원하는 속도 만큼은 아닐지라도 북한은 변할 것이며 또 변하고 있습니다. 북한에 다녀온 사람들의 증언이나 TV방영 등을 통해 북한의 숨막히는 개인숭배와 이해할 수 없는 형태에 절망을 느꼈다고 말하는 사람들이 많은데, 북한사람들의 타성이나 습관 중에는 살기 위해 순응해온 점이 많다는 것을 이해해야 합니다. 우리도 살기 위해서 침묵했던 시절이 있지 않습니까. 냉전체제 속에 강대국에 둘러싸인 지정학적 조건 아래서 북한의 개방이란 어려운 과제였음을 이해하고, 나름대로 그들이 변화하기를 기다리는 자세가 필요한 때입니다."

— 선생님은 분단상황에서 수난을 겪었던 많은 사람들 중의 한 분입니다. 6 · 25를 겪은 지 20년 밖에 안됐던 1970년대 상황에서 자신의 주장이 너무 앞섰다고 생각지는 않습니까.
"북한의 유엔가입결정 발표를 신문에서 보던 날, 지난 72년 나를 취조하던 이창우 검사가 '당신의 주장은 20년 후에나 실현될 것'이라고 말하던 생각이 났습니다. 내 주장이 과연 너무 빨랐는지도 모르겠습니다.
그러나 이제 우리는 다수설이 아닌 소수설, 현실보다 앞선 이론을 더 이상 무시하거나 탄압해서는 안됩니다. 자연과학에서는 앞선 이론을 안타깝게 기다리면서 사회과학 분야에서는 앞선 이론을 용납하지 않는다면 그 사회가 어떻게 앞으로 나아가며 다양해질 수 있겠습니까."

— 정년퇴직하셨는데 앞으로 어떤 일을 하실 계획입니까.
"북한을 좀더 공부하기 위해 고려연방제 연구를 위한 북한견학을 학자들 몇 명이 통일원에 신청해놓은 상태입니다. 앞에서 말한 대로 중도세력의 육성에 관심을 갖고 민주사회주의 운동에도 참여할 생각입니다."

— 〈한국일보〉 1991. 6. 2.

자료

통일이론 전문 교수의 반공법 옥고

우종창 (언론인)

　노태우 대통령이 '한민족공동체 통일방안'을 천명하기 이틀 전, 어느 조간신문에 이색적인 칼럼 한 편이 실렸다. '김교수'란 단출한 제목으로 한 교수의 학문에 관한 이야기를 담은 것이었다. 특히 눈길을 끈 것은 칼럼에 소개된 김준희金俊熙라는 교수의 특이한 경력이었다.
　칼럼에 쓰인 대로 옮겨보면 김교수는 '△72년 7월 건국대 조교수 △74년 1월 반공법위반으로 유죄판결을 받고 해직 △76년 10월 정부방침에 의해 조교수로 복직 △80년 7월 국보위國保委조치로 해직 △84년 9월 정부방침으로 복직'한 것으로 되어 있다. 또 정부가 김교수를 반공법위반으로 구속시킨 꼬투리는 그가 남북한 유엔 동시가입 주장을 했기 때문이라는 것이며, 결국 김교수는 한반도의 통일을 추구한다는 단 한 가지 이유로 같은 대학에서 두 번이나 쫓겨나서 7년 동안이나 고생을 했고, 금하지 않을 수 없을 것이다.
　인명록을 찾아보았다. 그러나 그의 이름은 나오지 않았다. 수소문을 해봤더니, 그는 뜻밖에도 세간에는 잘 알려지지 않았으나 학계에서는 유명한 교수였다. 프랑스 국가박사학위 취득자인 데다 한국인으로서는 파리 소르본느대 정치학박사 제1호였다. 화려한 학문적 성과와는 반대로 학자로서 걸어온 길이 가시밭길이 되다보니 정치학을 전공하는 학생들 사이에서는 어느 정도 이름을 떨치고 있었다.

　김준희 교수. 그는 현재 건국대 정치대학 정치외교학과 소속이다. 그가 어떤 사람인가 알아보기 위해 인터뷰를 요청했더니 추석 다음날 학교 연구실로 찾아오라고 했다. 9월 15일 오후 3시, 건국대 사회과학관 504호실에서 그를 만났다. 이날은 공휴일인 데도 김교수는 혼자 연구실에 나와 있었다. 나이는 64세. 목소리는 카랑카랑했고 자신의 학문에 대한 열정이 대단했다.

　김교수가 태어난 곳은 충남 보령군. 부친이 전국을 떠돌며 장사를 했기 때문에 고향다운 고향은 없다고 했다. 전북 남원에서 보통학교를 다녔고 졸업 후엔 전주사범과 경성사범에서 공부했다. 이종원李鐘元 전 법무장관과 신직수申稙秀 전중정부장이 전주사범 1, 2년 후배라고 했다.

　경성사범 예과시절 학생회장으로서 서울시내 학생회장단 모임인 '면학동지회' 회원으로 많은 친구들을 사귀었다고 했다. 이동원李東元 전외무장관(당시 연세대 학생회장), 이철승李哲承 씨(당시 고려대 학생회장)가 같은 회원이었고, 학생회장 신분은 아니었지만 면학동지회 회원으로 참여한 송지영宋志英 씨(작고), 강영훈姜英勳 국무총리 등과도 친하게 지냈다. 이밖에 김종필金鍾泌 공화당총재가 그와 예과 동기동창이고, 김재순金在淳 국회의장과 김대중金大中 평민당총재의 부인 이희호李姬鎬 씨는 국대안國大案 지지운동을 함께 벌인 친구였다고 한다.

　경성사범은 48년 국대안 통과로 서울대학교 사범대학으로 개칭된다. 한국 최고의 대학 서울대에서 학업을 계속하면 할수록 그는 점점 실망감을 느꼈다고 한다. 교수실력이 일제 사범학교 선생들보다 못한 것같은 데다 강의에 대한 열의마저 찾아볼 수 없었다는 것이다.

　그는 해외유학을 결심하고 면학동지회 멤버였던 친구들의 도움을 구했다. 경무대 비서관으로 있던 친구와 국방부장관(당시 이범석李範奭 씨) 비서실장이었던 강영훈姜英勳 소령으로부터 부산항만청장에게 보내는 소개장을 받았다. 일본으로 가기 위해서는 당시 공공연한 비밀이었던 밀선을 이용하는 길밖에 없었기 때문이다. 일본의 대학에 들어가기 위한 입학추천서는 서울대총장이었던 장이욱張利郁 박사와 문교장관 오천석吳天錫 씨로부터 얻었다.

48년 서울대 사범대 3년을 수료한 뒤 밀선을 이용, 일본에 건너가 동북대東北大 법문학부에 입학했다. 일본에서의 유학생활은 강영훈 총리가 소개해준 만주 건국대 출신 일본인들의 도움과 50, 60년대 카메라시장을 석권한 아이레스 카메라 사장 김상길金相吉 씨의 학비지원으로 어려움이 없었다고 했다. 53년 3월 동북대 졸업 후 귀국, 한국은행 공채에 합격했다. 기획조사부 직원으로서 은행원 생활이 6년째 접어들자 다시 배움에 대한 욕망이 되살아났다고 한다.

그를 자극시킨 요인은 세 가지가 있었다. 첫째는 좀더 철저히 공부해야겠다는 내적인 충동이고, 둘째는 일본 동북대 은사인 석기石崎 교수가 그의 두뇌를 인정, 프랑스 유학을 적극 권유했으며, 셋째는 이승만李承晩 대통령의 독재채제에 젊은이로서 꿈을 상실했기 때문이었다.

59년 한국은행에 사표를 내고 국제정치를 전공하기 위해 프랑스 유학을 떠난다. 네 번째 바꾸는 전공이었다. 전주사범에서는 국문학, 서울 사대에서는 교육학 그리고 일본에서는 법학을 공부했던 것이다.

소르본느대에서 김준희 교수는 마침내 자신이 가야 할 학문의 길을 찾게 된다. 담당교수가 그에게 분단국가의 통일문제를 연구하라고 권유한 것이다. 담당교수는 드골의 고문으로 유명한 카피티앙 씨. 교수는 그에게 "파리서 공부해야 할 것이 있다면 너의 나라 통일에 관한 연구뿐"이라며 이에 관한 과제를 주었다. 일본 은사와 카피티앙 교수의 도움에 힘입어 유학 이듬해인 60년부터 박사학위를 받은 70년까지 프랑스 정부장학금을 받으며 학문에 매진했다.

그는 한국의 통일문제를 한반도에 국한시켜 다루지 않고 독일, 베트남과 묶어 분단의 공통점을 알아보고, 나라마다의 독자적인 분단해결 방안을 연구했다. 공산권인 소련과 이북의 자료는 물론, 미국·영국의 문헌들을 뒤졌다. 한반도의 통일문제를 다루다보니 분단 이전의 상황, 다시 말해 조선조가 일제에 의해 강제합병된 원인과 독립운동가들의 활동도 소홀히

할 수 없었다고 한다.

유학 11년 만인 70년 6월 20일 박사논문이 통과됐다. 논문제목은 '한반도에 있어서 재통일 문제와 그 기원'. 이 논문에서 그는 남북한이 유엔에 동시가입해야 한다는 주장을 폈다. 박사학위 논문 통과 다음날, 프랑스 주재 한국특파원 한 명이 이 논문을 취재해 송고했으나 당시 한국내에서는 통일문제를 함부로 입 밖에 낼 수 없는 상황이어서 기사화되지는 못했다고 한다.

70년 10월 그는 주위의 권유로 귀국했다. 정부기구내에 통일문제를 다루는 전담부서인 국토통일원이 발족한 직후였다. 귀국하자 통일원측은 통일원 근무 3급 이상 공무원을 상대로 강연을 해달라는 요청을 했다. 이 제의를 받고 그는 한동안 고민했다고 한다.

"파리에서 친하게 지내던 르몽드 기자가 저보고, 귀국 후 한국에서 통일문제에 관해 학문적으로 강연하면 국가보안법에 저촉된다는 얘기를 했습니다. 동백림東伯林사건에 연루된 파리내 한국교수들도 그런 걱정을 해주었습니다. 그래서 통일원 관계자들에게 '만약 내 강연내용 중 실정법에 위반되는 부분이 있더라도 처벌하지 않겠다'는 약속을 하면 강연에 응하겠다고 했습니다. 그랬더니 그쪽에서 수락을 하면서 강연은 비공개로 진행될 것이라고 연락을 해왔습니다."

귀국 후 2년간 허송세월―대학 순회하며 통일문제 강연

김교수는 통일원의 약속을 믿고 통일원 연수원에서 1시간 가량 강연했다. 강연회장에는 요즘 통일문제 전문가로 명성이 자자한 정치인·교수들도 참석했다. 이 자리에서 김교수는 당시상황에선 금기시되던 '중화인민공화국' '조선민주주의인민공화국' '남북한 유엔 동시가입' '김일성金日成 수상'이란 표현을 썼다. 그런 표현들은 학자로서 소신있게 자신의 연구내용을 발표하는 과정에서 자연스레 등장한 것이다. 물론 강연장은 난리가 났다. 모기관에 근무하고 있다는 한 공무원은 질문을 통해 "이 자리서 당장 당신을 끌어내 때려주고 싶지만 참는다"고 하는 폭언까지 퍼부었다고 한다.

강연 며칠 뒤 '반공수사단'에서 호출장이 날아왔다. 오라는 장소로 갔더니 "여기가 어딘데 중화인민공화국 운운하느냐"며 야구방망이로 사정없이 두들겨패는 등 고문을 하더라는 것. 수사단에서는 다른 표현보다 유독 중화인민공화국이란 표현을 트집잡아 하루종일 고문한 뒤 풀어주었다고 한다. 한 차례 호출한 뒤에는 오라 가라는 시달림이 없었다고 한다.

김교수는 일자리를 알아보았다. 은사인 장이욱 박사가 서울대 교수자리는 사전에 정부에서 내정하기 때문에 생각도 말라는 충고에 따라 서울대는 포기하고 연세대, 고려대, 경희대 등에 의사를 타진했다. 프랑스 국가박사에다 한국인으로는 정치학박사 1호인 데도 자리가 없었다. 어느 유명 사립대총장은 박사학위 논문을 보자 마자 "한국에서는 통일의 통자도 꺼낼 수 없다"며 외면하더라는 것. 대신 대학가에선 강연요청이 쇄도해 서울시내 대학들을 순회하며 통일문제에 관해 강연을 하는 한편 이따금씩 매스컴에 글을 기고했다. 일자리 없는 생활이 2년이나 지속되었다.

외무장관을 지낸 면학동지회 멤버 이동원李東元 씨의 도움으로 김교수는 72년 7월 건국대 조교수로 발령받았다. 강의 틈틈이 윤길중尹吉重, 남재희南載熙 의원, 한승헌韓勝憲 변호사 등과 함께 흥사단 금요강좌에 강사로 나가기도 했다.

73년 6월 어느날, 김교수는 다리사로부터 강연요청을 받았다. 이 강연에서 김교수는 평소소신대로, 한때 문제가 되었던 표현들을 그대로 사용했다. 이북이 통일방안으로 제시했던 고려연방제에 대해서도 비판적인 시각에서 연구해볼 만한 가치가 있다고 얘기했다. 강연 도중 김일성 수상이란 말을 하자 청중 가운데서 "그따위 소리 하지 말라"는 고함이 터져나오기도 했다. 당시만 해도 지금과는 달리 북한을 북괴로 호칭할 때였다. 강연은 약간 소란한 가운데 끝났다. 청중으로 참석했던 송건호宋建鎬 씨(한겨레신문 사장)가 김교수에게 "당신, 혹시 미 CIA 첩자가 아니냐"고 물어볼 정도로 김교수의 강연은 당시로선 언급하기 곤란한 부분들이 많았던 것이다.

해직·복직 악순환 되풀이— 수사했던 중정中情서 생활비 지원

이 강연이 있고 나서 이틀 뒤 김교수는 아침식사 시간 수사관에 연행돼 반공법위반으로 구속됐다.

정부가 남북한 유엔 동시가입을 제창한 6·23선언이 나온 넉 달 뒤, 73년 10월 대법원은 김교수의 유엔 동시가입 주장이 '북한공산집단의 선전활동에 동조하며 반국가단체를 이롭게 한 것'으로 인정하여 징역 1년 6월, 집행유예 3년의 유죄판결을 확정했다. 정부의 방침을 학자가 학문적 소신에서 일찍 발표했다가 오히려 '빨갱이'로 몰린 셈이다.

유죄판결과 함께 김교수는 학교에서 해직됐다. 해직기간 동안 그를 수사했던 중앙정보부가 매달 생활비를 지원해주는 아이러니 속에서 지냈다고 한다. 2년쯤 지난 뒤, 당시 중정부장이면서 김교수의 전주사범 후배였던 신직수申稙秀 씨가 "건국대에 들어가시오" 해서 '슬그머니' 복직이 됐다.

"저의 복직을 위해 누가 힘을 써주었는지 정확히 알 수 없으나 주한 프랑스대사였던 랑디 씨가 프랑스정부에 제 문제를 보고해 한국정부가 허용한 것으로 알고 있습니다. 전주사범 후배였던 신申부장도 제 문제로 곤혹스러웠을 것입니다."

몸은 다시 강단에 섰지만 감시의 눈초리는 계속 따라다닌 것같았다고 김교수는 말했다. 그는 신군부 세력이 정치권의 전면에 부상한 80년초, 국보위國保委발족과 동시에 수사기관에 연행됐다. 연행이유는 학교차를 타고 동교동 김대중 씨 집을 찾아갔고, 학생들에게 데모자금 20만 원을 지원하는 등 학생소요를 배후조종했다는 것. 이에 대해 김교수는 보직교수가 아닌 사람이 어떻게 학교차를 타고 동교동에 갈 수 있으며, 20평짜리 연립주택에 사는 처지에 무슨 돈이 있다고 데모자금을 지원했겠느냐며 항의했으나 묵살됐다. 지하실로 그를 끌고 간 수사관들은 "당신에 대해 혐의가 없으나 사직서를 쓰지 않으면 이방에서 나갈 수 없다"며 협박, 김교수는 결국 사표를 내고 말았다. 반공법위반 교수라는 꼬리표가 따라다니며 그를 괴롭혔다 해도 과언이 아닐 것이다.

김교수는 84년 9월 문교부의 해직교수 복직방침에 의거, 건국대 교수로 들어갔다. 해직기간 4년 동안 프랑스 소르본느대 은사였던 모리스 듀벨 교수의 저서 《정치란 무엇인가》《서구의 두 얼굴》을 번역, 출간하기도 했다. 정년퇴직을 1년반 남겨두고 있는 그는 요즘 《사회주의 나라 인민들의 유모어》라는 책의 출간을 위해 바쁘게 움직이고 있다. 집은 건국대에서 약간 떨어진 성동구 성수동 연립주택. 실평수가 채 20평이 안되는 곳에 산다.

김교수에게 노대통령이 주창한 '한민족 공동체 통일방안'에 대해 어떻게 생각하고 있느냐고 물어보자 "제도적인 뒷받침이 없는 조직은 기능할 수 없다"라고 대답했다. 김교수는 "남녀가 한 가정을 이루려면 연애나 중매가 먼저 있고, 그 다음에 결혼식을 올린 뒤 가정을 이뤄야 순서인데 이번 제안은 연애나 결혼과정은 무시한 채 가정만 이루려 하는 것과 마찬가지다"면서 "남북정상회의, 남북평의회, 남북각료회의 구성에 앞서 남북간의 동질성 회복을 위한 조치가 제도적으로 뒷받침되어야 한다"고 말했다.

"비무장 지대에 남북한이 공동경영하는 공장을 세웁니다. 근로자수는 남북이 똑같게 하고, 이윤분배도 똑같이 하고, 일이 끝나면 각자 남과 북의 집으로 가게 합니다. 공장생활을 통해 남북근로자가 서로 접촉하게 합니다. 통일에 대한 기운은 이런 공장을 자꾸 건설할수록 높아갈 겁니다." 통일이론 연구로 곤욕을 치렀지만 통일문제를 얘기할 때의 김교수 목소리에 힘이 들어가 있었다.

12

동아방송 선거보도 사건

피고인 고준환

1. 사건개요: 사전선거운동 보도 8년 만의 무죄 ·················· 475
2. 체험기: 8년 걸린 진실 보도의 승리 – 고준환 ················· 478
3. 공소사실 ··· 486
4. 변론요지서 (1심) – 한승헌 ······························ 488
5. 판결 (1심; 서울형사지법 73고합 91) ························ 494
6. 판결 (2심; 서울고법 73노 886) ···························· 497
7. 판결 (대법 74도 2189) ·································· 500
8. 판결 (재항소심; 서울고법 78노 1494) ······················ 502

사건개요

사전 선거운동 보도 8년 만의 무죄

한승헌 (변호사)

동아일보 방송뉴스부 고준환 기자는 1971년 경부터 법조출입을 하며 취재활동을 해왔다.

그는 제9대 국회의원선거를 앞두고 검찰에서 전前국회의원 등 79명을 사전 선거운동(사전 조직점검, 금품수수) 혐의로 내사하고 있는데, 금명간 이들이 구속될 것이라는 요지의 기사를 취재, 방송뉴스로 내보냈다. 1973년 1월 31일 오후의 일이었다.

바로 이 뉴스의 취재·보도가 '선거에 관한 허위보도', '사전 선거운동 혐의자들에 대한 명예훼손'에 해당된다 하여 서울지검 공안부가 그를 구속 기소했다.

나는 한국기자협회의 의뢰에 따라 고기자의 변론활동에 나섰다.

방송된 내용에는, "……신민당 소속 송원영 씨 등 79명이 사전 선거운동을 한 혐의로 검찰에 입건되어 오늘과 내일 사이에 구속될 것으로 알려졌습니다. 오늘 대검찰청에 따르면, 사전 선거운동을 한 혐의로 검찰에 입건되어 있는 전직 국회의원 79명 가운데에는, 공화당 소속으로 차형근, 유범수 씨와 채영석 씨가 들어 있고, 신민당 소속으로는 송원영 씨, 김원만 씨, 유옥우 씨 등이 들어 있습니다"라는 대목이 있어서, 입건된 의원들의 실명이 그대로 방송에 나갔다.

고준환 기자는 재판과정에서 취재경위와 보도내용은 대체로 시인하면서도 허위보도로 선거의 공정을 해치거나 정치인들의 명예를 훼손할 의도가 전혀 없었다고 혐의를 부인했다.

우선, 보도 중에 내사內查사실 및 그 대상인원수가 허위가 아니었다. 이 점은 대검찰청 검찰사무과장의 진술과도 일치했다. 설령 검찰이 내사 당사자들을 입건 또는 구속한 일이 없다 하더라도 이를 이유로 피고인에게 '허위'에 따르는 형사처벌을 가할 수는 없다.

고기자의 보도는 어디까지나 '오늘과 내일 사이에 구속될 것으로 보인다'는 취지의 예측·전망기사였다. 따라서 기사의 작성·송고 당시에 그런 판단을 할 만했던 합리적 증좌가 있었다면, 사후에 그대로 적중되지 않았다고 해서 허위보도라고 할 수는 없었다.

내사단계에 있는 사람을 입건되었다고 한 것이 허위 아니냐는 추궁도 있었다. 그러나 내사나 입건이나 어떤 혐의가 있어서 수사기관의 조사를 받고 있다는 공통점이 있으며, 수사기관 내부의 처리방식의 차이를 구분하지 못하고 혼동했다고 해서 이를 범죄로 볼 수는 없다.

문제는 거기에 그치지 않는다. 적용법조로 내세운 국회의원선거법 제64조에 보면, '방송사업을 관리하는 자'만을 규제대상으로 하고 있는데, 고기자는 방송뉴스부의 기자이기 때문에 위 규정의 적용대상이 아니었다.

뿐만 아니라, 그 뉴스의 방송은 선거운동기간 전의 보도, 즉 후보등록이 시작되기 전의 행위이므로 '선거법상의 후보자'의 당락에 영향을 미칠 여지가 없는 것이다. 사전 선거운동 혐의자에 대한 후보등록 전 보도는 선거의 공정성을 해치는 것이라고 볼 수도 없었다.

또한 공명선거를 계도하는 언론인의 사명감으로 공공의 이익을 위해서 한 행위란 점에서도 명예훼손의 책임이 부정되어야 마땅했다.

그러나 1심판결은 '무죄'가 아니라 징역 8월에 2년간 집행유예였다. 나는 재판에서 주장한 '무죄론'을 항소이유로 재구성하여 2심에서 무죄를 주장했다. 하지만 모두 이유 없다고 기각되었다. 다만 피고인의 취재경위와 동기 등 제반사정과 피해자들이 피고인의 처벌을 희망하지 않는 점을 들어 형의 선고유예 판결이 나왔다.

그러나 대법원(주심 민문기 대법관)은 1978년 11월 원심을 파기하여 사건을 서울고등법원으로 되돌려보냈다. 그리고 두 번째 항소심에서는 1980년 10월 23일 변호인의 항소이유를 인정하여 무죄를 선고하였으며, 그 판결은 검찰이 상고하지 않음으로써 그대로 확정되었다. 무죄이유는 문제의 방송은 선거일 공고 전(따라서 입후보등록 전)에 있었으므로 처벌의 대상이 아니고, 명예훼손의 점은 그 내용이 허위라는 점에 대한 인식, 즉 범의가 없었다는 요지였다.

처음 사건화된 때로 치면 7년 만에 무죄가 확정되었으니 '진실보도의 승리'를 기뻐하기는 너무도 때가 늦은 매듭이었다.

왜 그런 억지 구속, 억지 유죄판결이 나왔을까. 당시의 정치상황을 살펴보면 그 해답이 나온다.

박정희 정권은 5·16쿠데타 세력의 본성을 발휘하여 국민의·반독재 저항을 탄압 일변도로 억누르다가 그것도 한계를 보이자 1972년 10월 17일 전국에 비상계엄을 선포한다. 난데없는 '10월유신'이 바로 그것이었다. 헌정은 중단되고 국회 아닌 비상국무회의가 만든 유신헌법을 국민투표라는 요식행위를 거쳐 공포했다. 대통령을 국민의 직접선거 아닌 통대(통일주체국민회의)라는 데서 간접선거를 하게 함으로써 영구집권의 장치를 완비했던 것이다.

그 다음해인 1973년 1월 23일 박정희 씨는 통대에서 사전각본대로 대통령에 '선출'된다. 이런 어처구니없는 반헌법적 정치쇼가 벌어진 지 1주일 만에 바로 고준환 기자의 구속사건이 벌어졌으니, 사건의 배경이나 이면의 노림수는 짐작하고도 남는다. 그때 비판적 입장을 취하던 기자들이 동아일보와 동아방송에 많이 있었고 보면 의혹은 쉽게 풀린다.

체험기

8년 걸린 '진실보도'의 승리

고준환 (경기대 교수)

사건의 줄거리

민주화에 역행한 5·16군사쿠데타로 집권한 박정희 군사독재정권은 1972년 10월 17일 유신을 선포함으로써, 당시 그의 정치적 맞수로 대통령 후보였던 김대중 씨가 예언했듯이 사실상 총통제로 이행해갔다. 1973년 제9대 국회의원 총선거를 앞두고 박정희는 유신을 정착시키고 독재정치를 뿌리내리기 위하여, 민주투사를 억압하고 언론을 전면 통제하려 하였다.

1973년 1월 31일, 동아일보사 방송뉴스부 기자로서 중앙법조출입기자였던 나는 수일 동안 대검찰청, 서울지방검찰청 등을 다니면서 사전선거운동 단속을 취재하였다. 검찰이 제9대 국회의원 총선거를 앞두고 송원영 씨를 비롯한 전직 국회의원 등 79명을 내사, 금명간 입건·구속할 것이라는 요지의 기사를 작성하여 송고함으로써 당일 저녁7시 동아방송 '라디오 석간' 뉴스시간에 보도되었다.

이에 대하여 검찰은 선거에 관한 허위사실을 보도하여 선거의 공정을 해하였으므로 국회의원선거법을 위반했고, 사전선거운동 혐의자에 대한 명예를 훼손했다 하여 2월 1일 나를 구속하였다.

그뒤 재판이 진행되어 나는 1973년 4월 23일 서울형사지방법원에서 징역 8월에 집행유예 2년을 선고받고 풀려났으며, 8년간의 끈질긴 법정투쟁

끝에 대법원에 의해 1980년 10월 23일 무죄가 확정되었다.

사건의 발단

사건 당시의 언론계는 한마디로 암울했다. 군사독재 체제로 인하여 언론의 자유가 없어서 대체로 기자들은 매너리즘에 빠져 있었고, 정부의 비위에 거슬리는 기사는 이른바 '괘씸죄'에 걸릴까 두려워 쓰지 못하고, 정부측에서 내주는 자료만 가지고 쓰는 '공보관' 기자들이 많았다. 중앙법조출입기자단도 사정은 마찬가지였다.

그때 나는 직업적 정의감에 입각하여 권력이나 금력에 굴하지 말고, 취재할 것은 취재하고 보도할 것은 보도하는 자유언론의 이념뿐만 아니라, 심지어 그 당시로서는 위험하게도 특종의식마저 갖고 있었다.

제9대 국회의원선거를 앞두고 1973년 1월 27일 검찰총장이 전국검사장회의 석상에서 사전 선거운동자에 대한 구속수사 원칙을 시달한 이래, 나는 문화방송MBC 김광백 기자와 함께 대검찰청 · 서울지방검찰청 검사장실, 차장실, 공안부 등을 취재하고 다녔다. 1월 31일 저녁 대검 김윤근 검사실 등에서 전직 국회의원 등 사전 선거운동 혐의로 수사한 79명의 직업 · 주소 · 혐의내용 등이 적힌 상부보고용 청사진을 보게 되었다.

또 당일 서울지검 공안부 검사들이 야간근무에 들어가고, 대검찰청의 선거사무처리반이 갑자기 충원되었으며, 검찰총장실의 한 직원은 "오늘 밤 구속영장이 청구되느냐"라는 나의 질문에 "내일이면 알게 될 텐데 뭘 그러느냐"고 반문하기도 하여 금명간 입건 · 구속될 것이라는 판단이 들어 영향력이 큰 '라디오 석간' 뉴스보도용으로 기사원고를 송고하였다.

동아방송 '라디오 석간' 뉴스를 들은 검찰은 2월 1일 동아방송으로부터 기사원고를 임의제출 형식으로 압수하고, 나를 국회의원선거법 위반과 명예훼손 혐의로 구속영장을 신청했으며, 서울지방법원은 구속영장을 발부하였다. 이때 구속영장을 발부한 김대환 판사는 서울법대 동기생이며, 구속영장을 신청한 서정신 서울지검 공안부 검사, 서울지검 공안부 정명래 부장검사, 이봉성 검찰총장은 모두 서울법대 선배들이었다.

한편 서울구치소는 검찰로부터 접견금지 통보를 받았다는 이유로 나에 대한 면회를 일체 금지하였다가 2주일이 지난 뒤에야 접견을 허용하였다.

내가 구속된 다음날인 2월 2일에 노수정·이병대 기자 등 중앙법조출입 기자 일동은 박기병 한국기자협회장과 함께 신직수 법무장관을 방문하고 "검찰이 문제된 기사의 원고를 임의제출토록 하여 압수했고 고준환 기자가 검찰에 자진출두했으므로, 증거인멸과 도주의 우려가 없는 데도 고기자를 전격 구속한 것은 심히 유감스러운 처사이며 가혹한 처사"라고 엄중 항의했다.

또한 제1야당인 신민당의 편용호 대변인은 2월 2일 성명을 발표하였다. 그는 성명서에서 "사전 선거운동을 철저히 단속하는 것은 선거의 공명을 위해 환영할 일이지만, 사전 선거운동 보도와 관련하여 방송언론인을 구속한 사례에 우리는 깊은 관심을 표명하고, 도주나 증거인멸의 우려가 없는 현직 언론인을 그만한 일로 구속까지 한다는 것은 선거를 앞두고 직접·간접으로 언론을 위축시킬 우려가 있다고 보아 동아일보사·동아방송 고준환 기자의 석방을 촉구한다"고 말했다.

변론 요지

본인의 무죄에 대하여 한승헌 변호사는 사실파악과 법리전개에 관해 완벽한 변론을 했는데, 그 요지는 다음과 같다.

- 국회의원선거법 위반혐의

피고인은 국회의원선거법 제64조를 적용받을 신분을 가진 자가 아니다. 검찰이 본건 적용법조로 내건 제64조에는 '방송사업을 관리하는 자' 만을 규제대상으로 한정하고 있음이 법문상 명백하고, 이와 같은 처벌의 객체客體는 어떠한 사유로도 그 개념을 확장해석할 수 없다.

그나마 검찰이 적시한 본건 방송보도는 그 내용이 허위사실이 아니다. 보도기사의 진실성 입증에는 그 주요부분이 진실이라는 점을 입증하면 족하다 할 것이므로 피고인이 본건 기사에서 지엽적이고 부분적인 착오가 있었다 하더라도 허위방송의 책임을 물을 수는 없다.

앞의 제 사실에 비추어 피고인은 자기의 취재기사가 진실이라고 믿었음에 정당한 이유가 있었으니, 허위성에 대한 인식이 없었다.

무릇 신속성이 요구되는 뉴스보도에서는 취재기사의 내용이 다소 정확성을 결했다 하더라도 기사의 취재 및 그 표현상의 과실로 말미암은 민사상의 책임은 별론別論으로 치고, 별단의 과실범 처벌규정이 따로 없는 현행 허위방송죄에 의률擬律하여 형사처벌을 과할 근거는 없다.

피고인의 본건 기사보도는 선거의 공정을 해害하는 것이 아니다.

● 명예훼손혐의에 대하여

검찰의 공소公訴 적용법조는 형법 제307조 제2항으로서, 피고인의 본건 기사가 허위사실을 적시하였다는 것인바, 전기한 바와 같이 피고인의 본건 기사는 그 내용이 결코 허위라고 볼 수 없으며, 허위가 아니라고 피고인이 믿었음에 정당한 이유가 있었으니, 동 법조에는 저촉되지 않는 것이다.

따라서 피고인에 대하여는 국회의원선거법 위반 및 명예훼손의 두 가지 혐의에 관하여 모두 무죄의 판결을 선고함이 마땅하다고 본다.

사건 뒤의 이야기들

이 필화사건으로 서울구치소에 수감되어 있으면서 내가 우선 해야 할 반독재 법정투쟁은 명예훼손죄 분야였다. 그것은 명예훼손죄가 형법상 반의사불벌죄反意思不罰罪(피해자의 의사에 반하여는 처벌하지 않는 죄)였으므로, 기사에 언급된 사람들로부터 본인의 처벌을 원하지 않는다는 문서를 받아내는 것이 우선이었으나, 나는 움직일 수가 없었다. 그래서 방송뉴스부에서 정당을 출입하는 후배 노재성 기자에게 김택환 선배기자와 협의해서 기사에 언급된 송원영·장준하·장덕진·채영석 씨 등 모두로부터 처벌불원 문서를 받아내게 했다.

그리고 나는 또 최후진술에서 어찌 됐건 사회에 물의를 일으켜 미안하나 정부당국이 내 기사가 자기들의 비위에 맞지 않는다 하여 현직 언론인을 함부로 구속하는 것은 헌법에 보장된 신체의 자유를 침해할 뿐 아니라, 자기의 의사를 자유롭게 표현해야 하는 기본적 인권으로서의 언론의 자유를 유명무실하게 하므로 무죄선고가 마땅하며, 내가 어떠한 불이익을 받더라도 취재원을 밝히지 않겠다는 요지를 말했다.

이어 나는 1심에서 집행유예 선고(권종근 부장판사)로 81일간의 교도소 생활을 끝내고 출소하여 자유인의 몸이 되었다. 또한 집행유예도 일단은 유죄이므로 일심에 불복항소하여(이때는 서울법대 동기생인 노경래 변호사가 무료 변호함) 형량이 좀 줄었으나, 무죄가 안되었으므로 대법원에 상고하였다.

대법원(주심 민문기 대법관)은 1978년 11월 원심을 파기하여 서울고등법원으로 사건을 내려보냈으며, 서울고등법원 제3형사부(황도연 부장판사)는 1980년 10월 23일 무죄를 선고했고, 검찰이 상고기일 안에 상고를 하지 않아 무죄가 확정되었다.

돌이켜보면, 내가 서울 서대문구 현저동 101번지 서울구치소에 들어갔을 때 처음에는 접견이 금지됐으나 여러 통로로 항의한 결과 접견금지가 풀렸다. 그리하여 부모님을 비롯한 가족친지들, 동아일보사 박권상 편집국장님을 비롯한 많은 선후배 기자들이 고맙게도 면회를 와주었고, 안성열 선배님은 《대망大望》 20권을 넣어주었으며, 특히 동아일보사 수습기자 동기생(AKTA 10기)인 박순철·조학래·박종만·최학래·권근술·심재택·이종대·이종욱·나기재·윤석봉·양한수·김종철·송경선·김민남·성민선·정동익·전만길·오봉환 기자 등이 면회도 와주고 물심양면으로 도와주었다.

나의 감옥생활은 대체로 1.75평의 감방에 8명이 사는 것이어서 그야말로 '감옥생활'이었으며, 적나라한 밑바닥 인생을 공부하는 가운데서 법무부 호송차를 타고 검취나 재판받으러 갈 때, 창밖의 걸어다니는 사람이 그렇게 부러울 수가 없었다.

감방 안에서는 때로는 책도 읽고(법정 스님이 지은 《영혼의 모음》, 《대망》 등) 참선도 했으며, 때때로 운동하기를 잊지 않았다. 운동하러 나가다가 반공법위반 등으로 잡혀온 정치범 김상현 의원과 김한수 의원 등을 만나 서로 위로하기도 했다.

구름이 있는 곳에는 어디나 한 줄기 햇살이 있다(Where there is a cloud, there is a silverlining)는 말에 유념하기로 했다.

사건의 영향

이 사건으로 나는 구속됐지만, 사전 선거운동 혐의로 대검의 청사진에 올라 있던 79명 가운데 야당 정치인들은 내가 미리 폭로기사를 쓰는 바람에 교도소행을 면했고, 박정희 파쇼정권은 언론통제의 고삐를 잡아당겨 제9대 국회의원선거를 소리없이 치르고 유신의 뿌리를 내리다가 결국 1979년 10월 국민의 민주화 압력에 못 이겨 '궁정동 안가'의 김재규 총성으로 붕괴되었다.

나는 서울구치소에서 풀려나오면서 나에게 어떠한 불이익이 오더라도 계속 취재원을 밝히지 않고 무죄판결을 받을 때까지 투쟁하기로 굳게 마음을 먹었다(《기자협회보》제280호, 1973년 4월 27일 2면).

나는 또 우리 헌법에 규정된 민주주의의 본질적 내용, 언론의 자유, 사법부 독립의 신화가 깨졌음을 뼈저리게 느꼈다. 또한 이렇게 생각하였다. 언론의 자유는 인간의 본질에 속하는 것이기 때문에 누구도 함부로 제한할 수 없는 것이며 국가 기본질서에 명백한 현존現存 위험을 가져오지 않는 한 제한할 수 없는 것이다……

그런데 국가안위와 직접적 관계도 없는 기사로 인하여, 당국자가 발표한 기사가 아니라 해서, 당국자의 비위에 거슬린다 해서 사실보도를 한 기자를 구속한다면 이는 언론자유와 기자의 존립 자체를 부정하고 공보관의 존재만을 인정하는 것이라 아니할 수 없다.

우리 기자들이 사실보도의 사명을 다 못하면 언론의 생명은 끊어진다. 여기에 언론의 자유를 방해하는 장애물을 제거해야 할 필요성이 있다. 그리하여 나는 이듬해 정초《기자협회보》(제298호, 1974년 1월 18일 3면)에서 새해 언론의 진로에 대하여 처음으로 '기자노조'를 만들어야 한다고 주장했다. 기자들이 권력이나 금력의 압력으로부터 벗어나 직분적 정의감에 입각하여 진실의 취재와 보도를 하려면 촌지제도를 없애야 하며, 촌지제도를 없애려면 기자들이 정당한 임금을 받을 수 있게 힘을 키워야 하므로 기자노조의 결성이 필요하다고.

그후 나는 대학후배인 정영일 기자, 전국출판노조 김상곤 위원장 등과 협의하여 조용히 기자노조 결성을 추진해왔다. 그러자 내가 《기자협회보》에 게재한 글을 본 동아일보의 보수적인 경영진은 1974년 3월 5일 기자인 본인과는 한마디 상의도 없이, 제작자(PD)로 발령을 내버리는 보복인사를 취했다. 이에 그날 저녁 방송뉴스2부 부회가 무교동에 있는 음식점 '풍진'에서 열렸고, 그 자리에서 기자노조를 정식으로 만들기로 결정했다.

우리 옆자리에는 내 인사발령을 보고 위로해주기 위하여 동기생인 조학래·박순철·박종만·양한수 기자도 와 있다가 기자노조 결성에 합류했다.

그날 밤 동지들을 규합, 모두 33명의 기자가 대학동기생인 김두식 기자 집에 모여 기자노조 발기인 총회를 열고 다음날 기자노조 창립총회를 열었다. 이름은 '전국출판노조 동아일보사지부'이며, 운영세칙에 따라 위원장인 지부장에는 조학래 기자가 선출되었다. 한국역사상 최초의 기자노조였다. 그 이튿날은 서울특별시에 노동조합신고를 했다. 접수 자체가 거부당했다.

이때부터 이어진 격렬한 기자노조 투쟁은 반군사독재 투쟁으로 번졌다. 1974년 10월 24일 유신독재 치하에서 자유의 횃불을 치켜올린 역사적인 '자유언론 실천'으로 이어져 전국으로 확산됐으며 잇따라 동아일보사 '백지광고 사태'를 가져와, 동아일보 광고는 세계에 유례가 없는 '국민이 만드는 광고'가 되었다.

기자노조와 함께 반독재 자유언론 투쟁을 하던 동아일보사 사주측은 1975년 3월 17일 새벽 돌연 기자들을 배신하고, 군사독재 정권과 결탁하여 통행금지 시간에 폭력배를 동원, 자유언론실천 운동을 벌이던 기자, 프로듀서, 아나운서 등 132명을 축출하였다.

축출된 이들이 만든 것이 바로 동아자유언론수호투쟁위원회(약칭 동아투위)이다.

동아투위와 조선자유언론수호투쟁위원회는 1980년 해직기자들과 함께 자유언론과 민주주의를 이념으로 1980년대 후반 역사적인 〈한겨레신문〉을 창간했다.

한편 1974년에는 동아일보사 기자노조에 이어 한국일보사 노조가 생겼을 뿐이었으나, 14년 뒤인 1987년에 들어 민주화의 물결을 타고 후배기자들을 중심으로 동아일보사 노동조합이 재창립되었다. 그들은 1987년 11월 18일 동아일보사 노동조합 창립선언문을 통해 언론의 암흑기인 1974년 3월 결성된 동아노조를 계승하고, 귀중한 자유언론의 씨앗을 뿌린 선배들의 뜻을 귀감으로 삼는다고 천명했다.

1987년 동아일보사 노동조합 결성에 이어 〈한겨레신문〉, 〈한국일보〉, 〈조선일보〉, 〈서울신문〉 등 중앙지와 지방지 그리고 방송사와 통신사에서도 노동조합을 결성하였고, 이들은 드디어 전국적인 '전국언론노동조합연맹' 을 창설하여 언론노동자의 권익향상과 자유언론 실천에 앞장서고 있다.

끝으로 나의 동아방송 필화사건에 관련하여 도움을 주신 모든 분들에게 깊은 감사의 뜻을 전하면서 이글을 맺는다.

공소사실

공 소 사 실

피고인 고준환

　피고인은 1965년 서울대학교 법과대학을 졸업하고 1967. 11. 16. 동아일보사 기자로 입사하여 동사 편집국 방송뉴스부 기자, 편집국 편집부 기자를 거쳐 1971. 9.경부터 동사 편집국 방송뉴스취재2부의 법조출입기자로 근무하면서 동아방송의 뉴스기사 취재업무에 종사해오던 자로서, 1973. 1. 31. 오후경 제9대 국회의원선거 사전 선거운동 사범 내사관계 기사를 취재하려고 검찰 관계자들을 찾아다니면서 '검찰에서 차형근, 유범수, 채영석, 송원영, 김원만 등 79명에 대하여 사전 조직점검, 금품수수 등 사전 선거운동을 한 혐의로 내사를 하고 있다'는 사실을 취재한 뒤 1973. 1. 31. 18:00 경 동아일보사 3층의 피고인 사무실에서 제9대 국회의원선거 사전선거운동 사범 내사관계 방송기사를 작성하면서 "신민당 소속 송원영 씨 등 79명이 사전 선거운동을 한 혐의 등으로 검찰에 입건되어 오늘과 내일 사이에 구속될 것으로 알려졌습니다. 오늘 대검찰청에 따르면 사전 선거운동을 한 혐의로 검찰에 입건돼 있는 전직 국회의원 79명 가운데는 공화당 소속으로 차형근, 유범수 씨와 채영석 씨가 들어 있고, 신민당 소속으로는 송원영 씨, 김원만 씨, 유옥우 씨 등이 들어 있으며, 무소속으로 장준하 씨가 들어 있습니다. 대검찰청은 오늘밤 전국 9개 지방검찰청에 사전 선거운동으로 입건된 사람들의 신병을 확보하고 수사를 계속하라고 특별근무령을 내렸습니다"라는 내용의 허위사실을 기재한 방송기사 원고를 작성하여 동 방송 뉴스취재2부 데스크(동 2부 차장 고수균)에게 제출하여 동일 오후 7시 및 8시의 동아방송 뉴스시간에 동기사를 그대로 방송케 하여 그정을 모르는 동 동아방송의 방송사업관리자로 하여금 이번 제9대 국회의원선거에 입후보하려는 차형근, 유범수, 채영성, 송원영, 김원만, 유옥우, 장준하 등 79명이 사전 선거운동을 한 혐의로 검찰에 입건되어 동일중 신병이 확보되고 동일과 그 다음날 사이에 구속될 것같다는 내용으로 선거에 관하여 허위의 사실을 방송하게 하여 선거의 공정을 해함과 동시에 공연히 허위의 사실을 적시하여 동 차형근, 유범수, 채영석, 송원영, 김원만, 유옥우, 장준하 외 명예를 훼손한 것이다.

변론요지서

변 론 요 지 서

피고인 고준환의 변호인
변호사 한승헌

　피고인에 대한 공소사실의 줄거리는, 피고인은 동아일보사 방송뉴스부의 법조출입기자로서 제9대 국회의원선거를 앞두고 검찰에서는 전직 국회의원 등 79명을 사전 선거운동 혐의로 내사하고 있다는 사실을 취재한 뒤 이들이 입건되어 금명간 구속될 것이라는 요지의 기사를 작성하여 방송뉴스로 보도케 함으로써 선거에 관한 허위사실을 보도하여 선거의 공정을 해하는 한편 위 보도에서 이름이 밝혀진 사전 선거운동 혐의자들에 대한 명예를 훼손하였다 함에 있습니다.

　Ⅰ. 그러나 먼저 국회의원선거법 위반혐의에 관하여 보건대

　1. 피고인은 국회의원선거법 제64조를 적용받을 신분을 가진 자가 아닙니다.
　검찰이 본건 적용법조를 내건 동법 제64조에는 '방송사업을 관리하는 자'만을 규제대상으로 한정하고 있음이 법문상法文上 명백하고 이와 같은 처벌의 객체는 여하한 사유로도 그 개념을 확장해석할 수 없다 할 것인바 피고인은 어디까지나 방송뉴스부의 취재임무를 띠고 일하는 평기자였으

므로 전기前記 법조法條의 적용대상이 될 신분을 갖고 있지 않는 것입니다.

설령 '방송사업관리자'의 뜻을 확대해석을 하는 것이 허용된다 해도 국장이나 부국장도 아니요, 부장이나 차장도 아닌 평기자를 관리자의 신분에 포함시킬 수는 없는 것입니다.

따라서 본피고인에게 동법조를 적용하여 허위방송의 죄책을 묻는다는 것은 법률의 명문에 어긋나는 일입니다.

2. 그나마 검찰이 적시한 본건 방송보도는 그 내용이 허위사실이 아닙니다.

가. '내사사실 및 그 대상 인원수'

피고인이 본건 취재를 하기 이전에 검찰은 일부 전직 국회의원들에 대하여 사전 선거운동 혐의를 두고 내사를 하고 있었음은 틀림없는 사실이고 그 대상자가 79명에 달하고 있었음은 검찰도 시인하는 사실입니다.(참고인 이혁우 대검찰청 검찰사무과장의 진술조서)

나. '입건구속 방침의 판단'

① 국회의원선거에 즈음한 사전 선거운동 행위자에 대한 구속수사 원칙은 1973년 1월 27일자 전국검사장회의 석상에서 검찰 고위당국자로부터 각급검찰에 시달된 바 있을 뿐 아니라

② 피고인이 본건 기사를 취재하던 1973년 1월 31일 밤 서울지검 공안부 검사들이 야간근무에 들어가는 한편 대검의 선거사무처리반이 충원되어 작업에 나섰으며

③ 동일 퇴근시각 무렵에 피고인이 서울지검 공안부의 모검사실에 들러 오늘밤에 구속영장이 신청되느냐고 물었을 때, 모검사는 어떻게 금방 되겠느냐 내일쯤이나 되겠으니 내일 나와봐도 늦지 않을 것이다라는 취지의 말을 한 바 있었고

④ 동일 오후에 피고인이 검찰총장실에 들러서 물어보았을 때 총장비서관실의 모직원이 "내일이면 알게 될 터인데 뭘 그러느냐"고 반문하였던 점 등 제반 정보와 상황을 분석 종합한 결과, 위 내사대상자 중 일부를 검

찰에 곧 구속할 방침이라는 판단을 얻기에 족한 것이었으며, 객관적으로 보더라도 당시로서는 그러한 판단이 충분히 도출될 만한 상황이었던 것입니다.

다. '표현 및 결과면에서 본 착오와 허위 여부'

가사假使, 검찰이 전시前示 내사대상자들을 입건 또는 구속한 일이 없다 하더라도, 그로써 곧 피고인의 보도를 허위라고 단정할 수는 없습니다.

㉮ 피고인의 보도는 어디까지나 '오늘과 내일 사이에 구속될 것으로 보인다'는 취지의 전망기사였으니만치 기사작성 당시에 그러한 판단을 얻기에 족한 합리적이고 객관적인 증좌證左가 있었다면 그로써 족한 것이요, 사후에 그 기사내용(전망)이 적중되지 않았다고 해서 당연히 그를 허위보도라고 할 수는 없는 것입니다.

㉯ 또한 내사대상자를 입건된 자인 양 보도하여 정확한 표현을 기하지 못한 점이 있다 하더라도, 내사나 입건수사는 다같이 ①어떤 형사상의 혐의가 있다고 인정되는 때에 한하여 ②수사권에 입각하여 발동되며 ③그 수행방법에 있어서도 특단의 차이가 없는 점 등에 비추어 실질적으로 동류의 조사과정에 속한다 할 것이므로 양자를 엄격히 가려서 쓰지 않은 일사一事만을 가지고 허위기사라 볼 수는 없는 것입니다.

비록 내사나 입건이 수사기관 내부의 사무처리 및 취급방법상에 차이가 있다고는 하더라도 어떤 혐의에 따라 수사기관의 조사를 받고 있다는 사실적 공통점은 수정될 수 없는 이상, 양자兩者 혼동을 곧 허위성의 발로라고 논단할 수는 없습니다.

3. 진실성 입증의 한도와 범의犯意

가. 보도기사의 진실성 입증에는 그 주요부분이 진실이라는 점을 입증하면 족히 다할 것이므로 피고인의 본건 기사에서 지엽적이며 부분적인 착오가 있었다 할지라도 허위방송의 책임을 물을 수는 없고

나. 전기前記한 제 사실에 비추어 피고인은 자기의 취재기사가 진실이라고 믿었음에 정당한 이유가 있었으니 허위성에 대한 인식이 없었으며

다. 무릇 신속성이 요구되는 뉴스보도에서는 취재기사의 내용이 다소 정확성을 결했다 하더라도, 기사의 취재 및 그 표현상의 과실로 말미암은 민사상의 책임은 별론別論으로 치고, 별반의 과실범 처벌규정이 따로 없는 현행 허위방송죄에다 의율擬律하여 형사처분을 과科할 근거는 없는 것입니다.

라. 더욱이, 발표기사를 수동적으로 받아서 쓰는 경우와는 달리 취재(좁은 의미의)기사에 있어서는 취재원쪽에서 알려지기를 원하지 않는 정보를 능동적으로 탐지해야 되는 관계로 취재에 있어서 기자로서의 최선의 노력을 다한다 하더라도 비익秘匿된 정보 그 자체와 엄밀하게 일치되는 기사를 쓰기는 어려운 숙명에 놓이는 것입니다. 그렇다고 해서 취재원이 발표하는 기사만을 써야 한다면 이것은 PR대행의 공보관적 역할에 그치는 것으로서 이른바 '국민의 알 권리'를 충족시켜야 할 언론의 책무를 포기하는 결과가 되고 맙니다. 이와 같이 취재기사가 씌어지는 과정과 성격 그리고 불가피한 내재적인 제약을 이해하지 않고서 오로지 현미경적이고도 미시 말초적微視抹稍的인 안목으로 모든 기사를 탓잡는다면 발표기사 이외의 보도를 사실상 봉쇄하는 결과를 초래하며, 이것은 헌법상 보장된 언론의 자유를 위태롭게 하는 소견이라 아니할 수 없습니다. 요컨대 본건과 같은 취재기사에 있어서는 그 내용의 주축主軸과 요지가 문제될 뿐 지엽적인 부정확을 곧 허위라고 공격하여서는 안될 것입니다.

4. 피고인의 본건 기사보도는 '선거의 공정을 해' 하는 것이 아니었습니다.

즉, 사전선거운동자에 대한 내사와 그에 따르는 엄단방침을 보도한 것은 결국 그러한 선거법 위반행위를 경고, 억제하는 일반 예방적인 의도와 효과가 컸던 만큼 온 국민이 열망하는 공명선거를 기하는 데 이바지하였다고 볼 것이지 그를 해친 것은 아닙니다.

그리고 만일 기개인의 이름이 밝혀져서 그들 개인에게 다소의 불리한 영향이 가상된다고 할지라도 양자의 법익 교량較量에 있어서는 '선거의 공정'이 우선할 뿐 아니라 선거운동 기간 이전의 그와 같은 류의 보도행위는 그 시점으로 보아 '선거법상의 후보자'에 대한 것이라 볼 수도 없으므로

(본건 기사 방송 당시는 아직 후보자등록기간도 도래되기 전이었기 때문에) 특정의 등록후보자의 신분을 취득하지 않은 상태에 있었던 자연인에 대한 언급은 논리상으로 보아 '특정후보의 당락'에 구체적 위험을 줄 여지가 없는 것이었습니다.

만일 사전운동 혐의자에 대한 당국의 규제를 보도하는 행위까지 선거의 공정을 해친다는 이유로 위법시한다면 결과적으로 사전 선거운동 행위를 국민에게 은폐하여 오히려 선거의 공정을 해칠 위험이 크다 하겠습니다.

II. 형법상의 명예훼손 혐의에 대하여

검찰의 공소적용 법조는 형법 제307조 제2항으로서 피고인의 본건 기사가 허위사실을 적시摘示하였다는 것인바

1. 전기한 바와 같이 피고인의 본건 기사는 그 내용이 결코 허위라고 볼 수 없으며 허위가 아니라고 피고인이 믿었음에 정당한 이유가 있었으니 동법조에는 저촉되지 않는 것입니다.

문제의 본건 기사가 종국적으로 진실에 반하는 일면이 있었다고 할지라도 그 취재과정에서 해당기사가 진실이라고 믿었음에 족한 상당한 이유가 있었다면 범의는 조각阻却되는 것이라고 봅니다.

전술한 바도 있듯이 기사내용이 진실이라고 믿었던 데 설령 일말의 과실이 있다고 하더라도 형사상의 처벌요건은 되지 않는 것입니다.

피고인의 본건 기사 보도는 오로지 공명선거를 계도하는 언론의 사명감에서 공공의 이익을 위하여 이루어진 이상 어느 특정의 개인에 대한 명예훼손의 고의는 추호도 개입될 여지가 없었던 것입니다.

III.

일건 기록상에 나타난 증거(검찰의 전거증소擧證)에 의하더라도 참고인 유병무의 진술조서 및 동 고수균의 진술서 기재 등은 모두 피고인이 근무하던 동아일보사 방송뉴스부 안의 업무분장과 본건 기사가 작성된 연후에

방송으로 보도되기까지의 과정을 밝히고 있을 뿐이고, 동 이혁우(대검 검찰사무과장)의 진술에 의하더라도 문제의 사전운동 혐의 내사대상자의 인원수가 피고인의 기사내용과 일치하며 적시된 대상자 명단 또한 거개가 사실과 맞고 있다는 점을 알기에 족하며

그밖에 동 이재성(대검 수사서기관), 동 장운해(대검 김윤근 검사 부속실 근무 주사보) 등의 진술 또한 피고인의 본건 기사를 취재함에 있어 검찰의 각 부서와 당무자들을 상대로 가능한 최대한의 성실을 다하였다는 점을 밝혀주고 있는 것이며 그밖에 피고인을 유죄로 단정할 증거는 어디에도 찾아볼 수 없는 것입니다.

Ⅳ.

따라서 피고인에 대하여는 국회의원선거법 위반 및 명예훼손의 두 가지 혐의에 관하여 모두 무죄의 판결을 선고하심이 마땅하다고 봅니다.

판결문

서 울 형 사 지 방 법 원
제8부

판 결

사 건	73고합 91 국회의원선거법 위반, 명예훼손
피 고 인	고준환高濬煥 기자 1943. 10. 23.생
주 거	서울 영등포구 신도림동 893의 92
검 사	이창우
변 호 인	변호사 한승헌

주 문 피고인을 징역 8월에 처한다.
    이 판결 선고 전의 구금일수 중 80일을 위 본형에 산입한다.
    이 판결이 확정되는 날로부터 2년간 위 징역형의 집행을 유예한다.

이 유
범죄사실 피고인은 1965년 서울대학교 법과대학을 졸업하고, 1967. 11. 16. 동아일보사 기자로 입사하여 동사 편집국 방송뉴스부 기자, 편집국 편집부 기자를 거쳐 1971. 9.경부터 동사 편집국 방송뉴스취재2부의 법조출입기자로 근무하면서 동아방송의 뉴스기사 취재업무에 종사하여온 자로서, 1973. 1. 31. 오후경 제9대 국회의원선거 사전선거운동사범 내사관계 기사를 취재하려고 검찰 관계자들을 찾아다니면서

'검찰에서 차형근, 유범수, 채영석, 송원영, 김원만 등 79명에 대하여 사전 조직점검, 금품수수 등 사전 선거운동을 한 혐의로 내사하고 있다' 는 사실을 취재한 뒤, 동일 18:00경 동아일보사 3층의 피고인 사무실에서 제9대 국회의원선거 사전선거운동 사범 내사관계 방송기사를 작성하면서 "신민당 소속 송원영 씨 등 79명이 사전 선거운동을 한 혐의 등으로 검찰에 입건되어 오늘과 내일 사이에 구속될 것으로 알려졌습니다. 오늘 대검찰청에 따르면 사전 선거운동을 한 혐의로 검찰에 입건되어 있는 전직 국회의원 79명 가운데에는 공화당 소속으로 차형근, 유범수 씨와 채영석 씨가 들어 있고, 신민당 소속으로는 송원영 씨, 김원만 씨, 유옥우 씨 등이 들어 있으며, 무소속으로 장준하 씨가 들어 있습니다. 대검찰청은 오늘밤 전국 9개 지방검찰청에 사전 선거운동으로 입건된 사람들의 신병을 확보하고 수사를 계속하라고 특별근무령을 내렸습니다"라는 내용의 허위사실을 기재한 방송기사 원고를 작성하여 동 방송뉴스 취재2부 데스크(동 2부 차장 고수근)에게 제출하여 동일 오후7시 및 8시의 동아방송 뉴스시간에 동기사를 방송케 하여 그정을 모르는 위 동아방송의 방송 사업관리자로 하여금 제9대 국회의원 선거에 입후보하려는 차형근, 유범수, 채영석, 송원영, 김원만, 유옥우, 장준하 등 79명이 사전 선거운동을 한 혐의로 검찰에 입건되어 동일중 신병이 확보되고 동일과 그 다음날 사이에 구속될 것같다는 내용으로 선거에 관하여 허위의 사실을 방송하게 하여서 선거의 공정을 해함과 동시에, 공연히 허위의 사실을 적시하여 동인 등의 명예를 훼손한 것이다.

증거의 요지 ; 위 판시사실은,
1. 피고인의 이 법정에서의 판시사실에 일부 부합하는 진술.
1. 검사의 피고인에 대한 각 피의자 신문조서와 유병무, 고수균 작성의 각 진술조서 중 판시사실에 부합하는 진술 기재.
1. 이혁우, 이재정, 장운해가 각 작성한 진술서 중 판시사실에 부합하는 진술 기재.

1. 압수된 기사원고 6매(증제1호)의 현존 및 그 기재내용.

등을 종합하면 그 증명이 충분하다.

법령의 적용.

피고인의 판시 소위 중, 허위방송의 점은 국회의원선거법 제 179조, 제 64조, 형법 제34조 1항에, 명예훼손의 점은 형법 제307조 2항에 각 해당하는바, 이는 1개의 행위가 2개의 죄명에 해당하는 경우이므로 형법 제40조에 의하여 무거운 명예훼손죄에 정한 형으로 처벌하기로 하여 소정형 중 징역형을 선택하고 그 형기범위내에서 피고인을 징역 8월에 처하고 형법 제57조에 의하여 이 판결선고 전의 구금일수 중 80일을 위 본형에 산입하는 것이나, 피고인은 초범이고, 피고인의 본건 범행은 유신헌법에 의한 제9대 국회의원선거에 즈음하여 사전 선거운동, 금품수수 등 선거의 공정을 해하는 제반 병폐적 선거부정을 척결하려는 관계당국의 방침에 호응하기 위해 이들 선거법위반자들을 방송으로 공표하여 이에 대한 선거인 대중의 주의를 환기시키고, 입후보자들에게 경각심을 불러일으켜서 깨끗한 선거에 의한 선거의 공정에 이바지하려는 의도에서 범하여졌을 뿐 아니라, 피고인이 본건 기사를 취재함에 있어서도 기사의 진실성을 확보하기 위하여 큰 노력을 기울인 점 및 피고인은 차후 재범의 우려가 없고 개전의 정이 현저한 점 등 그 정상에 참작할 만한 사유가 있으므로 형법 제62조에 의하여 이 판결이 확정되는 날로부터 2년간 위 징역형의 집행을 유예하는 것이다.

이상의 이유로써 주문과 같이 판결한다.

1973. 4. 23.

재 판 장 판 사 권종근
          판 사 박용삼
          판 사 김재진

서 울 고 등 법 원
제2형사부

판 결

사　　건　　73노886 국회의원선거법 위반, 명예훼손

피　고　인　　고준환 高濬煥 방송국 기자
　　　　　　1943. 10. 23.생
　　　　　　주거　서울 영등포구 신도림동 893의 92
　　　　　　본적　△△△△△△
항　소　인　　검사와 피고인
검　　사　　김인규
변　호　인　　변호사 한승헌
원　판　결　　서울형사지방법원 1973. 4. 23. 선고 73고합91 판결.

주　　문　　원심판결을 파기한다.
　　　　　　피고인에 대한 형의 선고를 유예한다.

이　　유　　검사의 항소이유의 요지는, 여러가지 양형의 조건으로 보아
피고인에게 형의 집행유예 판결을 한 원심의 형은 너무 가벼워 부당하다는 데 있고, 변호인의 항소이유의 요지는, 피고인은 방송국 취재기자로서 방송사업을 관리하는 자가 아니며, 피고인이 취재보도한 내용은 결코 선거의 공정을 해하는 사유에 해당되지도 아니하고, 피고인이 취재보도한 내용은 허위사실이 아닌 진실한 사실이며, 따라서 그것이 허

위라는 인식도 없었고, 보도한 목적도 결코 특정인들의 명예를 훼손하려는 것이 아니라 오로지 공공의 이익을 위한 것이니 이상의 여러 점에서 원심은 사실을 오인하거나 법률의 적용을 잘못하여 판결에 영향을 미쳤다고 함에 있다.

그러므로 살피건대, 검사의 항소이유는 아래에 보는 바와 같이 원심의 선고형이 오히려 너무 무겁다고 인정되므로 이유 없는 것이고, 변호인의 항소이유 중 피고인이 방송국 취재기자로서 방송사업의 경영자가 아니므로 국회의원선거법 제64조의 행위주체가 될 수 없다는 주장은 비록 피고인이 취재기자이기는 하나 정을 모르는 방송사업관리자를 교사 또는 방조하여 그로 하여금 위 국회의원선거법 제64조에 위반하는 결과를 발생하게 한 경우에는 형법 제34조 1항에 정하는 바에 따라 교사 또는 방조의 예에 의하여 처벌을 받게 되는 것이고, 이 사건 피고인에 대한 공소사실 역시 피고인의 소위가 바로 위 형법 제34조에 해당한다고 함에 있으며, 원심판시 역시 그와 같은 취지이니 피고인이 위 국회의원선거법 제64조에 정한 바 방송사업을 관리하는 자가 아니라는 이유만으로 범죄주체가 될 수 없다는 주장은 이유 없고, 피고인이 취재보도한 내용이 선거의 공정성을 잃게 하는 사유에 해당하지 아니한다는 주장은 아래에서 보는 바와 같이 원심판시 사실이 인정되는 이상 그와 같은 내용은 선거의 공정을 해하기에 충분한 사유라고 보여지므로 이 부분 주장 역시 이유 없으며, 또 피고인이 취재보도한 내용이 아래에서 보는 바와 같이 허위사실임이 인정되는 이상 그와 같은 보도가 오로지 공공의 이익에 관한 것이라고는 보기 어렵다 할 것이므로 이 부분 주장도 이유 없고, 그밖에 원심이 사실을 오인하였다는 주장 역시 원심이 적법한 절차를 거쳐 조사한 여러 증거에 의하면 원심 판시 사실을 충분히 인정할 수 있을 뿐더러 원심의 사실인정 과정에 어떤 위법이 있음을 찾아볼 수 없으므로 결국 피고인의 항소이유는 모두 이유 없는 것이라 할 것이다.

다만 직권으로 살피건대 비록 피고인이 취재보도한 내용이 비록 허위이기는 하나 그 경위와 동기 그리고 피고인의 직업 등 여러 사정과 명예를 침해당한 피해자들이 당심에 이르러 피고인의 처벌을 희망하지 않고 있는 점 등 사정을 참작하면 피고인에 대한 원심의 형은 너무 가혹하다고 인정되므로 형사소송법 제364조 2항에 의하여 원심판결을 파기하고, 변론을 거쳐 다시 재판하기로 한다.

당원이 인정하는 범죄사실과 그 증거관계는 원심의 그것과 같으므로 같은 법 제369조에 의하여 이를 그대로 인용하기로 한다.

법률에 비추건대 피고인의 판시소위 중 허위방송의 점은 국회의원선거법 제179조 제64조 형법 제34조 1항에, 명예훼손의 점은 같은 법 제307조 2항 제34조 1항에 각 해당하는 바, 이상 두 죄는 일 개의 행위가 두 개의 죄명에 해당하는 경우이므로 같은 법 제40조 제50조에 의하여 형이 무거운 판시 명예훼손죄에 정한 형에 따라 처벌키로 하고 소정형 중 징역형을 선택한 다음 그 형기범위내에서 피고인을 징역 8월에 처하고 같은 법 제57조에 의하여 원심판결 선고 전 구금일수 중 80일을 위 형에 산입하되 피고인에 대하여는 앞서 본 바와 같은 참작할 만한 사유가 있다고 인정되므로 같은 법 제59조를 적용하여 피고인에 대한 위 형의 선고를 유예하기로 하는 것이다.

이상의 이유로 주문과 같이 판결한다.

1974. 6. 28.

재 판 장 　판 사　전상석
　　　　　　판 사　유성균
　　　　　　판 사　고형규

| 판결문 | |

대 법 원
제 4부

판 결

사　　건　　74도 2189　가. 국회의원선거법(제64조) 위반
　　　　　　　　　　　나. 명예훼손

피고인, 상고인　고준환 高濬煥 방송기자
　　　　　　　　1943. 10. 23.생
　　　　　　　　주거　서울 영등포구 신도림동 893-92
　　　　　　　　본적　△△△△△△
변 호 인　　변호사 한승헌
원 판 결　　서울고등법원 '74. 6. 28. 선고 73노 886 판결

주　　문　　원판결을 파기하고
　　　　　　사건을 서울고등법원에 환송한다.

이　　유　　상고에 즈음하여 직권으로 살피건대, 국회의원선거법 제64조(허위방송의 금지)에서 허위방송을 금지하는 기간을 어찌 볼 것이냐는 결국 해석의 문제로 돌아가는 바, 동조가 동법 제6장 선거운동 속에 있어 선거운동과 관련된 규정이 아닐 수 없다고 볼 수 있는 조문의 위치와, 그의 명문취지 및 동법 중 관계조문과를 헤아려보면, 동조에서 말하는 후보자와 선거에 관한 경우에 전자에 대한 금지기간은, 입후보등록 후 선거 전일까지, 후자에 있어서는 선거일 공고 후 선거 전일까지라

고 해석하여야 할 것이다.

왜냐하면 입후보등록 없이 후보자를 생각할 수 없으며, 당해선거의 특정 없이 선거에 관한 허위방송이란 관념할 수 없으며 선거는 선거일의 공고로 특정된다고 하겠으며, 선거에 영향을 줄 활동을 선거일 전일까지 마감하여 고려하는 국회의원선거법의 원칙에 비추어 그와 같이 해석하여야 될 것이다.

그런데 당원의 현저한 사실에 따르면, 이 사건에서 문제가 된 제9대 국회의원선거의 실시는 '73. 2. 27.이요, 이를 공고한 것은 '73. 2. 9.인데, 피고인이 공소 범행사실인 허위사실을 방송망을 통하여 방송케 한 날짜는 '73. 1. 31.이라는 원판결인 정이다.

그렇다면 위 방송이 있는 날은 당해 선거일이 공고를 보기 전임이 역수상 분명하니 설사 그 내용이 허위였다고 하여도 국회의원선거법 제64조의 규제대상이 된다고 인정키 어렵거늘, 원판결이 이를 위 64조에 저촉된 것으로 판정하였음은 허위방송의 금지의 법리를 오해한 위법으로 결과에 영향을 준 위법을 남겼다고 하겠으니 원판결은 파기를 못 면한다.

그러므로 일치된 의견으로 주문과 같이 판결한다.

1978. 10. 10.

재 판 장   대법원판사 강안희
            대법원판사 민문기
            대법원판사 이일규
            대법원판사 정태원

판결문

서 울 고 등 법 원
제 3형 사 부

판　결

사　　건	78노 1494　국회의원선거법 위반, 명예훼손
피 고 인	고준환 高濬煥 방송기자 1943. 10. 23.생 주거　서울 영등포구 신도림동 893-92 본 적　△△△△△△
항 소 인	피고인 및 검사
검　　사	이홍균
변 호 인	변호사 한승헌
원심판결	서울형사지방법원 1973. 4. 23. 선고, 73 고합 91판결
환송판결	대법원 1978. 10. 10.선고, 74 도 2189 판결

주　　문　　원심판결을 파기한다.
　　　　　　피고인은 무죄.

이　　유　　(1) 살피건대, 이 사건 공소사실은 아래 설시와 같은 이유로 범죄로 되지 아니하거나 범죄사실의 증명이 없어 모두 무죄임에도 불구하고 이를 모두 유죄로 인정, 처단한 원심판결에는 판결결과에 영향을 미칠 사실오인과 법리오해의 위법이 있다 할 것이므로 이점에 관한 변호인의 항소논지는 이유 있다.

이에 변호인의 그 나머지 항소이유에 대한 판단을 생략하고 형사소송법 제364조 제6항에 의하여 원심판결을 파기하고 다시 다음과 같이 판결한다.

(2) 이 사건 공소사실은 별지기재와 같은 바, 먼저 국회의원선거법 위반(동법 제179조, 제64조 위반)의 점에 관하여 보건대, 1973. 1. 31.(공소장 기재의 범행일자) 당시에 시행중이던 개정 전 국회의원선거법 제64조에 의하면 방송사업을 관리하는 자는 후보자 또는 선거에 관하여 허위의 사실을 방송하거나 사실을 왜곡하는 방송을 하여 선거의 공정을 해하여서는 아니된다고 규정되어 있고 동법 제179조는 위 규정 위반자에 대한 처벌조문인바, 위 제64조가 동법 '제6장 선거운동'(제37조 내지 제81조) 속에 규정되어 있어 선거운동과 관련된 규정이라고 보여지는 조문의 위치와 그 명문취지 및 동법 중의 관계조문 등을 상호대비 검토해보면 동조(제64조)에서 허위방송을 금지하는 기간은 '후보자'에 관한 경우에는 입후보등록 후 선거 전일까지, '선거'에 관한 경우에는 선거일 공고 후 선거 전일까지라고 해석하는 것이 상당하다. 왜냐하면 입후보등록 없이 후보자를 생각할 수 없으며 당해선거의 특정 없이 선거에 관한 허위방송이란 것을 관념할 수 없고 선거는 선거일의 공고로 특정된다 하겠으며 선거에 영향을 줄 제반활동은 선거일 전일까지 마감하여 고려하자는 것이 국회의원선거법의 원칙이요, 취지이기 때문이다. 그런데 당원의 현저한 사실에 따르면 이 사건에서 문제가 된 제9대 국회의원선거가 실시된 것은 1973. 2. 27.이고 이를 공고한 것은 동년 2. 9.임이 분명한데, 피고인의 공소 범행사실인 공소장 기재의 허위사실을 방송케 하였다는 일자는 동년 1. 31.로 공소장에 적시되어 있다. 그렇다면 위 방송이 있던 날은 당해선거의 선거일 공고도 있기 전(따라서 입후보등록 전)임이 역수상 명백하므로 그 가사 내용이 허위였다 하더라도 국회의원선거법 제64조의 규제대상이 된다고는 볼 수 없어 이 부분 공소사실(국회의원선거법 위반의 점)은 죄가 되지 아니한다고 할 것이다.

다음으로, 명예훼손(형법 제307조 제2항, 제34조 제1항)의 점에 관하여 보건대, 피고인이 동아일보사 편집국 방송뉴스취재2부의 법조출입기자로서 공소장 기재일시에 그 기재와 같은 내용의 방송기사 원고를 작성, 동 방송뉴스취재 2부 데스크에 수교함으로써 그 기재와 같은 내용의 방송을 하게 한 사실, 후일 밝혀진 바에 의하면 위 방송내용의 일부가 객관적 사실과 일치하지 아니하였던 사실 등은 검사 작성의 유병무, 고수균에 대한 각 진술조서의 각 진술 기재, 이혁우, 이재정, 장윤해 작성의 각 진술서의 각 기재내용 및 압수된 기사원고 6매(증제1호)의 현존과 그 기재내용에 의하여 이를 인정할 수 있으나, 피고인은 수사기관 이래 일관하여 자기는 동아일보사 법조출입기자로서 공소장 기재일시경 제9대 국회의원선거를 앞두고 입후보예정자들의 사전 선거운동 혐의사실에 대하여 검찰이 이를 내사하고 있다는 정보를 얻고 검찰의 관계자들을 만나 듣고 보고 느낀 것을 종합하여 그것이 사실이라는 확신하에 위와 같은 방송기사 원고를 작성, 제출하였을 뿐 그 기재내용이 허위인 점에 대한 인식은 전혀 없었다고 위 공소사실을 부인하고 있으므로 살피건대, 위에 든 증거들에 의하더라도 1973. 1. 24. 검찰총장 명의로 전국 지방검찰청검사장(단, 제주지검장 제외)에게 제9대 국회의원선거에 즈음한 입후보예정자들의 사전 선거운동 사실에 대한 내사를 무전으로 지시하였던 사실, 동월 29일 각 지방검찰청으로부터 위 지시에 대한 내사결과 보고가 있었던 사실, 위 내사를 받은 사람의 수는 공소장 기재와 같이 79명임에 틀림이 없고 그중에 공화당 소속의 차형근, 유범수, 채영석, 신민당 소속의 송원영, 김원만이 포함되어 있던 것도 틀림이 없는 사실, 당시 검찰로서는 위 내사지시 사실을 극비에 부쳐 철저한 보안조치를 하고 있었으므로 비록 법조출입기자라 하더라도 이에 대한 정확한 객관적 보도자료를 구한다는 것은 거의 불가능하였고 결국은 검찰관계자들을 접하여 그들로부터 간접적 내지 암시적으로 듣고 보고 느낀 것을 기자로서의 전문적인 직업적 감각에 따라 종합분석하여 도출된 판단을 보도할 수밖에 없었던 상황에 있었던 사실 등이 인정되는 점, 공소장 기재 그 자체에 의하더라도 이 사건 명예훼손 범행의 피해자라고 적시되어 있는 사람은 공화당 소속, 신민당 소속, 무소속이 모두 망라되어 있어 피고인이 어느 특정정당 소속인사 또는 어느 특정인에 대한 명예훼손의 범의가 있었다고는 선뜻 수긍하기 어려운 데다가 피고인이 특히 위 적시인사들에 대하여 명예훼손의 범행에 이를 만한 사적이나 공적인 범행의 동기를 기록상 찾아볼 수 없는 점 등을 종합해보면 피고인에게 공소장 기재와 같은 명예훼손의 범의가 있었다고는 보기 어렵고, 달리 피고인에게 허위의 사실을 방송하여 공소장 적시 피해자들의 명예를 훼손한다는 인식, 즉 범의를 인정할 만한 아무런 확증이 없으므로 결국 이 부분 공소사실(명예훼손의 점)은 범죄의 증명이 없음에 귀착한다고 할 것이다.

(3) 그러므로 형사소송법 제370조, 제325조에 의하여 피고인에게 무죄의 선고를 하기로 하여 이에 주문과 같이 판결한다.

1980. 10. 23.

재 판 장   판 사   황도연
             판 사   정용인
             판 사   김중곤

한승헌변호사 변론사건실록 ①

2006년 11월 25일 초판 1쇄 발행

엮은이　한승헌변호사변론사건실록간행위원회
펴낸이　윤형두
펴낸데　범우사

등록　1966. 8. 3. 제 406―2004―000012호
주소　(413-756)경기도 파주시 교하읍 문발리 출판단지 525-2
전화　031-955-6900~4
팩스　031-955-6905
홈페이지　http://www.bumwoosa.co.kr
이메일　bumwoosa@chol.com

편집　윤아트
교정　김정숙

ISBN 89-08-04387-X
　　　89-08-04386-1 (세트)

* 값은 뒤표지에 있습니다.

범우문고
주머니 속에 친구를! (낱권 판매-값 2,800원)

1 수필 피천득
2 무소유 법정
3 바다의 침묵(외) 베르코르/조규철·이정림
4 살며 생각하며 미우라 아야코/진웅기
5 오, 고독이여 F. 니체/최혁순
6 어린 왕자 A. 생 텍쥐페리/이정림
7 톨스토이 인생론 L. 톨스토이/박형규
8 이 조용한 시간에 김우종
9 시지프의 신화 A. 카뮈/이정림
10 목마른 계절 전혜린
11 젊은이여 인생을… A. 모로아/방곤
12 채근담 홍자성/최현
13 무진기행 김승옥
14 공자의 생애 최현 엮음
15 고독한 당신을 위하여 L. 린저/곽복록
16 김소월 시집 김소월
17 장자 장자/허세욱
18 예언자 K. 지브란/유제하
19 윤동주 시집 윤동주
20 명정 40년 변영로
21 산사에 심은 뜻은 이청담
22 날개 이상
23 메밀꽃 필 무렵 이효석
24 애정은 기도처럼 이영도
25 이브의 천형 김남조
26 탈무드 M. 토케이어/정진태
27 노자도덕경 노자/황병국
28 갈매기의 꿈 R. 바크/김진욱
29 우정론 A. 보나르/이정림
30 명상록 M. 아우렐리우스/황문수
31 젊은 여성을 위한 인생론 P. 벽/김진욱
32 B사감과 러브레터 현진건
33 조병화 시집 조병화
34 느티의 일월 모윤숙
35 지금은 어디서 무엇을 김형석
36 박인환 시집 박인환
37 모래톱 이야기 김정한
38 창문 김태길
39 방랑 H. 헤세/홍경호
40 손자병법 손무/황병국
41 소설 · 알렉산드리아 이병주
42 전략 A. 카뮈/이정림
43 사노라면 잊을 날이 윤형두
44 김삿갓 시집 김병연/황병국
45 소크라테스의 변명(외) 플라톤/최현
46 서정주 시집 서정주
47 사람은 무엇으로 사는가 L. 톨스토이/김진욱
48 불가능은 없다 R. 슐러/박호순
49 바다의 선물 A. 린드버그/신상웅
50 잠 못 이루는 밤을 위하여 C. 힐티/홍경호
51 딸깍발이 이희승
52 몽테뉴 수상록 M. 몽테뉴/손석린
53 박재삼 시집 박재삼
54 노인과 바다 E. 헤밍웨이/김회진
55 향연 · 뤼시스 플라톤/최현
56 젊은 시인에게 보내는 편지 R. 릴케/홍경호
57 피천득 시집 피천득
58 아버지의 뒷모습(외) 주자청(외)/허세욱(외)
59 현대의 신 N. 쿠치키(편)/진철승
60 별 · 마지막 수업 A. 도데/정봉구
61 인생의 선용 J. 러보크/한영환
62 브람스를 좋아하세요… F. 사강/이정림
63 이동주 시집 이동주
64 고독한 산보자의 꿈 J. 루소/염기용
65 파이돈 플라톤/최현
66 백장미의 수기 I. 숄/홍경호
67 소년 시절 H. 헤세/홍경호
68 어떤 사람이기에 김동길
69 가난한 밤의 산책 C. 힐티/송영택
70 근원수필 김용준
71 이방인 A. 카뮈/이정림
72 롱펠로 시집 H. 롱펠로/윤삼하
73 명사십리 한용운
74 왼손잡이 여인 P. 한트케/홍경호
75 시민의 반항 H. 소로/황문수
76 민중조선사 전석담
77 동문서답 조지훈
78 프로타고라스 플라톤/최현

79	표본실의 청개구리 염상섭	118	순오지 홍만종/전규태
80	문주반생기 양주동	119	직업으로서의 학문·정치 M. 베버/김진욱(외)
81	신조선혁명론 박열/서석연	120	요재지이 포송령/진기환
82	조선과 예술 야나기 무네요시/박재삼	121	한설야 단편선 한설야
83	중국혁명론 모택동(외)/박광종 엮음	122	쇼펜하우어 수상록 쇼펜하우어/최혁순
84	탈출기 최서해	123	유태인의 성공법 M. 토케이어/진웅기
85	바보네 가게 박연구	124	레디메이드 인생 채만식
86	도왜실기 김구/엄항섭 엮음	125	인물 삼국지 모리야 히로시/김승일
87	슬픔이여 안녕 F. 사강/이정림·방곤	126	한글 명심보감 장기근 옮김
88	공산당 선언 K. 마르크스·F. 엥겔스/서석연	127	조선문화사서설 모리스 쿠랑/김수경
89	조선문학사 이명선	128	역옹패설 이제현/이상보
90	권태 이상	129	문장강화 이태준
91	내 마음 속의 그들 한승헌	130	중용·대학 차주환
92	노동자강령 F. 라살레/서석연	131	조선미술사연구 윤희순
93	장씨 일가 유주현	132	옥중기 오스카 와일드/임헌영
94	백설부 김진섭	133	유태인식 돈벌이 후지다 덴/지방훈
95	에코스파즘 A. 토플러/김진욱	134	가난한 날의 행복 김소운
96	가난한 농민에게 바란다 N. 레닌/이정일	135	세계의 기적 박광순
97	고리키 단편선 M. 고리키/김영국	136	이퇴계의 활인심방 정숙
98	러시아의 조선침략사 송정환	137	카네기 처세술 데일 카네기/전민식
99	기재기이 신광한/박헌순	138	요로원야화기 김승일
100	홍경래전 이명선	139	푸슈킨 산문 소설집 푸슈킨/김영국
101	인간만사 새옹지마 리영희	140	삼국지의 지혜 황의백
102	청춘을 불사르고 김일엽	141	슬견설 이규보/장덕순
103	모범경작생(외) 박영준	142	보리 한흑구
104	방망이 깎던 노인 윤오영	143	에머슨 수상록 에머슨/윤삼하
105	찰스 램 수필선 C. 램/양병석	144	이사도라 덩컨의 무용에세이 I. 덩컨/최혁순
106	구도자 고은	145	북학의 박제가/김승일
107	표해록 장한철/정병욱	146	두뇌혁명 T.R. 블랙슬리/최현
108	월광곡 홍난파	147	베이컨 수상록 베이컨/최혁순
109	무서록 이태준	148	동백꽃 김유정
110	나생문(외) 아쿠타가와 류노스케/진웅기	149	하루 24시간 어떻게 살 것인가 A. 베넷/이은순
111	해변의 시 김동석	150	평민한문학사 허경진
112	발자크와 스탕달의 예술논쟁 김진욱	151	정선아리랑 김병하·김연갑 공편
113	파한집 이인로/이상보	152	독서요법 황의백 엮음
114	역사소품 곽말약/김승일	153	나는 왜 기독교인이 아닌가 B. 러셀/이재황
115	체스·아내의 불안 S. 츠바이크/오영옥	154	조선사 연구(草) 신채호
116	복덕방 이태준	155	중국의 신화 장기근
117	실천론(외) 모택동/김승일	156	무병장생 건강법 배기성 엮음

157 조선위인전 신채호
158 정감록비결 편집부 엮음
159 유태인 상술 후지다 덴
160 동물농장 조지 오웰
161 신록 예찬 이양하
162 진도 아리랑 박병훈·김연갑
163 책이 좋아 책하고 사네 윤형두
164 속담에세이 박연구
165 중국의 신화(후편) 장기근
166 중국인의 에로스 장기근
167 귀여운 여인(외) A.체호프/박형규
168 아리스토파네스 희곡선 아리스토파네스/최 현
169 세네카 희곡선 세네카/최 현
170 테렌티우스 희곡선 테렌티우스/최 현
171 외투·코 고골리/김영국
172 카르멘 메리메/김진욱
173 방법서설 데카르트/김진욱
174 페이터의 산문 페이터/이성호
175 이해사회학의 카테고리 막스 베버/김진욱
176 러셀의 수상록 러셀/이성규
177 속악유희 최영년/황순구
178 권리를 위한 투쟁 R. 예링/심윤종
179 돌과의 문답 이규보/장덕순
180 성황당(외) 정비석
181 양쯔강(외) 펄벅/김병걸
182 봄의 수상(외) 조지 기싱/이장배
183 아미엘 일기 아미엘/민희식
184 예언자의 집에서 토마스 만/박환덕
185 모자철학 가드너/이장배
186 짝 잃은 거위를 곡하노라 오상순
187 무하선생 방랑기 김상용
188 어느 시인의 고백 릴케/송영택
189 한국의 멋 윤태림
190 자연과 인생 도쿠토미 로카/진웅기
191 태양의 계절 이시하라 신타로/고평국
192 애서광 이야기 구스타브 플로베르/이민정
193 명심보감의 명구 191 이응백
194 아큐정전 루쉰/허세욱
195 촛불 신석정

196 인간제대 추식
197 고향산수 마해송
198 아랑의 정조 박종화
199 지사총 조선작
200 홍동백서 이어령
201 유령의 집 최인호
202 목련초 오정희
203 친구 송 영
204 쫓겨난 아담 유치환
205 카마수트라 바스야야나/송미영
206 한 가닥 공상 밀른/공덕룡
207 사랑의 샘가에서 우치무라 간조/최 현
208 황무지 공원에서 유달영
209 산정무한 정비석
210 조선해학 어수록 장한종
211 조선해학 파수록 부묵자
212 용재총화 성 현
213 남원의 향기 최승범
214 한국의 가을 박대인
215 다듬이 소리 채만식
216 부모 은중경 안춘근
217 거룩한 본능 김규련
218 연주회 다음날 우치다 햣겐/문희정
219 갑사로 가는 길 이상보
220 공상에서 과학으로 엥겔스/박광순
221 인도 기행 H. 헤세/박환덕
222 신화 이주홍
223 게르마니아 타키투스/박광순
224 김강사와 T교수 유진오

▶계속 펴냅니다

범우고전선
시대를 초월해 인간성 구현의 모범으로 삼을 만한 책을 엄선

1 유토피아 토마스 모어/황문수
2 오이디푸스 王 소포클레스/황문수
3 명상록·행복론 M.아우렐리우스·L.세네카/황문수·최현
4 깡디드 볼떼르/염기용
5 군주론·전술론(외) 마키아벨리/이상두
6 사회계약론(외) J. 루소/이태일·최현
7 죽음에 이르는 병 키에르케고르/박환덕
8 천로역정 존 버니언/이현주
9 소크라테스 회상 크세노폰/최혁순
10 길가메시 서사시 N. K. 샌다즈/이현주
11 독일 국민에게 고함 J. G. 피히테/황문수
12 히페리온 F. 횔덜린/홍경호
13 수타니파타 김운학 옮김
14 쇼펜하우어 인생론 A. 쇼펜하우어/최현
15 톨스토이 참회록 L. N. 톨스토이/박형규
16 존 스튜어트 밀 자서전 J. S. 밀/배영원
17 비극의 탄생 F. W. 니체/곽복록
18-1 에 밀(상) J. J. 루소/정봉구
18-2 에 밀(하) J. J. 루소/정봉구
19 팡 세 B. 파스칼/최현·이정림
20-1 헤로도토스 歷史(상) 헤로도토스/박광순
20-2 헤로도토스 歷史(하) 헤로도토스/박광순
21 성 아우구스티누스 고백록 A. 아우구스티누/김평옥
22 예술이란 무엇인가 L. N. 톨스토이/이철
23 나의 투쟁 A. 히틀러/서석연
24 論語 황병국 옮김
25 그리스·로마 희곡선 아리스토파네스(외)/최현
26 갈리아 戰記 G. J. 카이사르/박광순
27 善의 연구 니시다 기타로/서석연
28 육도·삼략 하재철 옮김
29 국부론(상) A. 스미스/최호진·정해동
30 국부론(하) A. 스미스/최호진·정해동
31 펠로폰네소스 전쟁사(상) 투키디데스/박광순
32 펠로폰네소스 전쟁사(하) 투키디데스/박광순
33 孟子 차주환 옮김
34 아방강역고 정약용/이민수
35 서구의 몰락 ① 슈펭글러/박광순
36 서구의 몰락 ② 슈펭글러/박광순
37 서구의 몰락 ③ 슈펭글러/박광순

38 명심보감 장기근
39 월든 H. D. 소로/양병석
40 한서열전 반고/홍대표
41 참다운 사랑의 기술과 허튼 사랑의 질책 안드레아스/김영락
42 종합 탈무드 마빈 토케이어(외)/전풍자
43 백운화상어록 백운화상/석찬선사
44 조선복식고 이여성
45 불조직지심체요절 백운선사/박문열
46 마가렛 미드 자서전 M.미드/최혁순·최인옥
47 조선사회경제사 백남운/박광순
48 고전을 보고 세상을 읽는다 모리야 히로시/김승일
49 한국통사 박은식/김승일
50 콜럼버스 항해록 라스 카사스 신부 엮음/박광순
51 삼민주의 쑨원/김승일(외) 옮김
52-1 나의 생애(상) L. 트로츠키/박광순
52-2 나의 생애(하) L. 트로츠키/박광순
53 북한산 역사지리 김윤우
54-1 몽계필담(상) 심괄/최병규
54-2 몽계필담(하) 심괄/최병규
56-1 사기(상) 사마천/이영무
56-2 사기(중) 사마천/이영무
56-3 사기(하) 사마천/이영무
57 해동제국기 신숙주/신용호(외) 주해

▶계속 펴냅니다